suhrkamp taschenbuch 1610

Erwin Reisner, 1890–1966, arbeitete nach dem Ersten Weltkrieg als Theaterkritiker, Bibliothekar und Kulturreferent. Zu Vermögen gekommen, lebte er einige Jahre als Privatgelehrter, promovierte dann 1932. Von 1937 an hielt er sich in Berlin auf, wo er 1947 zum Professor für Systematik und Philosophie an der dortigen Kirchlichen Hochschule ernannt wurde.

Mit Erwin Reisners *Der Dämon und sein Bild* wird ein Buch wiederaufgelegt, das – 1947 erstmals erschienen – eine der ersten Veröffentlichungen in Peter Suhrkamps neugegründetem Verlag war. Zu jener Zeit schon ein aus dem Rahmen fallendes, thematisch wagemutiges und aneckendes Buch, liest es sich heute so, als sei es ganz und gar für unsere Gegenwart bestimmt. Und dies deshalb, weil es sich radikal mit Phänomenen auseinandersetzt, die bei allen psychologischen Schulen, psychologisierenden Gruppen und Glaubensgemeinschaften, die in den letzten Jahren mit immer wieder neuen (alten) Weisheiten aufgetreten sind, eine große Rolle spielen.

In seiner ungewöhnlich materialreichen, sich vieler (nicht nur abendländischer) Quellen bedienenden Studie wagt Reisner einen Gang durch die Täler des Unbewußten, erzwingt er eine Konfrontation mit den Erscheinungsformen des Dämonischen. Doch tut er dies nicht – und das unterscheidet ihn von den Heilslehren der Gegenwart – mit erhobenem Zeigefinger, als verkünde er den letztendlichen Schlüssel zur Enträtselung eines Geheimnisses; er deckt »nur« auf, was – eigentlich – jeder weiß, wissen kann.

Erwin Reisner
Der Dämon und sein Bild

Mit einer
Vorbemerkung zur Neuausgabe
von Peter Orban

Suhrkamp

Umschlagbild: Illustration aus dem Splendor Solis,
dem Salomon Trismosin zugeschrieben,
London 1582.
Bibliothek des Britischen Museums, London

suhrkamp taschenbuch 1610
Erste Auflage 1989
© Suhrkamp Verlag Frankfurt am Main 1947
© der Vorbemerkung Insel Verlag Frankfurt am Main 1986
Abdruck mit freundlicher Genehmigung des Insel Verlags
Frankfurt am Main
Suhrkamp Taschenbuch Verlag
Alle Rechte vorbehalten, insbesondere das
des öffentlichen Vortrags, der Übertragung
durch Rundfunk und Fernsehen
sowie der Übersetzung, auch einzelner Teile.
Druck: Nomos Verlagsgesellschaft, Baden-Baden
Printed in Germany
Umschlag nach Entwürfen von
Willy Fleckhaus und Rolf Staudt

1 2 3 4 5 6 – 94 93 92 91 90 89

Inhalt

Illusionismus des Bildes – Magischer Realismus – Wutaotse und Pygmalion – Religiöse und magische Kunst – Die Funktion von Raum und Zeit in der Kunst – Selbstgestaltung und Weltgestaltung in der magischen Kunst – Die Anwesenheit des Abgebildeten – Das Bild des erinnerten und des vergessenen Gottes – Der Teufel an der Wand – Die Selbstverwandlung der Bilder – Bilderdienst und Opferkult – Das Dämonenbild als Bild des vergessenen Gottes – Die Disharmonie des Dämonenbildes – Dämon und Tier – Der Dämon als Abbild des bewaffneten Menschen – Die Bannung der Dämonen durch das Bild – Humanisierung des Dämonischen – Die Vervielfältigung der Dämonen – Der Sinn der Maske – Positive und negative Funktion der Maske – Der Maskierte als Ebenbild der Dämonen – Die Maske als der tote Stammvater – Die Masken des Abendländers – Die Aporie des Tao-Te-King – Tao und Te – Der Mensch des Tales – Der Verlust des Glaubens an die Unvergänglichkeit – Die Auflösung des Bildes – Die Überwindung der Dämonen

Vorbemerkung zur Neuausgabe

Ein Buch, soviel steht fest, ist erst einmal ein geistiges Gebilde, eine Wesenheit, die lebt und wirkt und jenen, der das Buch öffnet und hineinsieht, in ihren Bann zieht – oder eben nicht.

Ja, der Leser weiß es längst, es gibt auch bei Büchern milde Formen der Besessenheit. Wir alle kennen das Phänomen, daß es Texte gibt, deren Geist uns anweht, so daß wir auf Anhieb spüren, er redet über uns; und wir kennen das gegenteilige Gefühl: Es kommt nichts bei uns an.

Und so muß ich bekennen: Als ich vor einiger Zeit den ›Dämon und sein Bild‹ in einem Antiquariat entdeckte, sprang etwas über, das mich bis heute gefangenhält.

Es muß Peter Suhrkamp ähnlich gegangen sein, als er das Manuskript 1946/47 auf den Schreibtisch bekommen und es zu einem der ersten Bücher des gerade neugegründeten Suhrkamp Verlags (vorm. Fischer) gemacht hat. ›Der Dämon und sein Bild‹ erschien im November 1947.

Heute – fast vierzig Jahre später – kennt dieses Buch (und seinen Autor) niemand mehr. Beide sind vergessen, so scheint es. Da dieses Schicksal schon viele Bücher und Autoren ereilt hat, lohnt es sich zunächst kaum, mehr darüber nachzusinnen. Bücher und Autoren haben ihre Zeit, ihren historischen Ort, danach fallen die meisten dem Vergessen anheim. Es gibt – wenige – Ausnahmen, sie überdauern und gehören zum Bestand der Literatur, der Wissenschaften etc.

Es ist, der Vergleich sei für kurze Zeit gestattet, wie in der Lebensgeschichte eines Menschen: Ereignisse und Personen haben einen tiefen Sinn an ihrem Ort, zu ihrer Zeit, dann geht der Lebensweg weiter, sie werden zu blassen Erinnerungen, verschwinden in die Vergangenheit. Oder sie überdauern als jene Merksteine, derer wir uns – gern oder ungern – erinnern.

Neben den verblassenden und den hochgehaltenen Erinnerungen gibt es noch eine dritte Art von Ereignissen (oder

Büchern): jene, die *weder* aufbewahrt noch *vergessen*, sondern aus unserer ›Seele‹ – aus einem ganz bestimmten Grunde – ausgegrenzt werden. Ja, auch Bücher können aus dem Bewußtsein der Welt getilgt werden. Der vielzitierte Spruch des Terentius Maurus, ›Bücher haben ihre eigenen Schicksale‹, enthält mehr, als man ihm auf den ersten Blick zutraut. Bücher sind lebendige Wesen, und als solche können sie ganz auffällig und bewußt gehaßt, bekämpft, verboten, verbrannt, vernichtet werden, es kann sie der Bannstrahl eines einzelnen Menschen treffen (so wie sich Otto Ranks ›Trauma der Geburt‹ jetzt schon seit 60 Jahren unter dem Urteilsspruch Freuds im Exil befindet), es kann ein kollektives Urteil sie ereilen (so wie es heute dem Werk Ernst Jüngers ergeht). Daneben aber gibt es jenes merkwürdige Phänomen, daß ein Buch verschwindet, und niemand hat es je gesehen. Niemand erinnert sich. Es ist, als hätte es nie existiert, und es gibt niemanden und nichts, der oder das dafür augenfällig die Ursache ist. Es gibt keinen Schuldigen dafür, was dasselbe heißt wie: wir alle haben dazu beigetragen, es in unserem Bewußtsein nicht haben zu wollen.

Um ein solches Buch handelt es sich hier. Als ich in den letzten Monaten den Spuren des Autors nachging, mußte ich feststellen, daß die Antwort überall dieselbe war: ›Erwin Reisner? Nie gehört!?‹ Und das bei einem Philosophen, der zwischen 1923 und 1966 fünfzehn Bücher *veröffentlicht* hat.

Da ich berufsmäßig mit dem Ergründen des Unbewußten zu tun habe, ging ich den noch vorhandenen Spuren nach, und allmählich schälte sich folgendes Bild heraus.

Erwin Reisner lebte von 1890 bis 1966. Er wird in Wien geboren, sein Vater ist Beamter (Hofrat) im Ackerbauministerium, die Familie lebt in »höchstem Komfort« (wie wir aus dem Tagebuch von Reisners Frau erfahren), Kinderfrauen nehmen sich der Erziehung der Reisnerschen Kinder an. Erwin ist das älteste von dreien. Als er 10 Jahre alt ist, lassen sich die Eltern scheiden, Erwin kommt in ein Internat. Mit 11 entscheidet er sich dafür, in eine Kadettenschule zu gehen, es ist sein Wunsch, Artillerist zu werden. Als der erste Weltkrieg beginnt, ist er Leutnant, bei Kriegsende hochdekorierter Hauptmann. Während des Krieges – er ist 26 Jahre alt – heiratet er Emilie Wagner, die Frau, mit der er sein ganzes weiteres Leben (noch genau 50 Jahre) verbringt. 1919 wird ihr einziges Kind, Herbert, geboren. Das Ende des Krieges erlebt er in Hermannstadt, Siebenbürgen, das gerade an Rumänien gefallen ist.

Da er nur das Kriegshandwerk gelernt hat, steht er jetzt berufs- und mittellos da. Die umfassende Bildung aus seinem Elternhaus ermöglicht es ihm, sich schlecht und recht als Theaterkritiker, Bibliothekar und Kulturreferent durchzuschlagen. Während dieser Tätigkeit erscheint 1923 sein erstes Buch, eine Gedichtsammlung mit dem Titel ›Der blaue Pokal‹.

1924 wird seine Frau durch eine Erbschaft so vermögend, daß Reisner in Zukunft nur noch seinem eigentlichen Interessengebiet nachgehen kann, der Philosophie. Er sitzt bis spät in die Nacht an seinem Schreibtisch, »liest, lernt und macht Notizen, die er dann zu Aufsätzen oder einem Buch zusammenfügt« (aus den Erinnerungen seines Sohnes Herbert). 1927 erscheint sein erstes philosophisches Buch, ›Das Selbstopfer der Erkenntnis‹, und bereits hier greift Reisner von der philosophischen Fragestellung hinüber zu einer religiösen. Er wird von dieser Verbindung von Philosophie und Theologie fortan nicht mehr lassen können.

1932 drängt seine Frau ihn, sich promovieren zu lassen. Reisner, der nie eine Universität besucht hatte, legt 1932 Auszüge eines Buches »Kennen, Erkennen, Anerkennen« in Marburg als Dissertation vor und wird noch im gleichen Jahr zum Dr. phil. promoviert. 1935 wird er als Österreicher aus Siebenbürgen ausgewiesen, er zieht mit seiner Familie zurück nach Wien, seine Frau verliert ihr Vermögen, und er ist – mit kurzen Unterbrechungen – bis 1947 arbeitslos. Seine Familie kann er nur notdürftig ernähren, indem er Predigten und Bibelstunden im Auftrag der bekennenden Kirche abhält. Seit 1937 ist er in Berlin. Neben seinen Bibelstunden übernimmt er kleinere Arbeiten für das Büro Grüber. Es ist eine Zeit der äußeren Not, Reisner ist nicht kräftig, und der Hunger und die bedrückenden Wohnverhältnisse machen ihn auch körperlich leidend.

Erst 1947 – er geht auf die 60 zu – gibt es eine Änderung. Er wird zum Professor für Systematik und Philosophie an der

Kirchlichen Hochschule in Berlin ernannt. 1956 nehmen die in der Not geborenen Leiden indes solche Formen an, daß er seine Vorlesungen einstellen muß. Jetzt tritt er nur noch mit Aufsätzen und Büchern an die Öffentlichkeit. Sein letztes Buch erscheint 1966, wenige Tage vor seinem Tode: ›Die Juden und das Deutsche Reich‹.

Soweit die äußeren Daten.

Sie beleuchten das unauffällige Schicksal eines Privatgelehrten, der zeit seines Lebens am Schreibtisch saß und nur wenige Jahre Lehrer war, eines Philosophen, der immer mehr zu der Überzeugung gelangte, daß die Philosophie nur eine Berechtigung als ›Dienerin‹ der Theologie habe. Wir finden diesen Weg oft, er ist nicht eben neu. Schauen wir daher, ob wir uns ein wenig dem inneren Menschen Reisner nähern können. Wir haben nur sein Werk und müssen dieses befragen.

Wie kommt ein Soldat dazu, sich dem Philosophiestudium zuzuwenden? Einen kleinen Fingerzeig gibt uns sein Sohn: »Während des Stellungskrieges (an der russischen Front) hat er ein ekstatisches philosophisches Erlebnis, von dem er in den späteren Jahren oft berichtet, ohne es näher zu definieren. Jedenfalls datiert von da an seine entschiedene Beschäftigung mit philosophischen Problemen und das eingehende Studium der Materie. Er wendet sich zunächst Kant zu, dessen Kritik der reinen Vernunft er in großen Partien auswendig kannte, ohne darum aber sich mit dem dort geäußerten Standpunkt zu identifizieren . . ., und er hat oft betont, daß Schelling sein Lieblingsphilosoph geworden ist.«

Wir können uns nur schwer vorstellen, wie ein »philosophisch-ekstatisches Erlebnis« ausgesehen haben mag, aber ein Passus in dem vorliegenden Buch kann uns eine Idee über das Moment der Ekstase liefern:

»Es heißt, daß Gott den ersten Menschen in einen tiefen Schlaf versenkte, bevor er ihm die Rippe nahm, um aus ihr das Weib zu bilden. Adam schlief ein, das will sagen, er trat aus sich heraus, er überschritt die Grenze seiner individuellen Besonderung, er trat sich selbst als ein anderer, als ein zweiter Mensch gegenüber, und dieses Gegenüber war das Weib. Auch die Tiefenpsychologie unserer Zeit weiß noch etwas von ähnlichen Vorgängen im Traum. Nach C. G. Jung soll jeder Mann sein

Traum-Weib, seine ›anima‹ haben, also gewissermaßen seine Eva. Als Schläfer, als Träumer ist Adam nicht nur Subjekt, sondern auch Objekt, nicht nur Ich, sondern auch Du, nicht nur er, sondern auch der andere oder die andere. Der griechische Text der Septuaginta setzt an die Stelle des hebräischen ›Tardema‹, für das unsere deutsche Bibel nur den Verlegenheitsausdruck ›tiefer Schlaf‹ gefunden hat, das viel aufschluß-reichere Wort ›ekstasis‹, und das heißt seinem ursprünglichen Sinn nach das ›Außersichgeraten‹. Adam geriet also außer sich, er ging ein in die ihn umgebende Natur, und als der in sie Eingegangene war er nicht Mann, sondern Weib.«

Dieses ›Außer-sich-Geraten‹ haftet dem gesamten Werk Reis-ners als eine zweite Natur an. Reisner steht in seinem Werk und in seinem Leben immer irgendwie *außen*. Weder ist er Philo-soph, noch ist er Theologe, weder ist er Katholik, noch ist er Protestant. Zwar konvertiert er 1916 vom Katholizismus zum Protestantismus, aber das ist, bevor sein eigentliches religiöses Interesse erwacht. Er ist keiner Richtung zuzurechnen, die Philosophen betrachten ihn als Theologen, die Theologen als Philosophen. Sein Standort ist *zwischen* den Stühlen. Er ist kein philosophischer Denker *und* kein theologischer Denker (so wie wir einzuordnen gewöhnt sind), sondern er ist, wie er selbst einmal – in Anlehnung an einen Essay von Rosenstock-Huessy – es genannt hat, ein ›unreiner Denker‹.

»Man kann – vielleicht – von seinem Glauben unbeschwert mathemati-sche oder physikalische Forschungen treiben, aber man kann unter gar keinen Umständen als glaubender Mensch so philosophieren, als ob man nicht glauben würde. Jede Philosophie, die ihren Namen wirklich verdient, d. h. sich nicht scheut, die zuletzt allein entscheidenden Probleme anzugehen, nach dem Sinn der Welt und des Lebens zu fragen, muß unabdingbar ihrem ganzen Charakter nach vom Glauben oder Nichtglauben des Philosophen betimmt sein.« (Der begegnungslose Mensch, Berlin 1964)

Als ich in das Werk dieses Denkers hineingeriet, verschlug es mir die Sprache über eine Konsequenz, die mir hier das erste Mal entgegentrat: hier sprach nicht ein Philosoph, hier sprach nicht ein Theologe, hier sprach ein Christ, der *wußte*, daß er keiner ist. Dieses Paradoxon durchzieht sein Lebenswerk. Er saß auch hier zwischen den Stühlen. Er wußte um die Tatsache des ›Dämons‹, und er wußte um die Tatsache des ›Christus‹, zwischen beiden stand er, an den einen gefesselt, vom anderen angezogen, und aus dieser Spannung heraus schrieb er seine Bücher.

Damit keine Mißverständnisse entstehen: Wenn ich sage, Erwin Reisner war ein Christ, so meint das nicht, er wollte uns etwas über Christus oder die Ziele des Christentums oder über Moral oder über Wege der Erlösung erzählen. Er war nie ein Verkünder. Das Christentum war ihm immer nur *Bild* für die eigene Seele, und er lebte in dieser Welt der Bilder, er interpretierte, er übersetzte sie. Und der ›Dämon‹ war ihm ebenfalls ein Bild für die eigene Seele.

>Die Dämonie der Vergangenheit wie des Exotischen ist, wir wiederholen das nochmals, unsere eigene Dämonie.«

Schauen wir uns eines seiner Bilder an:

>Der Teufel ist ein gewiegter Falschspieler, er läßt den Partner zunächst einmal gewinnen, um ihn dann hinterher um so müheloser ausplündern zu können. Mit dem Feuer, dem Element der Dämonen, läßt sich kein dauerhafter Bund schließen. Die Errungenschaften der Technik, an denen man sich oft übermütig freut, zeigen erst später, etwa in der Gestalt von furchtbaren Kriegsmaschinen, ihr wahres und endgültiges Gesicht. Mit den explodierenden Granaten, Bomben und Minen, mit den abgestürzten Flugzeugen usw. geht der Mensch in die Luft, der sie zu seinen Knechten machen wollte. Die Tat des Zauberlehrlings bleibt unwiderruflich. Es gibt leider keinen alten Hexenmeister, der die einmal entfesselten Geister wieder in die Ecke bannen könnte.«

Meint er das ernst, oder ist es ihm ›nur‹ Metapher?

Es ist beides. Je nachdem, wo man gerade steht.

Das Verwirrende, das Faszinierende und das Beängstigende an seinen Texten ist, daß man ahnt (Gewißheit erhält man hier nie), er, Reisner, könnte recht haben. So steht er als Christ, der doch weiß, daß Christ-Sein ein Weg ist, allein auf weiter Flur und malt seine Bilder, er pinselt sie emotionslos, er beschwört nicht, er mahnt nicht, er gibt eine Bestandsaufnahme. Er sagt: Ihr habt das Wesen des Bösen noch nicht verstanden. Dem Bösen kommt man nicht mit erhobenem Zeigefinger bei, wie es heute eine einfallslos gewordene Philosophie und eine bedeutungslos gewordene Theologie versuchen, das Böse ist nicht irgendwo ›da draußen‹, und jetzt könnte man den Kampf aufnehmen. Nein, es sitzt seit

Anbeginn der Menschheit in der *eigenen* Brust. Hier ist der Ort, es kennenzulernen, sich mit ihm auseinanderzusetzen.

So finden wir denn hier einen längst ›vergessenen‹ Philosophieprofessor, der leise, aber vernehmlich das ›Böse‹ der Welt beim Namen nennt, der nicht sagt ›die da draußen‹, sondern ›du‹, nicht weil er jemandem Schuld zuweisen möchte, sondern weil er seine eigene spürt. Wen wundert es da, daß die Welt antwortet: ›Erwin Reisner? Nie gehört.‹

Wir Aufgeklärten, Modernen, die wir genau wissen, daß das ›Böse‹ bei den anderen liegt, bei denen, die SS 20 und Pershings aufstellen, bei denen, die die Bäume sterben lassen, die den Regen sauer machen und die Frostschutzmittel in den Wein rühren, können hier Sätze lesen, die uns zutiefst beunruhigen würden, hielten wir sie – nur einmal probeweise – für wahr:

> »Was mir da in der Wirklichkeit als der Andere entgegentritt, als der Feind und Widersacher, das *bin ich selbst*. Ich bin mein eigener Dämon. Homo homini diabolus est. (...) Der Teufel ist mein anderes Ich, mein *Doppelgänger*, der will, wenn ich nicht will, und nicht will, wenn ich will, dessen Wirklichkeit meine Unwirklichkeit ist.«

Natürlich sind auch diese Sätze nicht ganz neu, die Gnosis aller Zeiten hat sie in ähnlicher Form immer schon gewußt. Aber hier treten sie uns in einem neuen Gewand entgegen. Das vorliegende Buch ist vor 40 Jahren geschrieben worden und doch erscheint es mitunter so, als träte es aus der Zukunft auf uns zu. Denn was uns hier entgegenleuchtet, ist weder Theologie noch Philosophie, sondern endlich einmal Psychologie sui generis. Eine reine Seelenlehre. Eine Lehre über die Bilder der Seele. Und mit diesen ›Bildern‹ ist das so eine Sache, sie sind alle da – in jedem –, aber man stößt nicht zwangsläufig auf sie. Wenn ich vorher gesagt habe, je nach dem Ort, an dem man gerade steht, treten entweder Bilder der Oberfläche zutage oder Bilder der Tiefe, so bezieht sich das auf den Prozeß der *Arbeit an der eigenen Seele*.

Diese Arbeit hat eine Reihenfolge der auftauchenden Themen. Am Anfang dieses Prozesses entsprechen die Bilder dem aktuellen Leben, hier kann man Reisner kaum verstehen. Er ist zu weit entfernt. Etwas später erscheinen Bilder der Kindheit; hier ist die Domäne jener Richtungen, die sich selbst ›Tiefenpsychologien‹ nennen und die doch eher ›Kindheitspsychologien‹ heißen sollten, denn von *Tiefe* ahnen diese Richtungen kaum etwas. Derartige therapeutische Gemeinschaften sind weder an Reisner, noch ist er an ihnen interessiert. Noch später erscheinen Bilder aus der Menschheitsgeschichte, hier haben manche Spielarten der Reinkarnationstherapien ihren Tummelplatz; auch ihnen kann Reisner wenig bieten. Schließlich bleiben zwei Bereiche übrig: der Mythos, also das heidnische Thema des Königsdramas, des Heldenepos in der eigenen Seele, und endlich – gänzlich dem unteren Kreis der Seele zugehörig (wenn dieses Wort in Anlehnung an Dante erlaubt ist) – der letzte große Kampf, bei dem es um die Kräfte des Guten und des Bösen schlechthin geht. Aus diesem tiefsten Reservoir hat das Christentum seinen Bildersaal bezogen, und hier ist Reisner in seinem Element. Von den beiden unteren Ebenen handelt das vorliegende Buch.

Dabei hat die Reisnersche ›Psychologie‹ mit dem, was wir heute unter diesem Wort verstehen, ebensowenig zu tun wie das Wort ›Christ‹ mit seinen heute gängigen Ableitungen. Beide, sowohl die Psychologien heutiger Universitäten wie auch das Christentum unserer Institutionen, zielen auf die Oberfläche, Reisner meint die Tiefe. Tief in unserem Inneren treffen sich diese beiden Stränge, und von dieser Begegnung erzählt der vorliegende Text. Allein was Reisner im Anfang dieses Buches über die ödipale Problematik anführt, reicht aus, den zentralen Topos der Psychoanalyse bis in sehr tiefe Seelenregionen hinab zu verbreitern. Jemand, der Herr seines ödipalen Konflikts ist, ist damit noch längst nicht geheilt, er ist nur in der Lage, einen Schritt weiter zu gehen und zu erkennen: das Rätsel der Sphinx hat er noch nicht einmal ansatzweise gelöst. Das Leiden ist um eine Etage tiefer gedrückt. Das ödipale Drama endet nicht beim Königsmord, es fängt hier erst an.

Es ist meine Überzeugung, daß heute die Psychologie, die Lehre von der Seele, immer noch ganz am Anfang steht und daß neue Konzepte geboren werden können, die weit über die bislang bekannten hinausreichen müssen. Die Anzeichen dafür mehren sich. Schon seit 15 Jahren sehen sich die institutionalisierten Formen (wie Klinische Psychologie, Lernpsychologie und Psychoanalyse) zunehmend einem Kreis von wild wachsenden Neugebilden gegenüber, deren Namen kaum noch zu zählen sind (Psychosynthesis, Bioenergetik, Gestalttherapie, Psychodrama, EST, Reinkarnationstherapien usw. usw.), und all diese Theoriefiguren und neuartigen Praktiken sind Ausdruck dafür, daß heute eine einheitliche Theorie der Seele nicht (mehr) existiert. Sie sind ebenfalls Indiz dafür, daß jede dieser verschiedenen Richtungen ihren Sinn darin erhält, den Menschen an *seinem individuellen Standort* abzuholen. Die Seele braucht Hilfe an der Stelle, an der sie gerade steht. An *jeder* Stelle so zu tun, als ob beispielsweise die ödipale Problematik zu bearbeiten wäre oder der Geburtsvorgang wiedererlebt werden müßte (wie in der Primärtherapie), heißt, die Menschen an die Theorie heranzubringen und nicht die Theorie an den Menschen.

So wird eine Besinnung auf die bislang ausgesparten Themen der ›Seele‹ nicht nur notwendig, sondern heute fast schon unumgänglich: Erwin Reisner ist auf diesem Gebiet Pionier. Er hat sich meines Erachtens so weit vorgewagt wie vor ihm keiner. Seit 40 Jahren schläft hier ein ungenutztes intellektuelles und geistiges Potential, ein Kapital, das sowohl von Psychologen und Psychotherapeuten als auch von jedem anderen, der sich die Frage nach dem Sinn seines Lebens vorlegt, eminent fruchtbar gemacht werden könnte.

Damit auch hier kein Mißverständnis sich breitmacht: Reisners Buch (wie seine anderen auch) ist nicht etwa auf eine Fachgruppe beschränkt. Jeder, der in es hineintaucht – und noch nicht total einer herrschenden Philosophie verfallen ist –, spürt hier den Atem des Dämons, seines Dämons.

Ja, es sieht in diesem Buch, das hier in unveränderter Textgestalt vorgelegt wird, mitunter so aus, als wäre jeder Mensch in einer zutiefst hoffnungslosen Situation, so als hätte Adorno recht mit seinem Credo: »Nichts als nur Verzweiflung kann uns noch retten.« Doch das ist nicht Reisners Position. Sein Buch endet in ähnlicher Weise wie der Wittgensteinsche ›Tractatus‹: »Das Ob und das Wie einer solchen Erlösung aus der Gewalt der Dämonen aber fällt nicht mehr in den Rahmen dieses Buches. Hier schweigt die Philosophie und wartet auf das Wort der Offenbarung.«

Reisner wartet in der Tat auf die Erlösung ›von oben‹, auf den Gnadenakt der ›Vergebung der Sünden‹. Doch im Gegensatz zu allen quietistischen oder sonstwie frommen Richtungen in der Ausübung der ›religio‹ weiß er, daß vor der Vergebung eine harte – selbst zu erbringende – Arbeit liegt. Es steht hier die bewußte Durchwanderung jenes infernalischen Reiches, das er ›den Dämon‹ nennt. Von Christus bis zu uns Heutigen läßt sich ein dreigeteilter Weg verfolgen: Der ›Glaube‹ der frühen Christen, der ›Aberglaube‹ des mittelalterlichen Christentums mit seiner dämonischen Region der Hexenverfolgungen und der Ketzerverbrennungen und der ›Unglaube‹ unserer heutigen technologisch-rationalen Welt. Und es ist ausgeschlossen, von unserer heutigen Position des ›Unglaubens‹ wieder in den Glauben zurückzufallen, dazwischen nämlich liegt jene wahrhaft dämonische Region.«

»Und vielleicht muß auch der Bekehrte auf seinem Rückweg aus dem Unglauben zum Glauben, wenn nicht immer, so doch manchmal, diese dämonische Region passieren.«

Die letzten Jahre der Neuentwicklung in vielen Bereichen der Philosophie und – vor allem – der Psychologie haben uns gezeigt, daß man mit dieser Region immer konfrontiert wird, daß sie immer durchquert werden muß – daß es aber bislang in der Literatur keinen ›Führer‹ für dieses Reich gibt. Das letzte entsprechende Kartenwerk ist vor 700 Jahren von Dante angelegt worden; sein ›Inferno‹ beschrieb, wenn auch in literarischem Gewand, ebenjenes Gelände, über das wir mit dem vorliegenden Buch eine neue Kartographie erhalten. Neue Vermessungen sind angestellt worden, es liegt eine neue Wanderkarte vor. ›Der Dämon und sein Bild‹ kann uns erschreckend verdeutlichen, daß der Weg durch das Böse nicht zu ›umgehen‹ ist. Er zeigt uns auch: gehen muß ihn – früher oder später – jeder allein.

Peter Orban, 1986

Der Dämon und sein Bild

Die Unsichtbaren

Der normale Abendländer sieht keine Dämonen, er kennt sie nicht aus der Erfahrung, sondern nur vom Hörensagen, nur aus den überlieferten Berichten vergangener Geschlechter und fremder Völker, die ihm so fremd sind, daß sich der Kontakt unmittelbaren Verstehens mit ihnen kaum noch herstellen läßt. Und so hat, was sie meinen und erschauen und sagen, für seine allzu wache gespannte Aufmerksamkeit von vornherein mehr den Charakter des Kuriosen als des Gültigen und Glaubwürdigen. Ihre magischen Riten, ihre Gesänge und Tänze, ihre Mythen und Märchen, ihre Bilder und Masken, das alles scheint ihn zunächst wenig anzugehen, es erweckt nur gerade seine Neugier und vielleicht auch sein ästhetisches Interesse so wie die Farben von exotischen Blumen oder bunten Steinen.

Das Dämonische begegnet ihm als ein typisches Merkmal des »Anderen«, mit dem er nichts oder doch nichts *mehr* zu tun hat, es reicht nicht hinein in den umgrenzten Bezirk seines eigenen Selbst- und Weltbewußtseins. Aber dieser Bezirk ist immerhin keine uneinnehmbare Festung. Wir können ja gar nicht sein ohne das Andere samt allem, was dazu gehört, wir müsen ihm darum wenigstens zuweilen die Tore öffnen und es einlassen. Wir stehen trotz allem ständig in Wechselbeziehung zu dem von uns Ausgeschlossenen. Gewiß muß diese Beziehung die Fremdheit noch nicht zur Vertrautheit machen. Man kann auch im eigenen Haus dem Gast gegenüber reserviert bleiben, man kann sich sozusagen vom äußeren auf den inneren Festungsgürtel zurückziehen, ja man kann dem Anderen, das uns äußerlich übermächtigt, dennoch innerlich verschlossen bleiben und die Anerkennung versagen. Aber diese Haltung führt am Ende unausweichlich zu einem Krampf, und es wird ein Augenblick kommen, da nur der Verzicht auf sie Erlösung bringen kann. Was uns bedrängt und bedroht, erscheint weniger bedrohlich, sobald wir es verstehen, und zwar verstehen nicht mit dem Verstand als eine Art Naturmacht, der Widerstand zu bieten wir nach mechanischen Gesetzen keine Kraft haben, sondern von innen her als einen *Willen*, der, eben weil er Wille ist, irgendwo mit unserem eigenen Willen zusammentreffen muß.

So kommt es schließlich dahin, daß wir sehr bereit sind, Bewußtsein und Willen auch dort zu suchen, wo wir bisher nur starre Gesetze zu sehen vermochten, daß wir der bloßen totalen Kausalität, die auch uns den Erfrierungstod bringen muß, sogar einen dämonischen Willen vorziehen. Wir möchten dann, sei es wie immer, wieder verstehen und nicht nur begreifen, wir möchten uns inmitten einer lebendigen Umwelt als Lebendige fühlen. Freilich bedeutet dieser Wunsch noch längst nicht auch die Möglichkeit seiner Erfüllung; er erklärt nur gerade, weshalb man seit einiger Zeit mit lüsternen Augen nach jenen vor kurzem noch so weit abliegenden Dingen zu schielen beginnt.

Der abendländische Mensch, vor allem der des achtzehnten, neunzehnten und beginnenden zwanzigsten Jahrhunderts meinte die Dämonen überwunden oder richtiger ihre Nichtigkeit, ihr Nichtvorhandensein endlich erkannt zu haben. Aber er hat sie doch tatsächlich nur in der Weise überwunden, wie einer das Licht überwindet, der sich selbst die Augen aussticht. Die Heilung, wenn sich hier von einer Heilung überhaupt sprechen läßt, wurde erreicht durch chirurgische Exstirpation des magischen Organs. Das war das Geheimnis der Aufklärung und nicht etwa erst der Aufklärung des achtzehnten Jahrhunderts, sondern jener, die eigentlich die ganze abendländische Geistigkeit kennzeichnet und spätestens mit der klassischen Antike beginnt. Mit dem klaren Licht von Hellas kam gleichzeitig die metaphysische Finsternis über die Welt. Indem sich die Götter in wohlproportionierten Formen dem Menschen als seinesgleichen präsentierten, indem ihre dämonischen Züge allmählich verblaßten, hörten sie auf Götter, und hörte der Mensch auf ein Ebenbild Gottes zu sein; denn nun waren ja diese angeblichen Götter seine Ebenbilder geworden, so ebenbildlich, daß man sich vor ihnen nicht mehr zu fürchten brauchte. Freilich mußten sie dafür einen Preis zahlen. Die Macht, die früher einmal ihre eigene war, schwebte jetzt über ihnen als unpersönliche Moira. Das Dämonische, einst in ihre Gewalt gegeben, war jetzt zwar unsichtbar und unfaßbar, aber es war trotzdem da.

Der Mensch hat sich selbst und damit auch seinen Göttern den Nervenstrang durchschnitten, der ihn mit den Mächten der Höhe und der Tiefe verband. Nichts vielleicht beleuchtet diese Operation schärfer als der Urteilsspruch der Athene auf dem Areopag in der Orestie des Aischylos. Hier hat nicht Apollon, der immer noch ins Dämonische schillernde Gott, sondern bezeichnenderweise die aus dem Haupt des Zeus entsprungene jungfräuliche Göttin das letzte Wort. Sie ist es, die die Erinnyen auf den Altenteil verweist. Apollon, wenn es auf ihn allein angekommen wäre, hätte die Schlangenhaarigen vielleicht in den Tartaros gestürzt und sich eben damit als einer erwiesen, der gleichfalls noch etwas mit dem Tartaros zu schaffen hat. Athene aber macht aus den Dämoninnen ein harmloses Völkchen von Siedlern im heiligen Hain, sie zähmt die Ungeheuer und besänftigt sie zu Haustieren. So erst sind sie wirklich entmächtigt oder besser, so erst hat sie sich selbst samt ihrem Schützling, dem Menschen Orest, immun gemacht gegen die Gefahren der metaphysischen Region. Aus den Erinnyen wurden die Eumeniden, die Gnädigen, weil der in Athene verkörperte menschliche Geist sich ein Auge ausgerissen und fortgeworfen hat, das Auge nämlich, das die Ungnade, die unausrottbare Ungnade dieser »Gnädigen« hätte sehen können.

Wir sehen die Dämonen nicht, weil wir uns selbst nicht sehen, weil wir nicht durchschauen auf unseren eigenen Grund. Es ist, als ob zwischen die obere und die untere Hälfte unseres Wesens eine Wand eingeschoben wäre, die zwar nicht das Wirken von unten nach oben, wohl aber die Erkenntnis von oben nach unten unmöglich macht. Unterhalb der Wand ist alles geblieben wie es war. Da fließen die Ströme hin und her, von uns hin zur Umwelt und von der Umwelt wieder zu uns zurück, da sind wir mithineingenommen in den Rhythmus, dem alles Kreatürliche gehorcht. Wäre die Wand nicht, dann wäre unser Bewußtsein gleichfalls Eines mit diesem Rhythmus, dann gäbe es nicht nur nichts Fremdes für uns, nicht nur keine unsichtbaren Mächte, dann gäbe es nicht einmal Dämonen, sondern nur Götter, ja dann gäbe es nur den einen Gott, der dieser rhythmisch bewegten Kreatur als ihr Kreator gegenübersteht. Wo das Auge Dämonen sieht, hat die Göttlichkeit des Schöpfers schon eine Trübung erfahren, ist der Zusammenhang zwischen oberer und unterer Hemisphäre schon gelockert, hat jene Wand schon begonnen sich vorzuschieben und mit messerscharfer Kante die Nervenstränge zu durchschneiden. Im Dämonischen nimmt das Göttliche erst ein zweideutiges und zwiespältiges, dann ein feindliches und teuflisches Gesicht an. Aber erst in seiner Unsichtbarkeit vollendet sich der Teufel. Der sichtbare Dämon, mag sein Anblick auch noch so furchterregend sein, hat noch einen Rest von Persönlichem, und indem er mich als Person anfeindet, bejaht er auch meine Person trotz allem. Der Teufel hinter der Wand jedoch, der Teufel, der nur noch Naturmacht, Schicksal oder dergleichen ist, reißt mich in einen Rhythmus hinein, der alles persönliche Leben zum Verlöschen bringt.

Beängstigend freilich und schauerlich ist auch der sichtbare Dämon, und es läßt sich verstehen, daß der Mensch, den die Dämonen umdrängen, keinen anderen Wunsch kennt als den, von ihrem Anblick befreit zu sein, und daß er allzugern bereit ist, ihr Verschwinden aus dem Gesichtsfeld für ihre Vernichtung zu halten. So wird der Übergang aus der Welt der sichtbaren in die der unsichtbaren Dämonen als Sieg des Geistes über die Mächte der Tiefe gefeiert, während in Wahrheit die nun hinter der Wand verborgenen Teufel erst recht allen Grund haben, in ein höllisches Hohngelächter auszubrechen.

Als Ödipus auf dem phicischen Berg das Rätsel der Sphinx gelöst und das Ungeheuer sich in den Abgrund gestürzt hatte, meinte der Mensch, die Herrschaft der Dämonen gebrochen zu haben. Das Rätsel lautete: Was ist das: es geht des Morgens auf vier, des Mittags auf zwei und des Abends auf drei Füßen? Ödipus antwortete darauf: der Mensch. So stellte sich in ihm das menschliche Bewußtsein auf sich selbst. Bis dahin den Mächten verbunden, von ihnen abhängig, mit ihnen im Kampf, stand ihnen nun der Mensch gegenüber als der Andere, an dessen kristallklarem Geist der Ansturm der Dämonen kraftlos abprallte.

Aber dieser selbstbewußte Mensch war doch ein Wesen von besonderer Art, ein Wesen, das des Morgens auf vier, des Mittags auf zwei und des Abends auf drei Beinen ging, das heißt also ein Wesen, dessen Leben nur vom Morgen bis zum Abend, aber nicht auch vom Abend bis zum Morgen währte, das sich wohl den *Tag* erobert, aber die *Nacht* verloren hatte, ein gleichsam halbiertes Wesen. Mit der Sphinx stürzte auch die Nachtseite, die andere Hälfte des Ödipus vom phicischen Felsen hinab in den Abgrund. In das Licht seines Tages konnten nun wohl die Ungeheuer nicht mehr einbrechen, hier mußten sie ihm die Herrschaft überlassen, im Reich der Finsternis jedoch, die kein Auge durchdringt, gehörte derselbe Ödipus nun ganz und gar ihnen. Dorthin fand kein Strahl der Sonne den Weg, dort war das Tageslicht entmächtigt. Die Sage erzählt nichts davon, aber es wird doch so gewesen sein, daß aus dem Abgrund herauf die gestürzte Sphinx ihr teuflisches Gelächter nach oben schickte, wo der triumphierende Heros nun allein zurückgeblieben war.

Eine tiefe Ironie verbirgt sich schon in der Formulierung des Rätsels. Zu Mittag, aber nur zu Mittag steht der Mensch auf zwei Beinen und trägt er sein Haupt erhoben. Am Morgen neigt sich dieses Haupt noch und am Abend schon wieder der Erde zu. Da wie dort hat die Schwere Gewalt über den dem Licht zustrebenden Geist. Aus der Finsternis bist du gekommen, in die Finsternis mußt du zurück. Daran ändert auch die Lösung aller Sphinxrätsel nichts, und unten in der Finsternis lebt und lauert weiterhin die Sphinx. Der Unterschied gegen früher ist eigentlich nur der, daß der Mensch von diesem Unten jetzt nichts mehr weiß und darum auch nicht erkennt, daß dort Dämonen und Ungeheuer wohnen. Indem er ihn überwältigt, löscht der Abgrund nun sein Bewußtsein aus. Die Mächte sind zwar keine Wesen mehr, aber sie sind darum nicht weniger mächtig, im Gegenteil, sie umgeben den vermeintlichen Sieger von allen Seiten, sie setzen ihm da und dort seine Grenzen, sie sind für ihn das leere Nichts und nehmen gerade damit seinem Ursprung und seinem Ende, seiner Herkunft und seiner

Hinkunft den Sinn. Dieser wach gewordene Geist trägt nur noch in sich selbst einen Sinn, alles was ihn umgibt dagegen in Zeit und Raum, als Schicksal und als Natur, entzieht sich seinem Verstehen, ist für ihn sinnlos geworden.

Der gleiche Ödipus, der die Sphinx überwindet, erkennt weder Vater noch Mutter, den Vater erschlägt er, mit der Mutter zeugt er in blutschänderischer Ehe zwei Söhne und zwei Töchter. Die Stimme des Blutes schweigt, die Sinne dringen nicht mehr hinab in den Grund der Zusammenhänge, wo der Sohn um die Eltern und der Bruder um die Geschwister weiß. Und wenn sich dieser Ödipus am Ende, nachdem seine ungewollte Freveltat offenbar geworden ist, mit eigener Hand die Augen aussticht, so legt er damit eigentlich nur ein Bekenntnis zu seiner Blindheit ab, die schon damals bestanden hat, als er, im Glauben ein Sehender zu sein, die Sphinx zu ihrem Sprung in den Abgrund zwang. Der geblendete Ödipus ist der Mensch, der erkannt hat, daß er die Dämonen nicht sieht, nicht weil sie nicht mehr da wären, sondern weil er mit seinen Organen ihrem Reich nicht mehr nahe kommt.

Antigone, die Tochter des Ödipus und der Jokaste, die Frucht der Ehe zwischen Mutter und Sohn, muß an dem gleichen Zwiespalt zerbrechen. In dem, was *Hegel* so tiefsinnig das göttliche und das menschliche Gesetz genannt hat, im Verbot des Königs Kreon, den Leichnam des erschlagenen Bruders Polyneikes zu bestatten einerseits, und im Gebot der schwesterlichen Liebe, den Befehl des Königs zu mißachten andererseits, treten einander die gleichen beiden Hälften feindlich gegenüber, die zerbrachen, als der Vater den Tag der Nacht entgegenstellte, als er sich in heroischem Trotz als Mensch behauptete und die Sphinx vom Felsen warf. Im Kampf zwischen Licht und Finsternis, zwischen Oben und Unten wird Antigone zermalmt. Sie entscheidet sich für das Gesetz des Blutes, das heißt für die Mächte der Tiefe, und so wird das Grab, in das sie lebendig eingehen muß, ihr Schicksal. Von unten herauf aus dem Unsichtbaren wirken die Dämonen und ziehen den Vater wie die Tochter in ihr dunkles Reich.

Zwischen Morgen und Abend ist der Mittag nur ein einziger Augenblick, ja nicht einmal das, sondern nur gerade die selbst ausdehnungslose Grenzscheide. Sobald mir bewußt wird, daß ich im Mittag stehe, daß der Morgen vorbei ist, hat auch schon der Abend begonnen. Dem Mittag zuliebe, um ihn zu erobern, richtet sich der Mensch auf, aber kaum daß ihm das gelungen ist oder gelungen zu sein scheint, neigt er sich bereits nach der anderen Seite. So bleibt der Mittag, der doch die Ewigkeit meint, in Wahrheit ein Nichts, eine bloße Illusion. Immerhin meint er die Ewigkeit, und daß er sie meinen kann, gibt ihm seine Bedeutung, seinen unveräußerlichen Wert. Wohl läßt er sich, das zeigt die Erfahrung, nicht im Kampf gegen die Nacht, nicht im zeitlichen Vorwärtsschreiten erringen. Solange die Zeit herrscht, behält die Nacht das letzte Wort. Aber irgendwo jenseits der Zeit muß es ein Mittagsland geben, ein Reich, in dem die Sonne nicht untergeht; denn woher käme uns sonst der Gedanke, uns nach einem solchen Reich zu sehnen oder gar, wie dem Kaiser Karl V., es im Erdball vergleichnißt zu finden?

Daß der Mensch einen Morgen und einen Abend hat und daß alles eingespannt bleibt zwischen diesen beiden Polen, beweist, daß die Bindung nach unten zu seinem Wesen gehört. Als Kind kriecht er auf allen vieren, betastet er mit Händen und Füßen den Boden so wie ein Tier. Diese Berührung mit der Erde ist eine ganz unmittelbare. Die Hand des Kindes gehört dem Grund genau ebenso wie der Fuß, oder man könnte auch sagen: der Grund gehört ihm, es greift ihn und hält ihn wie sein Eigentum. Es steht nicht nur darauf wie der Erwachsene mit gefühllosen Sohlen, die durch Schuhe noch gefühlloser gemacht sind, sondern berührt ihn mit den nackten Händen und streichelt ihn wie die Mutter. Ganz anders der Greis. Er geht auf drei und nicht auf vier Beinen, und das dritte ist dazu noch ein künstliches. Er neigt sich nach abwärts, die Haltung des Kindes kehrt wieder und doch in ganz anderer Weise. Die Hand hält den Stock, und den Füßen fehlt die Wärme. Der Sterbende sinkt hin auf eine ihm fremde Erde, und kalt umschließt den Toten das Grab. Die Wärme des Mutterschoßes, aus dem wir geboren werden, und die Kälte des Erdenschoßes, in den wir zurückkehren, darin liegt der ganze Unterschied zwischen Anfang und

Ende, zwischen Morgen und Abend beschlossen. Die Nacht, die dem Morgen vorangeht, ist eine andere als jene, die dem Abend folgt, eine *lebendige* Nacht und keine tote. Wir gehen in das Nichts, aber wir kommen nicht aus ihm, unser Leben hat ein Ende, aber es hat eigentlich keinen Anfang. Den Anfang setzt sich der Mensch erst vom Ende her. Der Tod, der seinen Weg abschließt, schneidet den Faden der Erinnerung durch, der ihn über alle Geburt hinaus mit dem Leben der Ewigkeit verbindet.

Der Tag des Kindes ist noch mit der Nacht verwoben. Beide gehen ineinander fast unmerklich über. Kein schroffer Gegensatz scheidet das Oben vom Unten. Wohl kennt auch das Kind und gerade das Kind das Grauen vor den Mächten, die aus der Tiefe aufsteigen; denn auch sein Leben ist schon vom fernen Tod überschattet, aber diese Mäche sind nicht nur grauenerregend, nicht nur feindlich. In der ganz realen Märchenwelt des Kindes gibt es Elfen und Kobolde neben Hexen und Menschen fressenden Riesen. Die Grenze zwischen dem Traum und dem wachen Leben bleibt fließend. Und wenn sich das Kind in der Finsternis fürchtet, so eben deshalb, weil diese hier noch nicht ebenso wie für den Erwachsenen einfach das Nichts ist. Da lebt noch alles und kann jeden Augenblick aus dem Dunkel ins Licht treten.

Was dagegen dem Alter aus den Abgründen droht, ist nur noch der gestaltlose Tod, der Tod ohne Gesicht und ohne Dämonie. Ihm begegnet der Mensch mit Furcht, aber nicht mehr mit Grauen. Daß da hinter dem unabwendbaren Schicksal ein Wille steht, wird vielleicht geglaubt, vielleicht erschlossen, das Erleben jedoch reicht da nicht mehr heran. Die Nacht des Grabes bleibt stumm, sie ist nur noch geheimnislose Natur. Der sterbende Greis wird von ihr nicht angesprochen und er antwortet ihr auch nicht, nicht einmal mit einem Schrei des Entsetzens. Er kann ja nicht wieder zurück hinter den Mann, der er selbst einmal war und als welcher er zwischen seinem Tag und jener Nacht die Scheidewand der Fremdheit aufgerichtet hat. Sein Tod ist Ende des Lebens, nichts weiter, kein Übergang oder dergleichen.

Wir reden hier nicht nur vom Leben und Sterben des einzelnen Menschen. Auch jedes Volk, ja die ganze Menschheit wird so geboren und so begraben. Alles hat seinen Morgen, seinen Mittag und seinen Abend, seine Kindheit, sein Mannesalter und sein Greisentum. Alles geht einmal auf vier, einmal auf zwei und einmal auf drei Beinen. Die aufgehende Sonne scheint den archaischen Zeitaltern, für die klassischen steht sie hoch im Mittag, und wenn sie untergeht, beginnt nach *Hegels* Wort der reine Geist, nämlich der aus allen Zusammenhängen gelöste Intellekt sein Grau in Grau zu malen. Aber wir müssen diese Geschichte, diesen Weg vom Morgen über den Mittag zum Abend als ein Ganzes sehen. Der Morgen hat immer den Abend schon und der Abend den Morgen noch in sich. Der Mittag hat an beiden teil. Auch der Mittagsmensch steht auf zwei Beinen und schwebt nicht frei in der Luft, auch er kommt nicht los von seiner Erde, und die beiden Beine sind nichts anderes als der Morgen, aus dem er kommt und der Abend, in den er geht. Der Mensch steht auf der Erde, weil er geboren ist und sterben muß, weil er seine Kindheit und sein Alter hat. Kindheit und Alter haften ihm an in jedem Augenblick seines Daseins. Auch die klassischen Epochen der Geschichte bleiben mit den Polen des Anfangs und des Endes verknüpft, auch die unter dem Nullmeridian lebenden Völker Europas entfalten sich nach Osten wie nach Westen und sind durch die Ausläufer der Menschheit da und dort gefesselt an die Tiefe, über die sie sich in ihrer Geistigkeit scheinbar so hoch erhoben haben.

Die Dämonen, die von unten her drohen und manchmal auch locken, sind an sich immer die gleichen, aber sie sehen anders aus je nachdem, ob sie dem Menschen am Morgen oder am Abend begegnen, ob er in seiner Frühzeit oder in seiner Spätzeit mit ihnen in Berührung kommt; dort zeigen sie sich als *Mächte* mit Bewußtsein und Willen, als Wesenheiten, hier als leblose *Kräfte*, die nach den Gesetzen physikalischer Notwendigkeit wirken, das will sagen, sie zeigen sich eigentlich überhaupt nicht, sondern verhüllen sich hinter der Anonymität des Naturgeschehens. Auf seiner Mittagshöhe beginnt ja der Mensch alles Bewußte und Willensmäßige für sich allein in Anspruch zu nehmen, und da bleibt für die Welt außer ihm nichts mehr übrig. Nicht als ob die Dämonen tatsächlich etwas einbüßten, als ob sie ihre Freiheit hingeben müßten, sie ändern sich nicht, und es hängt nicht von ihnen ab, ob sie als das, was sie sind, sichtbar werden oder nicht, ob sie als Mächte oder bloß als Kräfte in Erscheinung treten. Das liegt nur am Menschen allein. Das hellere Auge der Jugend sieht noch die Mächte, den leibhaftigen Dämon, das getrübte des Alters erkennt nur die Kräfte. Was der Mann einmal in seiner Selbstherrlichkeit verworfen hat, ist dem Greis verloren. Zur Hellsichtigkeit des Kindes findet er nicht zurück.

Das morgendliche Gehen auf vier Beinen drückt die Verbundenheit mit der Erde wie überhaupt die Zugehörigkeit zur gesamten mitgeschaffenen Wirklichkeit aus. Das Kind liegt in jedem Sinn an der Mutterbrust und im Mutterschoß. Ein einziger Pulsschlag geht durch seinen kleinen Leib und durch den größeren, an den es sich schmiegt. Demgegenüber bedeutet das Sicherheben vom Boden und das Stehen auf nur zwei Beinen Selbstabschließung und Selbstbeschränkung. Der aufgerichtete Mittagsmensch hat seinen eigenen Rhythmus, seine eigene besondere Melodie, die sich von jener der ihn umgebenden Natur disharmonisch abhebt. Will er sich nach vollzogenem Bruch behaupten als der, der er nun ist, dann bleibt ihm nur die Wahl, sich dem allgemeinen Rhythmus hartnäckig zu versagen. Damit aber hat er sich einen Kampf aufgeladen, der seine Kräfte auf die Dauer übersteigt; denn der Rhythmus der Welt ist stärker als der des emanzipierten Menschen. Der Mann kann und wird freilich immer versuchen, der Natur seinen Rhythmus aufzunötigen, die Mächte und Kräfte in seinen Dienst zu zwingen, also die Dämonen zu bannen. Aber endlich unterliegt der vermeintliche Sieger und muß bemerken, daß die scheinbar gebannten Dämonen ihn in ihren Bann gezwungen haben. Wäre es anders, so gäbe es ja kein Alter, so müßte sich nicht der einst aufrechte Mensch abermals der Erde zuneigen. Wer sich mit den Dämonen einläßt, ist ihnen verfallen, und auch der Kämpfer läßt sich mit ihnen ein. Jeder Zauberer beginnt mit der Bannung und Beschwörung der Geister und endet bei dem mit Blut geschriebenen Pakt, in dem er ihnen seine Seele verschreibt. Die ausgeschlossenen, die ausgetriebenen Dämonen kehren wieder zurück, und ihr Rhythmus zerreißt nun den, der sich ihnen entfremdet hat. In den Blutkreislauf gebracht wirkt er wie ein Explosivstoff und sprengt alle Mauern, die die Selbstherrlichkeit um sich aufgerichtet hat.

In der Aszendenz, im Aufsteigen der Morgenwelt sind es die Mächte, in der Deszendenz, im Absteigen der Abendwelt die Kräfte, die so dem Menschen gefährlich werden. Mit jenen kämpft und paktiert der *Magier*, mit diesen der *Techniker*. Beide glauben, die Dämonen sich dienstbar machen zu können, und beide sind am Ende die Betrogenen. Der Magier verfällt schließlich dem Teufel und der Techniker den Naturgewalten, die er bändigen wollte. Nur ein sehr naives Zeitalter konnte wähnen, daß des Feuers Macht Segen bringt, solange es der Mensch bezähmt und bewacht. Der Teufel ist ein gewiegter Falschspieler, er läßt den Partner zunächst einmal gewinnen, um ihn dann hinterher um so müheloser ausplündern zu können. Mit dem Feuer, dem Element der Dämonen, läßt sich kein dauerhafter Bund schließen. Die Errungenschaften der Technik, an denen man sich oft übermütig freut, zeigen erst. später, etwa in der Gestalt von furchtbaren Kriegsmaschinen, ihr wahres und endgültiges Gesicht. Mit den explodierenden Granaten, Bomben und Minen, mit den abgestürzten Flugzeugen usw. geht der Mensch in die Luft, der sie zu seinen Knechten machen wollte. Die Tat des Zauberlehrlings bleibt unwiderruflich. Es gibt leider keinen alten Hexenmeister, der die einmal entfesselten Geister wieder in die Ecke bannen könnte.

Vor den Technikern und Chemikern, vor diesen Magiern des Abends, haben die eigentlichen Magier, die Magier des Morgens, immerhin noch etwas voraus. Für sie ist der feindliche Bundesgenosse, der Teufel, noch eine persönliche Macht, der sie Aug in Aug gegenüberstehen und die sie darum auch ihrer eigenen Persönlichkeit niemals restlos beraubt. Wenn auch der Zauberer sein Menschentum preisgibt, so tauscht er dafür doch wenigstens etwas von der dämonischen Mächtigkeit jener Macht ein, der er sich verschrieben hat. Die blutarmen Magier des Abends aber, die greisenhaften Karikaturen der großen Zauberer von einst verbrüdern sich nur mit dem Anonymen, mit den Unsichtbaren, mit den toten Kräften, und so werden sie auch selbst zu namenlosen blassen Schatten, zu Gespenstern, noch ehe die ungeheure Explosion des Jüngsten Gerichts sie in Atome auflöst.

Der Teufel gibt nichts umsonst. Er läßt sich die kleinste Gabe, den bescheidensten scheinbaren Anfangserfolg sehr teuer bezahlen. Jeder Pakt mit ihm ist ein Vertrag nach dem Prinzip des do ut des. Er will Seelen und immer wieder Seelen. Das wußten die Magier der Frühzeit sehr genau. Darum warfen sie ihren Dämonen Menschenopfer in den offenen Rachen. Aber auch heute ist das nicht anders geworden. Die Dämonen des Abends sind sogar die allergefräßigsten. Nur wissen die modernen Magier freilich nicht mehr, daß sie es mit dem Teufel zu tun haben, und sprechen darum auch nicht von Menschenopfern, sondern von Betriebsunfällen. Der Magier von einst hatte noch etwas vom Priester, der Magier von heute ist nur noch willenloser, ja widerwilliger Henker, der mit verbundenen Augen die Opfer zur Schlachtbank führt. Nicht ohne Grauen kann man an die Tausende von Sklaven und Kriegsgefangenen denken, denen einst auf den Blutaltären Mexikos das Herz aus der offenen Brust gerissen und dem Würgedämon Huitzilopochtli dargebracht wurde, und man merkt nicht, daß jene Geschlachteten doch immerhin noch einen metaphysischen Sinn in ihrem furchtbaren Schicksal sehen durften, während die Hekatomben von heute völlig sinnlos und ziellos hingemetzelt werden, keinem Gott und nicht einmal einem Dämon, sondern bloß jener ganz und gar unpersönlichen Kraft zuliebe, die uns heimtückisch übermächtigt hat, indem wir uns ihrer zu bemächtigen meinten.

Alle Dämonenbannungen und Teufelsaustreibungen sind Selbstbetrug, solange man dem Teufel nichts als sein eigenes Ich entgegenzusetzen hat. Die Welt des Metaphysischen ist einmal da, ob wir sie anerkennen oder nicht, ob wir sie wahr haben wollen oder nicht. Ich kann mich für sie blind machen, indem ich mich selbst in das Zentrum meines Gesichtskreises stelle und dessen Umgebung gewaltsam einschränke, aber zum Verschwinden bringe ich sie damit doch niemals. Im Gegenteil: das Gesichtsfeld verengen heißt gerade den Mächten da draußen einen um so weiteren Spielraum geben. Der so ausgefahrene »unsaubere Geist« kehrt immer wieder zurück in sein altes Haus mit sieben anderen Geistern, die schlimmer sind als er selbst. Der Teufel, den ich los zu sein meine, taucht auf der anderen Seite unvermutet wieder auf, wenngleich in anderer Gestalt und in anderer Maske, vielleicht sogar in einer Maske, die ihn als Teufel gar nicht mehr erkennen läßt, hinter der sich aber trotzdem das Teuflische vervielfältigt hat. So sind auch jene Kräfte, von denen früher die Rede war, die nun zwar unsichtbaren, aber dafür um so mächtigeren Mächte, die Sphinx, die sich vor den Augen des Ödipus selbstmörderisch in den Abgrund stürzt und ihn dann doch, ohne daß er es bemerkt, in sein Verderben hetzt.

Schon die Mächte selbst aber, also die in ihrer teuflischen Gestalt erfahrbaren und sichtbaren Dämonen und nicht erst die wesenlosen Kräfte verdanken ihre Existenz einer Art Selbstblendung des Menschen, nämlich seiner *Selbstblendung für Gott*; denn sie sind ursprünglich gar nichts weiter als die verkehrte und verzerrte, im Vexierspiegel der Selbstherrlichkeit gebrochene *Macht Gottes*. Diese Macht wollten und wollen wir uns nicht gefallen lassen, weil sie unsere eigene Macht in Schranken hält. Darum sehen wir einfach von ihr weg, darum wenden wir unseren Blick gleichsam herum um hundertachtzig Grad und meinen dann, es gäbe keinen Gott. Aber die Macht, die Allmacht Gottes kommt nun auch von der anderen Seite her auf uns zu, sie taucht auf, wo wir sie keinesfalls vermuten, wo wir eben das Nicht Gottes, den Nicht-Gott, den Gegen-Gott suchen, und so trägt sie für uns auch die Züge des Gegengottes, des Widersachers, des Teufels.

Von diesem Teufel, der uns einen heillosen Schrecken einjagt, wenden wir uns freilich abermals ab, und zwar mit dem gleichen Mißerfolg; denn in immer neuer Gestalt steigt die Urmacht vor uns auf, so lange bis am Ende der Dämon auch noch sein dämonisches Gesicht verliert und nur die Kraft allein übrig bleibt. Jetzt glaubt der Mensch den Teufel los zu sein, während er ihn in Wahrheit bloß nicht mehr sehen kann. Der Teufel ist ihm jetzt allzu nahe gerückt, in ihn hinein. Was früher *vor* den Augen stand, hat sich nun sozusagen hinter ihnen einquartiert und innerlich Besitz ergriffen von seinem Leugner.

Zu den grandiosesten Selbsttäuschungen und Irrtümern dieser Art gehört die scheinbare Überwindung des Teufels- und Hexenglaubens durch die Aufklärung im achtzehnten Jahrhundert. Auch hier kam die aus dem Blickfeld verdrängte Dämonie in einer anderen und ungleich gefährlicheren Form wieder zum Vorschein, im Blutrausch der großen Französischen Revolution. So sah dieses über den Hexenwahn erhabene Europa in Wahrheit aus. Der erkennbare Feind war freilich nicht mehr der Teufel, nicht mehr der Inkubus, der mit ekstatischen Weibern Buhlschaft trieb, sondern eine Doktrin, die sich des Menschen bemächtigte, die ihn besessen hielt und ihm als Auswirkung seines eigenen Willens vorgaukelte, was er tatsächlich als blindes Werkzeug in den Händen der Dämonen verrichten mußte.

Man hat leider sehr häufig die aufklärerische Verengung des Gesichtsfeldes, das heißt mit anderen Worten die metaphysische Selbstentmannung und das damit verbundene Unsichtbarwerden der Mächte als ihre Niederringung durch das christliche Ethos des Abendlandes ausgegeben, eine überaus verhängnisvolle Verwechslung. Der Aufklärer starrt unverwandt auf den eigenen Nabel und sieht schließlich nichts weiter als diesen allein. Das ist sein Sieg über die Mächte. Aber genau so hat ja auch schon Adam Gott besiegt, als er selbst wie Gott sein wollte, und die Folge dieses Sieges war, wie wir wissen, der Tod, nicht etwa der Tod Gottes, sondern der Tod des Siegers.

Der Sieg des Christen über die Dämonen sieht ganz anders aus. Der Christ verengt nicht sein Gesichtsfeld, er erweitert es, er macht die Wendung wieder rückgängig, die ihn von Gott und sodann auch von den satanischen Zerrbildern Gottes befreien sollte, solange bis er abermals Gott gegenübersteht. Aus eigener Kraft allerdings käme er dorthin niemals zurück. Nur der Eine, der vom Vater ausgegangen und in die Welt gekommen ist, um wieder die Welt zu verlassen und zum Vater heimzukehren, der den Vater nicht einen einzigen Augenblick lang verloren hat, auch nicht, als er vom Vater verlassen wurde, nur er ist stark genug, diesen Weg zu gehen, die Schraube wieder zurückzuschrauben zu ihrem Ausgangspunkt. Dem Menschen, dem Christen bleibt nur die Möglichkeit, sich von ihm mitnehmen zu lassen, ihm nachzufolgen wie Simon von Cyrene, sein Kreuz auf den Schultern; denn dieser Weg führt über Golgatha. Wer das Leben einmal in der Abkehr von Gott gesucht hat, muß, wenn er sich ihm wieder zukehren will, dieses Leben der Abkehr opfern. Darum weichen die Dämonen nur vor dem Kreuz allein. Es gibt im Kampf gegen sie keine andere wirksame Waffe. Auch Christus selbst konnte nur mit ihr den Sieg erstreiten.

Der falsche Exorzist bannt den Teufel, indem er entweder ihn oder sich selbst *beim Namen nennt*. Den Namen nennen heißt hier zwischen dem Benannten und seinem Gegenüber eine scharfe Grenze ziehen. Der benannte Dämon ist definiert oder gekennzeichnet als der *Andere*, als einer, dessen Verschiedenheit von mir seine Ohnmacht mir gegenüber garantiert; denn Gleiches kann nach einem alten Grundsatz nur auf Gleiches wirken. Genau so kann ich die Grenze aber auch durch Nennung meines eigenen Namens festsetzen. Von dieser Möglichkeit hat Ödipus Gebrauch gemacht, und sie ist seither die Methode des abendländischen Menschen geblieben. Auch *Bilder* sind Namen, die man entweder dem Dämonen oder sich selbst gibt. Die klassischen Griechen haben, den Spuren des Ödipus nachgehend, in ihren Götterbildern tatsächlich gar nicht die Mächte, sondern sich abgebildet und diese Bilder dann den Dämonen entgegengestellt. Andere Völker versuchten den umgekehrten Weg. Sie fingen die Dämonen in Bilder ein und benannten sie auf diese Weise. Ob aber so oder so, der Endzweck bleibt da wie dort der gleiche.

Der Christ, der echte Exorzist nennt weder sich noch den Teufel beim Namen, sondern *ruft den Namen Gottes an*. Es gibt ein Gebot: Du sollst den Namen Gottes nicht mißbrauchen! Das bedeutet: du sollst Gott nicht bei seinem Namen nennen; denn Gott hat dem Menschen seinen Namen offenbart, nicht um von ihm *genannt*, sondern um von ihm angerufen zu werden. »Wer den Namen des Herrn anrufen wird, soll selig werden« (Apg. 2, 21). Christus hat Gewalt über alle Dämonen, weil er in ständiger Anrufung des Gottesnamens lebt, weil er dem Vater gegenübersteht und sich auch in seiner Menschwerdung nicht von ihm abwendet. Vor Gott aber, der kein Bild ist, sondern lebendige Wirklichkeit, werden alle Teufel unwirklich.

Von allen den alten Erzählungen aus der Vorgeschichte hat mich seit jeher nächst dem biblischen Bericht vom Paradies und vom Sündenfall die Ödipussage immer am tiefsten beeindruckt. Hier wie dort ist jeder einzelne Zug wesentlich und gar nichts bloß zufällig. Alles gehört untrennbar zur Sache. Dort in der Paradiesgeschichte wird uns der noch unschuldige, zum Ebenbild Gottes geschaffene Mensch gezeigt, wie er, vor den Schöpfer gestellt, aus eigener, frei gewählter Schuld versagt, hier der bereits gefallene, wie er, vor den Dämonen, vor die gegengöttliche Macht gestellt, sich scheinbar bewahrt, also gerade nicht versagt, sondern die Prüfung besteht, in Wahrheit aber doch nur den einmal beschrittenen Weg des Todes weitergeht, aus dem Verhängnis der im Anfang getroffenen Fehlentscheidung heraus. Dieses zweite läßt sich allerdings nur vom biblischen Bericht her erkennen und verstehen. Der klassische Mensch hingegen, dessen ureigenster Mythos die Ödipussage ist, findet aus dem Konflikt, der sich da vor ihm auftut, niemals heraus. Er muß darum im heroisch-tragischen Pathos seine Scheinlösung suchen.

Warum gibt die Sphinx dem Ödipus gerade ein Rätsel auf, warum zerreißt sie ihn nicht einfach? Und warum lautet die Antwort auf ihre Rätselfrage: der Mensch? Offenbar, weil Ödipus sich selbst vor ihr zum Rätsel wird, weil er seine Existenz in Frage gestellt sieht im Augenblick, da er der dämonischen Macht begegnet. In einer Welt ohne Dämonen wäre das Leben des Menschen kein Problem. Wo es aber Dämonen gibt, dort wird es unverständlich, daß neben ihnen ein undämonisches, also ein ihnen der Art nach entgegengesetztes Wesen bestehen kann. Vor der Begegnung mit der Sphinx war dem Ödipus die Tatsache seines Daseins durchaus nicht rätselhaft, sondern selbst-verständlich, das heißt, er verstand sich selbst, ohne über das Wieso seines Lebens nachzudenken.

Der Mensch, wie er ursprünglich geschaffen und beschaffen war, sah unmittelbar Gott ins Auge, und in diesem göttlichen Auge fand er sich gespiegelt. Die Sphinx aber hat ganz andere Augen als Gott. Gottes Auge blickt ins Herz und bleibt dort haften, sein Blick ist Anrede, ist Wort, das Antwort auslöst; er findet hier seine selbstgewollte Grenze, und so schlägt mein Herz, indem Gott mich ansieht, im Rhythmus seines Herzens. Das Auge der Sphinx hingegen sieht durch mich hindurch, so als ob ich gar nicht da wäre, obwohl es auf mich hinsieht. Und damit ist schon ihr Blick allein eine Frage an meine Existenz, die Frage, ob ich das auch bin, wofür ich mich halte, ja ob ich überhaupt bin. Dieser dämonische Blick findet an mir keine Grenze und keinen Halt, er stößt durch ins Grenzenlose und Wesenlose, er wird mir nicht Anrede und löst darum auch keine Antwort, keinen Gegenblick aus. Wie diese Augen ins Leere sehen, so sind sie auch selbst leer und glasig, mein Blick stürzt sozusagen durch sie hindurch in einen Abgrund ohne Grund. Ich verliere mich in ihnen, die mich nicht sehen, während sie mich doch ansehen, und eben so machen sie mich mir selbst zum Rätsel.

Aber gerade weil die Augen der dämonischen Macht durchsichtig sind und durchsichtig machen, also alles konkret Sichtbare in Frage stellen, fordern sie zur Sichtbarmachung sowohl des Menschen wie auch der Dämonen heraus. Es ist die Angst vor dem bodenlosen Nichts, die Angst vor dem leeren Rätselblick der Dämonen, aus der das Bild geboren wird. Dem Nein soll Trotz geboten werden. Setzt sich der Mensch selbst ein Bild wie das der Grieche, der Abendländer Ödipus tat, dann zwingt er die Sphinx, ihn anzusehen, dann errichtet er dem Nein eine Schranke, dann prallt das Nein auf sich selbst zurück und stürzt in den Abgrund. Der Mensch ist nun scheinbar gerettet, aber doch nur scheinbar; denn dort, wo bisher wenigstens noch die Sphinx war, ist jetzt wirklich gar nichts, und dieses Nichts gähnt ihm als seine neue Welt entgegen. Es verschlingt ihn mitsamt seinem stolzen Bild. Der Mensch hat nichts gewonnen mit einem Leben, um das herum sich nur die unendliche Leere breitet. Gewiß hat er sich in seinem Bild sichtbar gemacht, gewiß kann durch dieses Bild kein Dämon einfach hindurchsehen, so als ob es gar nicht da wäre, aber was nützt ihm alle Sichtbarkeit, wenn nun der verschwunden ist, der das Sichtbare ansehen sollte. Über einen toten Gegner kann man auch nicht mehr triumphieren. Das ist die Rache des Getöteten.

Der andere Weg, den zu gehen man versucht hat, ist der, nicht den Menschen, sondern sein Gegenüber, also den Dämon sichtbar zu machen oder richtiger, seinem Auge die Durchsichtigkeit zu nehmen, dieses Auge so abzubilden, daß es gesehen werden kann und damit gezwungen wird, den, der es ansieht, gleichfalls anzusehen. Der leere, ungreifbare, in die Unendlichkeit sich verlierende Rätselblick der Sphinx soll also gebannt und festgehalten werden. Der so fixierte Blick der Dämonen ist aber noch weit furchtbarer als der ursprüngliche. Jener ging bloß durch mich hindurch, dieser dagegen heftet sich an mich mit dem ganzen teuflischen Haß der aus dem Chaos aufgestiegenen Mächte gegen alles Geformte und Wesenhafte. Er verzehrt und verbrennt, was er ansieht, im Feuer der Hölle. So sind die Bilder der Dämonen immer noch gräßlicher als die Dämonen selbst, oder besser, das Gräßliche kommt erst in ihren Bildern zu seiner ganzen Wirklichkeit. Wer den Teufel an die Wand malt, gibt ihm gerade damit den Leib, den er braucht. Die leibhaftige Sphinx sieht nur hindurch durch den Menschen, sie stellt ihn in Frage, sie stellt ihn vor die Frage: Bin ich oder bin ich nicht? Der Bild gewordene Dämon aber stellt mich nicht nur in Frage, sondern bestreitet mir radikal mein Daseinsrecht. Er hebt mich auf und bleibt allein auf dem Plan. Wie also das Menschenbild um sich herum das leere Nichts schafft, so wird vor dem Dämonenbild umgekehrt der Mensch zum Nichts, und das Ergebnis ist hier wie dort das gleiche.

Das Bildermachen kann der Mensch nicht lassen, selbst wenn sein metaphysisches Auge schon längst erblindet ist, wenn er keine Mächte mehr wahrnimmt, sondern nur noch Kräfte; denn auch gegen sie muß er sich behaupten. Freilich ahnen wir kaum, was wir mit unseren Bildern eigentlich wollen. Daß auch das scheinbar zwecklose Gestalten des heutigen Künstlers, des Dichters, des Malers wie des Musikers noch immer eine Abwandlung jener Ödipustat, jenes Sieges über die Sphinx bleibt, kommt uns nicht mehr zum Bewußtsein. Aber welchen anderen Sinn sollte denn das Kunstwerk haben als den, dem Gestalter Klarheit zu geben über sich selbst, wenn auch vielleicht zuweilen in der Form eines Gerichts über das eigene

Ich. Immer ist es der Mensch, der sich da im Bild zu fassen und zu formen sucht, um so deutlich abgegrenzt zu sein gegen alles, was nicht zu ihm gehört und wovon er sich befreien möchte. Die griechische Kunst erweist sich so nicht nur als eine Möglichkeit neben anderen, sondern als der vollendete Selbstausdruck des um seine Autonomie ringenden Menschen überhaupt, und in ihren Rahmen fügt sich darum die ganze Bildnerei, Dichterei und sogar Denkerei des Abendlandes, gleichgültig ob sie bewußt in klassizistischem Manierismus die Anlehnung an sie sucht oder ob sie umgekehrt aus antiklassizistischem Affekt die glatten Formen zertrümmert.

Anders die außereuropäische Welt der Exoten und Barbaren. Hier geht es wirklich nicht um die Selbstdarstellung des autonomen Ich, sondern um die Bannung von Dämonen. Die Exoten sind unsere andere Seite. Sie meinen mit ihren Bildern das gefährliche Gegenüber, die von außen drohenden Mächte. Sie machen sichtbar und immer sichtbarer, was wir gerade aus unserem Blickfeld verdrängen. Und doch sind, obschon in anderer Gestalt, die gleichen Dämonen auch für uns da. Auch wir bilden ständig als Gegenbilder zu unseren eigenen Bildern die Teufel ab, allerdings ohne zu wissen, daß es Teufelsbilder sind, die wir da schaffen in unseren rational-wissenschaftlichen Systemen oder in unseren Maschinen. Die Maschine verdankt ihr Dasein dem gleichen Urtrieb wie das Dämonenbild irgendeines »Primitiven«, sie ist der Fetisch des weißen Mannes. Hier wie dort sollen an sich feindliche Naturmächte in den Dienst des Herrn der Schöpfung gezwungen, aus gefährlichen Gegnern zu Fronsklaven gemacht werden. In der Frühzeit baute man nicht nur den uranischen, sondern auch den chthonischen Gottheiten Bilder und Altäre, und heute haben wir neben der Kunst die Wissenschaft und die Technik, neben dem Museum, dem Theater und dem Konzertsaal die Fabrik. In jenen ist der Mensch bei sich selbst zu Hause, in dieser bekämpft und bändigt er die ihm fremden Gewalten. Die Fabrik ist der moderne Tempel des chthonischen Gottes, der als Maschine abgebildet und unter ihrer Gestalt verehrt wird. Daß wir davon im allgemeinen nichts merken, hat seinen Grund vielleicht nicht nur in unserer metaphysischen Blindheit. Der christliche

Glaube hat den Geist des Abendlandes mitgeformt und uns dazu erzogen, die Notwendigkeiten des irdischen Daseins im nüchternen Licht ihrer bloßen Vorläufigkeit zu sehen und so die Dämonen zwar nicht von uns, aber, wenn man so sagen darf, vom Reich Gottes her zu entmächtigen. Was sich in der Zeit abspielt, wird unter christlichem Aspekt unwichtig, ja unwirklich. In dem Maß aber, in dem der christliche Glaube aufhört die Weltanschauung zu bestimmen, gewinnt das Diesseitige wieder an Bedeutung. Das religiöse Bedürfnis braucht einen Gegenstand und stürzt sich darum abermals auf die Bilder. Im Notfall betet der Mensch auch die Maschine als seinen Gott an, und an dieser apokalyptischen Grenze des Möglichen artet die Idolatrie in Wahnsinn aus.

Ihr sollt euch nicht Bilder noch irgendein Gleichnis machen, sondern ihr sollt Gott, euren Herrn anbeten im Geist und in der Wahrheit. Im Geist, das bedeutet im vorläufigen Verzicht auf alle Sichtbarkeit, in der Unsichtbarkeit, die aber nicht die Unsichtbarkeit der im Verborgenen lauernden Dämonen ist, sondern die Unsichtbarkeit der Wahrheit selbst, die sich offenbaren wird, wenn die Stunde Gottes gekommen ist.

Wille und Trieb

Die Außenwelt, die ich zu meinem Gegenüber habe, ist meine Grenze, ist die Schranke für mein Bewußtsein und auch für meinen Willen. Je deutlicher ich die mich umgebenden Wesen und Dinge als das Andere erkenne, je klarer sie mir in ihrer Andersartigkeit zum Bewußtsein kommen, um so weniger sind sie mir von innen her bewußt, um so weniger ist ihr Selbst meinem eigenen zugänglich. Darum gilt hier der Satz: *Das äußerlich Bewußte ist das innerlich Unbewußte und umgekehrt.* Was sich meinen Sinnen, meiner Wahrnehmung in der Umwelt darbietet, gehört nicht zu mir, nimmt einen Raum ein, den es gleichzeitig mir verstellt. Aber es ist trotzdem *ein* Raum, in dem ich mich mitsamt all dem anderen vorfinde, es ist *eine* Welt, die mich und mein Gegenüber umschließt. Darum bedeutet Andersheit und Geschiedenheit durchaus noch nicht auch Beziehungslosigkeit. Obgleich sich die Dinge und Wesen, wie ich sie vor mir habe, ihrer objektiven Erkennbarkeit nach dem unmittelbaren Bewußtsein entziehen, stehen sie dennoch mit mir und stehe ich mit ihnen ständig in Verbindung, und was da zwischen mir und ihnen vorgeht, was mich und sie als gemeinsames Leben durchpulst, ist mir mehr oder weniger bewußt, je nach dem Grad, in dem sie selbst mir fremd oder verwandt erscheinen.

Von dieser Regel kann nicht einmal das Verhältnis Gottes, des Schöpfers zu seiner Schöpfung eine Ausnahme machen. Indem Gott schafft, das heißt eine Welt aus sich herausstellt, verzichtet er notwendig aus freiem Willen auf die Unbegrenztheit seines Bewußtseins, seiner Freiheit, seiner Allmacht und seiner Allwissenheit. Gott schafft, heißt, Gott macht sich ein Gegenüber, ein Anderes, das ihn nun genau so beschränkt wie jedes Wesen überhaupt von seinem Anderen beschränkt wird. Gott beschränkt sich also in seinem Schaffen selbst. Was aber beim Schöpfer freiwilliger Akt bleibt, wird beim Geschöpf, beim Menschen zur Gegebenheit. Der Mensch ist von Natur aus beschränkt, die Schranke ist ihm angeboren. Indem er bewußtes Wesen wird um den Preis einer teilweisen Unbewußtwerdung Gottes, kommt er schon mit einem nur relativen Bewußtsein zur Welt, und diese Relativität, diese Grenze stellt sich ihm dar in Gestalt der ihn umgebenden objektiven Wirklichkeit, der »Natur«.

Das menschlich Unbewußte ist so einerseits das Bewußtsein Gottes – denn eben am Schöpfer findet das Geschöpf seine Grenze – und andererseits die Natur als die *Sichtbarkeit dieser Grenze*. Die tiefe Identität beider hat zur Folge, daß das Verhältnis des Menschen zu Gott auch sein Verhältnis zur Natur bestimmt und umgekehrt. Bekennt sich das Geschöpf zum Schöpfer als zu seinem übersinnlichen Urbild, so erfüllt sich der Raum seines Unbewußten mit dem Bewußtsein Gottes. Gott hört auf Grenze zu sein, und damit ordnet sich auch die Natur dem Unbewußten ein, um dort bewußt zu werden. Das ist der Sinn des Gebotes: »Füllet die Erde und macht sie euch untertan!« Der Mensch soll zum *Ebenbild* Gottes werden, er soll das Wissen und den Willen Gottes ganz und gar in sich aufnehmen, so daß nichts in ihm ist, was Gott widerstrebt oder ihm auch nur fremd bleibt. Tut er das, so gliedert sich ihm die übrige Schöpfung wie von selbst ein, sie, die ihm sonst als Grenze erscheint, wird Bestandteil seines eigenen Selbst, wird ihm untertan genau so wie irgendein Glied des Leibes dem regierenden Geist untertan ist. Versagt sich aber der Mensch dem Gott, dessen Ebenbild er sein sollte, dann verfestigt sich die Grenze, dann gewinnt das Unbewußte, das Nur-Gegenständliche in Gestalt der äußeren Natur über ihn Macht und bedroht ihn am Ende auch noch in seinem Bewußtsein.

Die Beziehung zwischen dem selbstbewußten Ich und seinem Gegenüber kann von sehr verschiedener Art sein. Fremdheit und Verwandtschaft, Schweigen und Zwiesprache bezeichnen ungefähr die Möglichkeiten, um die es hier geht. Wo Sprache ist, kann es geschehen, daß sich mein Bewußtsein dem anderen und das Bewußtsein des anderen mir mitteilt, so daß die Grenze zwischen ihm und mir verschwindet. Und die Beziehung, die dann zwischen den Sprechenden besteht, heißt Liebe. Aber es bleibt der freien Entscheidung des bewußten Willens vorbehalten, von der ihm gegebenen Sprache den Gebrauch zu machen, der das Liebesverhältnis herstellt, oder in Stummheit zu verharren.

Der Entschiedenheit für die Liebe oder für die Fremdheit geht so die Entscheidung voraus aus einem Schwebezustand, der noch beide Möglichkeiten offen läßt. Und in diesem Schwebezustand, im Zustand der ihn zum Sprachgebrauch befähigenden Sprachbegabtheit befand sich Adam vor seinem Fall, vor dem Griff nach der verbotenen Frucht. Adam im Paradies war nicht heilig, sondern bloß sündenlos. Aus der Heiligkeit gibt es keinen Abfall, die Sündenlosigkeit aber steht am Scheideweg, steht vor der Wahl zwischen Sünde und Heiligkeit. Hier ist noch alles unentschieden und der Entscheidung gewärtig. Den Unterschied zwischen Bewußtsein und Unbewußtsein gibt es auch vor dem Bruch, nur fehlt ihm da noch alles Schroffe. Was unter der Schwelle des Bewußtseins liegt, ist noch nicht dessen Gegensatz und Aufhebung, sondern nur sein anderer Pol. Tag- und Nachtseite des Lebens stehen einander gegenüber wie *Wachen und Schlafen*. In einem milden Rhythmus, der nichts Peinliches an sich hat, geht das erste in das zweite und das zweite wieder in das erste über. Im Schlaf verliert sich der Mensch nicht, er schöpft vielmehr aus ihm neue Kraft für sein Wachen. Der Schläfer ist den ihm aus der Natur, und das heißt, aus der Hand des Schöpfers zufließenden Strömen offen. Daß sich dieser Empfang der Lebenskräfte im Zustand der Unbewußtheit oder doch wenigstens des herabgeminderten Bewußtseins abspielt, deutet allerdings darauf hin, daß das Geschöpf noch nicht zum Ebenbild des Schöpfers vollendet ist; denn wäre es das, dann müßte gerade sein Teilhaben am Leben Gottes in das Zentrum des Selbstbewußtseins fallen, und dahin zu finden, war ja offenbar die Uraufgabe des Menschen. Hätte Adam auf Gottes Wort wirklich geantwortet, hätte er sich dem Vater als Sohn in schrankenloser Liebe erschlossen, hätte er also, im Bild der Schrift geredet, von der Frucht des Lebensbaumes gegessen, dann wäre er aus einem abwechselnd Schlafenden und Wachenden ein gänzlich und für immer Wachender geworden. Da er aber nicht den Baum der

Liebe wählte, sondern den anderen, den Baum der Scheidung und Unterscheidung, da er sich für jenes Selbstbewußtsein entschied, das ihn zu Gott in Gegensatz brachte, zerbrach ihm auch die Verbindung zwischen Bewußtem und Unbewußtem. Die Polarität von Wachen und Schlafen verschärfte sich zum Widerspruch von Leben und Tod. Was unter der Schwelle des Tages lag, wurde nun zur finsteren Nacht, zum radikal Unbewußten und Ungewollten. Seine unlösliche Verbundenheit mit dem Kreator und der äußeren Kreatur belebte ihn nicht mehr, sondern stellte umgekehrt das von ihm gewählte Leben der Selbstbesonderung in Frage. Gewiß gab es und gibt es auch jetzt noch neben dem Tod den Schlaf und mit ihm eine Art Erinnerung an jenes erste Dasein vor der Entscheidung, aber dieser Schlaf ist nur noch ein ärmlicher Schatten des ursprünglichen, ein Schlaf, der sich nicht mehr im ewigen Wachsein erfüllen kann, dem keine Entscheidungsmöglichkeit mehr gegeben ist, der vielmehr unaufhaltsam und unausweichlich hineinstirbt in den Tod, aus dem es kein Erwachen gibt. Der Schlaf Adams im Paradies hatte die Ahnung des ewigen Lebens in sich, der Schlaf des gefallenen Menschen aber ahnt den Tod, und darum spuken in seinen Träumen bereits die Dämonen, die Gegenspieler Gottes, und suchen das Geschaffene in den Abgrund des Nichts hinabzureißen.

Wie zwischen Wachen und Schlafen, so gibt es auch zwischen innerer und äußerer Wirklichkeit vor der Entscheidung noch keine scharfe Grenze. Was draußen in der Natur geschieht, hat in den Vorgängen des subjektiven Bewußtseins sein Widerspiel. Die Schlange etwa, die da von außen an den Menschen herantritt und ihm die verfängliche Frage stellt, ist gleichzeitig auch die in der eigenen Seele Adams aufsteigende Stimme der Versuchung oder richtiger, der *Ver-suchung* und der *Heimsuchung* in Einem. Die Schlange spricht, das heißt mit anderen Worten: das Unbewußte redet das Bewußte, die Welt des Schlafes redet die Welt des Wachens an, und diese Rede ist zweideutig. Sie will – nur darüber kann kein Zweifel bestehen – erreichen, daß der Mensch aus dem Zustand der Unentschiedenheit heraustritt, daß er durch seine freie Tat an die Stelle des Wechsels von Nacht und Tag ein Bleibendes setzt. Wie Adam diese Forderung versteht, ob als den Anruf Gottes aus dem Licht, das niemals untergeht und also einen ewigen Tag verbürgt, oder als Lockung aus der Finsternis des Abgrundes, das bleibt ihm überlassen. Entscheide dich für das Bewußtsein, entscheide dich für das Wissen, enscheide dich für die Klarheit! Solange es noch das Unbewußte und den Schlaf und die Nacht und die Schlange gibt, ist irgendetwas unvollendet, hat die Schöpfung das ihr von Gott gesetzte Ziel noch nicht erreicht. Aber es gibt freilich zwei Möglichkeiten, sich für das Bewußtsein zu entscheiden: das freie Ja zur Bindung an Gott, und das bedeutet die Aufnahme auch des bisher Unbewußten in das Licht des Tages, oder das Sich-Versagen des selbstbewußten Ich, die Ablehnung aller Bindungen und damit Gottes, den Bruch zwischen Tag und Nacht, zwischen Gut und Böse. Adam wählte den zweiten Weg, er vernahm das Wort der Schlange nicht als Heimsuchung, sondern als Versuchung, er entschied sich für den Tag, so wie er ihn verstand, in seinem Gegensatz zur Nacht und verfiel so, da er als Geschöpf vom Schöpfer trotz allem nicht loskommen konnte, gerade erst recht der Nacht, die er überwunden zu haben meinte.

Hätte Adam sich für Gott entschieden, dann wäre er, der als Gegenüber in seinem eigenen Bewußtsein Gottes Unbewußtsein war, wieder in Gottes Bewußtsein eingegangen, und dann wäre in Einem sein eigenes Unbewußtsein, die Außenkreatur, als deren Repräsentant die Schlange vor ihn hintrat, ihm bewußt geworden. Die Schöpfung wäre vollendet gewesen. Da er aber das Gegenteil tat und sich zu Gott in Widerspruch setzte, riß er auch in sich selbst sowie zwischen sich und der Umwelt die Kluft auf. Gott wurde ihm fremd, und die Natur wurde ihm feindlich. Aus ihr und aus den Tiefen seines eigenen Nachtlebens stiegen die Dämonen auf, mit denen nun er, der nicht lieben wollte, in unversöhnlichem Haß zu kämpfen hatte.

Solange es keinen Tod gibt, der das Leben zerstört und die Harmonie der Schöpfung mit schriller Dissonanz zerreißt, bleibt der Übergang vom Wachen zum Schlafen und umgekehrt ein gleitender. Die scharfe Grenze ist wie überall, so auch hier, unbekannt. Stellt aber einmal der Tod dem Leben sein hartes

Nein entgegen, erscheint das Sein in Frage gestellt durch das Nicht-Sein, so daß schon das Seiende als solches das Mal des Sterbens an sich trägt und also seiner Existenz niemals restlos froh werden kann, dann verschärft sich unvermeidlich auch der Gegensatz zwischen Wachen und Schlafen. Der Schlaf selbst wird dem Tod ähnlicher, er nähert sich der völligen Bewußtlosigkeit, und auch wenn der Schläfer im Traum noch um sein Dasein weiß, haben doch die Bilder dieses Traumes den Charakter des Unwirklichen. Der wieder Erwachte nimmt seine Träume nicht ernst, er hält, was er in ihnen erlebt, für Sinnestäuschungen und Halluzinationen.

Ursprünglich war das zweifellos anders. Warum sollte auch die Wirklichkeit des Traumes an sich weniger wirklich sein als die des Wachens? Selbst heute gibt es noch Naturvölker, die von einem solchen Gradunterschied der Wach- und Traumwirklichkeiten nichts wissen, für die die Welt der Träume genau das gleiche Gewicht hat wie jene des hellen Tages. In der Schöpfung des Anfangs bedeutet Schlafen wahrscheinlich keineswegs, in die Dämmerwelt eines halben Nichts versinken, sondern bloß auf einer anderen Ebene des Daseins stehen, wo die immer gleiche Wirklichkeit, ohne etwas von ihrem Wert zu verlieren, dem Menschen ein verändertes Gesicht zeigt. Schlafen heißt geöffnet sein für das, was außer mir da ist, für Gott und auch für die Natur. Der Schlaf unterscheidet sich vom Wachen wie die Diastole von der Systole des Herzens. Im Schlaf und also auch im Traum wird die Verflochtenheit mit dem Gegenüber intensiver erlebt als die Geschiedenheit von ihm, aber beides ist an sich gleich wirklich.

Der Übergang aus dem Zustand der Wachheit in den des Schlafes hat zwei Seiten. Der Schläfer tritt erstens aus sich selber heraus und in das andere hinein, er erweitert seine Grenzen oder vielleicht besser, diese Grenzen verschwimmen und werden unbestimmt, er breitet sich aus in seine Umwelt, er wird aus dem Nur-Ich auch dieses und jenes, und er läßt zweitens das seinen Grenzen sonst Jenseitige bei sich ein, er erlaubt dem anderen, sich mit dem eigenen Ich zu verbinden. Darum zeigt uns der Traum häufig sowohl Spaltungen wie auch Beziehungen, von denen wir im allgemeinen nichts merken. Im

Traum trete ich mir selbst gelegentlich als ein anderer gegenüber und verschmelze auch wieder mit den anderen zur Einheit. Personen, die ich aus meinem Wachleben kenne, vervielfältigen sich zuweilen. An die Stelle eines einzigen treten zwei oder drei, von denen jeder eine besondere Wesensseite verkörpert. Andere Personen verlieren umgekehrt ihre empirische Geschiedenheit und erscheinen als eine einzige. Das sind Dinge, die fast jeder in seinen eigenen Träumen oft genug erfahren hat, die zu den allgemeinsten Merkmalen des Traumes gehören.

Man fühlt sich leicht versucht, hier an ein bloßes Spiel der Traumphantasie zu denken. Aber was da vorgeht, ist durchaus kein sinnloses Spiel, kein chaotischer Wirrwarr, der lediglich die festgefügte Ordnung der Wirklichkeit zerschlägt, und auch kein zügelloses Schweifen der Einbildungskraft, das willkürlich die Realitäten durcheinanderwirft. Der Traum zeigt uns vielmehr die Welt von einer anderen Seite, und zwar von einer Seite, die ihr genau so wesentlich ist wie die uns aus dem wachen Leben vertraute. Darum ist auch alles, was im Traum geschieht, was wir träumend tun und erleiden, von einer kaum geahnten Bedeutung für unsere gesamte Existenz. Vielleicht haben sogar manche unserer nur geträumten Entscheidungen größere Wichtigkeit als andere, die im Licht des Tages stehen, ja vielleicht ist gerade der Traum das Reich der eigentlich entscheidenden Entscheidungen.

Im Anfang wenigstens scheint das so gewesen zu sein. Es heißt, daß Gott den ersten Menschen in einen tiefen Schlaf versenkte, bevor er ihm die Rippe nahm, um aus ihr das Weib zu bilden. Adam schlief ein, das will sagen, er trat aus sich heraus, er überschritt die Grenzen seiner individuellen Besonderung, er trat sich selbst als ein anderer, als ein zweiter Mensch gegenüber, und dieses Gegenüber war das Weib. Auch die Tiefenpsychologie unserer Zeit weiß noch etwas von ähnlichen Vorgängen im Traum. Nach *C. G. Jung* soll jeder Mann sein Traumweib, seine »anima« haben, also gewissermaßen seine Eva. Als Schläfer, als Träumer ist Adam nicht nur Subjekt, sondern auch Objekt, nicht nur Ich, sondern auch Du, nicht nur er, sondern auch der andere oder die andere. Der griechische Text der Septuaginta setzt an die Stelle des hebräischen »Tardemah«, für

das unsere deutsche Bibel nur den Verlegenheitsausdruck
»tiefer Schlaf« gefunden hat, das viel aufschlußreichere Wort
ἔκστασις, und das heißt seinem ursprünglichen Sinn nach das
»Außersichgeraten«. Adam geriet also außer sich, er ging ein
in die ihn umgebende Natur, und als der in sie Eingegangene
war er nicht Mann, sondern Weib. Aus seinem weiblichen
Gegenüber sah er sich selbst und sah ihn gleichzeitig auch die
Schöpfung, ja sah ihn durch diese hindurch Gott, der Schöpfer
an. Aber – wie wir eben sagten – Schlafen und Träumen
bedeutet nicht nur das Aus-sich-Heraustreten des Schläfers,
sondern ebenso das In-ihn-Hineintreten des Äußeren. Darum
tritt Adam über Eva, vermittelt durch Eva nun auch zu der
ihm bisher fremden Kreatur, die ihm als solche nicht zum
Gegenüber, nicht zum Du werden konnte, in engere Beziehung. Das vorher stumme Tier, die Schlange, wird der Sprache
mächtig und redet das Weib, also den aus sich herausgegange-
nen Menschen an.

Wir verstehen den Bericht der Genesis gemeinhin so, daß
Gott, nachdem er das Weib geschaffen hatte, den Mann wieder
aus seinem Schlaf erweckte, um ihm sodann die fertige Männin
zuzuführen. Das ist aber vielleicht doch ein arges Mißverständnis des Textes, der gar nichts von einem solchen Wiedererwa-
chen Adams erzählt. Es hat vielmehr den Anschein, als ob alles,
was nun weiter folgt, sich in eben dem Schlaf- und Traumzu-
stand abspielte, in dem das Weib entstanden war. Adam träumt,
so dürfen wir annehmen, weiter. Als Träumer wird er vor die
Entscheidung gestellt und als Träumer fällt er schließlich auch in
die Sünde. Gegen diese Auslegung wehrt sich freilich zunächst
etwas in uns, aber doch nur, weil wir uns angewöhnt haben, die
Welt unserer Träume als eine relativ unwirkliche zu betrachten.
Machen wir uns von diesem Vorurteil frei – und wir müssen uns
angesichts der unanzweifelbaren Wirklichkeit jenes urzeitlichen
Traumzustandes von ihm frei machen –, so verliert augenblick-
lich die Vorstellung einer Traumentscheidung und einer Traum-
sünde alles Absurde.

Gott versetzt Adam in Ekstase, das heißt, er versetzt ihn auf
eine Lebensebene innigerer Verbundenheit mit der Kreatur und
mit sich selbst, vermutlich, um ihm so die Entscheidung für den

Schöpfer, die Entscheidung, durch die erst die Welt vollendet werden soll, zu erleichtern. Allerdings war mit dieser Erleichterung auch eine Gefahr verknüpft; denn alle Heimsuchung – und Gott sucht Adam heim, indem er den Träumenden näher an sich heranzieht – ist immer auch schon Versuchung. Die Nähe des Anderen kann mir zum Anlaß werden, mich ihm in Liebe hinzugeben, mich für ihn zu entscheiden, sie kann mich aber auch dazu verleiten, mich in selbstsüchtiger Weise des mir so nahe Gerückten zu bemächtigen. Und Adam tat das zweite. Über das Weib und über die Schlange hinweg griff er nach Gott, um die Göttlichkeit an sich zu reißen, um sich selbst zu vergöttlichen. Hätte er von der ihm gebotenen Gelegenheit den rechten Gebrauch gemacht, dann hätte sich sein Traum zur Wachheit des Ebenbildes in der Ewigkeit Gottes vollendet. So aber verwandelte er sich ihm in die Wachheit der Erkenntnis von Gut und Böse, in die Wachheit der schroffen Gegensätze. Er benützte sozusagen seine Verbundenheit mit Gott, um sich in Gegensatz zu Gott an Gott zu bereichern, und darum wurde ihm der Segen dieser Verbundenheit zum Fluch. Als der Träumer, der er war, blieb er verknüpft mit dem Schöpfer wie mit der Schöpfung, aber nun gegen seinen Willen. Indem er die Göttlichkeit an sich zu reißen suchte, verfiel er ihr. Er wollte ein anderer sein als Gott und doch derselbe. Er verband sich mit Gott und schied sich zugleich von ihm, statt sich im Gegenüber zu ihm zu bekennen und so als das geliebte und wieder liebende Ebenbild in verklärter Geschöpflichkeit dem Schöpfer gleich zu werden.

Das Angesicht des Gottes, dem man bloß verfallen ist, trägt aber nicht mehr göttliche Züge, ja dieser Gott ist überhaupt nicht mehr wahrhaft Gott, sondern nur dessen Zerrbild. Was Adam nach seinem verhängnisvollen Schritt blieb, war bloß die Umwelt, die Natur, das Reich der Beziehungen ohne den lebendigen Beziehungspunkt, und aus diesem Reich sah ihn in dämonischer Verkleidung der Tod an. Seine unverlierbare Abhängigkeit vom Schöpfer stellte sich ihm dar als Macht der Kreatur, der Schlange über ihn, der doch zu ihrem Herrn geschaffen war; und unter der Macht der Natur stehen, heißt sterben müssen. Aber auch dem Schlaf wie dem Traum war jetzt der eindeutig freundliche Charakter des Anfangs genommen. Das Einschlafen wurde zu einem Sich-Verlieren an die Mächte des Kreatürlichen, des fremdartig Anderen, und das heißt zu einem halben Sterben. Der Schläfer, der Träumer versank von nun an in eine Region, der der wache Geist als seinem Wesen ungemäß sich versagt und die für ihn darum auch nicht mehr das Gewicht der Wirklichkeit trägt. Die relative Unwirklichkeit der Traumwelt ist somit Begleiterscheinung ihrer Annäherung an den Tod, an das leere Nichts. In dem Grad aber, in dem diese Traumwelt sich dennoch als unabweisbare Wirklichkeit aufdrängt, gerät der Geist vor ihr in namenlose Angst, offenbart sie sich als der Abgrund, in dem alle Dämonen zu Hause sind.

Der Mensch ist als freies Wesen geschaffen. Dieser Satz enthält einen Widerspruch; denn geschaffen sein bedeutet abhängig sein, Freiheit aber bedeutet Unabhängigkeit, und zwar Unabhängigkeit gerade auch vom Schöpfer. Als Geschöpf bin ich nichts weiter als »Natur«, das heißt eine Wirklichkeit, in der nicht meine eigene Kraft, sondern ausschließlich die des Schöpfers wirkt. Als freies Wesen hingegen bin ich *Person*, trage ich das Gesetz meines Seins und meines Wirkens in mir selbst. Es bleibt das Geheimnis Gottes, wie es möglich war, eine Kreatur mit Freiheit zu begaben, in ihr Abhängigkeit und Unabhängigkeit nebeneinander bestehen zu lassen. Wir können uns den Hergang nur ungefähr so vorstellen, daß Gott etwas von seiner eigenen Allmacht preisgab, um auch dem Geschaffenen eine gewisse Mächtigkeit zu schenken. Der teils freie und teils unfreie Mensch steht aber nun vor der Aufgabe, den Widerspruch in sich aufzuheben. Wendet er sich aus seiner Freiheit heraus dem Schöpfer zu, bejaht er als der Unabhängige den, von dem er gleichzeitig abhängig ist, und damit auch seine eigene Abhängigkeit, so nimmt er diese in die Freiheit des freien Ja hinein und wird ganz frei. Die Natur wird eingeordnet in die Person. Wendet er sich aber vom Schöpfer ab, so kommt er in Konflikt mit seiner unaufhebbaren Abhängigkeit von ihm. Er verneint an sich das, wodurch er als Geschöpf mit Gott verknüpft bleibt, also seine »Natur«. Was aus Freiheit gewollt werden sollte, die Hinwendung auf das göttliche Du, wird ihm zum Ungewollten, zum Inbegriff des nicht zu seinem eigenen Selbst Gehörigen und daher dem bewußten Willen Widerstrebenden, das heißt zum *Trieb*. Aus dem ursprünglichen unentschiedenen Nebeneinander von teilweiser Freiheit und teilweiser Unfreiheit wird der *Gegensatz von Wille und Trieb*, der dem schon mehrfach erwähnten anderen Gegensatz von Bewußtsein und Unbewußtsein, von Person und Natur, von Leben und Tod entspricht.

Bewußtsein, Wille, Person und Leben, das alles hat seinen Ursprung in dem *Geist*, den Gott dem ersten Menschen eingehaucht hatte,. Unbewußtheit, Trieb, Natur und Tod aber sind die Merkmale des ungeformten Stoffes, der *Materie*. Der Geist kann nur leben in Gemeinschaft mit dem Gottesgeist, von dem er herkommt. Versagt er sich dieser seiner Herkunft, so verliert er sich, so verflüchtigt er sich, und übrigbleibt am Ende nur der Ungeist. Der Geist ist das Leichte und Bewegliche, das Schrankenlose, er weht, wo er will, er erhebt sich über sich hinaus, seine Region ist das *Oben*, der Ungeist aber ist das Schwere und Begrenzte, das Gebundene und an das *Unten* Gefesselte. Darum stellt sich uns in der Schwere das Urbild aller Triebhaftigkeit überhaupt dar. Schwer sein heißt abhängig sein, heißt nicht loskommen können von einem anderen, von einem fremden und unpersönlichen, bloß stofflichen Objekt. Die Schwere zieht mich mit unwiderstehlicher Gewalt abwärts zur Materie, aus der Gott den noch nicht mit Geist und Freiheit begabten Erdenkloß bildete, sie zieht mich in das Grab und also in den Tod. Im Trieb zum Tod haben somit alle Triebe, hat die ganze Triebhaftigkeit ihr innerstes Wesen und ihre letzte Wirklichkeit.

Aber freilich ist Trieb da immer nur im Gegensatz zu einem Willen, und zwar zu einem Willen, der bereits aus dem Mißbrauch des Freiheitsgeschenkes kommt, der also im Widerspruch steht zum göttlichen Willen. Sobald der geschöpfliche Wille nur sich selbst will, stößt er an die Schranke seiner Abhängigkeit von Gott. Menschenwille und Schöpferwille prallen feindlich aufeinander, statt sich wechselseitig zu wollen, und so ist es der Schöpferwille selbst, der sich dem Geschöpf als die Macht des Triebes zu erkennen gibt. Indem der Mensch das Oben, den Himmel für sich in Anspruch nimmt, indem er Gott aus dem Bereich seines Bewußtseins und seines Willens verdrängt, kommt die Kraft Gottes von der anderen Seite, von unten, aus der Tiefe herauf auf ihn zu und zieht ihn zu sich hinab. Nicht als ob Gott an sich etwas mit Trieb und Schwere und Tod zu tun hätte – Gott ist und bleibt reiner Geist –, aber der von seinem Ursprung gelöste Menschengeist sieht allerdings den Geist Gottes in solcher Verzerrung, oder richtiger: er, der als Geist sich dem Geist versagt, erkennt im Ungeist, der ihn nun übermächtigt, seine eigene wahre Natur. Der Trieb ist zuletzt nichts anderes als der degenerierte Wille in seiner Eigentlichkeit. Wille, der nicht Gott will, verkehrt sich in Trieb und vermag auch den Willen Gottes nur noch als Trieb, das heißt als blinde unpersönliche Naturmacht zu verstehen. Wie im vollendeten Ebenbild die Abhängigkeit von Gott in die Freiheit zu Gott hineinwächst, so daß alles Freiheit wird, verwandelt sich umgekehrt im rebellischen Geschöpf auch die Freiheit in Abhängigkeit, der Geist in Ungeist, der Wille in Trieb. Das ganze Triebleben des Menschen ist in die unteren Regionen abgesunkener Wille, entgeisteter Geist. Der Wille will, er bleibt Subjekt seines Tuns, der Trieb aber treibt nicht, sondern wird getrieben, von etwas, das außer ihm da ist und über ihn herrscht, ohne daß es als ein wahrhaft konkretes Etwas, geschweige denn als Person zu fassen wäre. Der Getriebene ist außer sich, so sehr, daß er nicht einmal weiß, von wem er getrieben wird, ja daß es überhaupt ein Jemand ist, der ihn treibt.

Ebenbildlicher wie überhaupt persönlicher Wille ist immer wechselseitiger, immer *antwortender* Wille. »Nur als der vom Willen des anderen Gewollte und als der ihn wieder Wollende verstehe ich einen Willen wahrhaft als solchen« (s. Verf.: »Die christliche Botschaft im Wandel der Epochen«, S. 8). Ohne ein wollendes und gewolltes Gegenüber ist echter Wille gar nicht da. Das Phänomen des Willens läßt sich darum niemals nur psychologisch erklären oder auch nur fassen. Mit dem Akt des Wollens ist auch schon das mich wieder Wollende gegeben. Wenn aber der Wille zu einem unechten, bloß subjektiven, zu einem introvertierten und reflektierten Willen wird, der sein Gegenüber, seinen Partner verliert, dann sinkt das Moment der persönlichen Bezogenheit an ihm, also sein wesentlicher Antwortcharakter ins Unbewußte ab. Die Antwort, das Wiederwollen ist jetzt Funktion nicht mehr des Bewußtseins, sondern des Triebes. Dieser hält den Zusammenhang mit dem Gegenüber aufrecht, den der Wille verloren hat.

Geschöpfliches Leben kann es nur in Beziehung zum Schöpfer geben. Der Mensch existiert wie *von* Gott, so auch *zu* Gott. Das ist eine Wahrheit, die unmittelbar einleuchtet, und aus ihr ergibt sich eben, daß auch alles menschlich Persönliche an die Person Gottes gebunden bleibt. Versucht sich das Leben als Sonderleben zu behaupten, abgelöst von dem, zu dem hin es geschaffen wurde, so verströmt es sich ins Leere, und dieses Sich-Verströmen oder Sich-Verlieren ist dann bloß die andere Seite, die Nacht-Seite der isolierten Selbstbehauptung. »Wer sein Leben sucht, der wird es verlieren.« Das auf sich gekehrte Leben zerrinnt, von Gott abgewendet, in den Tod. Die Selbstsucht enthüllt sich als Selbstverlust. Wille und Trieb sind so im Letzten ein und dasselbe in verschiedener Beleuchtung. Es ist der nicht mehr antwortende und darum mit sich uneins gewordene Wille, der unbewußt seinen Tod will, indem er bewußt sein Leben zu wollen meint. Der Wille, der sich selbst will und kein ihm gemäßes Gegenüber mehr hat, sondern nur noch ein Ich, ist in dialektischer Umkehrung der Trieb, der kein Ich mehr, sondern nur noch ein Anderes hat, das ihn treibt. Aber diesem Anderen fehlt, da es ja gleichfalls außerhalb der lebendigen Wechselbeziehung von Wort und Antwort steht, die Persönlichkeit, es ist nur noch blinde Naturmacht oder stellt sich mir wenigstens als solche dar.

Der ungebrochene lebendige Wille zum anwesenden Gegenüber hat als Zeitform die *Gegenwart*. Er will etwas, das bereits vorhanden ist und das ihn wieder will. Er strebt nicht hinaus über das Gegebene. Der losgelöste, ichbezügliche Wille jedoch sucht seine eigene Vollendung in der Abwesenheit des Anderen, in einem nicht oder noch nicht verwirklichen Zustand des wollenden Selbst, also in der *Zukunft*. An der Verwirklichung dieses Zieles aber hindert ihn die ja keineswegs überwundene, sondern bloß ins Unbewußte abgedrängte Bindung an sein Gegenüber, die nun die Form des Triebes angenommen hat. Und was sich dem Drang in die Zukunft widersetzt, was sozusagen als Gegenteil der Zukunft in Erscheinung tritt, ist die *Vergangenheit*. Darum gehört die Vergangenheit ebenso zum Trieb wie die Gegenwart zum ungebrochenen und die Zukunft zum isolierten Willen. Die Beziehung zum Anderen und das heißt im letzten Grund zu Gott ins Unbewußte abdrängen bedeutet, die Gegenwart Gottes sowie den eigenen Ursprung aus Gott in die Vergangenheit verlegen, wo sich dann freilich dieser Ursprung gerade nicht mehr als Gottgeschaffenheit und Gottge-wolltheit, sondern als ein bloßes Entstandensein aus der dem Trieb entsprechenden unpersönlichen Naturmacht zu erkennen gibt. Ich will in die Zukunft und ich muß in die Vergangenheit, ich will das Leben und ich muß in den Tod, das ist die Zwie-spältigkeit, das ist das Verhängnis des Willens, der mit seinem per-sönlichen Gegenüber auch sein persönliches Zentrum verloren hat.

Da der Wille a priori antwortender Wille ist, läßt sich keine einzige Erscheinung – sei es des abgespaltenen Willens oder des Triebes – aus subjektiven Regungen allein ableiten, vielmehr muß der urbildliche Wille des Schöpfers immer und vor allem mit in Rechnung gestellt werden, das heißt, es gibt *keine Psychologie ohne Gott*. Der Wille, der sich selbst bejaht, sich und nichts anderes will, verneint Gott, und diese Gottverneinung erst macht ihn als das, was er ist, verständlich, läßt ihn seinem eigentlichen Wesen nach erkennen. Und genau so findet auch der Trieb seine Erklärung nur aus der ungewollten Bindung des sich selbst Wollenden an Gott. Wenn also auch der Wollende oder Getriebene nichts von diesen Bindungen und Beziehungen weiß, sondern in seinem Wollen allein zu stehen und in seinen Trieben lediglich einer unpersönlichen Macht verhaftet zu sein glaubt, so kann sich doch das Rätsel seines Glaubens nur lösen, wenn er als Irrglaube aufgedeckt und damit der ausgeschaltete Gott wieder eingeschaltet wird. Die Geheimnisse der menschlichen Seele, des Wollens, des Fühlens und des Erkennens, lassen sich nicht entschleiern, solange man nicht von der Urtatsache ausgeht, daß der Mensch ein Geschöpf ist und daß zum Geschöpf auch der Schöpfer gehört, und zwar als seine Daseinsbedingung in jeder Hinsicht. Der Einzelne kann darauf vergessen, daß er von Gott geschaffen ist, aber damit vergißt er eben die Wahrheit, und somit gibt es für ihn auch keine Möglichkeit, innerhalb der Grenzen dieses Vergessens so etwas wie Wahrheit wiederzufinden.

Die früher aufgestellte Formel: »Das äußerlich Bewußte ist das innerlich Unbewußte und umgekehrt« gilt im radikalen Sinn nur für das bereits zerbrochene und im bedingten Sinn für das noch unentschiedene Bewußtsein, nicht aber für die vollendete Ebenbildlichkeit. Hier fallen vielmehr äußere und innere Bewußtheit zusammen. Je lebendiger, je wesentlicher, je persönlicher das Gegenüber, um so weniger ist es zwar sachlich begreifbar, aber um so mehr unmittelbar erfahrbar, so daß einer wahrhaft lebendigen Umwelt ein Ich entspricht, dessen bewußte und unbewußte Schichten sich nicht von einander trennen lassen, bzw. in dem ein Unbewußtes überhaupt nicht vorkommt. Man könnte auch sagen: Das Eigenbewußtsein des Gegenüber gibt hier dem Ich seine Fülle und macht es gerade damit zu einem im höchsten Sinn Bewußten, das freilich von durchaus anderer Art ist als das autonome Subjekt; denn dieses hat zu seinem Gegenbild, und zwar zu seinem *gewollten* Gegenbild das Unlebendige, Unwesentliche und Unpersönliche. Nicht das Bewußtsein, sondern der Wille hat den Primat, er ist es, der die äußere wie die innere Wirklichkeit so formt wie sie sich dem Bewußtsein darbietet, und der Wille, der nur sich selbst will, kann nichts anderes wollen, ja sein Ziel ist geradezu der Tod, das Nicht-Sein des Anderen. Darum schafft er sich zwangsläufig eine den leeren Formen des Nichts, dem leeren Raum und der leeren Zeit angeglichene und der mechanisch-mathematischen Kausalität unterworfene Dingwelt. Um als Ich allein leben zu können, muß er das Nicht-Ich töten. Mit der Außenwirklichkeit verfällt jedoch das Subjekt des autonomen Willens gleichfalls dem Tod, sofern es mit jener verknüpft bleibt, es wird am Ende auch zu einem willenlosen, nur noch getriebenen Objekt in der Unendlichkeit von Raum und Zeit.

Die vollendete Autonomie ist so nichts anderes als der Trieb selbst, der im Trieb zum Tod sein eigentliches Wesen und seine Erfüllung findet.

Das autonome Bewußtsein ist *definierendes* Bewußtein. Es definiert vor allem sich selbst und damit auch alles übrige. Das ebenbildliche Bewußtsein dagegen definiert nicht, sondern *symbolisiert*. Wie es sich im persönlichen Gegenüber und dieses wieder in der eigenen Person, so findet es jede Erscheinung ohne Ausnahme in jeder anderen gespiegelt, nicht so zwar, daß alle Einzelheiten schließlich zu einer einzigen Einheit verschmelzen, aber doch so, daß jedes zu jedem in lebendiger Wechselbeziehung steht, daß alles seine Existenz hat im niemals abgesprochenen Gespräch mit allem. Die Rede aus Wort und Antwort und nicht die blinde Kausalität stellt die Beziehungen her. Außer diesem symbolisierenden Bewußtsein gibt es allerdings auch ein symbolisierendes Unbewußtsein, und zwar als den eigentlichen dialektischen Gegenpol des definierenden Bewußtseins. Definition und Symbol verhalten sich in ihrer Polarität zueinander genau so wie Wille und Trieb; denn es ist ja eben der Wille, nämlich der autonome Wille, der das Bewußtsein zur Definition veranlaßt, und es ist der Trieb als die undefinierte und undefinierbare Kehrseite der Autonomie, der unter der Schwelle des Ich mit eben dem verschmilzt, wovon sich der Wille durch die Definition abscheidet. Während aber im symbolisierenden Bewußtsein des Ebenbildes jede Erscheinung durch jede andere *ausgedrückt* wird oder sich in ihr spiegelt, wie wir sagten, ist im symbolisierenden Unbewußtsein jede Erscheinung im rein negativen Sinn aufgehoben. Dort deutet das Einzelne in seiner besonderen Gestalt auf den Schöpfer hin, der alle Gestalten aus sich entläßt, hier dagegen auf den absoluten Nullpunkt, den absoluten Schwerpunkt, der alles in sich vernichtet. Das dem ebenbildlichen Bewußtsein entsprungene Symbol zerstört die Mannigfaltigkeit nicht, sondern gibt im Gegenteil jeder Einzelheit ihren unersetzlichen und einmaligen Eigenwert, die Symbolik des Triebes jedoch entwirklicht alle Eigenart in einer wesenlosen Identität. Von dieser Art ist etwa die ganze Symbolik der sogenannten Naturvölker, ja sogar mancher Kulturvölker wie etwa der

Inder. Im Gegensatz zur europäischen Zivilisation wird hier nicht das definierende Bewußtsein, sondern das symbolisierende Unbewußtsein für das Weltbild bestimmend. Alles erscheint hingeordnet auf einen letzten Beziehungspunkt, dem aber das Moment des Persönlichen durchaus fehlt und der daher als leerer Rachen des Nichts das Wirkliche verschlingt.

Bewußtsein haben heißt seiner selbst inne sein und auch des Anderen, sich äußern und wahrnehmen, geben und empfangen, reden und hören. Subjekt und Objekt, Ich und Du sind hier ursprünglich gleichberechtigt und gleich unentbehrlich. Solange das bewußte Selbst diese Gleichberechtigung anerkennt, erscheint ihm sein Gegenüber in persönlicher Gestalt, als echtes Du. Geht es ihm aber bloß um die eigene Existenz, will es nur sich äußern und nicht wahrnehmen, nur empfangen und nicht geben, nur reden und nicht hören, dann wird ihm das Andere aus einem Zweck zum reinen Mittel, zum Gegenständlichen, an dem es sich reflektiert, aus einer Person zur leblosen Sache und verliert jeden Eigenwert. Die Selbstherrlichkeit des Ich bedingt vor allem eine Art Hypertrophie des Rede-Bewußtseins, wogegen das Hören in die Region des Unbewußten absinkt. Der Mensch wird taub, er ist nicht mehr aussprechbar, bzw. er ist ansprechbar nur noch in den Schichten, wo er seiner selbst nicht inne werden kann. Reden und Hören treten also auseinander genau so wie Wille und Trieb. Der autonome Wille ist der Wille dessen, der nur redet und nicht hört, der sein Gegenüber zum Schweigen verurteilt oder wenigstens verurteilt zu haben glaubt. Tatsächlich aber hat sich an dem Gegenüber gar nichts geändert, es ist geblieben was es war, es hat auch von seiner persönlichen Redegewalt nichts verloren. Verändert hat sich nur der Träger des autonomen Willens. Er hat sein eigenes Hören ins Unbewußte abgedrängt, und dort ist er nun das, wozu er das Andere gemacht zu haben meint, nämlich der zum Hören Verurteilte, der nicht mehr reden kann, der dem Trieb Verfallene. Adam, der auf Gott nicht hören wollte, der sein Ohr dem Wort Gottes verschloß, öffnete sich eben damit dem Wort der Kreatur, der Schlange. Oben über der Schwelle zwischen Bewußtsein und Unbewußtsein war er nun der nur Redende, der alles außer ihm niederredete und zum Verstummen zwang, der die Melodie der Schöpfung allmählich in das mechanische Ticktack einer Totenuhr verwandelte, darunter aber mußte er selbst verstummen als der seiner Sprache beraubte, willenlose und gehorsame Sklave der ihn übermächtigenden Mächte des Abgrundes.

Schaffen heißt das Unterschiedlose aufspalten. Gott scheidet das Licht von der Finsternis, die Wasser über der Feste von den Wassern unter der Feste, das Land vom Meer usw. Und was diese Scheidung oder Gliederung bewirkt, das Trennen im Aufeinanderbeziehen, ist der Geist Gottes selbst. Wendet sich die Schöpfung in ihrem Haupt, dem Menschen von Gott ab, so verliert sie den Geist und sinkt in das Chaos, und dieser Zerfall bedeutet vom Geist her gesehen Atomisierung des Geistigen, ein Nebeneinander von zahllosen Minimalgeistern, die einander ebenso ausschließen und auszuschließen suchen wie das Ganze Gott augeschlossen hat. Das Ergebnis ist eine Masse von Punkten, die nur noch mechanisch aufeinander bezogen sind. Von der Materie her gesehen hingegen stellt sich der gleiche Prozeß dar als das Ineinanderfließen des Gegliederten zu einer amorphen Einheit, als die Aufhebung aller Unterschiede. Während unter dem ersten Gesichtspunkt jedes Atom, wir könnten auch sagen jedes Individuum, sich zu behaupten und gegen alle übrigen scharf abzugrenzen sucht, wodurch es aber unvermeidlich der weiteren Atomisierung verfällt (Turmbau zu Babel!), wird hier umgekehrt jeder Selbstbehauptungswille aufgegeben. Das Endresultat jedoch bleibt hier wie dort das gleiche, nämlich der völlige Verlust des Geistes. Die beiden zunächst scheinbar so verschiedenen, ja nach diametral entgegengesetzten Richtungen verlaufenden Wege treffen sich also schließlich doch im gleichen Ziel.

Im Bewußtsein isoliert sich der Einzelne, im Trieb wird die Isolierung wieder rückgängig gemacht, und das zwar um so gründlicher, je größer die Energie ist, die der autonome Wille zum Zweck der Selbstisolierung aufwendet. Der Wille löst die Gemeinschaften auf, der Trieb stellt sie wieder her, aber in einer dumpfen bewußtlosen Form, deren einzige Funktion es ist, das Individuelle zu zerstören. An die Stelle der gegliederten Gemeinschaft tritt die Masse, das Kollektiv. Auch das Kollektiv hat einen Geist, aber dieser Geist ist nicht sein eigener; denn er geht *als Geist* weder in das Ganze noch in irgendeines seiner Atome ein, sondern bleibt außerhalb und lenkt von dort her in unkontrollierbarer Weise alles, was geschieht. Er ist wohl eigentlich der Geist Gottes, des Schöpfers, den die Schöpfung aus dem Blickfeld verloren hat, aber eben der Geist des *fremden* Gottes und also ein fremder Geist, ein Geist, dessen Geistigkeit sich nicht erfahren läßt. Darum wird das Handeln des Kollektivs von Vorstellungen beherrscht, über die sich die Einzelnen, also die Individuen, die atomisierten Subjekte des autonomen Willens innerhalb der Masse niemals Rechenschaft ablegen können. Sie denken nicht, sondern *es* denkt mit ihnen, und dieses Denken des Es ist gar kein Denken im eigentlichen Sinn des Wortes, kein geistiger Vorgang, sondern das konkrete Geschehen, der Vollzug der Triebhandlungen selbst, an deren äußerstem Rand nur noch zuweilen etwas dem Denken Ähnliches schwach aufleuchtet, ein dumpfes Ahnen des Schöpfergeistes in dem allmählich verlöschenden Bewußtsein der gottentfremdeten Geschöpfe.

Das Unbewußtsein des Einzelnen könnte vielleicht auch als Kollektiv-Bewußtsein und der Trieb des Einzelnen als Kollektiv-Wille definiert werden, aber das doch nur mit allem Vorbehalt; denn echtes Bewußtsein wie echter Wille bleibt immer an die Person gebunden, und das Kollektiv, die Masse als solche ist niemals Person. Wie der autonome Wille den Wollenden vereinzelt, so läßt der mit ihm unlöslich verbundene und ihm dennoch entgegengerichtete Trieb umgekehrt alles Einzelne aufgehen in eine Allgemeinheit, in ein unpersönliches »Wir«, dessen Quantität dem Grad der Unbewußtheit des Triebes direkt proportional ist und das zu seinem Gegenbild eine unpersönliche Naturmacht hat, der das Moment der Persönlichkeit im selben Ausmaß abgeht wie dem betreffenden Wir. Das heißt: der Trieb oder, was das nämliche bedeutet, der kollektive Wille ist im Grunde gleichfalls Naturmacht. Das Kollektiv wird demnach nicht von einem ihm immanenten

Bewußtsein, sondern von einem allgemeinen *Gesetz* bestimmt, woraus folgt, daß die Geschichte einer entpersönlichten Masse eigentlich gar nicht mehr Geschichte im prägnanten Sinn des Wortes genannt zu werden verdient; denn sie hat nichts mehr mit Geist oder mit Entscheidungen zu tun. Die Freiheit als das kennzeichnende Merkmal des im echten Sinn Geschichtlichen gegenüber dem bloßen Naturprozeß spielt in ihr keine Rolle mehr. Wenn sich etwa ein zum Kollektiv gewordenes Volk wie die Mongolen unter Tschingiskhan über andere Länder und Völker ergießt, alles, was ihm in den Weg kommt, vernichtend und niederbrennend, so ist das ein Vorgang, der sich in nichts mehr von einer Überschwemmung oder von einem Vulkanausbruch unterscheidet.

Da es immer ein und derselbe Mensch ist, der einerseits als autonom Wollender mit aller Energie seine individuelle Selbstherrlichkeit erstrebt und andererseits als der dem Massentrieb Verfallene hineingerissen wird in die Dynamik der blinden Naturmacht, so bricht in ihm ein peinlicher Zwiespalt auf, den zu lösen er unter allen Umständen wenigstens versuchen wird. Solange ich noch *relativ* in Ordnung bin, habe ich zwar den Konflikt zwischen Willen und Trieb auszuhalten, aber ich bewahre mein Selbst durch die klare Scheidung beider, ja ich bin überhaupt ein Selbst nur, indem ich den Zwiespalt ertrage, ohne entweder den Trieb durch den Willen zu vergewaltigen oder umgekehrt mich auch in meinen Wollungen dem Trieb zu überantworten. Tue ich aber dieses zweite im Hinblick auf den Kollektivcharakter des Triebes, das heißt identifiziere ich mich bewußt mit dem Willen der Masse, so ist das Ergebnis einer solchen Synthese eine nicht nur naturgesetzlich, sondern magisch-dämonisch bestimmte Wirheit, nämlich ein von einem bösen und zerstörerischen Triebwillen geleitetes Kollektiv, das die Vernichtung des Persönlichen rauschhaft bejaht und genießt. Wir denken hier an den Rausch, an die »Begeisterung« vor allem des Revolutionärs, der mit Wollust untertaucht in eben der Masse, die ihn aufhebt, und zwar aufhebt auch als den, der immerhin noch berauscht und begeistert sein kann. Er rast wie gegen jedes andere, so auch gegen das eigene Ich. Alle Revolutionen haben ihren Kultus, und in dessen Mittelpunkt steht, ob man um seinen kultischen Charakter weiß oder nicht, immer das *Menschenopfer.* Das Wir formt sich aus zu einer überindividuellen Pseudoperson, die weder wahre Person noch auch bloße Masse, sondern ein eigenartiges Zwitterding aus beiden, nämlich das Ebenbild und Gegenbild einer metaphysischen Dämonie ist. Solche Dämonien sind die Götter aller magisch-religiösen Völker, aber auch die verschiedenen Ideologien moderner Prägung, die scheinbar gar nichts mit Religion oder Magie zu schaffen haben. Hier wie dort begeistert sich der Einzelne tatsächlich an der eigenen Vernichtung, an der eigenen Hinopferung auf dem Blutaltar des unersättlichen Götzen.

Weil es die Verengung, ja die Selbstaufgabe des persönlichen Bewußtseins und Willens ist, durch die Massenrevolutionen ausgelöst und hervorgerufen werden, sind die Initiatoren gerade der furchtbarsten dieser Katastrophen relativ unbedeutende Männer; denn die Bedeutendheit eines Menschen bemißt sich nach dem Umfang seines persönlichen Bewußtseins. Diese Revolutionsgrößen sind mehr Getriebene als Treibende, mehr Besessene als Besitzende und das um so deutlicher, je massenhafter die von ihnen aufgewühlte Masse ist. Das gleiche gilt natürlich auch von den bloß Geführten. Sie sind Mitläufer, ohne an dem, was da mehr mit ihnen als durch sie geschieht, wirklich beteiligt zu sein. Beteiligtheit drückt nämlich die Teilhaberschaft des Geistes aus. Wo aber Naturmächte entfesselt werden, hat der Geist nicht teil an den durch sie hervorgerufenen Katastrophen. Führer und Geführte sind so gleicherweise willenlos Geopferte, freilich Geopferte infolge einer Schuld, nur eben einer Schuld, die noch weit vor der Entscheidung für den revolutionären Umsturz gesucht werden muß. Der Umsturz selbst entzieht sich bereits der Entscheidungsmöglichkeit, so etwa wie der Tod eintritt als Folge der Sünde, ohne doch in der Sünde schon gewollt zu sein. Wer mit unbestechlichem und von Ressentiment freiem Gerechtigkeitssinn über jene Männer urteilt, die als Massenführer in großen Revolutionen für alle verübten Greuel verantwortlich zu sein scheinen, wird zugeben müssen, daß von einer Verantwortlichkeit im radikalen Sinn hier eigentlich nicht mehr die Rede sein kann. Für das nun Geschehende ist tatsächlich kein Mensch unmittelbar verant-

wortlich, was aber allerdings nicht ausschließt, daß alle ohne
Ausnahme verantwortlich sind für die nun geltende allgemeine
Verantwortungslosigkeit.

Wir können von hier aus übergehen zur Prüfung des anderen
Versuchs, mit dem Konflikt zwischen dem Einzelnen und der
Masse fertig zu werden, nämlich des Versuchs, den Kollektiv-
trieb vom Willen her zu unterdrücken und zu vergewaltigen.
Solange wir das Böse zu überwinden trachten, indem wir es
außer uns bekämpfen, fehlt uns noch die Grundvoraussetzung
für alle echte Überwindungen: die *Selbsterkenntnis*. Der
Mensch müßte erst einmal zu der Einsicht kommen, daß die
objektiven Widrigkeiten seines Existenzbereiches niemals etwas
anderes sind als die Antworten auf eine Fragwürdigkeit in ihm
selbst, nämlich in dem Teil seiner Gesamtperson, dessen eigener
Konflikt sich in den Gegensätzen da draußen spiegelt. An sich
selbst bemerkt jeder immer nur, was in das Licht seines
Bewußtseins fällt. Alles übrige verlegt er unbedenklich ins
Objekt, in die Außenwelt; denn objektiv sein ist, wie wir schon
wissen, nur ein anderer Ausdruck für unbewußt sein. Am
Nebenmenschen aber, der von vornherein objektiv ist, wird
ihm das Unbewußte sehr wohl ansichtig, und zwar eben das
Unbewußte, das mit seinem eigenen durchaus korrespondiert.
So muß es schließlich dahin kommen, daß jeder jeden anderen
für schuldig und sich allein für unschuldig hält. Jeder glaubt
sich, das heißt sein eigenes bewußtes Ich vom anderen her
bedroht und merkt nicht, daß die Bedrohung in Wahrheit aus
den eigenen Tiefen kommt, aus den verborgenen Regionen, in
welchen sich der autonome Wille selbst widerspricht. Dieser
Wille, der sich als bewußter isoliert, versteht nicht nur alles
bloß Triebhafte naturgesetzlich, er ist es auch, der die Naturmacht, die Kollektivmacht entfesselt. Das autonome Bewußtsein trägt also tatsächlich die Schuld an der Entfesselung und
weiß sich doch für sie niemals verantwortlich; denn es ist gerade
dadurch als dieses besondere Bewußtsein gekennzeichnet, daß
es seine eigene andere Seite nicht kennt, daß es sie aus dem
Blickfeld verloren hat. So wie schon Adam nach dem Fall das
Weib und dieses wieder die Schlange verantwortlich machte,
schiebt der autonome Mensch überhaupt die Schuld an al-

lem, was durch seine Selbstisolierung und die damit verbundene Entgeistigung der Wirklichkeit aus den Fugen gerät, auf einen Sündenbock außer sich oder auf den blinden Zufall. Sein Bewußtsein kreist immer nur um den kleinen Bezirk, auf den es sich beschränkt hat, und kann nicht sehen, daß durch diese Selbstbeschränkung das Draußen zur furchtbaren feindlichen Macht geworden ist. Um nur ein sinnfälliges Beispiel zu geben: Das Bewußtsein befaßt sich etwa in der eigenen engen Zelle, in der die Lampe des Geistes so freundlich brennt, mit scheinbar ganz harmlosen chemischen Experimenten, aber das vielleicht ungewollte Ergebnis dieser Experimente sind Explosivstoffe, die ganze Städte in die Luft fliegen lassen. Je enger die Zelle, in die sich der Einzelne verkapselt, um, von der übrigen Welt ungestört, nur sich selbst zu leben, um so weiter der Raum, der nun dem Teufel zur Verfügung steht. Und eines Tages wird dann der Teufel seinen Weg doch auch in die Zelle finden und hier in seiner besonderen teuflischen Weise dem seinen Dank abstatten, der ihm die Welt überantwortet hat.

Wir haben das eben angeführte Beispiel durchaus nicht von ungefähr gewählt. Es ist wirklich so, daß alles, was der autonome menschliche Geist, der *Intellekt*, ersinnt und gestaltet, im Kern lebensfeindlich ist, mag es scheinbar auch noch so gut gemeint sein, und sich darum letzten Endes gegen ihn selbst kehren muß. Die Kriegsmaschinen, die Giftgase, die Explosivstoffe usw. sind das notwendige und nicht bloß beiläufige Endergebnis einer Wissenschaft und einer Technik, die ihren Ursprung im isolierten reflektierenden Bewußtsein, im Willen zur Selbstherrlichkeit hat, also der Wissenschaft und der Technik, die wir ganz eindeutig meinen, wenn wir diese Ausdrücke gebrauchen. Wir kennen ja auch kaum eine andere. Die Kriegsmaschine entspricht dem Erfindergeist genau so wie der Trieb zum Tod dem vom Schöpfer abgelösten Willen zum Leben, ja sie ist gar nichts weiter als der Gestalt gewordene Todestrieb selbst. Als man die ersten Flugzeuge konstruierte und baute, hatte man zweifellos zunächst vor allem die Vorteile der neuen Erfindung für den Weltverkehr im Auge, aber erst im Bombenflugzeug offenbarte sich ihr wahres Gesicht. Hier kam zum Vorschein, was die Erfinder, ohne sich dessen bewußt zu sein, tatsächlich wollten oder richtiger, was sie nicht wollten, wozu sie aber als vermeintlich Wollende getrieben wurden. Als der Pariser Arzt Guillotin seine Köpfmaschine erfand, meinte er es gewiß auch gut mit der Menschheit, und doch wurde dann die Guillotine zu einem Instrument des Massenmordes. Man sollte sich die Symbolik dieses Vorganges einmal klarmachen. Zum Wohl der Menschheit läßt sich nichts erfinden; denn der Erfindergeist steht von allem Anfang an im Dienst des Untergangs, er ist der Geist jenes Tieres, das nach Off. 13 aus der Erde aufsteigt, um dem Tier aus dem Meer, das heißt aus der Tiefe des Chaos Macht und Sprache zu geben, er ist Geist im Dienst des die Urordnung der Schöpfung zerstörenden Triebes.

Wir haben bisher das Verhältnis zwischen Willen und Trieb in der Hauptsache als einfachen Widerspruch zu fassen versucht. Damit ist aber die eigentliche Tiefe des Problems noch gar nicht getroffen. Die ganze Schärfe des Konflikts kommt vielmehr erst dann zum Vorschein, wenn der Wille in seinem Vollzug nicht nur die eigene, sondern auch die Richtung des Triebes bejaht, wenn er den Trieb zu seiner eigenen Angelegenheit macht und darum notwendig mit sich selbst, also nicht nur mit einem ihm bewußt entgegenstehenden Anderen in Widerspruch gerät. Es ist ja doch, was man niemals vergessen darf, das gleiche Ich, das sowohl als Subjekt des Willens wie auch als Objekt des Triebes in Frage steht, oder noch genauer: es ist der Willensakt selbst, der den Trieb auslöst, weshalb aufs Letzte gesehen Wollen und Getriebenwerden geradezu in Eines zusammenfallen. Indem ich will, werde ich getrieben, ich als der Wollende bin der Getriebene, und damit erweist sich unter dem Aspekt des Willens der Trieb, das Gegenteil des Willens selbst als das Gewollte. C. G. Jung hat diese Tatsache einmal mit den Worten ausgedrückt: »Je mehr nämlich die bewußte Abstraktion die Beziehung zum Objekt einschränkt, desto mehr entsteht dafür im Unbewußten ein Verlangen nach dem Objekt, welches sich im Bewußtsein schließlich als eine zwanghaft sinnliche Bindung ans Objekt äußert« (»Psychologische Typen«, S. 133). Diese zwanghaft sinnliche Bindung ist aber auch im Bewußtsein durchaus nicht nur Zwang, sondern wird unter Umständen gerade hier als Lust versprechende Lockung erfahren und demgemäß von demselben Willen, der sie seiner Natur nach ablehnen muß, bejaht.

Wir müssen, um das ganz zu verstehen, nochmals auf den Ursprung der Wille-Trieb-Spaltung zurückgreifen. Als Ebenbild Gottes hat der Mensch bestimmungsmäßig die Richtung auf Gott hin, so wie umgekehrt Gott die Richtung auf sein Ebenbild hin. Der Urwille oder vielleicht richtiger der vollkommene Wille ist daher extravertiert, und nur so in diesem seinem Hingerichtetsein auf den Schöpfer empfängt das Geschöpf in ununterbrochenem Zustrom immer aufs neue sein Leben. Wendet hingegen der Mensch sich dem eigenen Selbst zu, sucht er wollend dieses in der Absonderung, so gerät er unvermeidlich in Konflikt mit seinem Urwillen; denn nun will er sich gerade nicht, indem er sich bewußt will, weil ja die Introversion Negation, nämlich Abscheidung von der Lebensquelle bedeutet. Als der sich bewußt Wollende will er sich also unbewußt nicht. Und dieses unbewußte Sich-nicht-Wollen ist der im Gegensatz zum zentripetalen Willen zentrifugale Trieb. Immerhin bleibt eine letzte Erinnerung an den extravertierten Urwillen, dem nun der zentrifugale Trieb entspricht, bestehen, so daß dieser von dorther trotz allem einen gewissen Gewolltheitscharakter behält und nicht einfach restlos in die Nacht des Unbewußten absinkt. So wird aber das Nicht-Gewollte gleichzeitig auch gewollt. Ebenso schwingt umgekehrt im Willen zum isolierten Ich stets eine leise Ahnung von dessen faktischer Todgerichtetheit mit, weshalb hier wieder das Gewollte gleichzeitig auch nicht gewollt wird. Es ist die ursprüngliche Einheit von Willen und Trieb, die so auch noch in der Entzweiung erhalten bleibt, nur daß sie sich jetzt nicht als Konsonanz, sondern als Dissonanz zu erkennen gibt.

In der Vertauschbarkeit der Vorzeichen findet die eigentümliche Dialektik von Willen und Trieb ihren Ausdruck. Unter gewissen Gesichtspunkten wird Willensinhalt, was sonst Triebinhalt ist und umgekehrt. Der Urwille will Gott und damit auch schon den Willen Gottes, der mich will. Das macht seine Vollendung aus, das gibt ihm den Charakter der Ungebrochenheit. Der Wille zu Gott aber wird als erster »verdrängt«, so daß er sich zum Trieb verkehrt, während sich nur der selbstherrliche Wille als Willen versteht. Von jener früher erwähnten Erinnerung an den Urstand her jedoch kann der Wille unter Umständen gerade wollen, daß nicht das eigene Selbst gewollt wird, und dann erfährt er die gleiche Verdrängung, die der Wille zu Gott bereits erfahren hat. Der Urverdränger, der egoistische Wille gerät selbst gleichfalls in die Triebsphäre, und wir könnten das, was ihn dorthin abdrängt, den *moralischen* Willen nennen. Daraus ergibt sich, daß nicht jeder sogenannte Trieb sich auf den ersten Blick in extravertierter oder zentrifugaler Gestalt darstellen muß. Es gibt sehr wohl auch egoistische Triebe. Bedingungslos extravertiert ist nur der *Urtrieb*, das heißt der als erster in Trieb verwandelte Wille des Geschöpfes zum Schöpfer. Im weiteren Verlauf des Abspaltungsprozesses werden jedoch auch die egoistischen Willensregungen verdrängt und damit in Triebe umgesetzt. Aber – und das ist hier das Entscheidende – alle diese Verdrängungen finden, wie unegoistisch und moralistisch sie sich auch selbst verstehen mögen, ausnahmslos im Interesse einer potenzierten und differenzierten Eigenmächtigkeit statt. Man beherrscht etwa seine allzu offensichtlich egoistischen Wünsche, weil man gelernt hat, daß sie im sozialen Leben schaden können, daß sie das Ansehen der Person vor den Mitmenschen beeinträchtigen oder auch, weil man vor sich selbst als Gerechter dastehen möchte. Daraus folgt, daß jeder Trieb, mag er auch noch so egoistisch sein, gemessen an dem Willen, der ihn verdrängt hat, immer noch relativ unegoistisch ist. Darum erscheint uns die Dirne oder der Zöllner zweifellos sympathischer als der Pharisäer. In der Hurerei und Dieberei verbirgt sich immer noch mehr Liebe, das heißt ein immer noch größerer Rest vom Urwillen zu Gott als in der kaltherzigen Gerechtigkeit.

Der Trieb schillert zwischen Wert und Unwert. Er ist sowohl das relativ Höhere wie auch das relativ Niedere, das Höhere nämlich als das, was er vor seiner Verbannung in die Region des Triebhaften war oder genauer, was er *und* der von ihm nun getrennte Wille *gemeinsam* waren vor ihrer Spaltung, das Tiefere hingegen als das vom Willen Abgelöste und der klaren Bewußtheit Beraubte. In erster Hinsicht ist er das Göttliche, in zweiter aber, sofern er nämlich als das, was er nun ist, in das Licht des Bewußtseins gestellt wird, das Teuflische. Einerseits appelliert er an die Erinnerung und wird so zur Aufforderung, die Harmonie des Anfangs wieder herzustellen, andererseits verführt er den Willen, sich in genießerischer Weise gleichfalls der Nacht und dem Chaos hinzugeben.

Die Verflochtenheit von Willen und Trieb auch noch in ihrem Gegensatz zeigt sich vielleicht nirgends deutlicher als im erotischen Verhältnis, weil hier die Liebe, das heißt der Wille zum Du, die Richtung auf die geliebte Person ständig durchkreuzt wird von der Sucht nach dem subjektiven Genuß. Als bloßes Genußobjekt wird der Andere zum bloßen Mittel herabgedrückt und also negiert, als unerläßliche Voraussetzung des Genusses jedoch bejaht, und zwar bejaht gerade als Person, als Selbstzweck; denn nur so und niemals als tote Sache kann er überhaupt Voraussetzung dieses besonderen Genusses sein. Eine Speise etwa läßt sich eindeutig zum Genußobjekt machen, sie ist für den Genießer wirklich nichts weiter als bloßer Gegenstand, der Geschlechtspartner aber muß, um als solcher erlebt werden zu können, Person sein und damit eben nicht das reine Mittel, zu dem ich als Genießer ihn herabdrücke. Das erotische Verhältnis, die sinnliche Liebe hat so von allem Anfang an den Widerspruch in sich. Sie führt nicht nur zum Konflikt, sondern ist selbst schon der Konflikt schlechthin, und zwar in ihrer Wurzel. Niemand kann eindeutig feststellen, wo hier der Wille aufhört und der Trieb beginnt; die schärfsten Gegensätze sind zu einer unauflöslichen und dennoch disharmonischen Einheit verbunden. Gewollt wird das Sein des Geliebten und doch auch sein Nicht-Sein, sein Leben und doch auch sein Tod, und ebenso umgekehrt das Leben wie auch der Tod des Liebenden selbst. Dieser Konflikt läßt sich weder durch schrankenlose Befriedigung des Bedürfnisses noch durch asketische Enthaltsamkeit jemals beseitigen; denn im ersten Fall wird unausweichlich ein Unwert mitbejaht und im zweiten genau so unausweichlich ein Wert mitverneint, und zwar gerade der Wert oder der Unwert, um den es in allen wesenswichtigen Entscheidungen des menschlichen Lebens geht; denn die Urtatsache, daß der Mensch zum Ebenbild Gottes, zum persönlichen

Gegenüber der ewigen Person geschaffen ist, macht für ihn das Verhältnis von Person zu Person zu dem Problem, das zu lösen ihm aufgetragen ist. Daraus erklärt sich auch die Tatsache, daß man immer und überall in der sündigen Liebe das Urbild der Sünde überhaupt gesehen hat. Es gib keine rein sinnliche Liebe zwischen Menschen. Wo der Mensch ist, ist auch der Geist, und der Geist schließt die Alleinherrschaft des Triebes aus. Wird der Trieb gewollt, so wird er vom Geist gewollt, also von der Instanz, die sich von Natur aus dem Trieb oder besser dem Getriebenwerden widersetzt. Es muß so notwendig zum Konflikt kommen, die innere Widersprüchlichkeit des vom Schöpfer abgekehrten Geschöpfes muß offenbar werden.

Solange Wille und Trieb, wie das ja gewiß auch häufig genug vorkommt, einander nur in ihrer Ausschließlichkeit bewußt gegenüberstehen, ist der Zwiespalt wohl peinlich, aber noch nicht dämonisch. Die Dämonie zeigt sich erst dort, wo im Zwiespalt die ursprüngliche Einheit aufscheint und der Wille darum selbst in der Bahn des Triebes läuft, das bedeutet, *wo der Tod nicht geflohen, sondern gesucht wird*. Nun ist wieder wie ursprünglich ein gemeinsames Ziel da, nur steht dieses Ziel jetzt unter der Dominante des Triebes, und das heißt des Todes. Der willensmäßig Getriebene will, indem er triebbejahend sein Leben will, den Tod. Vor seinem süchtigen Auge verschmelzen Leben und Tod in Eines, aber in Eines, das dennoch die Unmöglichkeit wahrhaft Eines zu sein, deutlich erkennen läßt, und dieses Ineinander von Unvereinbarkeiten, von Abstoßung und Lockung, von Tod und Leben ist das Dämonische.

Das Wiederaufsteigen des ins Unbewußte abgedrängten Triebes in die Willensregion und der sich daraus ergebende Konflikt zwischen Wollen und Nicht-Wollen auf einer Ebene führt zu jenen Erscheinungen, die der modernen Psychologie unter dem Namen des »Komplexes« geläufig sind. Der Pharisäer, der gerecht und das heißt mit anderen Woren selbstlos sein will, gerade indem er sich in der denkbar selbstsüchtigsten Weise bespiegelt und gegen seine »ungerechten« Mitmenschen abgrenzt, ist der typische Komplexträger. Hier taucht der gewaltsam unterdrückte Egoismus als das Nicht-Gewollte abermals im Bereich des Willens auf, und dieser Widerspruch ergibt schließlich einen seelischen Krampfzustand, der alle Merkmale einer Erkrankung, ja einer Art Besessenheit aufweist. Ähnliche Erscheinungen lassen sich sehr häufig bei Personen, vor allem bei Frauen beobachten, die, etwa aus der Not eine Tugend machend, ihre geschlechtlichen Regungen nicht wahr haben wollen und dann doch gerade in ihren bewußten Willenshandlungen, scheinbar bestimmt von ethischen Motiven, deutlich ihre sexuelle Getriebenheit verraten. Der daraus resultierende Krampf ist aber keineswegs bloß eine gelegentliche kuriose Einzelerscheinung an besonders veranlagten abnormalen Individuen, sondern die Urkrankheit des von Gott abgefallenen und damit das eigene Ich zugleich wollenden und nicht wollenden Menschen überhaupt, ja in seiner äußersten Zuspitzung die Höllenqual der Verdammten.

Die Ablösung des Willens vom Trieb vollzieht sich nicht einfach in Form einer zunehmenden Verschärfung des Gegensatzes. Der Vorgang ist viel komplizierter, er verläuft nach den Gesetzen einer dialektischen Antithetik in der Weise, daß immer das letzte den Konflikt bedingende Gegensatzpaar, also Thesis und Antithesis zugunsten einer scheinbaren Synthesis ins Unbewußte abgedrängt werden. So gerät, wie wir schon zeigten, auch der ursprünglich relativ naive Egoismus gleichfalls in die Triebregion, während das Bewußtsein die bekannte Stufenleiter des dialektischen Prozesses emporklettert, so wie das die nachkantische Philosophie mit *Hegel* an der Spitze umständlich genug dargestellt hat, allerdings in der Meinung, es handle sich dabei wirklich um einen synthetischen Prozeß, während in Wahrheit gerade die Analyse, nämlich die Selbstzersetzung des Bewußtseins hier ihren Fortgang nimmt. Zwischen dem verdrängten Komplex und dem verdrängenden Willen muß es am Ende abermals zu einem Konflikt kommen, aus dem dann ein neuer und noch peinlicherer Konflikt erwächst.

Auf zwei Wegen hat die Psychotherapie versucht, den Patienten von seinen Komplexen zu befreien. Allgemein bekannt ist die von *Siegmund Freud* und seiner Schule befolgte Methode. Hier wird dem unter dem Krampfzustand Leidenden zunächst einmal der Grund seines inneren Konfliktes aufgewiesen. Der Komplex wird analysiert, das heißt in seine Trieb- und

Willenskomponenten zerlegt, so daß der Patient die von ihm zu einer Scheineinheit verknüpften Gegensätze als Gegensätze, als Unvereinbarkeiten erkennt. Dieser erste Schritt führt freilich noch nicht zur Heilung; denn der Kranke will ja doch eben den Gegensatz selbst überwinden. Der zweite und eigentlich entscheidende Schritt muß darum den Ausgleich des Widerspruchs bewirken, und dieses Ergebnis sucht man zu erreichen, indem man das vom Trieb eigentlich Erwünschte dem Willen als Ziel anbietet. Mit anderen Worten: Der Patient wird aufgefordert, zu bejahen und zu wollen, was er bisher verneint und abgelehnt hat, also etwa die Realisierung seiner geheimen sexuellen Wünsche. Es kann kein Zweifel darüber bestehen, daß sich auf diese Weise zunächst einmal wirklich eine wenigstens scheinbare Heilung erreichen läßt. Der Krampf wird tatsächlich gelöst, aber das allerdings nur um den Preis der Auslieferung des Willens an den Trieb, des Bewußtseins an das Unbewußte, des Geistes an den Ungeist. Der geheilte Mensch ist sozusagen unter das menschliche Niveau herabgestiegen, das er als Kranker, wenn auch unter Leiden, immerhin noch zu halten vermochte. Er ist z. B. aus einem mit seiner Unkeuschheit verzweifelt ringenden Keuschen zum eindeutig Unkeuschen geworden. Er hat sich der zentrifugalen Fremdkraft unter Aufgabe der zentripetalen Eigenkraft unterworfen. Er leidet vielleicht nicht mehr, aber er hat doch nur für sein bewußtes Leiden eine dumpfe Gesundheit eingetauscht. Und wenn man sich diesen »Gesundungsprozeß« in der eingeschlagenen Richtung fortgesetzt denkt, so kommt man schließlich an einen Punkt, wo das Bewußtsein überhaupt erlischt, nämlich an den *Todespunkt*. Der im Sinn dieser Therapie absolut Gesunde ist also eigentlich der Tote, und darum kann es auch gar nicht überraschen, wenn Freud am Ende im *Trieb zum Tode* geradezu die Urwillensrichtung des Menschen zu finden meinte.

Der zweite Weg wurde von *C. G. Jung* und etlichen anderen Tiefenpsychologen eingeschlagen. Die Analyse erfolgt grundsätzlich in der gleichen Weise wie bei Freud. Der Unterschied zwischen den beiden Methoden wird erst in der Therapie deutlich. Während Freud den bewußten Willen auf den Trieb verweist und ihn veranlaßt, sich mit diesem zu identifizieren, fordert Jung den Willen auf, sich aus dem Konflikt herauszuheben, also gleichsam eine dritte Position über den beiden miteinander in Widerspruch geratenen zu beziehen. Das aber ist nichts anderes als die Einleitung jenes synthetischen oder pseudosynthetischen Prozesses, von dem wir eben früher gesprochen haben. Auch hier mag es zunächst zu einer Art Heilung kommen, vorausgesetzt, daß der Patient überhaupt die Kraft aufbringt, den von ihm geforderten Schritt über sich selbst hinaus zu tun. Die Methode hat überdies vor der anderen zweifellos so viel voraus, daß sie die Geistigkeit und Würde des Menschen nicht nur nicht in Frage stellt, sondern gerade umgekehrt von ihr Bewährung verlangt. Trotzdem aber kann auch sie zu keiner wahren und endgültigen Heilung führen; denn wie wir schon sagten, der neue Zwiespalt, der ja gerade durch die Beziehung der dritten Position aufbricht, muß schließlich wieder einen Konflikt und also auch einen Komplex erzeugen, der eine weitere Behandlung nötig macht und so fort ad infinitum oder richtiger nicht ad infinitum, sondern bis zu dem Punkt, wo der sich immer mehr isolierende Geist an seiner Einsamkeit stirbt und gewissermaßen den Kältetod erleidet, so wie der sich nach dem Rezept Freuds dem Trieb hingebende gleichsam den Feuertod stirbt. Endet die Weisheit Freuds notwendig beim *Trieb zum Tode*, so kommen wir hier zu einem *Willen zum Tode*, zu einem Sich-Entwerfen auf den eigenen Tod als heroisches Willensziel, wie wir es etwa aus der Philosophie *Martin Heideggers* kennen.

Wir sagten gegen Ende des ersten Kapitels, daß man entweder den Dämon oder sich selbst im Bild zu fassen versucht, um der Infragestellung der eigenen Person durch den Rätselblick der Sphinx zu entgehen. Dieser gleiche Unterschied besteht auch zwischen den psychotherapeutischen Methoden Freuds und Jungs. Jung ist der typische Abendländer, der griechische Mensch, der die Dämonen entschlossen bekämpft, der ihnen, so wie Ödipus, das eigene Bild, den eigenen Namen entgegenhält. Freud hingegen ist der Orientale, der Exote, der Magier, der dem Dämon ein Bild setzt, seinen Namen anruft und ihn anbetet. Zum Tod führen, wie wir gesehen haben, beide Wege. Ob man mit Freud sich dem Verdrängten hingibt oder mit Jung die Verdrängung abermals verdrängt, das Ende ist hier wie dort das Ende des Lebens, das nur im geschlossenen Kreis des bewußten Willens zum mich wollenden persönlichen Willen des Anderen bestehen kann.

Die Psychologie begeht den Kardinalfehler, daß sie nur den subjektiven Faktor des ganzen Phänomens in Rechnung stellt und demgemäß auch alles Objektive auf ihn reduziert, also für subjektiv bedingt im Sinn einer bloßen Projektionserscheinung hält. Die Außenwelt ist für sie eine konstante Größe, die durch ihre Spiegelung im Subjekt eine immer nur scheinbare Abänderung erfährt. Das bedeutet aber, daß der Psychologe selbst ganz und gar Subjektivist, einseitiger Bewußtseins- und Willensmensch ist, für den die Gespaltenheit von Willen und Trieb zu den Grundvoraussetzungen der Existenz gehört. Er versucht, die ihm nur psychologisch verständlichen Krankheitserscheinungen auch auf psychologischem Weg zu beheben, er will die Wurzel eben der Krankheit, die es zu heilen gilt, als Medizin gegen dieselbe Krankheit verwenden, er glaubt, die erkrankte Seele in ihrem Gefängnis heilen zu können, statt zu erkennen, daß der Mensch krank ist, weil ihm das ihm angemessene Gegenüber, der Willenspartner, der liebende Geliebte und das heißt im letzten Grund Gott fehlt. Die andere Person aber kann sich niemand selbst geben, sie kann ihm auch nicht durch einen Dritten, also durch den Arzt oder den Psychologen gegeben werden, sondern muß vielmehr aus dem eigenen freien Willen in Erscheinung treten. Das heißt: der einzige Arzt, der hier wirklich helfen kann, ist Gott und die einzige Medizin die Offenbarung.

Götter und Dämonen

Wie Gott sein wollen, das bedeutet, seine Abhängigkeit vom Schöpfer und seine Zugehörigkeit zu ihm verleugnen und verdrängen, die Augen schließen vor dem, dessen Ebenbild man sein und in dessen ewigen Augen man sich spiegeln sollte. Das Auge, das sich vor Gott einmal verschlossen hat, kann sich ihm aber nicht mehr nach Belieben wieder öffnen; denn es gewöhnt sich allmählich an die Nacht und verliert damit die Fähigkeit, das Licht des Tages zu sehen, so wie alle Organe und alle Glieder schließlich verkümmern, wenn sie nicht ihrer Bestimmung gemäß gebraucht werden. Wer Gott nicht mehr sieht, weil er ihn nicht sehen will, vergißt ihn und vergißt mit ihm auch sich selbst als das Geschöpf dieses vergessenen Schöpfers. Der zerbrochene, der nach Willen und Trieb aufgespaltene Mensch hat seine eigene Ganzheit vergessen, er weiß nichts mehr von ihr oder hat sie doch nicht mehr deutlich im Bewußtsein. Er ist sich selbst je ein anderer als der, der will und als der, der getrieben wird. Aber er ist sich freilich nicht nur ein anderer, sondern auch derselbe. Solange wir überhaupt noch leben, kann unser Vergessen gar kein vollkommenes sein; denn leben heißt seine Identität bewahren. Neben allem Vergessen bleibt darum immer auch noch ein Rest an Erinnerung erhalten, und zwar eine Erinnerung an die eigene Einheit wie auch an ihr sie bedingendes Gegenüber, also an Gott. Allerdings ist dieser bloß erinnerte oder besser, erinnerte *und* vergessene Gott – denn kein Erinnern ist ohne Vergessen – nicht mehr der gegenwärtige und wirkliche und wahre, sondern nur ein blasses und vielfach verzerrtes Abbild von ihm, das unserer eigenen Verzerrung und Bewußtseinstrübung entspricht. Wille und Trieb geraten, so sagten wir früher, in Konflikt, nicht so sehr, weil sie Gegensätze sind, sondern vielmehr, weil sie in und trotz ihrer Gegensätzlichkeit als der Wille und der Trieb dieses einen mit sich selbst identischen Wesens doch auch wieder zusammenfallen. Sie sind zwei und nicht zwei, sie schließen einander aus und ein, das heißt eben ihre Einheit ist vergessen und erinnert zugleich. Und diese Zwiespältigkeit, dieses Gemenge aus einem Entweder-Oder und einem Sowohl-als-Auch gibt allen Gottesvorstellungen, allen Gottesbildern des mit sich selbst zerfallenen Ebenbildes ihr besonderes Gepräge.

Gott nimmt sich anders aus, je nachdem ob er durch das Medium des autonomen Willens, durch das des reinen Triebes oder endlich durch das der Ineinanderverwobenheit beider wahrgenommen wird. Im ersten Fall wird er zum bloßen Abbild des seine eigene Göttlichkeit wollenden Menschen, im zweiten zur blinden Naturgewalt, im dritten aber zu einer zwischen beiden schillernden persönlich-unpersönlichen, wirklich-unwirklichen, göttlich-dämonischen Macht. Das Dämonische ist das im Blickfeld des halberblindeten metaphysischen Auges mit sich in Konflikt geratene Göttliche als das Gegenbild des mit sich zerfallenen Bewußtseins, die disharmonische Einheit von Erinnertem und Vergessenem. Vergessen ist Gott sowohl für das autonome Bewußtsein wie auch für das Unbewußtsein. Dort wird sich der Mensch selbst zu dem einen Gott, neben dem es keine anderen Götter gibt, hier weicht alles Göttliche und Persönliche einer leeren abstrakten Kausalität. Wo aber beide ineinander übergehen, vermischt sich das Persönliche mit dem Unpersönlichen, das Metaphysische mit dem Natürlichen, die Lebensmacht mit der Todesmacht, das Licht mit der Finsternis, das Erinnerte mit dem Vergessenen, aber doch nur so, daß mit der Einheit jeweils auch der Widerspruch in Erscheinung tritt, weshalb es niemals zu einem reinen Bild, sondern immer nur zu labilen, proteusartig sich wandelnden Zerrbildern kommen kann.

Diese Zerrbilder des Göttlichen sind sehr verschieden, je nachdem ob in der Vermengung von Willen und Trieb im Wahrnehmenden der eine oder der andere den Primat hat, ob sich der Wille den Trieb unterwirft oder ihm umgekehrt dienstbar wird. Regiert der Wille und grenzt er sich scharf ab gegen alles Triebhafte, so nähert sich das Erinnerungsbild Gottes mehr der Gestalt des selbstbewußten Menschen. Der Tag, das Licht, der Himmel, das Leben, ja die Liebe sind dann die Attribute dieses Gottes oder dieser Götter. Hat sich aber der Wille in die Knechtschaft des Triebes begeben, dann werden die metaphysischen Mächte zu Teufeln, die der Nacht, der Finsternis, dem Abgrund, dem Tod und dem Haß verschwistert sind. So tritt das Göttliche dem Bewußtsein innerhalb dessen eigener Dialektik entgegen sowohl in *uranischer* wie in *chthonischer* Gestalt, verkörpert in guten und in bösen Göttern, in Genien und Dämonen. Alle Übergänge sind hier weniger scharf, solange die Erinnerung noch relativ lebendig bleibt. Da haben die Götter dämonische und die Dämonen göttliche Züge. Beide gehören eigentlich zum gleichen Geschlecht, sie sind nur feindliche Brüder wie etwa die Olympier und die Titanen, und von manchen, wie von Dionysos oder von Poseidon, läßt sich kaum mit Sicherheit sagen, ob er nun ein Gott oder ein Dämon ist. Später aber, wenn das Vergessen immer mehr und mehr die Erinnerung zu ersticken droht, verschärft sich der Widerspruch, die Götter werden immer menschlicher, die Teufel immer teuflischer, bis am Ende dem ganz und gar zu seinem eigenen Gott gewordenen Menschen die völlig entzauberte Natur gegenübersteht. Nun, da das Auge völlig erblindet und der metaphysische Sinn gänzlich erstorben ist, gibt es weder Götter noch Dämonen.

Gott ist der Schöpfer Himmels und der Erde, der das Licht von der Finsternis, den Tag von der Nacht scheidet, und als solcher geht er auch in die Erinnerung ein, aber eben in die Erinnerung eines Geschöpfes, für das sich die einstige Polarität von Schlafen und Wachen in den Widerspruch von Leben und Tod verwandelt hat. Nun ist der Tag dem Leben und die Nacht dem Tod zugeordnet, das heißt, ihre Harmonie ist zerstört, ihr Zusammenhang ist zerbrochen, und mit ihnen zerbricht für die Erinnerung auch die Einheit des Schöpfers, der sie, indem er sie geschieden, doch gleichzeitig auch verbunden hatte. Gott kann wohl in Einem der Gott der Wachenden und der Träumenden, aber er kann niemals zugleich der Gott der Lebendigen und der Toten sein. Dem Adam, der vom Baum der Erkenntnis gegessen und zwischen Gut und Böse zu unterscheiden gelernt hat, zerfällt alles in diesen Gegensatz, auch sein Wissen um Gott. Gott ist für ihn einmal der, dem er sein Leben verdankt und der ihn auch jetzt noch immer am Leben erhält, ohne den er nicht wäre, und also trotz allem ein guter Gott, aber er ist für ihn nun doch auch der andere, an dem er seine Grenzen findet, der es ihm unmöglich macht, sein überschwengliches Ziel zu erreichen, dessen Allmacht sich ihm in den Weg stellt, ja an dem er zuletzt unausweichlich zerschellen muß, und das heißt, ein böser Gott. Beide können nicht als einer gedacht werden, und ebenso wie im Hinblick auf ihn, den Menschen, so stehen sie auch zueinander in Widerspruch. Der böse Geist ist der Feind nicht nur des Geschöpfes, sondern auch des guten Gottes, des Himmels- und Licht-Gottes. Von unten herauf droht er alles zu vernichten, was auf der Erde und was über der Erde wohnt. Die Zweigötterei ist darum die eigentliche Urform aller natürlichen Religion, und sie bleibt immer der letzte Schluß der Weisheit, die im Denken Adams, im Unterscheiden zwischen Gut und Böse ihre Wurzel hat, sie ist die Urhäresie, gegen die sich der Glaube an die Offenbarung, in der der eine ungeteilte Gott den Menschen anredet, mit aller Entschiedenheit wehren muß und auch von Anfang an gewehrt hat, wie etwa der Kampf *Augustins* gegen die *Manichäer* zeigt.

Der Gott oder die Götter des Lichts, die den sich über der Erde wölbenden Himmelsraum, die obere Hemisphäre bewohnen, sind dem autonomen Willen, dem Bewußtsein, die anderen, die das nächtliche Reich unter dem Kreis des Horizontes bevölkern, dem Trieb und dem Unbewußten zugeordnet. Jene Himmelsgötter sind mehr oder weniger immer Abbilder des Menschen. Man könnte geradezu sagen, sie setzen sich zusammen aus einer göttlichen und einer menschlichen Hälfte, sie sind einerseits wirklich metaphysische Mächte und andererseits doch bloße Erzeugnisse der Einbildungskraft. Dasselbe gilt freilich auch von den Göttern oder Dämonen des Abgrundes, nur mit dem Unterschied, daß hier die Einbildungskraft ihren Beitrag sehr gegen den eigenen Willen leistet, aber sie kann nicht anders; wo sie sich Götter des Lichtes erdichtet, muß sie gezwungenerweise Götter der Finsternis mit erdichten. In jenen möchte der Geist gern sein eigenes Ebenbild finden, in diesen findet er es tatsächlich. Sie, die Feinde der Lichtgötter, sind die wahren Spiegelbilder dessen, der sich zum Feind des ewigen Lichts gemacht hat. Die Ahnung davon wird der Mensch auch niemals ganz los, auch nicht im zweideutigen Glanz der Olympier, und darum drohen diese ständig selbst umzuschlagen in ihr eigenes Gegenteil, sich unversehens in Dämonen zu verwandeln, aus deren Teufelsaugen den Anbeter sein Verhängnis anblickt. Zeus und Pluto sind tatsächlich ein und derselbe. Das sollen übrigens auch die Mysterien der Demeter von Eleusis gelehrt haben, allerdings ohne sich der Furchtbarkeit dieser Entdeckung bewußt zu werden; denn man sagte wohl nicht: Zeus ist auch Pluto, sondern: Pluto ist auch Zeus. Der heidnische Himmelsgott steht in genau der gleichen Dialektik wie der Wille in seinem Gegensatz zum Trieb. Er wird selbst zum Dämon im Augenblick, da die ihm entsprechende Schicht des Bewußtseins ins Unterbewußte abgedrängt wird, und wie der bewußte Wille immer wieder durchsetzt wird von Komplexen, die als gleichsam giftige Blasen aus dem Abyssos der Triebsphäre aufsteigen, so brechen auch aus den glatten freundlichen Gesichtern der uranischen Götter zuweilen unverkennbar dämonische Züge hervor. Kein einziger Gott gibt die sichere Gewähr, daß er nicht doch einmal die schöne Hülle fallen läßt, um sich als ein gefährlicher Teufel zu entschleiern.

Wir sind hier am Ursprung des Mythos sowohl vom Titanen- wie auch vom Engel-Sturz. Auch die Engel und Teufel der Bibel sind ja nichts anderes als Genien und Dämonen. Immerhin sind zweifellos die Engel heiliger als die Lichtgötter der Heiden und die Teufel anrüchiger als die Götter der Unterwelt. Das kommt daher, daß weder diese noch jene Selbständigkeit für sich beanspruchen. Der Engel bleibt als Bote Gottes durchsichtig für den, der ihn sendet, man kennt seine Herkunft, er ist der Strahl, der übrigbleibt, wenn das Auge für das göttliche Licht in seiner Fülle erblindet, aber eben doch der Strahl dieses göttlichen Lichtes und keine Sonne für sich. Auch der Engel ist wie der heidnische Gott ein Erinnerungsbild Gottes im Bewußtsein des gefallenen Adam, aber ein Erinnerungsbild, in das der Erinnernde nicht den Erinnerten, also nicht Gott selbst hineindichtet und durch das sich gerade deshalb, wenn auch nur in beschränkter Form, Gott offenbaren kann. Der Teufel wieder, nämlich der biblische oder »christliche« Teufel hat zu seinem Hintergrund das Nichts. Er ist für dieses Nichts ebenso transparent wie der Engel für Gott, und das nimmt ihm seine letzte Gefährlichkeit, freilich auch den Nimbus, den der chthonische Gott trotz allem um sich hat. Je engelhafter die Engel, um so nichtiger die Teufel. Vor dem Erzengel Michael kann der Satan seinen Platz im Himmel, das will sagen seine Göttlichkeit, nicht behaupten. Vor dem Engel, der schon durch seinen Namen »Wer ist wie Gott?« über sich hinausweist, stürzt der andere, dem alles auf seine Gottebenbürtigkeit ankommt, haltlos in die Tiefe.

Der Teufel ist die Nichtigkeit des die eigene Göttlichkeit im Gegensatz zum Schöpfer erstrebenden Menschen selbst. In ihm verkörpert sich der Wille wie Gott zu sein und auch der Trieb in den Tod; er ist darum unser Hochmut und unser Kleinmut, unsere Überheblichkeit und unsere Verzweiflung, unsere Eitelkeit und unser schlechtes Gewissen. Er ist da, wenn wir uns als vermeintliche Götter selbstgefällig bespiegeln und auch, wenn wir uns als Würmer selbst verfluchen; denn was er will, bleibt immer das gleiche, nämlich dies, daß wir uns nicht als Geschöpfe und Ebenbilder Gottes verstehen; und sein Wunsch geht in Erfüllung, ob wir uns an Gottes Stelle setzen oder ob wir uns umgekehrt gänzlich verlieren. Der Satan ist das Nicht-Wollen Gottes um jeden Preis und unter allen Umständen, unser eigenes Nein zu Gott, das uns aber von außen her gerade als das Nein zu uns selbst entgegentritt und dann für die Kraft Gottes gehalten wird, gegen die wir uns wehren. Als Verführer und Ankläger in einer Person schiebt er sich so zwischen den Schöpfer und das Geschöpf, er will die Sünde und verurteilt den Sünder, das heißt er sucht sowohl das Ja des Menschen zu Gott, die Liebe, wie auch das Ja Gottes zum Menschen, die Vergebung zu verhindern; denn er ist nichts anderes als das Gegenbild oder der Abgott des einen mit sich selbst zerfallenen Willens, der will und doch auch wieder nicht will, der dem Trieb nachgibt und ihm widersteht, aus dem also die Versuchung und das böse Gewissen kommt.

Nach dem Bericht des französischen Arztes *De St. Andrée* (wiedergegeben von *Görres* in seiner »Christlichen Mystik«) hatte ein in Italien von einer Tarantel gestochener Soldat regelmäßig nach je einem Vierteljahr unter schweren Anfällen zu leiden. Der von heftigen Krämpfen gequälte Kranke suchte dann ungeduldig nach einem Spiegel, fiel davor wie anbetend nieder und fühlte daraufhin eine wesentliche Erleichterung. Wie er selbst behauptete, sah er in dem Spiegel das Bild der Spinne, die ihn mit ihrem Biß vergiftet hatte und nun die Anbetung von ihm verlangte. Nun kann der Soldat selbstverständlich in dem Glas nichts anderes als sein eigenes Bild gesehen haben, aber dieses stellte sich ihm allerdings in Gestalt der Spinne, in Gestalt des Feindes dar. *Er war sich also sozusagen selbst unter der Maske dieses Feindes, des Tarantel-Dämons, zum anbetungs- würdigen Gott geworden.* Das aber ist die besondere Situation des von Gott abgefallenen Menschen überhaupt. Der Mensch setzt sich an die Stelle Gottes, er löst sich aus der Gemeinschaft mit Gott und betet sich selbst als seinen neuen Gott an. Sich selbst und doch auch wieder nicht sich selbst; denn als der für Gott Erblindete wird er ja der äußeren Naturmacht hörig, die ihn gerade seiner Selbstheit beraubt. In dem angebeteten Bild vermischt sich somit sein bewußtes Willensziel, die eigene angestrebte Göttlichkeit mit dem seiner Herrschaft entzogenen und darum nicht gewollten Triebziel. Dieses Triebziel jedoch ist die Aufhebung und Zerstörung seiner Person, sein Erzfeind, der Tod, der betrügerische Dämon, der ihm das Gift der Sünde eingeimpft hat. Das Bild schillert so zwischen Tod und Leben, es hat die Gegensätze in sich, ohne sie doch in einer höheren Einheit aufheben zu können, und so wird es in Einem gesucht und geflohen, verflucht und verehrt. Gesucht und verehrt als die Illusion der Selbstvollendung, geflohen und verflucht als das dahinter aufscheinende Verhängnis. Der Soldat sieht sich und die Tarantel zur Einheit verschmolzen. Sich liebt er, die Tarantel haßt er. Solange sich aber Liebe und Haß auf das gleiche Objekt richten, muß dieser Widerspruch einen Krampfzustand erzeu- gen, und erst wenn auch der Gegenstand des Hasses, also in unserem Fall die Spinne, geliebt, das heißt angebetet wird, löst sich der Widerspruch und läßt der Krampf nach. Man erkennt ohne Schwierigkeit, daß es sich hier um den gleichen Vorgang handelt, auf den wir bereits stießen, als wir uns mit der Psychotherapie Freuds auseinanderzusetzen hatten. Dort war es der mit dem Trieb in Konflikt geratene Wille, der den seelischen Krampfzustand verursacht. Das Triebziel wird bejaht und auch verneint, und dieser Zwiespalt führt zur Komplexbildung. Freud sucht den Komplex »abzureagieren«, das heißt zu beseitigen, indem er den Willen eindeutig auf das Triebziel verweist. Er veranlaßt mit anderen Worten den Kranken, sich genau so zu verhalten wie der von der Tarantel gestochene Soldat, der den Kampf zwischen seinem menschlichen Blut und dem Spinnengift durch Bejahung des Giftes, nämlich durch Anbetung des sich ihm in seinem Spiegelbild zeigenden Spinnen-Dämons besänftigt.

In beiden Fällen wird die Heilung auf magischem Weg gesucht. Der Magier versenkt sich als bewußtes Selbst, mit allem, was an ihm Person ist, in den Abgrund seiner Unbewußtheit und gibt damit dem Chaos die Chance, sich zu einer Art Wesen zusammenzuballen. In ein und demselben Akt zitiert er den Teufel und gibt sich ihm hin. Die dem kranken Soldaten im Spiegel erscheinende Tarantel ist eigentlich nicht das individuelle Tier, das ihn gestochen hat, sondern der Dämon des Spinnengiftes, der Dämon einer Gemeinschaft mit der außermenschlichen Natur, in die der Vergiftete hineingestellt wird. Sein gesundes Blut als das Blut, als der Lebenssaft dieses einen besonderen Mannes und das Gift verhalten sich zu einander genau so wie das autonome Bewußtsein des Einzelnen sich zu dem niemals einem Einzelnen, sondern der Allgemeinheit zugehörigen Unbewußten verhält. Die aus dem Unbewußten aufsteigenden Dämonen sind darum stets Repräsentanten eines überindividuellen oder vielleicht richtiger unterindividuellen Ganzen, dem das Individuum wohl triebhaft, aber nicht willensmäßig verbunden ist. Als Adam die Gemeinschaft mit Gott und das heißt die Gemeinschaft des Lichtes auch mit der übrigen Schöpfung löste, geriet er als der nun vermeintlich Selbstherrliche in die Gemeinschaft der Finsternis, deren Haupt der ist, den die Bibel den »Herrn dieser Welt« nennt. Er steht nun vor der Wahl, diese Gemeinschaft des Verhängnisses anzuerkennen oder nicht. Tut er das, so wird er zum Magier, zum Teufelsknecht, der seine Macht sucht um den Preis der Hingabe seiner Person. »Das alles will ich dir geben, so du niederfällst und mich anbetest.« Das ist die Versuchung zur Magie, zur Entgegennahme der Herrschaft aus der Hand dessen, dem zu Liebe der Lehensmann in Wahrheit auf jede Herrschaft, sogar auf die über das eigene Ich verzichten muß. Hätte Jesus der Versuchung nachgegeben, dann hätte er ebenso gehandelt wie der kranke, das Bild der Tarantel anbetende Soldat. Hier war freilich die Triebfeder nicht Gier nach Macht und Herrschaft, sondern nur der Wunsch nach Linderung des Krampfes, aber auch der Machthungrige, dessen Wille am äußeren Widerstand immer wieder zerbricht, befindet sich in einer Art von Krampf. Größenwahn und Minderwertigkeits-komplex in ihrem unauflöslichen Widerspruch verführen ihn unter Umständen dazu, sich die ersehnte Macht vom Teufel schenken zu lassen, das heißt das innerhalb der bewußten Willenswelt unerreichbare Ziel in der Region des Triebes zu verwirklichen. Magier dieser Sorte sind etwa alle Demagogen, die ihr politisches Führertum nicht überragenden Herrscher-qualitäten oder außergewöhnlichen geistigen Fähigkeiten, son-dern nur dem geschickten Eingehen auf die Instinkte der Masse verdanken. Der Demagoge läßt sich gleichsam von der Tarantel Massenmensch vergiften und betet dann sein eigenes Spiegelbild in der Gestalt dieses giftigen Tieres an. Er nennt sich selbst wohlgefällig einen »schlichten Mann aus dem Volk« oder einen »unbekannten Soldaten«, und doch kommt ihm alles darauf an, nicht schlicht und nicht einfach und nicht unbekannt zu sein.

Anerkennt der Mensch das Allgemeine, die metaphysische Gemeinschaft mit der Kreatur in ihrer dämonischen Gestalt, die als solche eine Folgeerscheinung seiner Loslösung von Gott ist, so behauptet er damit doch auch gleichzeitig seine Sonderexi-stenz. Er behauptet sich also sogar im Verzicht auf seine Selbstbehauptung. Die Hingabe an den Dämon läßt sich darum geradezu als Selbstverleugnung zum Zweck des Selbstgenusses definieren. Das autonome Ich genießt sich, indem es sich verliert, und zwar verliert an ein Negatives und Feindliches. Im Akt des Von-sich-Absehens bleibt es auf sich gerichtet. Der Trieb an sich ist noch nicht dämonisch, weil ihm das Moment des Persönlichen überhaupt fehlt. Die Dämonie entsteht erst aus der Vermischung des Geistes mit dem Trieb, und der

Dämon wird zum metaphysischen Gegenbild der sich dem Teufel übergebenden und damit die eigene Zerstörung zugleich fürchtenden und suchenden Person. Das Selbst hinopfern, um aus dem Opfer für das Selbst Lust zu schöpfen, das Bewußtsein darangeben, um gerade diese Hingabe bewußt zu genießen, zu wollen, daß der Wille vom Trieb verschlungen wird, das heißt sich dem Teufel verschreiben. Der Teufel lechzt nach den Seelen, die sich ihm hingeben; denn er lebt von ihnen. Als Gott des Triebes nährt er sich sozusagen von den Persönlichkeitswerten der großen und der kleinen Magier, ohne die er einfach nichts wäre oder doch wenigstens nicht in Erscheinung treten und wirken könnte. Er ist gierig nach Menschenblut so wie jene Schatten, die vor Odysseus aus dem Hades aufstiegen. Im Notfall freilich frißt er, wie der Volkswitz treffend sagt, auch Fliegen, begnügt er sich nach dem bekannten evangelischen Bericht auch mit dem Blut von Säuen.

Die Dämonisierung der Welt ist die notwendige Konsequenz des Strebens nach Selbstherrlichkeit; denn wer Gott nicht will, will damit auch schon das Nichts. Trotzdem läßt sich nicht sagen, daß der Sünder im Augenblick, da er sich von Gott abkehrt, bereits zum Magier und Teufelsanbeter geworden wäre, wenigstens nicht in seinem Bewußtsein. Gewiß verliert in diesem Augenblick die Natur ihre Unschuld, und gewiß taucht nun das Satanische als drohende und lockende, als verführerische und anklagende Macht aus ihren Tiefen auf, aber der Wille kann sich ihm immer noch widersetzen und den Krieg gleichsam nach zwei Fronten führen, gegen Gott und gegen seinen Widersacher. Die Selbstherrlichkeit ist wohl abwegig, aber noch nicht eigentlich geistwidrig. Hier sucht sich vielmehr der Geist mit aller Entschiedenheit zu behaupten, wenn auch auf einem durch eigene Schuld verlorenen Posten. In der Magie hingegen wird der Verneiner des Geistes, der Geist gewordene Ungeist zum Gegenstand der Bejahung und der religiösen Verehrung. Der Wille wendet sich wissentlich gegen sein ureigenstes Prinzip, der Sinn wird zum Wahnsinn, und wahnsinnig sind darum auch die Völker, die diesem Kult verfallen. Es geht nicht an, die Religionen des Altertums, die Religionen der Griechen, der Ägypter, der Germanen usw. einfach als gleichwertig neben jene der uns heute bekannten Exoten und Primitiven zu stellen. Dort irrt der Mensch, das heißt er sucht das Ja an einer falschen Stelle, hier jedoch macht er den Geist des Irrtums, den »Vater der Lüge« selbst zu seinem Gott und vertauscht das Nein mit dem Ja.

Heidentum muß nicht unbedingt auch schon Satanismus sein. Heidentum ist ursprünglich gar nichts weiter als die Sünde Adams, an der wir alle teilhaben. Es will nicht das Böse als solches, sondern bloß ein menschlich verstanden Gutes. Adam will die Unterscheidung zwischen Gut und Böse, er sucht sich selbst und verliert sich daher selbst, er findet den Tod. Von ihm gilt das Paulinische Wort: Das Gute, das ich will, das tue ich nicht, und das Böse, das ich nicht will, das tue ich. Der Sataniker hingegen will das Böse in klarer Erkenntnis seines Wesens. Er bejaht sogar den Tod, der dort immer nur ungewollte Folgeerscheinung bleibt. Er sucht nicht einmal mehr sich selbst und seine Gottgleichheit; denn er gibt sich auf und genießt seinen Untergang. Dort flieht der Mensch und versteckt sich vor dem Zorn Gottes, hier betet er den zornigen Gott an und bejaht Gott gerade um seines Zornes willen, das heißt er verehrt ihn als Dämon. Gottesdienst bedeutet auf dieser Stufe ekstatisch-mystische Einswerdung mit dem zornigen Gott. Und das ist die Sünde *zweiten Grades,* die Übergipfelung und Selbstverkrampfung der Sünde Adams.

Als letztes Ziel schwebt dem Satanismus und aller Magie die *Verwandlung des Todesschmerzes in Wollust* vor. Der Rausch-Opfertod des Magiers ist das diametrale Gegenteil und gleichzeitig die vollendete Karikatur des Märtyrertodes, in dem der Sterbende, weil er gänzlich das eigene Ich vergißt und sich restlos Gott zuwendet, den Schmerz nicht mehr empfindet. Von hier aus wäre vielleicht die im Hexenhammer ausgesprochene Meinung zu erklären, daß die Hexen die Folterqualen nicht spüren. Der Feuertod, als der qualvollste von allen, sollte diese Schmerzunempfindlichkeit brechen und so der Sünderin die Möglichkeit bieten, dem »zweiten Tod« vielleicht doch noch zu entgehen; denn der zweite Tod droht allen, die sich um den ersten herumdrücken, die sich dem Gericht Gottes nicht unterwerfen, ja sogar dieses Gericht noch in Lust zu verwandeln suchen.

Den Übergang von der Sünde ersten Grades, also von der Sünde

Adams zum Satanismus, zur Sünde zweiten Grades schildert die Bibel in den sogenannten Engelehen. Hier ist die Beziehung zum Göttlichen, zum Himmlischen bereits der Freiheitssphäre entrückt und ins Unbewußte abgedrängt, wo sie als Trieb zum Vorschein kommt, als Trieb, der aber gar nicht mehr Gott, sondern den Dämon sucht. Die Vermischung der Menschentöchter mit den Kindern Gottes bedeutet die *Erotisierung* des Verhältnisses zu Gott. Der Mensch sollte sich Gott hingeben um Gottes willen. Indem er das tut, vergibt er sich nichts. Gibt er sich aber um seiner selbst willen Gott hin, so verkehrt er das geforderte Verhältnis in sein Gegenteil. Er macht Gott zum Mittel seines Genusses und schändet damit auch die eigene Würde, weil er in der lieblosen Hingabe nichts zurückempfängt, sondern sich zum Fraß dessen, dem er sich hinwirft, erniedrigt. So wird die Sünde gegen Gott in ihrer höchsten Übersteigerung zur Sünde gegen das eigene Ich. Hier findet die Hinneigung Evas zur Schlange ihre letzte Vollendung. Der erste Schritt war die Empörung gegen Gott und sein Gebot, die Emanzipation des Geschöpfes vom Schöpfer, der zweite Kains Brudermord, die Sünde gegen den Nächsten, gegen das Mitgeschöpf, der dritte endlich ist die Selbsthingabe an eben jene göttliche Gewalt, von der sich der Mensch beim ersten Schritt losgesagt hat, aber so, daß diese Selbsthingabe im Blick auf den subjektiven Genuß und nicht auf die Herrlichkeit Gottes erfolgt. Der Mensch gibt sich auf, um die Macht, der er sich überantwortet, in seinen Dienst zu stellen, und damit verkehrt sich das Göttliche ins Teuflische, wird der Akt der Liebe zur Selbstvernichtung, zur wollüstigen *Sünde gegen das eigene Ich*. Im Dreitakt der Negation Gottes, des Nächsten und des Selbst also vollzieht sich der Abfall, und erst auf diese letzte Verneinung hin erfolgt als Antwort Gottes die Vernichtung des sich selbst aufgebenden Menschen durch die Sintflut. Es ist auffallend, daß Gott die Sünde der Engelehen nicht etwa an den Engeln, sondern ausschließlich an den Menschen rächt. Diese sind es eben, die in magischer Verkehrung des gottgewollten Verhältnisses zwischen Geschöpf und Schöpfermacht die Geister, die »Kinder Gottes«, mißbraucht und so in teuflische Wesen verwandelt haben, um die himmlischen Kräfte innerhalb ihrer gottfremden Welt zu ihren Zwecken auszunützen, um von sich aus Halbgötter, Gewaltige und »berühmte Männer« gebären zu können. Nicht um Gottes Ehre, um die eigene Ehre war es den Menschen auch noch in ihrer Hingabe an das Göttliche zu tun.

Das christliche Liebesgebot: Du sollst Gott, deinen Herrn, lieben und deinen Nächsten wie dich selbst, meint nichts anderes als die Rückgängigmachung der dreifältigen Ursünde, der Sünde gegen Gott, gegen den Mitmenschen und gegen das eigene Ich; denn mit den Worten: Du sollst deinen Nächsten lieben *wie dich selbst!* wird auch die rechte *Selbst-Liebe* geboten, die Selbst-Liebe, die der Mensch verleugnet, wenn er sich lüstern und unkeusch dem ins Dämonische verkehrten Göttlichen hinopfert. Wer erkennt, wie viel heimliche Wollust sich auch heute noch oft hinter der sogenannten Frömmigkeit eifriger Beter und Kirchengänger verbirgt, wird zugeben müssen, daß jene Erzählung von den Engelehen ihre Aktualität noch längst nicht verloren hat. Und auch heute sind es noch immer die Frauen, die der Versuchung zuerst erliegen. Eva und nicht Adam begann das Gespräch mit der Schlange, die Töchter und nicht die Söhne der Menschen vermischten sich mit den Kindern Gottes. Dagegen erschlug der Mann und nicht das Weib den Bruder Abel. Das Weib also tut den ersten und den dritten, der Mann den zweiten Schritt, aber der zweite liegt allerdings in der Mitte, und vielleicht hat das für seine Entscheidungsschwere etwas zu bedeuten, vielleicht ist alles, was das Weib tut, immer nur Ausstrahlung aus dem Zentrum, in dem unverrückbar der Mann als der vor Gott Verantwortliche steht.

Als sittliche Person sucht der autonome Willensmensch die eigene Triebhaftigkeit niederzuhalten und schließlich zu überwinden. Er ist der Ödipus, der das Rätsel seiner Existenz im rationalen Bewußtsein löst und damit die Sphinx in den Abgrund stürzt. Mit dem Triebleben verknüpft sich für ihn die Idee des Bösen, und als der eigentliche Inbegriff alles Bösen erscheint ihm daher die Macht, der er durch seine Triebe verhaftet bleibt. Diese Macht aber ist, wie wir schon wissen, nichts anderes als der *vergessene Gott* oder der *alte Gott*, der Gott der *mythischen Vergangenheit;* denn auf Gott vergessen bedeutet ihn in die Vergangenheit, in das Nicht-mehr-Seiende versetzen, für seine unverlierbare Gegenwart blind werden und ihn so zu einem alten Gott machen. Dem alten Gott aber wird der neue und junge, der Gott der Zukunft entgegengestellt, so wie ihn sich das Bewußtsein als sein eigenes Ebenbild und Wunschbild erträumt und wie er dem selbstherrlich gewordenen Willen entspricht. Der Gegensatz zwischen Göttern und Dämonen, zwischen Göttern des Himmels und des Abgrundes, des Tages und der Nacht erweitert sich so auch noch zu dem zwischen den alten und den jungen oder, wie man vielleicht auch sagen könnte, zwischen Vatergöttern und Sohngöttern. Indem der junge, der menschenähnliche Gott emporsteigt und den Thron in der Höhe einnimmt, stürzt er den eigenen Vater in den Tartaros. Das ist der Vorgang, den *Schelling* dem ganzen mythologischen Prozeß als Schema zugrundegelegt hat, allerdings, ohne sich die Fragwürdigkeit gerade der Sohngötter hinreichend klarzumachen.

Der alte Gott verhält sich zum jungen wie die Natur zum Geist. Durch den Bruch mit dem wahren Schöpfergott ist die Schöpfung zu diesem in Widerspruch geraten und überhaupt erst zu dem geworden, was wir mit dem Wort »Natur« kennzeichnen, nämlich Schöpfung nicht als Ausdruck und Offenbarung des göttlichen Willens, sondern als das Reich der unbewußten Strömungen und Zusammenhänge, der Triebe. Triebhaft sind wir als die an die Natur Gefesselten, und so stellt sich uns auch die Macht, die vergessene Gottesmacht, der wir triebhaft zugehören, als Naturmacht dar. Der Dämon hat seine Behausung unten, dort, wohin uns die Schwere zieht, im Schoß der Erde. Er ist der Gott der Unterwelt. Von dort her bedroht er die auf der Oberfläche lebenden Wesen und sucht sie zu sich hinabzuholen. Alle Naturgötter sind Dämonen und alle Dämonen Naturgötter, mögen sie in der Gestalt von Riesen, von Kobolden, von Nymphen, Faunen oder Elfen auftreten, freilich einer bereits verdorbenen, für unser Bewußtsein der Hand des Schöpfers entglittenen Natur.

Dämonisch im anrüchigen Sinn dieses Wortes ist die Natur

allerdings nur insoweit, als sie tatsächlich Gott nicht mehr zu spiegeln vermag, und so als die Schöpfung nur noch des vergessenen und gar nicht mehr auch noch des erinnerten Gottes erscheint. Dieser äußerste Fall aber könnte erst eintreten in dem Augenblick, da der Bruch zwischen Bewußtsein und Unbewußtsein, zwischen Willen und Trieb ein absoluter wird, und dann wäre es mit dem Leben überhaupt vorbei. Solange ich dagegen noch lebe, schwingt in allem Vergessen auch noch ein Rest an Erinnertem und demgemäß in aller Naturwahrnehmung noch ein Wissen um den Schöpfer mit. Das heißt, die Natur und ihre Mächte haben stets neben ihrer bösen auch ihre gute Seite. Alles bleibt hier zweideutig. Und so schillert auch der Charakter jener dämonischen Wesen, die nach mythischen Vorstellungen die Natur bevölkern, oft sehr unbestimmt zwischen Menschenfreundlichkeit und Tücke. Diese Zwiespältigkeit, wie sie uns in den alten Mythen und in den Märchen immer wieder auffällt, löst sich bemerkenswerterweise im Weltbild der Bibel. Hier tritt, was dort zur Einheit verschmolzen ist, auseinander und zeigt sich in den Sondergestalten der Engel und der Teufel. Auch der Engel ist ein Naturgeist, das heißt eine Manifestation des göttlichen Geistes in der Natur, aber durch ihn wird das Kreatürliche in seiner Hingeordnetheit auf Gott erkannt. Im Engel ist Gott auf die Natur und die Natur auf Gott bezogen. Durch ihn regiert der Schöpfer die Schöpfung. Wo das Licht der Engel hinfällt, verschwinden die Schatten der dumpfen Triebgebundenheit und ordnet sich alles wollend dem Willen ein. Im Teufel dagegen verkörpert sich die rein negative, die zum Geist und zum Willen Gottes und damit zu allem Geistigen und Willensmäßigen in Widerspruch geratene Seite der gefallenen Welt. Der heidnische Gott, selbst der alte und düster dämonische, bleibt immer irgendwie Engel und Teufel zugleich; denn ihm fehlt als Hintergrund der wirkliche Gott, von dem sich beide Seiten in ihrer Sondergestalt deutlich abheben könnten. Wo sich dieser Gott aber offenbart, verschwinden die Trübungen und unklaren Mischbildungen, dort tritt der Engel dem Teufel entgegen und stürzt ihn wie Michael den Drachen aus dem Himmel. Und dieser Sturz wirkt sich anders aus als jener der Sphinx. Das zweideutige Ungeheuer überlistet am Ende doch noch den scheinbaren Sieger. Der eindeutige Teufel dagegen findet auf keine Weise den Weg in das Reich Gottes zurück. Wie die Schöpfung zum Schöpfer, so verhält sich das Weib zum Mann. Im Weib tritt, wie wir früher sagten, der Mensch aus sich heraus und als ein anderes zweites Wesen vor sich hin. Das Weib ist so die »Natur« des Mannes, seine eigene, der Außenwelt zugewandte Seite in ausgeformter persönlicher Gestalt. Durch die Weiblichkeit hindurch redet die Natur zum Mann und steht er zu ihr in mittelbarer Beziehung. Darum fand bereits im Paradies die Schlange als Wortführerin des Kreatürlichen über Eva den Weg zu Adam. Sie, die Frau, ist die Mittlerin zwischen dem Mann und seiner Umwelt, die Helferin, die Gehilfin, die ihm gegeben wurde, um ihm seine Aufgabe, sein rechtes Herrschertum über die Schöpfung zu erleichtern. Erkennt er in der Natur die Selbstoffenbarung Gottes, so wird ihm das Weib Wegweiserin zu Gott, beansprucht er aber die ihm zugedachte Herrschaft als Usurpator, als Rebell gegen den Lehensherrn, und verkehrt sich demgemäß seine eigene Natürlichkeit in blinden Trieb, so erscheint ihm das Weib als Inbegriff dieser Triebgebundenheit, als Ausdruck der Unfreiheit, als die Verführerin, die ihn in die Nacht und in den Abgrund lockt. Zweideutig wie die Natur selbst ist darum auch das Weibliche. Hinter ihm steht Gott *und* der Dämon, der Engel *und* der Teufel. Das ewig Weibliche zieht uns hinan und hinab, je nachdem, ob wir durch dieses Medium hindurch den Vater erkennen oder nur die unpersönliche Macht, der wir uns verschrieben haben.

Je weiter sich der Mensch von Gott entfernt und sich der von ihm vermeintlich beherrschten Natur ausliefert, um so fragwürdiger wird sein Verhältnis zum weiblichen Geschlecht, um so bedrohlicher und gefährlicher erscheint ihm das Weib selbst. Sie ist es, durch die er in unerlaubte Beziehungen zum Metaphysischen tritt, die sich lüstern den Engeln hingibt oder richtiger, nicht den Engeln, sondern den Teufeln; denn aus dem in die Triebsphäre herabgezogenen Engel wird der Dämon. Es gehört zu den Merkmalen aller großen Krisenzeiten der Menschheit, zu den wahrhaft entscheidungsschwangeren Wendepunkten der Geschichte, in denen die Kluft zwischen Schöpfer und Schöpfung eine neue Erweiterung erfährt, daß in ihnen das Weib eine besondere Rolle spielt. So war es im Paradies vor dem Fall, als sich Eva mit der Schlange einließ, vor der Sintflut, als die Töchter der Menschen mit den Kindern Gottes buhlten, im Zeitalter des Dionysoskultes vor dem Durchbruch des klassischen Geistes, als die thessalischen Hexen ihre Zauberkünste trieben und die thessalischen Mänaden trunken durch die Haine rasten, und auch an der Schwelle vom Mittelalter zur Neuzeit, als das alte, metaphysisch bestimmte Weltbild versank, um dem neuen humanistischen und rationalistischen zu weichen, als an die Stelle des ptolemäischen Himmels mit seinen kreisenden Sphären das entgötterte Universum des Kopernikus trat.

In allen diesen Wendezeiten verlor die Natur etwas von ihrer Transparenz für den Schöpfergeist, rückte sie herab auf eine tiefere Stufe in stetiger Annäherung an das nur noch Natürliche, das heißt Unfreie und Geistfremde, näherte sie sich dem Ideal des rein Rationalen, des denkerisch Beherrschbaren und Toten, so wie es der nach absoluter Selbstherrlichkeit strebende Wille als sein Gegenbild und Gegenteil brauchte. Aber diesem Umschlag ins Rationale ging jeweils die Dämonisierung der Engelmächte voran. Der Engel, heißt das, verzerrte sich, bevor er gänzlich verschwand, erst einmal zum Dämon. Aus der in den Zustand der Krise geratenen Natur blickten, einander noch durchdringend, die Mächte des Lebens und des Todes gleichzeitig hervor, und in ihrem Zugleich nahmen sie satanische Züge an. Solange dieses dämonische Zwischenspiel anhält, lebt noch eine Ahnung des sich vollziehenden Umsturzes im Menschen, und erbebt er vor der Schuld, die er sich da aufbürdet. Er will und er will doch auch nicht, die Verdrängung hat ihr kritisches Stadium erreicht; er wehrt sich noch gegen die Konsequenzen seines eigenen Wollens, und aus diesem Zwiespalt heraus belastet er mit der Verantwortung jenen Teil seines Selbst, durch den er sich mit der von ihm entgötterten Natur verbunden fühlt, also das *Weib*. So suchte Adam, als er zur Rechenschaft gezogen wurde, Eva zu beschuldigen, und so verfolgte man dann später in der großen Zeitwende des Abendlandes wieder die Frauen und verbrannte sie als Hexen.

Die Krisis wird jeweils heraufbeschworen durch eine neue

Verschärfung des Gegensatzes zwischen Willen und Trieb, bzw. durch die Abspaltung und Abdrängung eines weiteren, bisher dem Widerspruch entzogenen Bewußtseinskomplexes in das Unbewußte. Das autonome Ich sucht sich selbst immer entschiedener abzusetzen gegen alle Lebensbereiche, die ihm mit der Umwelt gemeinsam sind; sein letztes Ziel ist die vollkommene Isolierung, die Freiheit von allen äußeren Bedingungen. Was sich hier vollzieht, ist also ein Vereinsamungs- und Vereinzelungsprozeß, die fortschreitende Individualisierung, das Sich-Herausnehmen des Menschen aus jeder Form der Gemeinschaft sowohl mit der Natur wie auch mit dem Nebenmenschen. Dieser Prozeß verläuft aber nicht plötzlich, sondern allmählich, und zwar in der Weise, daß das zu verdrängende Bindeglied, bevor es in der Finsternis der reinen Triebregion verschwindet, in seinem Übergang dorthin eine gewisse Zeit hindurch den bewußten Willen noch affiziert, also vom Bewußtsein wahrgenommen wird, obwohl es bereits im Absinken begriffen ist und daher betont triebbedingt erscheint. Das Triebziel ist noch und doch auch schon nicht mehr Willensziel, es steht im Licht der *Ambivalenz*, in ihm vermischt sich das Persönliche mit dem Unpersönlichen, mit anderen Worten: es zeigt weder ein im Sinn des autonomen Geistes göttliches Gesicht noch auch gehört es bereits der bloß von Gesetzen regierten Natur an, es schwankt vielmehr noch zwischen beiden, und das bedeutet, es offenbart sich in dämonischer Gestalt.

In diesem Zwischenstadium fühlt sich daher der um seine Selbstherrlichkeit ringende Mensch von den Mächten der Tiefe, die er nicht wahrhaben will, von den Mächten seiner eigenen, noch nicht restlos überwundenen Vergangenheit oder, wie wir ebenso gut sagen könnten, vom »alten Gott« bedroht; diesem alten Gott gegenüber weiß sich das auf dem Weg der Emanzipation fortschreitende Bewußtsein instinktiv schuldig. Das Gestern scheint vom Heute Opfer zu fordern, das Heute muß sich um des Morgens willen vom Gestern loskaufen, und der Kaufpreis sind eben jene Menschen, die ihrer Natur nach zum Gestern, zur Vergangenheit, zum Unbewußten in relativ enger Beziehung stehen, die ihm also gewissermaßen zugehören und auf die jene Mächte darum einen Anspruch haben. Das aber sind vor allem die Frauen; denn ganz abgesehen von allem anderen, was bereits über das Mittlertum des Weibes zwischen Geist und Natur gesagt wurde, erweist sich die Frau schon allein durch ihr Muttertum als die eigentliche Trägerin des Gemeinschaftsprinzips in zeitlicher wie auch in räumlicher Dimension. Das Weib ist die fruchtbare Erde, die den Samen aufnimmt, die neue Geschlechter aus sich hervortreibt und in der alles, was lebt, zusammenhängt. Sie kann niemals in dem gleichen Grad wie der Mann isoliertes Einzelwesen sein. Damit aber erweist sie sich dem Triebhaften und den von dorther drohenden dämonischen Mächten zugehörig.

Wir wissen, daß in der abendländischen Geschichte das fünfzehnte und sechzehnte Jahrhundert die Wende zum Individualismus brachte. Renaissance, Reformation, Humanismus, rationalistische Philosophie, kopernikanische Astronomie, freie Wissenschaft, das alles sind typische Erscheinungen dieser geistesgeschichtlichen Krisis, in der der europäische Mensch sich von den alten Göttern, den Göttern des Mittelalters lossagte. Aber diese alten Götter forderten ihre Opfer, und sie wurden ihnen in den Hexen- und Ketzerverfolgungen gebracht. Abgesehen von den das Eigentliche des Vorgangs mehr verhüllenden als offenbarenden christlich-ideologischen Verbrämungen sind die Hexenprozesse nichts weiter als Menschenopfer, Frauenopfer an den alten Gott, den man irgendwie besänftigen mußte, vergleichbar etwa den Molochopfern des Altertums. Indem man die Hexe sozusagen als Braut oder Geliebte des Dämons den Flammen übergab, machte man sich selbst frei für den jungen Gott, den Gott des Humanismus oder Anthropotheismus. Mit Christentum hat das alles zunächst gar nichts zu tun. Die Hexe ist einfach die dem alten Gott geweihte Hierodule. Ob sie sich etwa als Tempeldirne prostituiert, das heißt ihrem Gott in der Gestalt jedes beliebigen Mannes, vielleicht auch nur des Priesters hingibt oder ob sie im Feuer geopfert wird, ist im Grunde nur Formsache. In Goethes bekannter Ballade »Die Bajadere« haben wir beide Möglichkeiten vereinigt. Von einer moralischen Abwertung des Opfers kann hier selbstverständlich gar keine Rede sein. Die Hierodule wird einfach dem Gott, dem sie ohnehin gehört, übergeben; denn der Gott muß sein Eigentum erhalten.

Im Licht des Christentums verliert dieses Frauenopfer freilich seine Naivität und sein gutes Gewissen. Hier ist der alte Gott als das Prinzip des Bösen nicht nur ein Dämon, sondern der Teufel, der Vater der Sünde. Die Teufelsbuhlschaft kann darum auch nicht als Gottesdienst, sondern nur als Verbrechen, die Hexenverbrennung nicht als Opfer, sondern nur als gerechte Strafe, als vom Gesetz geforderte Hinrichtung verstanden werden. Die Hexe erscheint als die Sünderin, die, indem sie sich mit dem Dämon einläßt, schuldig wird. Immerhin bleibt die Tatsache, daß überhaupt an die Möglichkeit des geschlechtlichen Umganges von menschlichen Frauen mit Dämonen geglaubt wird, und daß Hexen verbrannt werden, ein durchaus heidnisches Phänomen. Der Richter, der die Hexe zum Feuertod verurteilt, und die Hexe, die diesen Tod erleidet, stehen beide im Bann der gleichen heidnischen Vorstellung, jener als Priester, diese als Opfer. Der Richter meint, im Dienst des geoffenbarten Gottes zu handeln, in Wahrheit aber ist er nur der Repräsentant des jungen, also auch eines heidnischen Gottes, für den man sich vom alten loskaufen will. Die neue Zeit entrichtet der Vergangenheit ihren Tribut. Daß hier der junge Gott mit dem dreieinigen verwechselt wurde, ist die Sünde, welcher sich die Christenheit in der Zeit der Hexenverfolgung schuldig gemacht hat. Der dreieinige Gott ist ja eben darum dreieinig, weil in ihm Vater und Sohn durch den Geist zur Einheit verbunden sind, weil hier zwischen Vater und Sohn, also zwischen altem und jungem Gott, kein Gegensatz besteht. Niemand kommt zum Vater denn durch den Sohn, niemand erkennt den Sohn als der, dem es der Vater offenbart, und niemand kann Christus einen Herrn nennen außer durch den Heiligen Geist. Wo immer der Gegensatz zwischen alten und jungen Göttern aufbricht, das heißt, wo der Widerspruch von Gut und Böse in das göttliche Wesen selbst hineingetragen wird, handelt es sich um einen Rückfall ins Heidentum.

Die klassische Zeit der Hexenverfolgungen begann erst mit der Bulle »Summis desiderantes« des Papstes Innozenz VIII. vom 5. Dezember 1484 und der daraufhin erfolgten Abfassung des »Hexenhammers« im Jahre 1487. Im frühen Mittelalter dagegen bestrafte man nicht die Zauberei und die Teufelsbuhlschaft, sondern den *Glauben* an derartige Dinge. Damals hätte sich also der Hexenrichter mindestens ebenso schuldig gemacht wie die Hexe selbst; denn beiden wäre ihr Aberglaube und nichts außerdem zum Vorwurf gemacht worden. Das aber war die echt christliche Haltung. Im Augenblick, da die Kirche das Hexenwesen nicht mehr als Aberglauben bekämpfte, sondern als Handlangerin des anthropotheistischen Prinzips mit Feuer und Schwert gegen die Teufelsdiener vorging, begab sie sich selbst in die Gefangenschaft des Satans; denn so wie Gott der dreieinige, ist der Satan der dreiuneinige, das heißt er verbirgt sich sowohl hinter dem alten wie auch hinter dem jungen Gott und endlich hinter dem Ungeist, in dem sich beide bekämpfen.

Die Kirche hat freilich in der fraglichen Zeit nicht nur die Hexen, sondern ebenso die Häretiker auszumerzen versucht, und diese waren ja gerade die eigentlichen Bannerträger des jungen Gottes oder wurden doch wenigstens dafür gehalten. Man führte also sozusagen gleichzeitig einen Krieg nach zwei Fronten, einerseits gegen die Mächte des Unbewußten und andererseits gegen das aufbrechende autonome Bewußtsein. Diesem Kampf nach beiden Seiten lag zweifellos die rechte Einsicht zugrunde, daß der Teufel hier wie dort sein Wesen treibt, daß sich also der Gott des Christentums weder im alten noch im jungen Gott verkörpert. Im Dienst des Christengottes aber hätte die Kirche sich nicht zwischen zwei Scheiterhaufen stellen dürfen, auf deren einem sie die Hexen und auf deren anderem sie die Ketzer verbrannte, sondern sie hätte die Herzen der Väter bekehren müssen zu den Kindern und die Herzen der Kinder zu den Vätern, das heißt sie hätte ihren Gott durch das gepredigte Wort als den Herrn der Gegenwart, der Vergangenheit und der Zukunft, als den, der da ist, der da war und der da kommt, eben als den Drei-Einigen offenbar machen müssen. Indem sie jedoch das Predigeramt gegen das Richteramt, ja gegen das Scharfrichteramt eintauschte, machte sie sich zur willigen Dienerin des Teufels, des Diabolos, des Zerwerfers, dem alles immer nur darauf ankommt, Zwietracht zu stiften und die einmal aufgebrochenen Gegensätze zu verschärfen.

Die abendländischen Hexen versammeln sich zur Nachtzeit auf einem freien Platz, auf einem kahlen Bergrücken, etwa auf dem Brocken, um dort ihren *Sabbat* zu feiern. Auf einem Baumstrunk oder auf irgend einem anderen erhöhten Sitz thront der Satan, gewöhnlich in der Gestalt eines Bockes, und um ihn herum führen die Hexen und Zauberer ihren »Reigen« auf. Er, der Herr des Sabbats, bestimmt sodann selbst die Paare, die sich vor seinen Augen geschlechtlich zu vermischen haben, wobei er die unnatürlichsten Zusammenstellungen wie Vater und Tochter, Mutter und Sohn, Bruder und Schwester bevorzugt. Um die Frage nach der Teilnahme an diesem Sabbat drehen sich die weitaus meisten der uns bekannten Hexenprozesse. Der Sabbat ist offenbar nichts anderes als eine Art Orgie, ein nordisches Bacchanal, dem aber alle versöhnende Schönheit des klassischen Urbildes fehlt. An die Stelle des in jugendlicher Nacktheit strahlenden Dionysos ist der stinkende behaarte Ziegenbock, die Karikatur des alten Gottes und an die Stelle rauschbeschwingter Erotik das obszöne Schwelgen in Schmutz und Unrat getreten. Es ist das der gleiche Unterschied, der ja auch zwischen dem heidnischen Dämon und dem »christlichen« Teufel besteht, dort ein Zwitterwesen von Genius und Satyr, von Gut und Böse, von Schön und Häßlich, hier das eindeutig Böse und eindeutig Häßliche.

Dem Hexensabbat verwandte Versammlungen der Geister und Adepten finden sich schon in der alexandrinischen Vorstellungswelt, so etwa bei dem Inder Nagar, einem Zeitgenossen Philos. Als Versammlungsort nannte er, wie Reginald Scot in seinem Buch »The Discovery of Witchcraft« berichtet, den Berg Adan. Der Sabbat ist das dämonische Paradies, also die magische Wiederherstellung des ursprünglichen Sabbats. Der Mensch sucht hier im Grunde die verlorene Gemeinschaft mit Gott wie auch mit der Kreatur, aber er sucht sie auf seine Weise nicht um Gottes willen, sondern um aus ihr für sich, den von Gott Abgefallenen Genuß zu schöpfen, und darum ist es auch der Geist des Abfalls, der Teufel und nicht Gott, der im Mittelpunkt des Reigens steht, darum verkehrt sich die heilige Gemeinschaft unter der Vaterschaft des Schöpfers in ihr unheiliges Gegenteil, in ein Beisammensein von lauter Einzelnen, aus dem sich jeder nur für sich allein seine besondere Lust zu holen sucht.

Das Ziel und der Zweck der nächtlichen Hexenversammlungen ist also die Gemeinschaft, und zwar die Gemeinschaft im bewußten Gegensatz zur individuellen Vereinzelung. Der Mensch des fünfzehnten und sechzehnten Jahrhunderts will gewiß diese Vereinzelung. Die geistige Freiheit der Person, wie er sie versteht, nämlich als Freiheit von allen Bindungen, sei es an Gott, an den Nächsten oder an die Natur, schwebt ihm als sein Ideal vor. Aber, wie wir schon sagten, in diesem Streben nach Selbstherrlichkeit ahnt er zunächst doch auch noch etwas von der damit verknüpften Schuld, und er ahnt auch, daß der Gewinn, den er sucht, nach der anderen Seite hin Verlust bedeutet, daß man nicht ungestraft alle Fäden zwischen sich und der Umwelt durchschneiden kann. Und so wagt er es unter Umständen, auf magischem Weg die Zusammenhänge herzustellen, die er als bewußt wollendes Subjekt verloren hat. Er will also, was er eigentlich nicht will, oder vielleicht richtiger: er will es so, daß es sich mit der Hauptrichtung seines Wollens vereinbaren läßt, das heißt er will die Werte der Gemeinschaft für sich als für den Gemeinschaftslosen, er will in der Hingabe sich selbst bewahren. Damit aber verkehrt sich die ursprüngliche Gemeinschaft in ihr Gegenteil; aus der Gemeinschaft mit Gott wird die Gemeinschaft mit dem Teufel. Nicht der Zenit, sondern der Nadir ist, bildlich gesprochen, der Beziehungspunkt, in dem die Strahlen zusammenlaufen.

In rasendem Flug durch die Luft erreicht die Hexe in kürzester Zeit den Versammlungsort, das will sagen, der magische Rapport wird durch Überwindung der räumlichen wie der zeitlichen Trennung hergestellt. Zeit und Raum, diese beiden Grundformen des dem autonomen Ich entsprechenden rationalen Weltbildes verlieren ihre Bedeutung, das Dort wird zum Hier, das Einst zum Jetzt. Daraus ergibt sich ein eigentümliches dämonisches Zerrbild der Ewigkeit und der Allgegenwart. Gewiß hat der Individualist, der selbstherrliche Einzelne, all die Werte verloren, an denen ältere Generationen noch teilhatten, aber nur im Verzicht auf das einmal Verlorene kann er den ihm noch verbliebenen Wert, nämlich seinen Selbstwert, bewahren. Schickt er sich nicht in das Entweder-Oder, vor dem er nun steht, will er sein Ich und gleichzeitig auch die nun ins Triebhafte abgesunkenen Beziehungen auskosten, dann verliert er notwendig sich selbst, ohne damit doch das Andere in seiner ursprünglichen Reinheit wiedergewinnen zu können, dann verschreibt er sich eben dem Teufel. Darum die uns verknöcherten Individualisten schon beinahe unverständliche Angst jener erst an der Schwelle zum Individualismus angelangten Menschen der abendländischen Wendezeit vor den Versuchungen der falschen Gemeinschaft. Nur aus dieser Angst, deren Größe und Tiefe wir gar nicht mehr fassen können, weil wir längst viel zu klein und viel zu flach für sie geworden sind, erklärt sich der Fieberschauer jener Hexenverfolgungen mit allen ihren Furchtbarkeiten. Die Menschen von damals wußten noch etwas von der Sehnsucht nach dem verlorenen Paradies, wir dagegen kennen bloß die Abgeschmacktheiten einer Wirklichkeit, die sich in blödem Stolz über einem nur durch eine hauchdünne Membrane von ihr geschiedenen und für uns trotzdem unsichtbaren Abgrund bläht.

Der alte Gott ist der mächtige und der entmächtigte zugleich. Eben diese Zwiespältigkeit läßt ihn zum Dämon werden, und daß er in einem solchen zweideutigen Licht erscheint, verdankt er einfach der Zweideutigkeit, die alles Vergangene überhaupt kennzeichnet. Als Herkunft ist die Vergangenheit Ursprung und Grundlage des Gegenwärtigen und damit gegenwärtiger und wirklicher als dieses selbst, ja geradezu der ewige unveränderliche Hintergrund dessen, was sich im immer vergänglichen Vordergrund der Jetztzeit manifestiert. So besehen stellt sie sich dar als die Daseinsform des wahrhaft Göttlichen, als das eigentlich Lebendige. Andererseits aber ist sie doch auch wieder das Nicht-mehr-Seiende, das Ver-gangene, das Entschwundene, das Ausgelöschte, Unwirkliche und also das Tote, freilich nur für ein Bewußtsein, das im Gegensatz steht zum Unbewußten, für das Auge des Willens, der sich vom Trieb gelöst hat. Nur aus der Perspektive der Autonomie gesehen nimmt das Reich der Herkunft die Gestalt rationalzeitlichen Vergangenseins an, so wie sie uns geläufig ist und ganz allgemein und selbstverständlich hingenommen wird als die Wirklichkeit schlechthin, als die »Geschichte«, wie sie eben war. Innerhalb dieser angeblich allein realen geschichtlichen Zeit gilt das Jetzt als das Seiende, das Einst als das Nicht-Seiende. Aber das ist durchaus nicht die einzig mögliche Art, das Gewesene zu verstehen. Ein noch ungebrochener oder wieder zur Ungebrochenheit zurückgekehrter Geist würde vielmehr die Vergangenheit als die Fülle der Gegenwart erkennen, als das ursprünglich Eine, aus dem sich das nur noch Gewesene ebenso wie das Jetzt abgespalten hat. Der magische Geist endlich, das heißt das sich unter Verzicht auf die Autonomie in das Unbewußte versenkende Bewußtsein sieht wie die Natur oder die Gemeinschaft so auch die Vergangenheit im Zwielicht des Dämonischen, des lebendigen Todes oder des toten Lebens, also des gegenwärtigen Nicht-Gegenwärtigen oder des nicht-gegenwärtigen Gegenwärtigen.

An einer Stelle seines Buches über den »Magischen Menschen« sagt *Theodor W. Danzel:* »So prägen wir die Bezeichnungen »magischer« und »technischer« Mensch (Homo divinans und Homo faber) und stellen fest, daß der gesamte kulturelle Entwicklungsgang sich als ein in zahllosen Zwischenformen sich vollziehender Verlauf darstellt, an dessen Anfang der Homo divinans, an dessen Ende der Homo faber steht.« Danzel gibt damit nur einer sehr weit verbreiteten, aber darum nicht weniger falschen Anschauung Ausdruck. Im Anfang steht nämlich gar nicht der magische, sondern der *ebenbildliche* Mensch, dessen Absenker in gleicher Weise sowohl der technische wie auch der magische ist. Der technische Mensch, das ist der autonome, der Willens- und Bewußtseinsmensch, der magische hingegen ist der Triebmensch und als solcher nur eine Degenerationserscheinung jenes ersten. Freilich scheint es uns so, als ob die Entwicklung tatsächlich den Verlauf genommen hätte, den Danzel beschreibt; denn von unserem eigenen Standpunkt aus, vom Standpunkt des autonomen Geistes her, begreifen wir die Vergangenheit immer nur im Gegensatz zum Jetzt als das Nicht-Mehr. Wir erkennen in ihr nicht den Zusammenklang von Willen und Trieb, sondern nur das Triebhafte allein, aus dem sich allem Anschein nach der bewußte Wille allmählich zu seiner gegenwärtigen Klarheit emporgerungen hat. Der in uns einmal aufgebrochene Widerspruch färbt unser ganzes Weltbild, er gibt auch dem sich unseren Blicken darbietenden geschichtlichen Prozeß sein charakteristisches Gepräge. Wir projizieren das eigene Unbewußtsein, also jene Schichten unseres Selbst, die wir nicht als zu diesem gehörig anerkennen, unser Nicht-Ich als das Nochnicht-Ich in die Vergangenheit, und so erscheinen uns unsere fernen Vorfahren als unfreie, den Mächten der Natur relativ willenlos hingegebene Wesen. In Wahrheit aber ist der magische Mensch, sofern wir darunter den triebverfallenen Naturmenschen verstehen, eine Möglichkeit der Jetztzeit und nicht der herkünftigen Vergangenheit, nämlich die andere und immer drohende Möglichkeit des autonomen Geistes, also des technischen Menschen selbst. Dieser Geist wird, indem er zum Zweck des Genusses, wie wir früher sagten, sich hingibt an die abgedrängten Gewalten der Nacht und des Chaos, indem er sich selbst aufgibt, um daraus doch wieder für sich Lust zu ziehen, zum magischen. Im Bereich unseres Gesichtskreises finden sich nur die beiden Gegensätze, der bewußte Wille und der unbewußte Trieb. Was jenem nicht entspricht, wird darum unbedenklich diesem zugerechnet.

Da es jedoch keinen absolut autonomen Geist unter geschaffenen Wesen gibt, kann sich auch die rein rationale Vergangenheitsschau niemals restlos durchsetzen. Wir sehen wohl einerseits im Gewesenen das Unvollkommene und relativ Ungeistige, aber diese Sicht wird dennoch ständig durchkreuzt und aufgehoben von dem gleichsam instinktiven Wissen um die Höherwertigkeit der gleichen Vergangenheit. Das Heute verachtet das Gestern und verehrt es doch auch wieder, und die rational niemals zu begründende, aber sich trotzdem unabweisbar aufdrängende Verehrung stellt das Recht der Verachtung und damit auch schon die Richtigkeit des geläufigen Vergangenheitsbildes radikal in Frage. Verehren kann ich nämlich nur etwas, das mir überlegen ist, das also nicht nicht sein kann, während ich bin, sondern dem ich vielmehr mir gegenüber auch einen höheren Grad an Gegenwärtigkeit zubilligen muß. Wenn ich ein Vergangenes oder einen Vergangenen verehre, so daß sich das Recht, ja die Pflicht zu dieser Verehrung einfach nicht abweisen läßt, so heißt das, daß tatsächlich gar nicht das Vergangene im Verhältnis zu mir, sondern umgekehrt ich im Verhältnis zu ihm vergangen, nämlich relativ ungegenwärtig und unwirklich bin. Die Pietät, die wir unseren Vorfahren entgegenbringen, ja selbst die Achtung, die jeder normal geartete Mensch für seine Eltern empfindet, ist so eigentlich schon eine Widerlegung jenes Vergangenheitsbildes, auf dem sich unsere ganze Geschichtsbetrachtung aufbaut. Diese Pietät, diese Achtung wurzelt in dem Rest an ursprünglicher Harmonie, der von dem fortschreitenden Zersetzungsprozeß, vom Zerfall des Bewußtseins noch nicht angefressen wurde. In dem Maß freilich, in dem die Spaltung ihren Fortgang nimmt, verschwindet auch die Pietät und verliert das Gestern in den Augen des Heute seinen Wert. Eine Welt, in der das Alter entrechtet wird und die Jugend regiert, ist darum gerade keine junge, sondern eine alte, eine dem Tode nahe Welt.

Wie zur Vergangenheit überhaupt, kann jedoch auch zu den Vorfahren, zu den Ahnen ein Verhältnis eingenommen werden, das weder Verehrung noch Verachtung, sondern ein ambivalentes, in sich widerspruchsvolles Gemenge aus beiden ist, nämlich das *magische*, und hier nimmt der Ahne genau so wie der alte Gott dämonische Gestalt an. Alles, was wir bei den primitiven Naturvölkern Ahnenkult nennen, ist in diesem Sinn Dämonenkult, aber auch das bei uns in spiritistischen Seancen beliebte Zitieren der Geister von Verstorbenen gehört hierher. Selbst in den relativ lautersten Formen des Ahnenkultes werden die toten Vorfahren mehr gefürchtet als eigentlich geliebt und verehrt. Ihre Überlegenheit wird wohl anerkannt – denn nur das Überlegene kann man fürchten –, aber nicht wie die Überlegenheit einer vollkommeneren Person, sondern eher wie die Unwiderstehlichkeit einer blinden Naturmacht. Der Rapport ist durch den selbst naturhaften Trieb und nicht durch den bewußten Willen hergestellt. Dieser nimmt vielmehr wie in aller Magie nur eine dienende Stellung ein. Der Ahne ist zunächst einmal wirklich der Verstorbene, der Tote, der aus dem Totenreich heraus nach den Lebendigen greift. Und darin unterscheidet er sich grundsätzlich von den »Vätern«, die die reine Verehrung der Söhne genießen. Der Vater, mag er auch die

Welt verlassen haben, steht immer über dem Sohn und wird von diesem als Person anerkannt. Er hat nur die ihm gemäße höhere Form des Lebens angenommen. Sein Sterben war genau genommen kein Abnehmen, sondern ein Zunehmen, ein Aufsteigen in den Himmel, und wenn der Sohn diesen verklärten Vater verehrt, so gibt er sich selbst gleichfalls dem höheren Leben hin und wächst über sich hinaus. Der dämonisierte Verstorbene hingegen hat den Weg nach abwärts angetreten, er ist hinabgestiegen in die Unterwelt und macht sich von dort her in sehr gefährlicher Weise den Hinterbliebenen bemerkbar. Man verehrt ihn, um ihn zu besänftigen, um sich vor ihm zu schützen, um von ihm unbehelligt zu bleiben und gerade nicht, um nun auch an seiner Daseinsform teilzuhaben.

Dieser Ahnenkult hat also nichts mit Pietät in unserem Sinn zu tun. Der Tote ist hier wesentlich ein Gespenst, ein Vampir, der den Lebendigen nachstellt, um sie zu sich ins Grab zu ziehen, so wie das auch noch die bekannten Totentanzbilder des späteren Mittelalters darstellen. Der Zusammenhang mit ihm liegt unter der Schwelle des Tagesbewußtseins, in der Schicht, die dem Einzelnen immer feindlich bleibt und in der er sozusagen schon im Leben als ein Toter den Toten verbunden ist. Der Mensch hat hier wohl noch ein Organ für die eigene Herkunft, für den eigenen Ursprung, aber sein Wissen darum, wenn man das überhaupt Wissen nennen kann, ist ins Negative verkehrt und erweist sich so als die bloße Nachtseite des Nichtwissens, der Zusammenhanglosigkeit, in welcher der autonome Willensmensch als Vereinzelter lebt. Der Ahne wird als Gespenst, als Toter erfahren, das bedeutet, daß Verbindungslinien zu ihm hin verlaufen unterhalb der Ebene, auf der sich das Leben abspielt. Aber er ist eben nicht nur Toter, sondern *lebendiger Toter*; denn sonst könnte er ja nicht gefährlich werden, und diese seine Lebendigkeit kann er allerdings nur dem Bewußtsein und nicht dem darunter Verborgenen verdanken. Wäre der Mensch nur gespalten, dann wüßte er von den Abgeschiedenen überhaupt nichts oder er hätte sie vermöge seines Restes an ursprünglicher Gegenwärtigkeit einfach in der Erinnerung. Weder in jenem noch in diesem Fall könnten sie ihm als dämonische Wesen erscheinen. Eine solche Möglichkeit ergibt sich erst, wenn über den bereits vollzogenen Bruch hinweg vom Willen her durch magisch-rauschhafte Selbsthingabe an die Triebsphäre das Vergangene vergegenwärtigt oder richtiger das Gegenwärtige dem Vergangenen preisgegeben wird. Daraus folgt aber, daß der Primitivismus eine Degenerationserscheinung ist und nicht, wie vielfach noch immer geglaubt wird, ein Stadium entwicklungsgeschichtlicher Frühzeit. Der Primitive ist der Mensch, der die selbstverschuldete Spannung zwischen Trieb und Willen nicht ausgehalten und sich darum dem Trieb verschrieben hat. Er zeigt uns den Menschen, der sich selbst verliert, auf dem Weg zum Tier, allerdings nur auf dem Weg; denn wirklich zum Tier wird der Mensch niemals, weil das, was ihn vom Tier unterscheidet, nämlich der Geist, wohl verkehrt und mißbraucht, aber nicht ausgelöscht werden kann.

Selbstverständlich hat der Ahnendienst nicht immer und überall die eben geschilderte dämonische Gestalt. Von der echten Verehrung der Vorfahren bis zum Gespensterkult der wilden Naturvölker gibt es eine Unmenge von Zwischenstufen. Das Verhältnis des Chinesen oder des Japaners zu seinen Vätern ist von dem des afrikanischen Negers oder des Melanesiers allen Ähnlichkeiten und unverkennbaren Beziehungen zum Trotz doch sehr verschieden. Während dort ohne Zweifel die Ehrfurcht und die Liebe für den Verstorbenen dominiert, wird hier die Angst vor ihm zum charakterbestimmenden Moment. Dort sucht man die Gemeinschaft mit den Toten wirklich aus Pietät, hier gibt man ihnen, was sie fordern, gerade um sie von der Gemeinschaft der Lebendigen fernzuhalten. Das heißt mit anderen Worten: Dort hat auch der Verstorbene noch irgendwie am Leben teil und soll daran teilhaben, hier hat umgekehrt auch der Lebendige schon am Tode teil und will daran nicht teilhaben.

Während wir die Erinnerung überhaupt und also auch die Erinnerung an Verstorbene für ein subjektives psychologisches Phänomen halten, so daß wir sagen: Ich erinnere mich an diesen oder jenen, stellt sie sich dem Primitiven, wenn nicht nur, so doch jedenfalls in der Hauptsache als vom Verstorbenen selbst gewirkt, also als objektives Phänomen dar. Er, der Tote ist es, der mich an sich erinnert, der mir etwa im Traum erscheint usw. Für die Behauptung, daß diese Anschauung der Wirklichkeit weniger entspräche als die andere, wird sich kaum ein zureichender Beweis erbringen lassen. Das autonome Bewußtsein freilich hält den Toten einfach für tot, für nicht mehr vorhanden, aber doch nur, weil er das im Grunde schon als Lebendiger war. Sein Tot-Sein ist nur eine andere Form seiner Geschiedenheit von mir. Für die Regionen des Unbewußten jedoch, die ja selbst das in die Vergangenheit Abgesunkene am Menschen sind, behält auch das Gewesene und Tote seine Gegenwärtigkeit. Ursprünglich, das heißt vor dem Bruch, gab es keine Vergangenheit, sondern nur Gegenwart, und wo es nur Gegenwart gibt, hat es keinen Sinn, von Erinnerung zu sprechen, weil Erinnerung ihrem Begriff nach die Vergangenheit des Erinnerten zur Voraussetzung hat. Dort wird der Andere Bewußtseinsinhalt, indem er mir leibhaftig entgegentritt. Sein Erscheinen geht also zweifellos von ihm und nicht von mir aus. Wird nun im Magischen, wenngleich auf einer Ebene tief unterhalb der ursprünglichen, die Gegenwart wiederhergestellt, so wird damit auch dem erscheinenden Anderen die Spontaneität wiedergegeben, das heißt, die Erinnerung wird wieder zur realen Begegnung mit ihm. Er ist es, der mir begegnet, der sich mir aufdrängt, auch gegen meinen Wunsch und Willen, ja die Unerwünschtheit gehört sogar ganz wesentlich zu dieser Art von Begegnung, weil die Begegnenden einander hier nur als Gestorbene überhaupt begegnen können. Der Lebendige weiß sich im Augenblick, da ihm der Tote erscheint, gleichfalls in den Bezirk des Todes versetzt, er wird dem Toten und der Tote wird ihm in der Vergangenheit, auf dem Boden des Nicht-mehr-Seins gegenwärtig.

Der Ahne als Ahnherr ist nicht nur Vorfahre, er ist vor allem auch *Stammvater* und als solcher Inbegriff und Verkörperung der Familie, der Sippe oder des Volkes. In ihm verdichtet sich die Gemeinschaft der durch das gleiche Blut Verbundenen zur Person. Die lebendigen Menschen der Sippe haben im Stammvater, der allerdings ein Toter ist, ihren Zusammenhang, die Substanz ihrer Ordnung. Und darin liegt ein eigentümlicher Widerspruch. Je ausgeprägter nämlich das Zugehörigkeitsgefühl zum Ganzen, das heißt je lebendiger die Sippe als solche ist, um so bedingungsloser weiß sie sich und weiß sich jedes ihrer Glieder dem toten Ahnherrn verbunden. Der Einzelne gehört darum der Sippe an, sofern er dem Leben abgestorben ist. Dieser Wahrheit hat schon *Hegel* in der »Phänomenologie des Geistes« tiefsinnige Betrachtungen gewidmet, obgleich er von seiner idealistischen Grundposition her der Unauflöslichkeit des sich hier offenbarenden Widerspruches nicht gerecht werden konnte. Der Stammvater, von dem das Leben ausgeht, dem die Nachkommen ihre lebendige Gegenwart danken wie auch die ihnen und ihrem Geschlecht gegebene Zukunft, ist ein Vergangener, ein Gestorbener, und darum muß sich die von ihm gezeugte Sippe gerade in den Augenblicken ihres höchsten Daseinsbewußtseins auf das Nicht-Sein, auf den Tod bezogen wissen. So trägt der niemals auszugleichende Gegensatz von Tod und Leben in die Gemeinschaft einen Zwiespalt hinein, der sich nur in dämonischen Formen des Kultes auswirken kann. Wie der Stammvater selbst als lebendiger Leichnam zum Dämon wird, so erhalten auch alle Äußerungen des Gemeinschaftslebens, indem sie sich auf ihn richten, dämonisches Gepräge.

Damit hängt auch die oft bis zur Identifizierung gehende Verknüpfung des Ahnherrn mit dem Totemtier des Stammes zusammen. Die Tiere sind die Gestalt gewordenen unbewußten Wesensschichten des Menschen. Im Tier tritt mir entgegen, was ich selbst unter der Schwelle meines Tagesbewußtseins bin, also dort, wo ich jener triebverhafteten Allgemeinheit zugehöre, die alles Einzelne in sich untergehen läßt. So könnte man geradezu sagen: Das lebendige Tier ist der tote Mensch und umgekehrt, eine Einsicht, auf die nicht bloß der Tiertotemismus, sondern ebenso der Seelenwanderungsglaube zurückgeht. Das Tier ist die paradiesische Schlange, die Kreatur, die den Menschen zu sich in die Dumpfheit der eigenen Existenz, und das bedeutet, in den Tod lockt, und wer dieser Lockung folgt, verwandelt sich selbst in ein Tier, wird zum Tiermenschen, zum lebendigen Toten, also zum Dämon. Es ist, wie wir schon einmal sagten, die weibliche Seite des Menschen, die dem Tier ihr Ohr leiht, die von ihm verführt wird, und weiblich ist demgemäß auch das die

Blutgemeinschaft, die Sippe regierende Prinzip. Mag der Stammvater immerhin als Mann vorgestellt sein, als der tote Mann
befindet er sich dennoch in der Gewalt der großen Mutter, der
Erde, ist er mit seinem männlichen Geist der Weib-Natur hörig.
Wo die Gemeinschaft als Familiengemeinschaft verstanden wird,
liegt das Regiment in der Hand der Mutter und nicht des Vaters,
dort muß der Vater, um Stammvater sein zu können, zurück in
den mütterlichen Schoß, und nur als Gestorbener und Gefange-
ner des ewig Weiblichen darf er seine Herrschaft ausüben.

Nicht alle menschliche Gemeinschaft ist aber blutbedingt. Der
Gebundenheit an Familie und Sippe steht als ihr männliches
Widerspiel die Gemeinschaft des Geistes gegenüber, die ihren
Ursprung nicht im *Eros* und in der natürlichen Fortpflanzung,
sondern in der *Freundschaft* hat. Der Freund ist mir nicht wie
Vater, Mutter, Bruder und Schwester einfach gegeben ohne mein
Zutun, er wird vielmehr von mir selbst gewählt. Hier hat die
Freiheit und nicht die Notwendigkeit der Natur das Wort. Zum
Weib zieht mich der Trieb, und demgemäß ist alles, was aus dieser
Verbindung hervorgeht, dem äußeren Zwang unterworfen. In
meine Familie, in mein Volk werde ich hineingeboren, diesen
Ordnungen muß ich angehören, ob ich will oder nicht, vom
Augenblick meiner Geburt angefangen bis zum Tode. Für oder
gegen die Gemeinschaft des Geistes jedoch entscheide ich mich
aus freiem Willen. Von einem Freund kann ich mich lossagen, aus
einem Bund, aus einem Staatsverband kann ich austreten. Gewiß
hat auch diese Gemeinschaft ihr Zentrum, aber nicht in einem
dämonischen Ahnherrn, der aus der Tiefe seines Grabes die
Lebendigen zusammenhält, sondern in einer gleichfalls aus
Freiheit selbstgesetzten ideellen Person, im *Heros*. Der Heros
mag ebenso wie der Stammvater an sich eine Gestalt der
Vergangenheit und also ein Toter sein, das erscheint hier völlig
unwesentlich; denn er *gilt* als Lebendiger, ja er steht vor den
geistigen Augen seiner Gemeinde als ihr Vorbild, als eine erst zu
verwirklichende Wirklichkeit. Zum Stammvater strebt man
zurück in die Vergangenheit, dem Heros eifert man nach in die
Zukunft. Wie jener dem alten, so ist dieser dem jungen Gott
zugeordnet. In ihm verdichtet sich das Willensziel der Verbundenen.

Ihre gemeinsame Wurzel haben freilich beide Gemeinschaften, die des Blutes und die des Geistes, in der Urgemeinschaft des Anfangs, da Wille und Trieb noch keine Gegensätze waren. Darum haben alle Heroen auch stammväterliche und alle Stammväter auch heroische Züge. Der Urheros wie der Urstammvater ist ein und derselbe, nämlich der noch ungebrochene Adam des Paradieses. Dieser Adam war Ausgang und Ziel seiner selbst, sozusagen sein eigener Stammvater und sein eigener Heros, Stammvater als der von Gott geschaffene, Heros als der sich zur Ebenbildlichkeit vollendende. Gott, der Schöpfer, von dem her und zu dem hin alles ist, hält den Anfang und das Ende, Vergangenheit und Zukunft als Gegenwart in seiner Hand. Da sich aber Adam von Gott abwandte, zerbrach die Gegenwart; Vergangenheit und Zukunft fielen auseinander und gerieten in Widerspruch. Adam blieb der Stammvater, aber nun nicht mehr als das in der Liebe des Schöpfers geborgene Geschöpf, sondern als der Gestorbene, als der der Vergangenheit Anheimgefallene, und er blieb auch der Heros, aber nicht als das vollendete Ebenbild, sondern als der Konkurrent Gottes, als der Mann, der selbst wie Gott sein will. Adam und nicht etwa Gott spaltete sich so in zwei verschiedene Personen, und in dieser Spaltung hat auch der Gegensatz zwischen dem alten und dem jungen Gott seinen letzten Grund. Nicht als ob der alte Gott mit dem Urstammvater und der junge mit dem Urheros Adam geradezu identisch wäre, in beiden lebt vielmehr noch ein Rest von echter Transzendenz, wohl aber ist es die innere Widersprüchlichkeit des Menschen, die hier auch auf das Göttliche übertragen wird und ein Gottesbild hervorbringt, in dem Transzendentes und Immanentes zusammenfließen.

Ahnenkult heißt also im Letzten nichts weiter als *Adamskult*, und Heroenkult ebenso. Nur wird da und dort derselbe Adam jedesmal von einer anderen Seite her gesehen. Am Ende treffen sich beide Gegenpole wieder im gleichen Punkt, und dieser Punkt ist das Nichts, der Tod, in den das von Gott gelöste Leben einmünden muß. Auch das glänzende Leben des Heros ist ja nur ein Scheinleben, ein Leben aus der Illusion. Der Heros überwindet die Finsternis der Nacht, um dann doch wieder von ihr verschlungen zu werden. Im tragischen Untergang kehrt er zum Stammvater, zu seiner eigenen anderen Seite zurück und wird mit ihm, dem Toten Eines. Das heißt: Der gottentfremdete Mensch läuft vor sich selbst davon und einem Ziel nach, das ihm als die Erfüllung des Lebens erscheint, sich aber, je näher er ihm kommt, um so deutlicher als der Tod zu erkennen gibt.

Abraham, dem Stammvater des Volkes, aus dem sich Gott seine Gemeinde bilden wollte, wurde geboten, erstens seinen Vater zu verlassen und zweitens seinen Sohn zu opfern. Im Gehorsam, das heißt in der bedingungslosen Hinwendung zu Gott, dem *Allgegenwärtigen*, sollte sich Abraham von der Vergangenheit wie von der Zukunft lossagen. Den Vater verlassen bedeutet dem Ahnenkult, den Sohn opfern, dem Heroenkult abschwören. Der Mensch, den sich der gegenwärtige Gott erwählt hat, um ihm gegenwärtig zu sein, der Mensch, mit dem die auf das vollendete Ebenbild als Endziel ausgerichtete Heilsgeschichte beginnen sollte, durfte sich nicht an eine der beiden Hälften hängen, in die einst Adam zerbrochen war. Er mußte vielmehr herausgehoben werden aus der natürlichen Gespaltenheit. Die Juden haben das allerdings nicht verstanden; denn sonst hätten sie nicht abermals und gerade aus Abraham einen Stammvater und aus David bzw. aus dem Davidssohn, dem Messias, einen Heros gemacht. Abraham ist wohl der Vater aller Gläubigen, aber nach einer ganz anderen Ordnung als nach der des Blutes, und Christus ist der Messias, aber nach einer ganz anderen Ordnung als nach der sich von David herleitenden Erbfolge. Wie schon vor ihm Isaak, so verdankt auch Jesus seine Menschwerdung einem Wunder, dem unmittelbaren Eingriff Gottes. Das und nichts anderes ist der Sinn der Jungfrauengeburt. Wäre Abraham ein Stammvater und Jesus ein Heros im Sinn heidnischer Religiosität, dann wäre der Gott, der hinter beiden steht, wirklich nur ein Gott der Toten und nicht der Lebendigen und also ein Dämon. Daß Gott weder der bloß vergangene noch der bloß zukünftige, sondern der gegenwärtige ist, darauf allein kommt es in der Offenbarung an. Abgesehen von der Offenbarung in Jesus Christus, dem in die Zeit eingebrochenen ewigen Sohn des ewigen Vaters, bliebe dem Menschen nur das Entweder-Oder zwischen dem magischen und dem heroischen Weg, die, wie wir gezeigt haben, beide in den Tod einmünden.

Unter den Völkerschaften und Rassen der Erde sind die

Abendländer die eigentlichen, ja die einzigen echten Vertreter der heroischen Gemeinschaftsidee. Alle Exoten ohne Ausnahme, ob wir sie zu den sogenannten Kulturvölkern rechnen oder nicht, hängen am Blut und am Ahnentum. Die gewiß nicht zu leugnenden oder auch nur gering zu achtenden Unterschiede und Gegensätze innerhalb dieser Gruppe haben demgemäß doch nur relative Bedeutung. Der hochkultivierte Chinese unterscheidet sich vom primitiven Australier nur insoweit, als sein Ahnenkult wesentlich tiefer ist, man könnte sagen näher an den Urstammvater Adam heranreicht als die dumpfe Gespensterfurcht des Wilden, dessen Erinnerungsvermögen oft schon beim eigenen Großvater sein Ende findet. Und der Indianer der nordamerikanischen Prärie hat vor seinem südamerikanischen Vetter nur das voraus, daß seine Ahnen, obwohl sie ohne Zweifel in erster Linie auch Tote sind, eine verhältnismäßig stärker betonte heroische Note aufweisen. In seinen zahlreichen Schriften über die Kulturen der afrikanischen Negerstämme hat *Leo Frobenius* den Gegensatz zwischen *Äthiopiern* und *Hamiten* als grundlegendes Einteilungsprinzip aufgestellt, und diese Unterscheidung hat sich auch in vieler Hinsicht als sehr fruchtbar erwiesen. Sie deckt sich, wenn nicht durchaus, so doch in der Hauptsache mit unserer eigenen. Der Äthiopier ist der seßhafte, an Blut und Boden gebundene Bauer. Seine Religion bleibt daher ganz und gar im Bann der Ahnenverehrung. Der nomadisierende Hamit hingegen ist Jäger und Krieger. Für ihn kann der im Grab ruhende Stammvater demgemäß nicht die gleiche Bedeutung haben. Immerhin übersieht Frobenius, daß es sich in beiden Fällen um primitive und also vom Ahnenglauben her bestimmte Kulturformen handelt. Der Unterschied beschränkt sich nur auf das besondere Verhalten des Lebendigen dem Verstorbenen gegenüber. »Wenn der Äthiope sich dem Leibe des verstorbenen Angehörigen mit aller nur erdenklichen Fürsorge widmet, nur und allein getrieben von dem Wunsche, ihm so nahe wie möglich zu bleiben –, so ist der Hamit ängstlich bedacht, sich von dem Körper des Verstorbenen, und wenn es der ihm Liebste war, so schroff und gründlich zu befreien wie nur denkbar. Was dem einen zu Manen wird, wird dem anderen zum Gespenst« (Frobenius,

»Schicksalskunde im Sinne des Kulturwerdens«, S. 100 f.). Dort also überwiegt das Zugehörigkeitsgefühl zu den Toten, hier die Furcht vor ihnen, aber beiden gemeinsam ist trotz allem die zentrale Bedeutung des Verhältnisses zu den Abgeschiedenen überhaupt. Daß der Äthiopier, der seßhafte Primitive, den begrabenen Ahnen wirklich liebt, darf nicht angenommen werden, er muß aber Liebe und Fürsorge heucheln, weil sich ja sonst der ihm immer nahe Leichnam an ihm rächen würde. Dagegen darf es der seinen Wohnort ständig wechselnde Nomade ruhig wagen, sich den Verstorbenen gegenüber pietätlos zu zeigen und ihre lästigen Einflüsse nach Möglichkeit abzuschütteln. Der Hamit nähert sich wohl dem heroischen Typ, aber das nur auf der Ebene einer grundsätzlich unheroischen und damit blutgebundenen Primitivität. Der Gegensatz zwischen Äthiopiern und Hamiten spiegelt also im Raum der magischen Kultur den Urgegensatz zwischen magischem und heroischem Menschentum, so daß wir es hier nur mit einem Spaltungsphänomen von durchaus untergeordnetem und gar nicht exemplarischem Rang zu tun haben. Frobenius kann sich auch nicht ganz frei machen von jenem rationalistisch-wissenschaftlichen Grundirrtum, der in der Primitivität die Ur- und Anfangsform alles Menschlichen sieht, während es sich doch tatsächlich gerade umgekehrt verhält, so nämlich, daß man den Primitiven als einen Absenker zu betrachten hat, der nur noch ganz verkümmerte Spuren des Ursprünglichen erkennen läßt und uns die Aufgabe, dieses zu rekonstruieren, weit schwerer macht als irgendeine der noch bestehenden Hochkulturen.

Aber nicht nur von den Primitiven, sondern von den Exoten überhaupt gilt der Satz, daß alle innerhalb ihrer Weltbilder auftauchenden Unterschiede, aus der abendländischen Perspektive gesehen, immer nur relative Bedeutung haben und grundsätzlich unter der magisch-dämonischen Dominante stehen. Der magische Mensch sucht den Zwiespalt zwischen sich und den Mächten der Vergangenheit, der Nacht, der Tiefe und des Chaos durch ekstatische Hingabe an sie, durch rauschhafte Leidensseligkeit, durch Todeswollust zu überwinden. Die Grausamkeit, auch die Grausamkeit gegen sich selbst wird ihm zur Quelle seines religiösen, seines übersinnlich-sinnlichen

Genusses. Davon macht nicht einmal der so oft gerühmte Heroismus des Japaners eine Ausnahme. Die Ethik des japanischen Marinesoldaten, der sich in ein Torpedo einschließen und von diesem zerreißen läßt, widerstrebt dem hergebrachten Ehrbegriff des Europäers so sehr, daß sie uns, solange wir uns nichts vormachen, eher verächtlich als bewunderungswürdig erscheint. Für uns ist echtes Heldentum nicht zu trennen von Selbstbehauptungswillen. Der Abendländer bewahrt sich auch dann noch und gerade dann vielleicht erst recht, wenn er sich entschließt, sein Leben einzusetzen, ja er setzt überhaupt sein Leben nur ein, wenn dies die *persönliche* Ehre erfordert. Die Ehre des Orientalen dagegen ist unpersönlich. Hier hat jedes Opfer, auch das des Soldaten auf dem Schlachtfeld, orgiastische Züge.

In ihrer relativ geistigsten Form wird diese Leidens- und Todesseligkeit des Exoten zur Resignation des buddhistischen Weisen. Der Buddhist ist sozusagen der Aristokrat unter den Satanikern, aber er gehört immerhin auch noch zu ihnen. Der Lotos, auf dem der Buddha thronend dargestellt wird, erscheint als Gleichnis für das aufgeschlagene Auge der Tiefe und des Nächtigen, des Vergessenen und Unheimlichen, des Ursprungs, der aber hier nur als schwarzer Mutterschoß verstanden wird. Sich zum Lotos bekennen, heißt dem Widerspruch der Existenz ausweichen, indem man das Bewußtsein verlöschen läßt. Der Buddhist erinnert sich in seinen Meditationen zurück erst an ein Leben, dann an zwei Leben, dann an hundert Leben, an die Zeiten mancher Weltentstehung und an die Zeiten mancher Weltvergehung, kurz an die Vergangenheit, und indem er sich an sie erinnert, entmächtigt er sie, hebt er sie auf. Die Erinnerung bedeutet hier also nicht Vergegenwärtigung im Sinn von Wiederverwirklichung, sondern umgekehrt Entwirklichung. Alles wird in gleicher Weise zu Nichts. Mit der Vergangenheit lösen sich freilich auch die Götter und die Dämonen auf. Was schließlich übrigbleibt, ist nur das Bewußtsein des Meditierenden, das aber am Ende, da es kein reales Gegenüber mehr hat, gleichfalls im Nirwana versinkt und versinken will.

Das abendländische Gegenstück des Buddhisten ist der

Stoiker, der nicht das Nirwana, sondern die Ataraxie, die Ruhe völliger Furchtlosigkeit erstrebt. Der Buddhist kehrt, so ließe sich sagen, durch alle Vergangenheiten zum Ursprung zurück, bis er *sein eigener Stammvater* wird, der Stoiker hingegen macht sich über alle Zukunft hinweg zu *seinem eigenen Heros.* Gewiß muß hier wie dort am Ende das Bewußtsein erlöschen, aber es erlischt einmal im Anderen, im unendlichen Meer des Nirwana, und einmal in sich selbst. Das Nirwana drückt einen *objektiven,* die Ataraxie einen *subjektiven* Zustand aus. Dort wird der Mensch getrieben, hier bleibt er bis zuletzt ein Wollender. Der Buddhismus ist magischer Atheismus, paradox ausgedrückt: dämonischer Adämonismus, der Stoizismus jedoch absoluter Anthropotheismus. Der Stoiker versteht sich als Heros des ungefährdeten Geistes, der sich auch noch im Untergang gegen die unpersönliche äußere Macht behauptet. Das faktische Endergebnis beider Extreme bleibt freilich wieder das gleiche; denn der Adam, der selbst wie Gott sein will, ist ja kein anderer als der, der des Todes stirbt und zur Erde zurückkehrt. In ihrer äußersten Zuspitzung fallen die Gegensätze in Eines zusammen – Coincidentia oppositorum.

Die Kausalität des Lebens
und des Todes

Gott sprach »Es werde!« und es ward. Der Schöpfer ist der Ursprung alles Geschaffenen, und *Ursprung* heißt nicht *Ursache*, wenn auch wir, der zeitlichen Anschauungsweise verhaftet, uns von einer Gleichsetzung beider niemals wirklich frei machen können. Die Ursache hat ihren Ort in der Vergangenheit, der Ursprung aber ist ein Gegenwärtiges, ja *die Gegenwart des aus ihm Entsprungenen* selbst; und nur wenn das Geschaffene seine eigene Gegenwart verliert, zum Vergänglichen wird, erscheint ihm auch sein Ursprung, also der Schöpfer, als ein Vergangenes, das nicht mehr ist. Der Ursprung als solcher wird *vergessen* und verwandelt sich damit in die Ursache, er tritt zurück aus dem Sein in die Gewesenheit. Ihren Grund hat diese Verschiebung allein in der Selbstherrlichkeit des geschaffenen Willens, der seine Daseinsbedingung verdrängt, weil er unbedingt sein will. Die Entstehung der Zeit wie der zeitlichen Verknüpfung von Ursache und Wirkung findet so ihre Wurzel in der Verwerfung Gottes. Gott als Ursprung und dann als Ursache meiner Existenz, das ist der Anfang aller »Kausalität«, und zwar geht hier die ursprüngliche, die *schöpferische* in die ursächliche, die rationale Kausalität über. Die zweite ist die Form, die der Schöpfungsvorgang selbst in dem dem Schöpfer entfremdeten Bewußtsein annimmt. Im Augenblick, da ich mich nicht mehr unreflektiert als freies Ebenbild Gottes verstehe, sondern meine Bedingtheit (meine Nacktheit!) wahrnehme, suche ich Gott abzuschütteln, das heißt mache ich mich blind für den gegenwärtigen und versetze ihn so in die Vergangenheit, in die zeitliche Form der Nichtigkeit, der Bedingtheit. Gewiß höre ich damit nicht auf bedingt zu sein, ja ich werde sogar noch bedingter als ich vordem war; denn was seinen eigenen Daseinsgrund in einem selbst Bedingten, nämlich in einem bereits Vergangenen und nicht mehr Seienden hat, ist notwendig bedingter als das vom Unbedingten Geschaffene. Das aber ist nur die unvermeidliche fatale Folge und keineswegs das Willensziel. Der Wille will vielmehr nichts anderes als die eigene Gegenwart und glaubt sie zu gewinnen, wenn er alles übrige, an erster Stelle Gott, der Gegenwart beraubt.

Die rationale Kausalität, die Kausalität nach Ursachen, die dem objektiven Ablauf der Zeit entspricht, setzt jedes Ding, jedes Ereignis, jeden Vorgang als bedingt durch ein Vergangenes und damit gleichfalls Bedingtes. Und diese Form des kausalen Zusammenhanges der Erscheinungen ist einfach das Gegenbild jener absoluten Unbedingtheit, die das autonome Selbst für sich in Anspruch nimmt. Wo hingegen das Geschehen als von Gott gewirkt und gewollt verstanden wird, wie in der Bibel von der Schöpfungsgeschichte an, dort hat man es mit einer Kausalität ganz anderer Art zu tun, mit einer Kausalität, der auch ein in allen Stücken grundverschiedenes Weltbild entspricht. Zwischen beiden Möglichkeiten, die Verknüpfung des Bestehenden aufzufassen, gibt es nur ein Entweder-Oder und kein Sowohl-als-Auch, das will sagen, ein bestimmtes Geschehnis kann nur entweder von da oder von dort her abgeleitet werden. Die eine Ableitung schließt jeweils die andere aus, ja macht sie geradezu unwahr. Darum kann man z. B. die Wirklichkeiten, von denen die biblische Geschichte spricht, nicht mit den Mitteln der rationalen historischen Kritik auf ihren Wahrheitsgehalt prüfen. Wo das »Gott sprach: Es werde! Und es ward« in Geltung bleibt, ist die historische Reihe außer Kraft gesetzt, kann sie bestenfalls noch einen gewissen Symbolwert haben, der aber auch schon höchst fragwürdig sein wird. Die schöpferische Kausalität setzt das Geschaffene gar nicht als bedingt in dem Sinn wie die rationale, sondern für sie ist *das Geschaffene genau so frei wie der schöpferische Akt, ja wie der Schöpfer selbst. Freiheit schafft Freiheit.* Das läßt sich nicht mit dem Verstand verstehen, wenigstens nicht mit dem Verstand des selbstherrlichen Bewußtseins, das übersteigt alle Möglichkeiten des bloß abstrakten Denkens. Aber das abstrakte Denken ist ja eben das Denken des Geschöpfes, das sich vom Schöpfer abgekehrt, das seine eigene Freiheit verloren hat und darum nur nach dem Schema der Unfreiheit denken kann.

Die eigene Freiheit verlieren heißt die eigene Schöpferkraft verlieren. Der autonome Wille, der sich für schrankenlos frei hält, ist darum genau so unschöpferisch wie die ihm objektiv anschauliche Notwendigkeit der Naturvorgänge. Diese bringt in ihrer Idealform, wie sie sich etwa das wissenschaftliche Denken erträumt, in unendlicher Abfolge immer nur wieder das Gleiche hervor, nämlich das gleiche Nichts, jener wieder erstarrt im beständigen Wollen des eigenen, sich selbst gleich bleibenden Ich. Das dem Naturgesetz, der rationalen Kausalität Unterworfene ist ganz und gar außer sich in grenzenloser Wiederholung seiner Nichtigkeit begriffen, das autonome Ich, das das Naturgesetz erdenkt, hingegen bleibt ganz und gar in sich gefangen und verliert jede Möglichkeit, aus sich herauszutreten. Schöpferisch wäre nur das Geschöpf, das sich selbst geschaffen sein ließe. In seinem eigenen Schöpfertum antwortet es auf das schöpferische Wirken seines Schöpfers, das meint, daß alles Schaffen nur im dialogischen Verhältnis und also in der »Liebe« stattfinden kann. Darum hat der Glaube, der Eines ist mit der Liebe zu Gott, die Kraft, Berge zu versetzen und unerhörte Wunder zu tun. Wo geglaubt und geliebt wird, fallen alle Schranken des Gesetzes, gibt es überhaupt kein Gesetz; denn das Gesetz ist nichts weiter als die Gestalt, der sich die Welt unterwerfen muß für den, der seinen Gesprächspartner verloren und vergessen, der den Monolog an die Stelle des Dialoges gesetzt hat. In der unproduktiven rationalen Kausalität der angeschauten Wirklichkeit spiegelt sich der in ein Gespräch nur mit sich selbst versponnene und darum genau so unproduktive Wille.

Schaffen heißt ohne Zwang oder Veranlassung von außen aus freiem Entschluß ein Anderes und Neues hervorbringen, das wohl eine Grenze hat, aber als Ausdruck nicht etwa seiner Beschränktheit, sondern seiner Fülle, seines Gehaltenseins in der eigenen Wesensmitte, aus der heraus es ebenso wie sein Schöpfer zur Schöpfertat befähigt ist. Wie das geschaffene Wesen sein Leben der Freiheit verdankt, nämlich der Freiheit Gottes, der zeitlich nichts vorhergeht, das sie treiben würde, so steht es auch selbst für sich allein als mögliche Quelle seiner Schöpfungen und ist nicht eingeordnet in irgend eine Kette von Ursachen und Wirkungen, von Vergangenheiten und Zukünftigkeiten. Aus Gegenwart ist es geworden; und abermals in

Gegenwärtiges sich zu entfalten hat es die Kraft. Daß Gott nur der All-Liebende sein kann, folgt einfach aus der Tatsache seines Schöpfertums. Wer schafft, will Leben und wer Leben will, liebt, und wenn sich das Geschöpf die Liebe des Schöpfers bewahrt, indem es sie erwidert, bleibt ihm auch der Wille und die Macht, neues Leben hervorzubringen. Die schöpferische Kausalität ist somit die Kausalität des Lebens und der Liebe. Was aus ihr entsteht, läßt sich in keine Ursachenreihe einordnen und widerstrebt jedem Versuch, sich seiner rational zu bemächtigen. Es entsteht aus dem Nichts durch Urzeugung. Wir haben dafür keinen besseren Ausdruck.

Wenn Jesus sagt: »Das Leben ist mehr denn die Speise, und der Leib mehr denn die Kleidung«, so will er damit den Menschen aus der Gefangenschaft der rationalen Kausalität zurückführen zur schöpferischen. Man beachtet gewöhnlich kaum, wie sehr diese Worte alle unsere Vorstellungen von Grund und Folge über den Haufen werfen. Für uns ist es selbstverständlich, daß die Nahrung Lebenskraft gibt, und daß die Kleidung den Leib vor den schädlichen Einwirkungen der Umwelt bewahrt. Wir betrachten also unser Leben so, als ob es von außen verursacht wäre. Aber Leben kann niemals verursacht, sondern nur geschaffen sein. Die Nahrung ist nichts weiter als die sich in der relativen Unwirklichkeit der zeitlichen Existenz spiegelnde Schöpferkraft, die uns aus der Gegenwart zuströmt, und das bedeutet, daß gar nicht, wie wir meinen, die Speise die Bedingung des Lebens, sondern umgekehrt das Leben die Bedingung auch der Speise ist. Wer wahrhaft lebt, wer sich offen hält für den Ursprung alles Lebens, dem kann es an nichts fehlen und dem wird sich, sofern auch er der zeitlichen Welt angehört, das ihm von oben geschenkte Leben darstellen in der abgeblaßten Gestalt der zu seiner Erhaltung scheinbar nötigen »Lebensmittel«. Den gleichen Sinn hat auch der bekannte Satz: »Trachtet am ersten nach dem Reich Gottes und nach seiner Gerechtigkeit, so wird euch solches alles zufallen.« Auch hier wird die rationale zu Gunsten der schöpferischen Kausalität außer Kraft gesetzt. Der Mensch soll sein Leben von dort her bestimmen lassen, von woher es eben kommt, und nicht von irgendwelchen zeitlichen Ursachen, an die er sich mit seiner Sorge hängt. Diese Ursachen sind in Wahrheit völlig nichtig und machtlos, weshalb auch niemand seiner Länge eine Elle zusetzen kann. Wenn der Christ im Vaterunser betet: »Unser täglich Brot gibt uns heute!«, so erkennt er damit Gott als den einzigen Spender und Erhalter seines Lebens an. Das Brot ist ihm nicht eine das Leben bewirkende Ursache, sondern nur das *äußere Zeichen* dafür, daß ihm Gott aus der Ewigkeit her alles Nötige gibt. Zeichen aber bedeutet soviel wie *Wort*, nämlich Ausdruck eines persönlichen Willens, und mithin wird hier auch das Brot nur als eines der Worte verstanden, die aus dem Munde Gottes kommen, als ein Schöpferwort von der Art des »Es werde!« Nach Zeichen und nicht nach ursächlichen Zusammenhängen urteilt, wer glaubt und Vertrauen hat, Vertrauen in die hinter den zeitlichen Dingen verborgene ewige persönliche Macht. Nichts von den für die Schöpfung wesentlichen Dingen liegt auf der Linie der rationalen Kausalität, weder der Anfang, noch die Mitte, noch das Ende der Welt. Darum kennt auch niemand außer dem Vater im Himmel den Tag und die Stunde des Jüngsten Gerichtes, nicht einmal der Sohn, sofern er als leiblicher Mensch gleichfalls in die Zeit eingegangen ist. Das Ende der Welt ist genau wie ihr Anfang ein schöpferisches Ereignis, dessen Bedingung nur der persönliche Wille Gottes und niemals eine äußere Ursache sein kann. Es läßt sich nicht berechnen; denn es wird nicht durch innerzeitliche Vorgänge bedingt und hervorgerufen, aber es wirft allerdings in die Zeit seine Schatten voraus. Sein Herannahen ist abzulesen, wenn nicht an Ursachen, so doch an *Zeichen*, an Vorzeichen, die freilich nur der Glaube bemerkt, weil er im Gegensatz zur autonomen Vernunft in den Formen nicht des rationalen, sondern des schöpferischen Kausalzusammenhanges denkt. Die bloße Vernunft kann an ein Ende der Welt ebenso wenig glauben wie an ihren Anfang; denn die Reihe der Ursachen und Wirkungen verläuft nach beiden Richtungen in die Unendlichkeit, der Glaube jedoch durchschaut diese Reihe als Illusion, als die Anschauungsform des abgefallenen Geistes, der sich von Gott gelöst hat und deshalb für das Licht des Lebens blind geworden ist.

Nach der Regel, daß objektive Bewußtheit und subjektive Unbewußtheit einander das Gleichgewicht halten, ist die rationale Kausalität, der die Erscheinungen der äußeren Wirklichkeit für unseren Blick unterworfen sind, auch die Kausalität unserer eigenen unbewußten Wesensseite. Ich selbst also bin kausal nach Ursachen bedingt, sofern nicht der Wille, sondern der Trieb für mein jeweiliges Verhalten ausschlaggebend ist. Von einer besonderen Kausalität der Triebe kann man darum eigentlich nicht reden. Wo der Trieb herrscht, dort herrscht auch schon die rationale Kausalität, und somit zeigt mir das mechanische Naturgesetz in der Außenwelt nichts weiter als das Spiegelbild meiner eigenen, dem freien Willen entzogenen Bedingtheit. Insoweit aber das Triebleben dennoch einer von der rationalen verschiedenen Kausalität zu gehorchen scheint, die sich weder der autonomen noch der schöpferischen Freiheit einfach gleichsetzen läßt, handelt es sich um getrübte Reste aus der ursprünglichen Einheit von Willen und Trieb, bzw. um deren magische Intensivierung. Die Trübung ergibt sich aus der jeweils dominierenden Stellung des Bewußtseins oder des Unbewußtseins. Der verbliebene schöpferische Rest erscheint nach oben oder nach unten verschoben, je nachdem ob der betreffende Mensch vorwiegend Willens- oder Triebmensch ist. Wenn wir Abendländer täglich und stündlich Handlungen vollziehen, die zu irgendwelchen Veränderungen in der Außenwelt führen, so verdanken wir die Fähigkeit dazu keineswegs nur unserer autonomen Willensfreiheit, die ja als solche niemals über die Grenze unseres Ich hinauskommen könnte, und noch weniger der Kausalität unserer Getriebenheit, die nicht ins Bewußtsein fällt, sondern allein dem Umstand, daß aller Gespaltenheit zum Trotz immer auch noch ein Ungespaltenes da ist, das die Verbindung zwischen sich und seiner Umgebung herstellt.

Dabei aber bleibt zu beachten, daß sich die Eigenwirksamkeit des Handelnden diesem selbst um so mehr in rational-kausaler Form darstellt, je ausdrücklicher er sich für frei hält; denn was immer er tut, gerät als objektive Handlung für seine Wahrnehmung in den Bereich jener Wirklichkeit, die sich ihm im Licht der rationalen Kausalität zeigt. Er versteht also sich als

Ursache und seine Freiheit als Wirkung, das heißt mit einem Wort: er handelt *technisch*.

Verschiebt sich dagegen das Schwergewicht nach der anderen Richtung, also gegen den Trieb zu, so wird zwar das Verhalten des betreffenden Menschen den Eindruck relativer Unfreiheit erwecken, dafür aber die objektive Handlung als solche ein weniger rationales Gepräge aufweisen und im *beobachtenden* autonomen Bewußtsein des unbeteiligten Zuschauers die Erinnerung an schöpferische Kausalität wachrufen. Im ersten Fall liegt das vom Rest bedingte Plus auf der Seite des Handelnden, im zweiten auf jener der Handlung. Hier wie dort wird dieses Plus durch ein Minus ausgeglichen. Der gesteigerten Bewußtheit des verursachenden Technikers entspricht die bloß noch mechanische Notwendigkeit des von ihm Bewirkten, und der gesteigerten Lebendigkeit des Bewirkten umgekehrt die herabgeminderte Bewußtheit des Verursachenden. Nur indem der Mensch sein Selbstbewußtsein und das heißt seine Freiheit opfert, kann das Objektive etwas von der ursprünglichen Unbedingtheit wiedergewinnen. Dieses Opfer aber ist *Magie*, und somit steht dem Techniker der Magier als die andere Möglichkeit des aus seinem schöpferischen Rest handelnden Menschen gegenüber. An sich ist die Magie um nichts schöpferischer als die Technik, ja sie ist sogar, da sie den Verzicht des Geistes auf die ihm zustehende Herrschaft zur Voraussetzung hat, entschieden tiefer anzusetzen als diese, aber sie läßt immerhin gerade das in Erscheinung treten, was dem technischen Bewußtsein fehlt, und vermittelt so diesem durch ihren Ergänzungscharakter eine gewisse Vorstellung von echtem Schöpfertum. Der den Magier beobachtende Techniker addiert sozusagen seine und des anderen Fähigkeiten und gewinnt so für sich ein, wenn auch noch so unzulängliches Bild von schöpferischer Kausalität. Aus diesem und aus keinem anderen Grund darf es als sinnvoll gelten, sich mit den Weltanschauungen und Bräuchen der primitiven Naturvölker denkend zu beschäftigen. Sie zeigen uns die andere Seite, die andere Hälfte des aufgespaltenen Ganzen. Wäre es, was tatsächlich nicht der Fall ist, möglich, beide Hälften wieder zusammenzufügen, dann könnten wir auf diese Weise dem Ursprung und der Wahrheit näher kommen. Die zeitgenössischen Exoten und Primitiven gehören zu uns. Es ist der gleiche allgemein menschliche Bewußtseinsstand, wir können auch sagen, der gleiche Grad der Entfernung vom Ursprung, der in seinen verschiedenen Variationen zu diesem bestimmten geschichtlichen Zeitpunkt da und dort zum Vorschein kommt. Daher ist kein einziges Volk und keine einzige Kultur im gleichen Augenblick der Vollkommenheit näher als das oder die andere. Jedes und jede von ihnen bringt vielmehr nur eine andere Seite der gerade jetzt erreichten geistesgeschichtlichen Gesamtsituation zur Darstellung. Das Gleiche gilt aber allerdings nicht auch von den Kulturformen der Vergangenheit. Der Mensch von gestern und vorgestern ist dem Ursprung näher als der von heute, und somit steht er auch samt seiner Welt in einer Ordnung, deren Gehalt an schöpferischer Kraft jenen des Heute übersteigt. Darum darf man niemals die Magie vergangener Epochen mit der des gegenwärtig lebenden Primitiven verwechseln. Dort war die Technik viel weniger technisch und die Magie viel weniger magisch, beide standen vielmehr noch der Mitte, ihrem ursprünglichen Identitätspunkt verhältnismäßig nahe, das heißt sowohl die technische wie auch die magische Kausalität hatte noch mehr von der schöpferischen an sich. Freilich läßt sich das von uns aus in der Hauptsache nur erschließen und nicht unmittelbar wahrnehmen; denn wir reichen mit unserer Erkenntnis niemals über die eigenen Möglichkeiten hinaus. Das Vergangene erscheint uns in objektiver Gestalt, und wir sehen darum an ihm nicht das Mehr, sondern das Weniger, also etwa sein tatsächliches Minus an Autonomie, nicht aber auch sein Plus an Ursprünglichkeit, und das hat zur Folge, daß es in dieser Perspektive dem Primitiv-Magischen angenähert erscheint, geradeso wie sich uns im Raum etwa ein entfernter Berg nicht größer darstellt als ein naher Düngerhaufen. *An sich* ist das Vergangene ja gar nicht das Vergangene, sondern das Gegenwärtige, wenigstens das relativ Gegenwärtige. Aber eben diese seine mir überlegene Gegenwärtigkeit erkenne ich ihm ab, indem ich es in die Vergangenheit versetze, und so verliere ich auch die Fähigkeit, es in seiner ureigenen Qualität zu erfassen. Das tatsächlich Höherwertige wird zeitlich objektiviert zum Minderwertigen.

Über diese eigentümliche Dialektik des Vergangenen haben wir ja bereits gesprochen und können uns daher hier weitläufige Ausführungen ersparen.

Es soll nun noch an einigen Beispielen deutlich gemacht werden, wie sich für uns im magischen Weltbild der Primitiven die schöpferische Kausalität spiegelt. Wir haben früher gesagt, daß weder der Anfang der Welt noch ihr Ende sich aus objektiven Ursachen herleiten läßt, weil sowohl über das Entstehen wie auch über das Vergehen des Lebens nur der allein die Macht hat, der selbst sein Ursprung ist, nämlich der Lebendige schlechthin, der persönliche Gott. Ob es sich da um das Leben der gesamten Welt oder nur eines einzelnen Wesens in ihr handelt, ist gleichgültig. Auch die Geburt und der Tod des Menschen gehören zu den letzten Geheimnissen, die sich dem rationalen Zugriff entziehen, obgleich der abendländische Geist immer wieder versucht hat, gerade sie in den gesetzmäßigen Ablauf des Naturprozesses einzuordnen. Menschen, die sich ihr Weltbild nicht nach den Kategorien der autonomen Vernunft zurechtgelegt haben, sei es, weil sie noch ein tieferes Wissen um das Schöpfertum haben oder weil sich ihr Schwerpunkt gegen die Triebsphäre verlagert hat, wittern dagegen mit sicherem Instinkt in Geburt und Tod die eigentlichen Anknüpfungspunkte des Metaphysischen. Sie werden darum auch niemals auf den uns so geläufigen Gedanken verfallen, hier die rationale Kausalität als Erklärungsprinzip in Anspruch zu nehmen.

Es wird berichtet, daß die Eingeborenen einer Südseeinsel den europäischen Forscher verlachten, der ihnen erklären wollte, der Geschlechtsakt sei die Ursache der Kinderentstehung. Obwohl ihnen der Zusammenhang von Beischlaf und Geburt sehr wohl bekannt war, kam es ihnen doch nicht in den Sinn, hier eine kausale Verknüpfung anzuerkennen; denn wie könnte Leben die Wirkung einer Ursache sein. Freilich beschränkte sich das Wissen der Insulaner so ziemlich auf diese rein negative Einsicht. Eine annehmbare Erklärung, die über grob animistische Vorstellungen hinausgegangen wäre, vermochten sie auch nicht zu geben. Von schöpferischer Kausalität wußten sie genau so wenig wie der abendländische Rationalist. Wir können uns aber das Fehlende vielleicht ergänzen, wenn wir hier nochmals an das Wort Christi vom Leben, das mehr ist als die Speise, denken. Der Zusammenhang zwischen Nahrungsaufnahme und Lebenserhaltung ist nämlich genau der gleiche wie jener zwischen Zeugung und Geburt. Das Leben entsteht weder aus der Nahrung noch aus dem Beischlaf, das heißt es wird nicht auf der sich der sinnlichen Wahrnehmung und dem Verstand darbietenden horizontalen Zeitstrecke hervorgebracht, sondern bricht gleichsam vertikal von oben her in diese ein. Wohl aber sind Speiseaufnahme und Geschlechtsakt innerzeitliche *Zeichen* des überzeitlichen Geschehens. Transzendental-logisch – wenn man mir diesen dürren Ausdruck gestatten will – ist also die Geburt vor der Zeugung und die Lebenserhaltung vor der Nahrung da; rational-logisch dagegen kehrt sich das Verhältnis um und erscheint daher das Zeichen als Bedingung des Bezeichneten, wie ja überhaupt innerhalb des uns geläufigen Weltbildes immer die Gegenwart als gewirkt von der Vergangenheit sich darstellt, während tatsächlich alles Vergangene nur ein schwacher Abglanz des Gegenwärtigen ist und seine ganze Wirklichkeit nur in der Gegenwart hat. Daß wahres Leben nicht verursacht sein kann, betont die Bibel auch sonst immer wieder, so etwa, wenn die echten Kinder Abrahams den bloß natürlichen Abkömmlingen des Stammvaters gegenübergestellt werden. Abraham kann wahrer Vater nach dem Urbild der Vaterschaft Gottes nur sein, indem er sich von seinem natürlichen Vaterland, von seiner natürlichen Verwandtschaft sowie auch von seinem natürlichen Sohn Ismael lossagt und darüber hinaus sogar seinen Wundersohn Isaak opfert, das heißt auf ihn als auf einen ihm von Natur aus zustehenden Besitz um Gottes willen verzichtet. Die zeitliche Kausalität der Generationsfolge muß zerschlagen sein, damit der Glaube die schöpferische Kausalität und in ihr den Schöpfer selbst ergreifen kann. Der Mensch hat sein Leben verwirkt, weil er aus der Gegenwart in die Zeit abgeglitten ist, er kann nur gerettet werden, wenn er sich von Gott aus der Zeit wieder in die Gegenwart, aus dem Bannkreis des Rationalen wieder in die Unmittelbarkeit des freien Schöpfertums zurückführen läßt, das heißt eben in das Land, das Gott nach Gen. 12, 1 dem Abraham zeigen will.

Wie Leben und Geburt, so erklären die Primitiven, und zwar

alle ohne Ausnahme, auch den Tod, sogar den offensichtlich gewaltsamen Tod durch Mord, durch Unfälle u. dgl. niemals aus natürlichen Ursachen, sondern aus magisch-dämonischen Einflüssen. Wenn etwa ein Negerweib von einem Krokodil gefressen oder ein Neger im Kampf erschlagen wird, so trägt nicht das Krokodil oder der feindliche Krieger die Schuld, sondern eine Zaubermacht, die Tiere und Menschen bloß als willenlose Werkzeuge benützt. Nach der Vorstellung dieser »Wilden« verläuft also die Kausalreihe des Todes ebenso wenig wie die des Lebens in der Zeitlinie. Zeit kann weder Leben noch Tod hervorbringen, vielmehr hat jenes die schöpferische, dieser die magische Kausalität zur Voraussetzung. Die Zeit kennt zwar Veränderungen des Bestehenden, aber sie gebiert nichts Neues, weder im positiven noch im negativen Sinn. Tod ist ja nichts weiter als negative Schöpfung. In der Zeit kann niemand entstehen und niemand vergehen, niemand geboren werden und niemand sterben. Geburt und Tod durchbrechen in gleicher Weise die natürliche Kausalreihe. Durch jene tritt aus dem Jenseits, aus dem metaphysischen Bezirk, etwas in sie ein, durch diesen verschwindet etwas aus ihr, um in das Jenseitige überzugehen. Aber nicht nur der Tod allein, auch die Krankheit, die zum Tode führt, bedeutet für den Exoten bereits den Eingriff einer übernatürlichen Macht. Darum versucht man den Kranken entweder durch magische Sympathiemittel, durch Beschwörungen usw. oder überhaupt nicht zu heilen. Man überläßt ihn einfach seinem Schicksal, weil der Primitive seiner Überzeugung nach gar nicht die Macht hat, in die Sphäre zu wirken, aus der die Krankheit kommt. Wir urteilen da freilich ganz anders, wir tragen kein Bedenken, die Krankheiten von der rationalen Seite her anzupacken, aber wahrscheinlich sind die Heilungen, die so zustande kommen, auch danach. Nicht als ob wir etwa leugnen wollten, daß man tatsächlich durch die operative Entfernung des Appendix einen an Blinddarmentzündung Erkrankten oder durch Serumtherapie einen durch Schlangenbiß Vergifteten heilen könnte. Gewiß kann man das alles, aber man kann es eben nur, weil das Leben, das da geheilt und gerettet wird, kaum noch seinen Namen verdient, weil wir Menschen, die wir uns der rational-kausalen Heilkunst befleißigen, schon so weit entfernt sind vom schöpferischen Ursprung und schon so tief drinnen stecken im nur noch mechanischen Naturprozeß, daß die Geburt eines von uns kaum noch einen Zuwachs und der Tod eines von uns kaum noch einen Ausfall an Leben bedeutet. Im Bereich der rationalen Kausalität sind alle Ursachen und Wirkungen einander qualitativ gleich, so wie die Glieder einer unendlich langen Kette, da ist keiner unersetzlich und keiner wirklich einmalig. Und eben in dem Grad, in dem die Qualitätsunterschiede der Menschen verblassen, das heißt in dem sie selbst sich dem vom autonomen Geist erzeugten rationalen Weltbild angleichen, wird für sie auch die rationale Medizin anwendbar, die unter Umständen ein Leben rettet, das in Wahrheit gar kein Leben mehr ist.

Nichts zeigt vielleicht handgreiflicher die heillose Blindheit unserer Epoche für das Schöpferische als der gelegentliche Versuch, die Wunder Christi medizinisch zu erkären. Ein Wunder ist nur dann ein Wunder, wenn es den rational-kausalen Zusammenhang sprengt und an seine Stelle die Schöpfertat setzt. Christus heilt den Menschen, dem er die Krankheit nimmt, nicht nur und nicht einmal in erster Linie von den Symptomen, die das Auge des neuzeitlichen Mediziners allein wahrzunehmen vermag, sondern vor allem von seiner Verfallenheit an die rationale Kausalität, also an die Geistesart, aus der heraus dieser Mediziner die Krankheiten zu bekämpfen sucht. Indem Jesus heilt, entnimmt er den Menschen der Zeit und führt ihn in die Nähe der Ewigkeit, der Lebensquelle, aus der Leben nicht durch Ursachen bewirkt, sondern durch das Wort geschaffen wird. Wer ernstlich meint, daß für die Entstehung von Krankheiten etwa irgendwelche Mikroben oder für die Heilung von Krankheiten irgendwelche mechanische Eingriffe verantwortlich sind, leugnet damit – vielleicht ohne es zu wissen – das Schöpfertum Gottes und die Erschaffung der Welt. Jesus macht durch seine Wunder deutlich, daß eine echte Krankenheilung genau so ein schöpferischer Akt ist wie die Geburt, ja wie die Entstehung des Menschen aus einem Klumpen Erde. Und wer versucht, dem Wunder das Wunderbare zu nehmen, indem er es auf sogenannte natürliche Ursachen zurückführt, beweist damit nur, daß er den Sinn der evangelischen Offenbarung als Offenbarung der göttlichen Schöpferkraft gar nicht verstanden hat.

Die rational-kausale Weltordnung ist das objektive Gegenbild jener subjektiven Freiheit, die alles Schöpfertum nur noch auf das eigene Ich beschränkt, der autonome Wille will nur sich selbst und überantwortet alles andere dem leeren Rhythmus eines Prozesses, der in seiner absoluten Vollendung aus dem Nichts immer wieder das Nichts, und zwar ad infinitum hervorbringt. So erzeugt das autonome Bewußtsein als Schema seiner äußeren Wirklichkeit den unendlichen Raum und die unendliche Zeit. Die diesem Schema entsprechende Form des Geschehnisablaufes ist die rationale Kausalität, das Gesetz der *bewegten Unveränderlichkeit*, der *bewegten Leblosigkeit*. Leblosigkeit aber heißt noch nicht Tod; denn der Tod hat immerhin das Leben zur Voraussetzung. Das Tote ist nicht nur ein Lebloses, sondern ein einmal lebendig Gewesenes und *Gestorbenes.* Leblos ist der Stein, tot ist der Leichnam. Es wäre darum nicht ganz richtig, die rationale Kausalität die Kausalität des Todes zu nennen. Diesen Namen verdient vielmehr, wie wir gleich näher ausführen wollen, nur die *magische* Kausalität. Sie hat mit der schöpferischen den metaphysischen Charakter gemein, aber sie und nicht die rationale ist trotzdem oder vielleicht gerade deshalb ihr eigentlicher Gegenpol. Tod ist, wie wir schon sagten, negative Schöpfung und das heißt schon *nicht das Werk Gottes*, sondern seines Widersachers, des Teufels, also auch nicht des Menschen, obleich er zweifellos durch den Menschen in die Welt gekommen ist.

Mit dem Schöpfer hat das selbstherrliche Bewußtsein auch die schöpferische Kausalität in die Schichten des Unbewußten abgedrängt und damit wesenhaft verändert, ja verkehrt. Dem Bewußtsein selbst bleibt nach der Verdrängung nur die rationale Möglichkeit, das Bild der zeitlichen Abfolge von Ursachen und Wirkungen. Die Gegenwart, die Gleichzeitigkeit von Bedingung und Bedingtem, die Voraussetzung für die Freiheit auch des Geschaffenen hat ihren Ort nunmehr unterhalb der Schwelle des den Sinnen und dem Verstand Zugänglichen und läßt sich von dort nur noch um den Preis der Selbsthingabe des

Bewußtseins heraufholen, oder richtiger: dieses muß, sich selbst auslöschend, in die Tiefen der Bewußtlosigkeit hinabtauchen, um für sich die schöpferische Gegenwärtigkeit neu zu verwirklichen. Dieses Hinabtauchen aber bedeutet den Verzicht auf die Freiheit, also gerade auf das vorzüglichste Geschenk, das der Mensch vom Schöpfer empfangen hat. Verlust der Freiheit ist Verlust des Geistes, Verlust des Lebens und das heißt Tod. So eben verkehrt sich die schöpferische Kausalität, die Kausalität des Lebens für den Magier, der sie nicht aus antwortender Liebe zu Gott, nicht um Gottes, sondern um seiner selbst willen wiederherzustellen sucht, in ihr eigenes Gegenteil, in die Kausalität des Todes. Was der in die Tiefe schürfende Magier auf seinem »Gang zu den Müttern« findet, ist die Gleichzeitigkeit nicht von Schöpfer und Schöpfung, sondern von Zerstörer und Zerstörung, hinter der sich als ihr letzter Urgrund der Feind Gottes, nämlich der Teufel, verbirgt. Durch Magie läßt sich die Kausalreihe und mit ihr die Zeit wohl aufheben, der Magier überspringt unter Umständen alle zeitlichen und räumlichen Entfernungen, er stellt also eine Art Gegenwart her, aber doch nur eine *ungegenwärtige*, eine sozusagen *vergangene* Gegenwart. Wie er nicht das Unbewußte heraufhebt in das Licht des bewußten Geistes, sondern umgekehrt diesen der Finsternis übergibt, so stellt er auch die Gleichzeitigkeit von Einst und Jetzt auf der Ebene des Einst, des Versunkenen, des Verschwundenen und Nicht-mehr-Seienden her. Er macht sich selbst zu einem Nicht-mehr-Seienden, zu einem Gewesenen. Im Teufel wird ihm die absolute Vergangenheit oder genauer gesprochen, wird er der absoluten Vergangenheit gegenwärtig. Die Unfreiheit trinkt sich Leben an aus seiner ihr hingeworfenen Freiheit, der Tod selbst wird ihm lebendig, und dieser lebendig gewordene Tod ist der Teufel. Wie Gott Freiheit aus Freiheit und Leben aus Leben, so schafft der Satan Knechtschaft aus Knechtschaft und Tod aus Tod. An die Stelle der Liebe tritt in der magischen Kausalität der Haß, an die Stelle der Freude der Zorn. Die Freude will die Millionen umarmen und ihren Kuß der ganzen Welt geben, der Zorn will vernichten. Auch er umarmt gewissermaßen, aber seine Umarmung ist tödliche Umschlingung und sein Kuß tödlicher Biß. Die

Schlange, das Urbild alles Dämonischen, erdrückt und beißt ihre Opfer, und die Spinne, vielleicht das teuflischste unter den Tieren der Erde, umarmt und vergiftet mit ihrem Biß alles, was sich in ihrem Netz fangen läßt.

Das selbstherrliche Bewußtsein erklärt die Phänomene seiner Wirklichkeit aus Ursachen, aus Vergangenheiten und setzt damit das Erklärte als unfrei seiner eigenen Freiheit entgegen, das magische Bewußtsein erklärt aus Willensakten und setzt sich selbst damit als unfrei einer frei handelnden Vergangenheit entgegen. Im ersten Fall hebt die Freiheit des Subjektes jene des Objektes, im zweiten umgekehrt die Freiheit des Objektes jene des Subjektes auf. Beide Möglichkeiten sind aber doch nur die verschiedenen Kehrseiten des gleichen Verhaltens, das den wahren Ursprung, nämlich die Freiheit, die Freiheit und die Gegenwart, die Gegenwart zeugt, verloren hat. Der Wille, der sich die Welt in ein System von rationalen Leblosigkeiten verwandelt, verfällt am Ende selbst dieser Leblosigkeit. Für ihn aber heißt leblos werden das Leben verlieren, das er hat, ja dessen Inbegriff er ist, also sterben, und so wird ihm der Tod zum unausweichlichen Endergebnis seines Strebens nach eigener Unbedingtheit. Die selbsterzeugte rationale Kausalität der Leblosigkeit bemächtigt sich seiner, und indem sie sich seiner bemächtigt, verwandelt sie sich in die dämonische gegenschöpferische Kausalität des Todes. Je näher er dem Ende kommt, um so deutlicher blickt ihm aus der rationalen Umwelt der Tod entgegen. Die nüchterne Welt des Naturgesetzes sperrt schließlich wie ein furchtbares Ungeheuer den Rachen auf, um ihn zu verschlingen. Immer mehr hat der Mensch seine Wirklichkeit theoretisch und technisch den Kategorien der reinen Vernunft unterworfen, um sie sich auf diese Weise beherrschbar zu machen, er hat Maschinen erfunden und gebaut, die seinem Leben dienen sollten, aber allmählich haben sich die leblosen Maschinen zu Vernichtungswerkzeugen entwickelt, die nun den Erfinder selbst bedrohen. Sie, die ursprünglich ganz und gar dem rationalen Gesetz zu gehorchen schienen und darum für ungefährlich galten, treten immer mehr in das Licht einer ganz anderen Kausalität, hinter der nicht das unpersönliche Gesetz, sondern der teuflische Wille des Zerstörers lauert, und wer nur einigermaßen offene Augen hat, kann bemerken, wie ihn aus den von Menschenhänden geformten Vernichtungsmaschinen unserer Zeit bereits die Fratzen der zum Sprung bereiten Dämonen angrinsen. Es ist kein bloßes Spiel des Zufalls, wenn Panzerwagen, Kampfflugzeuge und Geschütze ihre Physiognomie haben. Das Leblose und Blinde bekommt da plötzlich Augen, Teufelsaugen, die uns ahnen lassen, daß hinter der Welt des Technischen Mächte wirksam sind, die uns nach dem Leben greifen. »Du sollst dir kein Bild noch irgendein Gleichnis machen!« Ohne es zu wissen und zu wollen, hat der Mensch in den Maschinen seinen Götzen Bilder gemacht, und diese Götzenbilder fordern nun ihr Opfer.

Rationale und magische Kausalität sind innerhalb der empirischen Wirklichkeit unversöhnliche Feinde. Die Selbstherrlichkeit wehrt sich gegen die Magie aus demselben unmittelbaren Instinkt heraus wie überhaupt das Leben gegen den Tod. Die Urgemeinschaft mit dem Schöpfer wurde durch die Schuld des Geschöpfes zerschlagen. Nun taucht auf der Gegenseite an Gottes Stelle drohend der Dämon auf und sucht den gottfremden Geist in seine Gemeinschaft zu ziehen, das heißt in den Tod. Wie sich am Anfang der Geschichte die rationale Kausalität von der schöpferischen losgerissen hat, und zwar in der Absicht, dem an Gott gebundenen Leben die Ungebundenheit entgegenzusetzen, so muß sie in der Folge mit äußerster Kraftanstrengung sich behaupten gegen den lockenden Abgrund, bis sie am Ende doch durch die eigene Schwere unwiderstehlich hinabgezogen wird. Freilich ist dieses widerwillige Hinabgezogenwerden noch nicht Magie. Davon kann nur dort die Rede sein, wo der Mensch im Kampf gegen den Dämon erlahmt und sich zu retten sucht, nicht indem er um jeden Preis sein Selbst bewahrt, sondern indem er sich durch gewisse Dienstleistungen an die ihn bedrohende Macht der Tiefe von ihr loskaufen will, indem er also sein Leben durch einen Bund oder Pakt mit dem Verderber alles Lebens zu erhalten trachtet. Der Magier verschreibt sich, wie wir das schon in den verschiedensten Variationen dargestellt haben, um des Lebens willen dem Tod. Er verzichtet auf seine Freiheit, auf seine Würde, auf den letzten Rest an Gottebenbildlichkeit, um dafür als Entgelt eine armselige Gnadenfrist aus der Hand des Teufels einzutauschen, ohne dabei zu bedenken, daß der Teufel nicht nur nichts umsonst gibt, sondern sich sogar alles mit Wucherzinsen bezahlen läßt, weshalb der Magier einem noch weit tödlicheren Tod in die Arme läuft als der um sein Selbst unnachgiebig ringende Heros.

Der autonome Wille kämpft sozusagen mit den Waffen der rationalen gegen die magische Kausalität, und das zwar auch dann noch immer, wenn er sich bereits bis zu einem gewissen Grad den Dämonen überantwortet hat und so der magischen Versuchung erlegen ist. Im Sturz gleichsam will er sich noch zurückreißen und dem Abgrund entgehen. Darum finden wir sogar noch bei den schon fast gänzlich in der Magie versunkenen Primitiven letzte Reste einer sich gegen die äußersten Konsequenzen ihrer eigenen Verfallenheit wehrenden Rationalität. Hierher gehört etwa die oft streng geometrische Stilisierung der Dämonenbilder, über die wir später noch ausführlicher zu reden haben werden, sowie auch andere Veranstaltungen, durch welche die bösen Geister nicht in ihren Wünschen und Ansprüchen befriedigt, sondern gerade umgekehrt in Schranken gehalten werden sollen. Der Dämonendienst vermischt sich so ständig mit Dämonenzwang. Die magische Kausalität wird durch die rationale gebannt. Vor der strengen Logik fürchtet sich der Teufel – wenigstens scheinbar – nicht weniger als vor dem Kreuz. Es gibt nicht nur einen christlichen, sondern auch einen rein humanistischen Exorzismus, obgleich hier genau genommen der Teufel nur durch Beelzebub ausgetrieben wird.

So hat z. B. die Aufklärung tatsächlich die Dämonen aus dem Gesichtsfeld des abendländischen Menschen beinahe restlos vertrieben und nicht nur, wie man gewöhnlich meint, den Hexenaberglauben zerstört. In einer rationalisierten Welt findet der Teufel keinen Platz. Wer an das Gesetz von Ursache und Wirkung glaubt, wer von der Evidenz dieses Gesetzes überzeugt ist, bleibt gefeit, an ihn können die okkulten Mächte nicht heran; denn er steht selbst in einer ihnen unzugänglichen Kausalreihe. Allerdings verliert er damit auch alle Möglichkeiten, die dem Menschen vom Metaphysischen her zufließen. Als die Hexenverfolgungen unter dem Einfluß des neuzeitlichen Rationalismus allmählich ihr Ende fanden, war nicht der Irrtum von der Wahrheit, sondern nur der eine Aberglaube vom anderen entthront worden; denn auch die streng logische Vernünftigkeit des modernen Europäers ist ein Aberglaube und nichts weiter. Beide nämlich sind die verschiedenen Ansichtsseiten des gleichen *Unglaubens*. Aberglaube ist immer ein verkümmerter oder verkrüppelter Glaube, ein Glaube, dem Wesentliches abgeht. Dem Aberglauben der Exoten fehlt die Sicherheit der Konklusion, jenem des Europäers, des wissenschaftlichen Menschen, die Fülle des Lebens. Dort wird zwar durchaus zutreffend alles Geschehen aus der Absicht eines bewußten Willens erklärt, aber dieser Wille bleibt ein bloß willkürlicher und chaotischer, so daß die Wollungen untereinander in keiner Weise zusammenhängen; hier wieder sind zwar die Zusammenhänge geordnet, die Beziehungen erkannt, aber das Zusammenhängende ist um seinen lebendigen Gehalt gebracht. Der Primitive urteilt nach dämonisch-magischen Zeichen. Wenn etwa ein bestimmter Vogel auffliegt oder schreit, so kann das ein Omen sein, das den eben begonnenen Kriegszug aussichtslos erscheinen läßt. Die hinter diesem Vogel stehende Macht ist dem Unternehmen nicht günstig gesinnt, und so muß der Kriegszug unterbleiben. Der Naturmensch glaubt also an persönliche Mächte, die das Geschehen lenken, aber sein Verhältnis zu ihnen ist nicht durch Vertrauen und Vertrautheit, sondern durch Mißtrauen bestimmt. Da man gar keine innere Beziehung zu ihm hat, bleibt der Dämon unberechenbar. Man lebt in einer Welt völliger Unsicherheit, umlauert von einer Unzahl gefährlicher Wesen, denen man sich nicht entziehen kann, von deren Gnade oder Ungnade man einfach abhängt, zu denen man aber keinen wirklichen Zugang findet, das heißt es gibt keine gültige Ordnung, in die man sich und sie in gleicher Weise einzugliedern in der Lage wäre.

Der abendländische Mensch hat eine solche Ordnung, ein solches System. Ihm fällt es daher, solange er seiner besonderen Geistesart treu bleibt, nicht ein, nach Zeichen Ausschau zu halten oder die Sterne zu befragen, bevor er etwas unternimmt.

Er zieht in den Krieg, wenn ihm das berechenbare Kräfteverhältnis den Sieg zu verbürgen scheint, wenn er nach der Zahl der verfügbaren Bataillone und Batterien, der Flugzeuge und der Tanks Aussicht hat, den Gegner zu schlagen. Diesem geschärften Blick für die rationale Wirklichkeit entspricht jedoch auf der anderen Seite ein nur noch sehr unzulängliches Organ für die sogenannten Imponderabilien, die in kein Kalkül eingehen und letzten Endes doch den Ausschlag geben. Wie der Primitive mit einer Unzahl lebendiger, aber unberechenbarer Dämonen, so hat er es mit einer zwar berechenbaren, aber leblosen Maschine zu tun. Wofür beide gleich blind sind, das ist die lebendige Ordnungsmacht, das ist Gott, der wahre Herr der Geschichte und auch der Heerscharen. Was Gott tut, steht jenseits aller bloßen Willkür und doch auch jenseits aller Naturnotwendigkeit. Hier gilt weder die magische noch die rationale, sondern allein die schöpferische Kausalität, für die aber freilich der Mensch durch eigene Schuld das Auge verloren hat.

Wir sagten früher, daß die magische Kausalität durch die rationale gebannt und entmächtigt wird. Es kann jedoch auch umgekehrt sein, das heißt es besteht die Möglichkeit, das rationale durch das magische Weltbild außer Kraft zu setzen. Das ist der Weg, das ist die Wendung Fausts, der sich, nachdem er alle Wissenschaften durchaus studiert hat mit viel Bemühen, der Magie ergibt. Es handelt sich da um eine Versuchung, vor die sich fast jeder einmal gestellt findet, sobald er an der trostlosen Starrheit der Welt, in die er sich selbst hineingerechnet hat, zu verzweifeln beginnt. Das Leben ist irrational, und darum läßt sich in einer restlos rationalisierten Welt überhaupt nicht mehr leben. Wer einmal vom Räderwerk der selbstgeschaffenen Maschine ergriffen wird, bemerkt am Ende, daß ihm die eigene Unmittelbarkeit verlorengeht und daß die natürlichsten und selbstverständlichsten Lebensfunktionen allmählich aus den Geleisen springen. Da kann es dann geschehen, daß ihn eine nicht mehr zu bändigende Sehnsucht nach Unmittelbarkeit und Unreflektiertheit erfaßt, eine Sehnsucht, die unter Umständen auf jede Gefahr hin auch das Letzte wagt, den Pakt mit dem Teufel, den tollkühnen Kopfsprung von der schwindelnden

Höhe des autonomen Bewußtseins herab in das bodenlose Meer des Unbewußten.

Eine der wichtigsten, wenn nicht die wichtigste von jenen Lebensfunktionen, die sich dem bewußten Willen entziehen und uns darum entgleiten, sobald wir eine bestimmte Grenze der autonomen Bewußtheit überschreiten, ist der Schlaf. Adam schlief ein, als Gott ihn in den Schlaf fallen ließ, ehe er ihm die Rippe nahm. Gewiß kann man den Schlaf auch verursachen, künstlich herbeiführen, durch Gifte, durch sogenannte Schlafmittel, aber auch das Gift verursacht nicht eigentlich den Schlaf, sondern räumt bloß die Ursachen fort, die ihn verhindern. Das Überbewußtsein macht uns schlaflos, es nimmt uns mit seinen toten Ursachen die Möglichkeit, uns an der Quelle des Lebensgrundes sattzutrinken. Es macht aus dem rhythmischen Wechsel von Wachen und Schlafen den harten Gegensatz von Leben und Tod. Der Schlaf ist der Bruder des Todes, aber der lebendige Bruder, ja er ist genau genommen der lebendige Vater des toten Sohnes Tod. Er ist selbst die eine Seite, die eine Hälfte des Lebens. Aber das gilt freilich nur vom natürlichen Schlaf, den Gott gibt und nicht vom künstlichen, vom Gift-Schlaf, den uns der Teufel schenkt und der heimlich die Kluft zwischen Wachen und Schlafen noch weiter aufreißt, so weit, daß am Ende aus dem Schlaf der Tod wird. Das wache Leben, das aus sich selbst keinen Schlaf mehr findet, weil es ihn aus seiner rationalen Ordnung verbannt hat, dieses unselige, unerfüllte Leben ist das hastige nervöse, das Entweder-Oder-Leben unserer überwachen Zeit, das an sich selbst nur noch leidet, weil es seine eigene andere Seite, den Schlaf im Immer-wach-sein-Wollen an den Tod verraten und verloren hat. Wie Gott sein wollen, das heißt, sich von Gott nicht mehr einschläfern lassen. Wer sich Gott verweigert, verweigert sich damit auch dem neubelebenden Schlaf und verlernt so zu schlafen, er wird so wach, daß er an seiner Wachheit zugrunde geht und das gerade dann erst recht, wenn er sich schließlich den fliehenden Schlaf aus dem magischen Giftbecher des Teufels trinkt. Er findet ja sogar nicht mehr den echten Schlaf, sondern nur den Tod, den Gegenpol der Wachheit, aus der er nach dem Giftbecher greift.

Die Wirklichkeit der Dämonen

Wenn wir »Wirklichkeit« sagen, so meinen wir damit das, was ist zum Unterschied von allem nur scheinbar oder überhaupt nicht Existierenden. Wirklichkeit hat darum zunächst einmal das Unbedingte und alles übrige Bedingende, also Gott, wie immer man ihn sich sonst auch denken mag. Wirklichkeit kommt von wirken, und wirken heißt schaffen. Nichts kann somit wirklicher sein als der Schöpfer. Aber auch das von ihm Geschaffene, das Gewirkte und Bedingte ist wirklich; denn Gott schafft keine Unwirklichkeiten. Aus Wirklichem geht immer wieder Wirkliches hervor. Wirklich ist so vor allem das höchste der Geschöpfe, das Ebenbild des Schöpfers, der Mensch, wenigstens solange er sich von ihm, dem Unbedingten bedingt sein läßt, solange er seiner Geschaffenheit nicht ausweicht. Tut er das, dann wird allerdings seine Bedingtheit oder richtiger seine vermeintliche Unbedingtheit, die es in Wahrheit gar nicht gibt, zur Unwirklichkeit bzw. zu einer bloß noch relativen Wirklichkeit, je nach dem Grad nämlich, in dem er sich der Wirklichkeit Gottes entzieht. Freilich kann auch hier, nur eben in einem ganz anderen Sinn, einfach von Wirklichkeit, von der besonderen Wirklichkeit dieses besonderen Menschen gesprochen werden; denn das vom Unbedingten Abgelöste hat die ihm zukommende Wirklichkeit in der Unwirklichkeit, letzten Endes im Tod, so daß geradezu gesagt werden kann: Der Tod ist die Wirklichkeit des vom Schöpfer ganz und gar abgewandten Geschöpfes. Daraus folgt, daß Wirklichkeit ein sehr vager und vieldeutiger Begriff bleibt. Vor allem hat man sich den Unterschied zwischen jener *Wirklichkeit des Lebens* und dieser *Wirklichkeit des Todes* gründlichst klarzumachen. Welche von beiden meint man, wenn man »Wirklichkeit« sagt? Das ist die entscheidende Frage. Wer die Wirklichkeit des Lebens meint, muß in der anderen die Unwirklichkeit schlechthin erkennen, aber trotzdem ist gerade sie das, was der Mensch gemeinhin, ohne sich darüber viele Gedanken zu machen, »die Wirklichkeit« nennt.

Die Gottfremdheit hat von allem Anfang an einen anderen
»*Lebensbegriff*« und dementsprechend auch einen anderen
Wirklichkeitsbegriff als die Ebenbildlichkeit. Dem Gottfremden gilt als wirklich im höchsten Sinn nur, was ihm dazu
verhilft, seine eigene Selbstherrlichkeit zu verwirklichen. Zunächst sind wir geneigt, alle Dinge und Erscheinungen, die sich
unseren Sinnen zeigen, für wirklich zu halten. Aber der auch
nur einigermaßen kritische Geist traut diesem bloßen Sinnen-
zeugnis nicht. Die letzte Instanz, an die er sich wendet, die
seiner Meinung nach allein befugt ist, über Wirklichkeit oder
Unwirklichkeit zu entscheiden, bleibt für ihn das kausale
Denken, das als unanzweifelbar wirklich nur gelten läßt, was
sich als logisch notwendig ausweisen kann. Die Wirklichkeit
muß sich also vor dem Forum des Intellektes rechtfertigen, und
der Intellekt erkennt, das macht seine Besonderheit aus, nicht
etwa dem Unbedingten, das er gar nicht faßt, sondern bloß dem
unbedingt Bedingten das Prädikat des Wirklichen zu. Der
Intellekt urteilt nach der Kategorie der rationalen Kausalität,
und somit ist das rational Kausale für ihn auch das schlechthin
Wirkliche. Selbst dort, wo wir mit dem einen Sinn die
Wahrnehmungen des anderen nachprüfen, etwa mit den Augen
das Ertastete oder umgekehrt mit dem Tastsinn das Gesehene,
ist nicht der prüfende Sinn, sondern das über die Wahrnehmungen aller Sinne reflektierende Denken die entscheidende Instanz. Die einzelnen Sinne werden nur vorgeschickt, je nach
Bedarf, um vor dem richtenden Intellekt ihre Zeugenaussagen
abzulegen.

Merkwürdigerweise steht aber dieser kausalen *objektiven*
Wirklichkeit noch eine andere gegenüber, die *subjektive*, die
keines Nachweises bedarf, sondern ihre Evidenz aus sich selbst
hat. Niemandem fällt es ein, umständlich zu prüfen, ob nicht
vielleicht die Meinung, daß er existiert, auf einem Irrtum
beruht, und das, obgleich ihm gerade auf seine Existenz alles
ankommt, so sehr, daß er seine sämtlichen Unternehmungen
und Anstrengungen ausschließlich in den Dienst der Selbsterhaltung und Selbstförderung stellt. Auch das Streben, die
Wirklichkeit des Objektiven nachzuweisen, erklärt sich offenbar nur aus diesem einen zentralen Interesse. *Der autonome*

Geist will an der durchgängigen kausalen Bedingtheit des Äußeren seine eigene Unbedingtheit bestätigt finden. Ich bin ganz wirklich, wenn es neben mir keine Wirklichkeiten gibt, ich bin alles, wenn außer mir nichts ist. Was das rationale Denken als Wirklichkeit versteht, ist mithin genau besehen die absolute Unwirklichkeit, aber allerdings als objektives Spiegelbild des allein wirklichen Ich. Freilich läßt sich diese autonome Wirklichkeit im Widerspruch auf die Dauer nicht behaupten; denn das Subjekt kann nicht umhin, sich selbst gleichfalls als eingegliedert in die von ihm entwirklichte objektive Welt zu erkennen und verfällt so am Ende der Unwirklichkeit, die es seiner Wirklichkeit zuliebe gesetzt hat.

Während die Wirklichkeit des Schöpfers in seinem Wirken zum Ausdruck kommt, in der Tatsache, daß er andere Wirklichkeiten schafft und sich zu ihnen verhält, und zwar Wirklichkeiten, die als solche befähigt sind, abermals Wirkliches zu schaffen, das heißt im Wirken die Welt mit Wirkendem zu füllen, beschränkt sich der isolierte Geist darauf, das eigene Sein als einzige Wirklichkeit gleichsam herauszuschälen aus allem übrigen und die abgeworfenen Schalen als das Unwirksame vor sich hinzustellen. Seine Wirklichkeit hat also das Unwirkliche zu ihrem Gegenüber, sie schafft nicht, sondern nimmt im Gegenteil dem Geschaffenen das vom Schöpfer hineingelegte Schöpferische, sie verwirklicht nicht, sondern entwirklicht. Man braucht nur an eine Landschaft zu denken, die einmal von Wäldern bedeckt war und jetzt an ihrer Stelle einen Wald von Bohrtürmen und Schloten hervortreibt, um ungefähr zu verstehen, was da gemeint ist. Der lebendige Wald läßt das Wirken des Schöpfers, der tote aber das Wirken des Menschen erkennen, der alle Wirklichkeit für sich allein in Anspruch nimmt. Jener wächst aus der ihm einmal geschenkten Kraft allein empor, dieser kann aus sich selbst überhaupt nicht wachsen. Da muß vielmehr jeder Stein und jede Stahltraverse von außen aufgelegt werden. Der Baum antwortet in seinem Wachsen auf das Wort Gottes, das ihn ins Leben gerufen hat, der Schlot wie der Bohrturm bleibt stumm, er kann nicht antworten, sein Wachstum ist nichts weiter als der sich im Anschaubaren fortsetzende Monolog des Baumeisters. Darum hat nur der

Baum und nicht der Schlot Wirklichkeit. Das Wirkliche ist wirklich allein in seiner Bezogenheit auf andere Wirklichkeiten.

Nur wo das nicht begriffen wird, kann die Frage auftauchen, ob die Dinge und Wesen außer uns eine von uns, den Wahrnehmenden unabhängige Wirklichkeit haben, ob es also – ganz abstrakt ausgedrückt – ein transsubjektives Sein überhaupt gibt, oder ob nicht alles Objektive lediglich »Erscheinung« (Phänomenon) des erkennenden Subjektes ist. Diese Frage kommt schon aus einer in der Wurzel kranken Wirklichkeitsvorstellung und setzt die Alleinwirklichkeit des Fragenden stillschweigend voraus. Wahre Wirklichkeit aber gibt es nur in der Bezogenheit auf andere Wirklichkeit, das bedeutet: Subjekt und Objekt, Wahrnehmendes und Wahrgenommenes sind stets für einander da, keines ist vom anderen unabhängig. Die Wirklichkeit dessen, was mir erscheint, besteht gerade darin, daß es auf mich bezogen ist, auf mich wirkt, und was nicht auf mich bezogen ist, hat keine Wirklichkeit, nicht nur für mich, sondern auch an sich, geradeso wie ich selbst keine Wirklichkeit habe, abgesehen von meiner Bezogenheit auf Gott und auf andere Personen. In dem Maß, in dem ich nur auf mich selbst bezogen bin, verliere ich meine Wirklichkeit, das heißt sterbe ich. *Heideggers* Definition des Daseins als eines Seienden, das sich zu einem Sein verhält, trifft demnach nur den gefallenen Menschen und auch ihn nur insoweit, als er seine Existenz bereits verwirtschaftet hat. Von ihm gilt dann freilich auch, daß er im Tod und nur im Tod zu seiner »Eigentlichkeit« kommt, aber diese Eigentlichkeit, man könnte ebensogut sagen, diese Wirklichkeit, ist ja gerade nicht die seiner spezifisch menschlichen Existenz, nicht die Eigentlichkeit des Geschöpfes und Ebenbildes.

Auf der Linie zwischen den beiden sozusagen stabilen Wirklichkeiten Gottes und des Nichts, das will heißen auf der Abfalls- oder Geschichtslinie des Menschen liegt in ihren tausendfältigen Möglichkeiten und Abstufungen die *labile* Wirklichkeit, so wie wir sie aus der Erfahrung allein kennen. Dem jeweiligen besonderen Gebrochenheitszustand des Menschen entspricht immer eine ganz bestimmte Umwelt, eine ganz bestimmt äußere Wirklichkeit. Das darf natürlich nicht im psychologischen Sinn mißverstanden werden, so, als ob eine an sich selbst immer gleiche Welt bloß durch die Brille des eben so oder so gearteten Betrachters auch so oder so gesehen werden müßte. Es gibt ja keine Welt an sich, genau so wenig wie ein Ich an sich, oder vielleicht richtiger, die Welt an sich ist die Welt des Ich an sich, nämlich die vollkommene Welt des vollkommenen Ebenbildes. In dem Maß aber, in dem sich dieses Ebenbild verändert, von seiner Ebenbildlichkeit verliert, verliert auch die Wirklichkeit ihren ursprünglichen Schöpfungscharakter, wird sie mitsamt dem Ich relativ unwirklich, und zwar nach dieser oder nach jener Seite, auf diese oder auf jene Weise. Man kann darum sagen: die Verschiedenartigkeiten der Welten oder der Weltbilder sind nichts weiter als ihre verschiedenen Arten, relativ unwirklich zu sein, ähnlich wie etwa die Verschiedenheit der Völkersprachen durch die verschiedene Art, von der Sprache Gottes abzuweichen, zustande kam. In der Verschiedenheit der einen Sprache von der anderen drückt sich ihre Sprachwidrigkeit aus, und in der Verschiedenheit des einen Weltbildes vom anderen seine Wirklichkeitswidrigkeit. Sprachwidrigkeit und Wirklichkeitswidrigkeit aber heißt einfach Gottwidrigkeit. Je wirklicher sich uns eine Welt darstellt, gemessen an der angestrebten Wirklichkeit der Autonomie, um so unwirklicher ist sie im Verhältnis zur lebendigen Wirklichkeit des Schöpfers und umgekehrt. Und da wir nicht irgendwo haltmachen, sondern den Weg unserer Geschichte unaufhaltsam weitergehen, verändert sich auch ständig der Wirklichkeitscharakter der Welt, in der wir leben, nämlich leben als solche, die im Sterben begriffen sind. Selbstverständlich gehört zu dieser veränderlichen Wirklichkeit auch das Bild, das wir von unserer bereits abgelaufenen Geschichte, von unserer Vergangenheit haben. Auch dieses Bild ist in jedem Augenblick ein anderes. Nicht nur ist die Welt von gestern verschieden von der heutigen, sondern die gestrige Welt nimmt überdies im Rückblick, also vom Heute her gesehen, eine von ihrer eigenen Ursprünglichkeit vollkommen abweichende Gestalt an.

Nachdem wir so über den Begriff der Wirklichkeit im allgemeinen das unbedingt Nötige gesagt haben, erhebt sich die Frage nach der Wirklichkeit der Dämonen, der bösen metaphysischen Mächte, der Ungeheuer, Teufel und Gespenster. Gibt es dergleichen überhaupt, oder ist alles, was über Wesen dieser Art gesagt wird und jemals gesagt wurde, nichts weiter als bloßer Aberglaube? Ist also der Dämon eine »objektive Realität« oder nur eine Fabel, vielleicht eine Halluzination, die von einem mehr oder weniger kranken Geist in die Außenwelt projiziert und dann angeblich dort erfahren wird? Als Inbegriff nicht des schöpferischen, sondern des zerstörerischen Prinzips, kann der Dämon jedenfalls nicht jener absoluten Wirklichkeit zugehören, die eigentlich allein diesen Namen verdient und die wir als die Wirklichkeit Gottes kennengelernt haben. Neben dem allmächtigen Schöpfer kann keine das Schöpfertum aufhebende Macht bestehen. Wo der Wille Gottes gilt, bleibt nicht nur der Wille des Teufels, sondern der Teufel selbst ausgeschlossen, dort bleibt für ihn, den Widersacher, kein Raum. Insofern muß darum festgestellt werden, daß alles Dämonische seinen Ort in der Unwirklichkeit hat.

Wie wir aber schon wissen, ist die Wirklichkeit ein mindestens zweideutiger Begriff, und dasselbe trifft selbstverständlich auch für die Unwirklichkeit zu. Es gibt, heißt das, wie zwei Wirklichkeiten, so auch zwei Unwirklichkeiten, eine Unwirklichkeit des Lebens und eine des Todes, und zwar ist bei Gott der Tod, im Reich der Nichtigkeit, Nieheit und Nirgendheit hingegen das Leben unwirklich. Uns kann als unwirklich erscheinen entweder das, was nicht ist, oder das, was nicht wahrgenommen werden kann. An der Schwelle der Nichtigkeit läßt sich Gott nicht wahrnehmen, und darum ist er für den Nichtigen unwirklich. Vor Gott jedoch hat alles Nichtige aufgehört zu existieren, und infolgedessen ist dieses unwirklich. Aber nicht nur Gott allein, sondern überhaupt alles Persönliche verschwindet aus der Welt des Geistes, der als das Gesetz seiner Umwelt lediglich die absolute Bedingtheit, die rationale Kausalität anerkennt. In einer solchen Umwelt, und das bedeutet eben in der Welt der Nichtigkeit, wie sie sich der autonome Wille zurechtlegt, um in ihr Alleinherrscher zu sein, hat auch der Dämon keinen Platz. Er ist in ihr unwirklich, nicht, weil es ihn im banalen Sinn des Wortes nicht gäbe, sondern weil er sich jeder Wahrnehmung entzieht. Das heißt also: Der Teufel hat von Gott her gesehen die Unwirklichkeit des Todes, von uns her gesehen aber nur die Unwirklichkeit des Lebens. Wir können seine Wirklichkeit nicht feststellen, weil er an sich selbst realer ist als die Welt, die wir für die einzig reale halten und die wahrzunehmen unsere verkümmerten Organe allein fähig sind.

Der Dämon ist unwirklich im Verhältnis zu Gott, aber wirklich im Verhältnis zu mir, das bedeutet, er entspricht meiner unwirklichen Wirklichkeit, er ist wirklich, wo ich unwirklich, und unwirklich, wo ich wirklich bin. Aber auch diese immer noch allzu rationale Formulierung genügt noch nicht zur Bestimmung seines besonderen Ortes; denn gerade seine Wirklichkeit, sofern wir darunter Erscheinungsmöglichkeit verstehen, setzt ja einen gewissen Wirklichkeitsgrad auch auf meiner Seite voraus. Soll mir der Teufel als Person sichtbar oder überhaupt in irgendeiner Gestalt erfaßbar werden, dann darf die Umwelt, in der er mir erscheint, nicht völlig entwirklicht sein, vielmehr muß sie noch einen Restgehalt an Persönlichem und damit an Schöpferischem haben, was wiederum bei mir selbst gleichfalls einen lebendigen Rest an Gottebenbildlichkeit voraussetzt. Der Mensch, der den Teufel sehen kann, ist Gott näher und mithin wirklicher als der andere, in dessen Welt jeder Teufelsspuk ausgeschlossen bleibt. Je wirklicher, je persönlicher im echten Sinn ich bin, um so persönlicher offenbart sich mir auch das Dämonische. Die Personhaftigkeit des Dämons darf darum keinesfalls mit seiner Wirklichkeit *als Dämon* verwechselt werden. Ja man könnte geradezu sagen, daß die Dämonie gerade erst dort ihren höchsten Grad an Wirklichkeit erreicht hat, wo die Dämonen in wesenhafter Gestalt nicht mehr erscheinen. So ist in gewissem Sinn das Zeitalter der Aufklärung dämonischer als das der Hexenprozesse, obwohl es von den persönlichen Teufeln, von den Incubi, den Succubi usw. nichts mehr weiß. Diese ganze Kompliziertheit ergibt sich einfach aus dem inneren Widerspruch, den erstens das Dämonische selbst und zweitens der von ihm bedrohte Mensch an sich hat. Dieser Mensch ist der von Gott abgefallene, der im Nichts sein Sein, in der Unwirklichkeit seine Wirklichkeit sucht, der das, was er will, gleichzeitig auch wieder nicht will und so mit seinem eigenen Wollen in Widerspruch gerät. Und der Gott dieses zwiespältigen Menschen ist gleichfalls ein zwiespältiger Gott, bei dem man nie genau weiß, was oben und was unten, was positiv und was negativ, was wirklich und was unwirklich ist, ein dialektischer Gott, der mir im Augenblick, da ich ihn von der einen Seite her zu fassen suche, die andere zukehrt. Er ist persönlich, aber seine Persönlichkeit schafft nicht, sondern zerstört und erweist sich eben damit wieder als Unpersönlichkeit, ja als Aufhebung alles Persönlichen überhaupt. Er ist die Macht, die der Mensch sich dienstbar zu machen sucht, der aber tatsächlich er selbst dienstbar wird. Diesen Widerspruch in der Haltung des Dämonenbezwingers und Geisterbanners hat schon der Neuplatoniker *Porphyrius* in einem Brief an den ägyptischen Magier *Anebon* festgestellt, und das, obwohl er selbst der Magie durchaus nicht abhold war. Wir können sagen: Der Teufel ist genau so real wie die Wahrheit des Widerspruches. Sieht man genauer hin, so lösen sich beide in Nichts auf, aber sie sind trotzdem sehr real, sofern sich der Mensch in seiner Widersprüchlichkeit für real hält, ja für real halten muß, weil er eben keine andere Realität hat. Von Gott abfallen heißt nicht nur weniger und immer weniger werden, bis man schließlich nichts ist, sondern zu ihm, dem Schöpfer, und damit unvermeidlich auch zu sich selbst als zu seinem Geschöpf in Gegensatz treten. Der abgefallene Geist bleibt immerhin Geist, wenn auch gewiß verkehrter Geist, Geist, der sich im Ungeist zu verwirklichen, zu steigern, ja absolut zu setzen trachtet. Das und nicht etwa das bloße Abnehmen ist das eigentliche Verhängnis des Sündenfalls. Wir drehen uns im Sturz gleichsam fortwährend um die eigene Achse, so daß wir mit dem Kopf bald oben und bald unten sind, also gelegentlich hinauf zu kommen meinen, während wir uns abwärts bewegen. Wir können uns selbst nicht fassen, wir entgleiten immer wieder dem eigenen Zugriff. Wir stürzen steigend und steigen stürzend. Solange wir in diesem heillosen Wirbel uns der Tatsache bewußt sind, daß wir fallen, wissen wir um unsere wahre Wirklichkeit, nämlich um unsere Unwirklichkeit im Verhältnis zu Gott. Das sind dann unsere klarsten Augenblicke, in denen wir zwar als Sünder, aber wenigstens als bekennende Sünder dem heiligen Gott gegenüberstehen, und in solchen Augenblicken hat der Teufel über uns keine Macht. Halten wir dagegen umgekehrt unseren Fall eindeutig für Aufstieg und die Autonomie für das positive Ziel unseres Werdeganges, wissen wir gar nichts mehr von unserer wahren Wirklichkeit als von unserer Unwirklichkeit, so sind das unsere dunkelsten Augenblicke, obwohl wir sie für die hellsten halten. In ihnen haben wir Gott gänzlich aus den Augen verloren und mit ihm allerdings auch den Teufel, der nun über uns keine Macht zu haben scheint, weil die Bedingung seines Inerscheinungtretens, nämlich das Wissen um den Widerspruch, gewaltsam aus dem Bewußtsein getilgt ist. Nur dort, wo der Mensch sich weder als den gefallenen erkennt noch auch umgekehrt für den vollendeten hält, wo vielmehr beide Aspekte ineinandergreifen und das Bewußtsein spalten, wo also der Widerspruch sozusagen in das Zentrum des Subjektes tritt, nimmt auch die äußere Wirklichkeit den Charakter des Zwiespältigen an. Das Persönliche vermischt sich mit dem Unpersönlichen, das Wirkliche mit dem Unwirklichen, das Göttliche mit dem Nichts, und aus dem brodelnden Hexenkessel dieser Mischung steigt dann als objektive Realität der Dämon hervor. Es sind darum, wie wir schon früher einmal bemerkten, immer die kritischen Wendepunkte in der Geschichte, die das Dämonische in Erscheinung treten lassen, die Übergangszeiten, in denen sich der Wille zum Fortschritt mit dem schlechten Gewissen über den Abfall vom Alten durchkreuzt. Aber diese Krisen sind doch nicht weniger wirklich als die Perioden relativer Ruhe, ja sie sind sogar ganz entschieden wirklicher, sofern sich nämlich der Mensch in der Ruhe doch nur durch die Illusion seiner Selbstherrlichkeit beruhigen läßt.

Das allgemeine Urteil geht gewiß nicht fehl, wenn es in allem Dämonen- und Teufelsglauben *Aberglauben* sieht, aber man sollte sich davor hüten, den Aberglauben einfach dem *Unglauben* oder *Irrglauben* gleichzusetzen. Ungläubig sein bedeutet, an eine Wirklichkeit nicht glauben, und irrgläubig sein, an eine Unwirklichkeit glauben. Der Aberglaube jedoch ist die typische Glaubenshaltung des mit sich selbst und der Wirklichkeit in Konflikt geratenen, des weder ungläubigen noch irrgläubigen oder auch sowohl ungläubigen wie irrgläubigen, des in der Krisis befindlichen Menschen, der ebenso wie er gleichzeitig will und nicht will, auch gleichzeitig glaubt und nicht glaubt. Der Dämon als der Gott des Widerspruches ist darum auch der Gott des Aberglaubens. In ihm durchkreuzen sich Wirklichkeit und Unwirklichkeit, er schillert zwischen beiden, und genau so schillert die Einstellung zu ihm zwischen Glauben und Unglauben, ja man könnte paradoxerweise geradezu sagen: man glaubt an ihn, indem man ihn für unwirklich hält, man sucht ihn, indem man ihn flieht, man will ihn beherrschen, indem man sich ihm unterwirft. Den Aberglauben zu verurteilen ist aber selbstverständlich nur der Glaube und nicht der Unglaube befugt, obgleich gerade er mit seinem Urteil am schnellsten fertig ist. Der »Hexenwahn« wurde sowohl vom frühen Mittelalter, wie auch von der Aufklärung als Aberglaube verdammt, und doch war die Haltung, aus der heraus das geschah, da und dort eine grundverschiedene. Das Mittelalter bestritt vom Standpunkt der christlichen Wahrheit her den Dämonen die Macht über die Menschen, die Aufklärung hingegen war selbst dieser Macht so sehr verfallen, daß sie sie gar nicht mehr bemerkte. Der Gläubige wird durch die Gnade der Offenbarung über den Widerspruch hinausgehoben; in der Hinwendung zu Gott hat er die Erlösung aus dem Zwiespalt gefunden, in den sich das Geschöpf verstrickt, sobald es sein Leben in der Flucht vor Gott, dem Lebensschöpfer, erfüllen zu können meint. Der Unglaube aber ist Gott so fern, daß ihm der Zwiespalt nicht zum Bewußtsein kommt, und eben darum erblindet er auch für den Gott des Zwiespaltes, für den Teufel. Über die Region des Widerspruches hinweg führt der Weg vom Glauben zum Unglauben. Zwischen dem gläubigen Mittelalter und der ungläubigen Aufklärung liegt das abergläubische Hexenzeitalter, und vielleicht muß auch der Bekehrte auf seinem Rückweg aus dem Unglauben zum Glauben, wenn nicht immer, so doch manchmal, diese dämonische Region passieren. Viele Heiligengeschichten wissen von ähnlichen Dingen zu berichten, und zweifellos gehört auch das bekannte Erlebnis des älteren *Blumhardt* mit dem besessenen Bauernmädchen hierher. Der eigentliche Grund für diese Erscheinungen darf da jedenfalls nicht bei dem Mädchen, sondern muß bei Blumhardt selbst gesucht werden. Er war der Heilige auf dem Weg durch die Wüste, wo der Versucher an ihn herantrat. Wenn der Heilige in die unheilige Welt kommt, werden die Dämonen rebellisch, das heißt wird die glatte Rationalität der scheinbaren Wirklichkeit fragwürdig, tritt alles zunächst einmal wieder in das unsichere Licht der Zweideutigkeit und des Widerspruches. Und diese Region des Dämonischen wird für den Heiligen selbst immer auch zum Ort der Versuchung. Hier kommt der Teufel zu ihm, um ihn zu verlocken, um ihm, der nun zwischen Glauben und Unglauben steht, als dritte Möglichkeit den Aberglauben, die Magie, anzubieten. »Das alles will ich dir schenken, wenn du vor mir niederfällst und mich anbetest.«

Als die Schlange im Paradies an Eva die Frage richtete, ob Gott denn dem Menschen verboten habe, von allen Bäumen des Gartens zu essen, redete sie zweideutig; denn aus ihren Worten – das Gespräch dreht sich ja immer nur um den Baum »in der Mitte des Gartens«, und dort standen bekanntlich *zwei* Bäume – geht niemals klar hervor, ob sie den tatsächlich verbotenen Baum der Erkenntnis oder aber den gar nicht verbotenen Baum des Lebens meint.* Es ist darum falsch, in der Schlange sogleich den bewußten Versucher oder gar den Teufel zu sehen. Aus ihr redet nicht der Satan, den es überhaupt noch nicht gibt, sondern die *Kreatur*, und zwar eine Kreatur, die sich in ihrer relativen Unbewußtheit zum Bewußtsein des Menschen verhält wie der Schlaf zum Wachen und keineswegs wie der Tod zum Leben. Aber freilich hat in der Labilität des paradiesischen Zustandes die Schlange sehr wohl die Möglichkeit zum Verführer, zum Teufel zu werden. Ob sie das wird, hängt nicht im mindesten von ihr, sondern ganz allein vom Menschen ab. Wenn nämlich er ihre Worte auf den Erkenntnisbaum bezieht und ihnen nachgibt, das heißt wenn ihm die Stimme der Kreatur zum Anlaß wird, mit der Schöpfung gegen den Schöpfer seinen Bund zu schließen, statt als der berufene Herr der Schöpfung alle Kreaturen um sich versammelt vor Gott zu bringen, dann

* Siehe hierzu mein Buch »Der Baum des Lebens«, Berlin 1937

muß sich ihm die Natur darstellen als die Macht, die ihn von Gott abzieht, dann wird aus der Schlange der Drache, der Vater aller Dämonen. In der Urschlange verkörpert sich das Kreatürlich-Triebhafte der Gesamtschöpfung wie auch Adams selbst, und dieses Kreatürlich-Triebhafte zieht mich zu Gott hin oder von Gott weg, je nachdem ob ich es in meinen Willen aufnehme und zu meinem Geist erhebe oder ob ich meinen Willen und meinen Geist an sein dumpfes Sein verliere, ob ich ihm die volle Wirklichkeit schenke, die ich besitze, oder ob ich mich umgekehrt, zu ihm herabsteigend, meiner Wirklichkeit begebe. Das Kreatürliche an der Schöpfung, an mir und ebenso am Ganzen, bezeichnet ihre Unvollkommenheit, besser ihre Unvollendetheit und damit ihre teilweise Unwirklichkeit, insofern als sie nicht durchaus selbständig ist, sondern immer auch vom Schöpfer abhängig bleibt. Gerade damit aber wird sie zum Hinweis auf die Wirklichkeit Gottes, aus der alle Wirklichkeit kommt. Wird sie im Blick darauf vom Willen bejaht, so wird durch diesen Willensakt das Ganze in die Wirklichkeit Gottes hineingestellt, aus seiner vorläufigen und relativen Unwirklichkeit zur Vollwirklichkeit erlöst. Die Schöpfung wird durch und durch wirklich, sie wird vollkommen wie der Vater selbst. Die Liebe zu Gott, die Eines ist mit der echten Liebe zur Kreatur, bringt so alles Geschaffene an sein Ziel. Gebe ich dagegen dem Zug des Kreatürlichen nach in der Abwendung von Gott, dann versinke ich in ihre Unwirklichkeit und mache auch sie selbst erst recht unwirklich. Als mein Bundesgenosse im Aufstand gegen den Schöpfer wird sie darum zum Feind Gottes und ebenso zu meinem Feind, da ich sie um ihre Bestimmung, um ihre Ver-Wirklichung betrogen habe. Erst nach dem Sündenfall also und nicht schon vorher, nimmt die Schlange die Züge des Verführers, des Teufels, des Drachens an. Vorher war sie nur ein relativ Wirkliches auf dem Weg zur absoluten Wirklichkeit, nun aber hat sie sich um hundertachtzig Grad gewendet und befindet sich auf dem anderen, auf dem abschüssigen Weg ins Nichts.

Die bloß relative Unwirklichkeit der Kreatur vor dem Fall trägt in keiner Weise den Makel der Minderwertigkeit oder gar der Sünde, sie ist nur eben das Noch-unvollendet-Sein. Hier steht alles noch auf dem ihm angewiesenen Platz, der Bau der Schöpfung ist in Ordnung. Durch den Fall aber wird diese Ordnung gestürzt; denn nun, da sich das Geschöpf vom Schöpfer lossagt, wird gerade seine Unterschiedenheit von Gott, und das heißt seine Unwirklichkeit zum Wert und zum Wesen erhoben. Der Mensch rebelliert gegen Gott nicht kraft seiner Ebenbildlichkeit, sondern seiner Andersheit, und darum betet er als seinen neuen Gott die Kreatur an, in der sich ihm diese Andersheit am sinnfälligsten darstellt, also die Schlange. Wirklich erscheint ihm jetzt das Unwirkliche und unwirklich das Wirkliche. Die Schlange selbst hat für ihn ihre Vorzeichen vertauscht. Minus steht auf der Plus- und Plus auf der Minusseite, und diese verkehrte Schlange ist der Drache. Immerhin vollzieht sich der erste Schritt auf dem Weg des Abfalls durchaus noch innerhalb der gegebenen konkreten Schöpfung. Es ist die vorhandene, die sinnlich wahrnehmbare Welt, deren Ordnung da auf dem Kopf gestellt wird und keine bloß erdichtete oder erträumte. Die wirkliche Naturmacht, die wirkliche Schlange hat sich in den Drachen verwandelt. Aus dem körperlichen *dreidimensionalen* Geschöpf ist das gleichfalls dreidimensionale *Ungeheuer* geworden, die bestia, das Therion. Diese Tatsache hat ihre Bedeutung, sie macht nämlich klar, warum das Dämonische in der Urgeschichte, ja eigentlich noch in der ganzen Zeit des vorklassischen Altertums vorwiegend die Gestalt des Ungeheuers annimmt. Von Teufeln und Gespenstern, wie sie die späteren Epochen kennen, weiß der Mensch des Anfangs noch nichts. Ihm ist der Dämon eine durchaus innerweltliche Realität ohne jede transzendent metaphysische Färbung. Als handgreifliches leibliches Wesen lebt er mitten unter den übrigen Bewohnern der Erde; er ist, wie wir schon sagten, dreidimensional. Selbst den Dämonen der griechischen Mythologie, den Giganten und Titanen, den Gorgonen, den Harpyien usw., fehlt alles Gespenstische. Diese Ungeheuer brauchen keinen besonderen Ort und keine besondere Stunde. In den Felsklüften dieser Erde wohnt der Drachen alte Brut. Da gibt es auch keine Walpurgisnacht oder dergleichen, die »klassische Walpurgisnacht« ist eine contradictio in adiecto. Die Ungeheuer können auch unter der hellen Sonne des Tages wann immer und wo immer erscheinen; denn sie gehören ja ganz und gar zu der Welt, über der die Sonne auf- und untergeht. Sie haben, da sie der Wirklichkeit der Urschöpfung am nächsten stehen, von allen Dämonen den höchsten Wirklichkeitsgrad.

Ein Ungeheuer von solcher Art ist auch noch die Sphinx des Ödipus, aber hier tritt allerdings die Naturdämonie bereits in ihr kritisches Stadium. Der Urdrache enthüllt sich immer deutlicher als der Feind nicht nur Gottes, sondern auch des Menschen, so daß dieser schließlich mit ihm, der einmal sein Gott war, den Kampf auf Leben und Tod aufnehmen muß, wenn er bestehen bleiben, wenn er sich den andrängenden dämonischen Mächten gegenüber behaupten will. Das Zeitalter der Drachenanbeter wird von dem der Drachenbezwinger abgelöst. Nicht mehr die Schlange, sondern der Schlangentöter ist jetzt Gegenstand der religiösen Verehrung, nicht mehr Python, sondern Apollo. Der Heros wird zum Abgott eines Geschlechts, das seine angebliche Gottgleichheit von eben der Macht bedroht findet, die sie ihm einst versprochen hatte. Aber, wir sagten es schon, die Sphinx, die sich vom Felsen herabstürzt, ist nur scheinbar tot. Wahrhaft besiegen läßt sich der Drache nur durch die »Bekehrung«, nämlich durch die Rückkehr zum Schöpfer, dem man entlaufen ist. Der Mensch müßte den Schritt von Gott weg wieder rückgängig machen, er müßte sich, verzichtend auf alle Selbstherrlichkeit, dem hingeben, von dem er sich abgewendet hat. Der Drachenkampf, das streitbare Sich-zur-Wehr-Setzen gegen den Dämon, bleibt dagegen bloße »*Spiegelfechterei*«, und das zwar in einem ganz wörtlichen Sinn; denn aufs Letzte gesehen ist der Drache gar nichts weiter als das Spiegelbild des verkehrten Menschen selbst. Fern von Gott verliert dieser seine Wirklichkeit, und die ihn bedrohende eigene Unwirklichkeit erscheint ihm in der Gestalt des Dämons. Der mit dem Drachen kämpfende Held verläßt gar nicht die einmal bezogene Ebene der Unwirklichkeit, ja er wird, indem er seine Wirklichkeit an der falschen Stelle sucht, noch unwirklicher als er bisher schon war. Es gelingt ihm vielleicht, den sichtbaren Dämon aus seiner Wirklichkeit zu vertreiben, aber doch nur um den Preis, daß er damit auch die Wirklichkeit verliert, in der ihm der Feind immerhin noch als dreidimensionales Ungeheuer gegenübertreten kann. Gewiß gibt es auch in der entdämonisierten Welt noch Feinde genug, nur sind diese Feinde keine Ungeheuer, das heißt in ihnen offenbart sich nichts von den metaphysischen Hintergründen und damit vom wahren Sinn aller Feindschaft.

Die vom Felsen verschwundene Sphinx kommt an einer anderen Stelle wieder zum Vorschein. Jedes Weniger an objektiver Dämonie ist ein Mehr an subjektiver. Der Mensch wird so den dämonischen Mächten um so höriger, je unsichtbarer sie ihm werden. Der Abgrund, in den die Sphinx stürzt, ist tatsächlich die Abgründigkeit in der Seele des Ödipus, der das Ungeheuer vernichtet zu haben glaubt. Solange es noch in der äußeren Wirklichkeit von sinnlich wahrnehmbaren Dämonen wimmelt, kann ich mich noch von ihnen unterscheiden, sobald sie aber verschwinden, weil die Welt metaphysisch leer geworden ist, haben sie ihren Weg in mein eigenes Ich gefunden, bin ich der Unwirklichkeit teilhaftig geworden, die bisher ein äußeres Phänomen war.

Die nachheroische Menschheit, die Menschheit des Abendlandes, kennt die Ungeheuer und die Drachenkämpfe nur noch in Form von Sagen aus einer dumpfen Erinnerung. In der Welt gibt es dergleichen nicht mehr. Wohl aber weiß das Abendland und gerade das Abendland um den Teufel, den Dämon, der nicht einfach da ist, so daß man ihn fassen könnte, sondern der nur noch gelegentlich erscheint, der mehr aus der Einbildungskraft als aus der Wirklichkeit heraus auf uns zutritt. Gemessen am Ungeheuer hat der Teufel die geringere objektive und die größere subjektive Realität, und das bedeutet, da seine Realität im Grunde Irrealität ist, der Mensch hat von der Irrealität mehr in sich aufgenommen, er selbst ist irrealer geworden. Immerhin kann man diesen abendländischen Teufel, diesen Teufel der Hexenzeit, nicht einfach als Wahnvorstellung abtun. Gewiß sind die Hexen, wie hundertfach bezeugt ist, nicht körperlich auf den Blocksberg geritten. Sie setzten sich bloß, nachdem sie sich mit Hexensalbe eingerieben hatten, in den Backtrog oder auf den Besenstiel und meinten in dem nun folgenden Giftrausch durch die Luft zum Sabbat zu fahren. Aber es bleibt doch immerhin merkwürdig, daß sie dort – und auch das ist hundertfach bezeugt – eben jene antrafen, die sich gleichzeitig mit ihnen der Salbe bedient hatten und in den Rauschzustand geraten waren. Wenn man hier also schon das nichtssagende Wort Halluzination gebrauchen will, so müßte man wenigstens von einer Massen- oder Gemeinschaftshalluzination reden, und damit wäre dem Sabbat trotz allem eine gewisse objektive Realität zugestanden. War die Wirklichkeit des Ungeheuers dreidimensional, so ist die des Teufels gleichsam nur noch *zweidimensional*, ähnlich wie ein Gemälde, das allen Menschen, die es ansehen, den Eindruck der Körperlichkeit vermittelt, ohne doch in Wahrheit körperlich zu sein, und es ist ganz gewiß kein bloßer Zufall, daß die Zeit des klassischen Hexen- und Teufelsglaubens auch die der klassischen Malerei war. Die Wirklichkeit des abendländischen Menschen hat sozusagen eine Dimension verloren, sie ist flächenhaft geworden. Das kommt in seiner Kunst ebenso zum Ausdruck wie in seiner natürlichen Metaphysik und Magie. Der Hexensabbat ist ein nur noch gemaltes Dämonenreich, eine relativ illusionäre Welt, ebenso illusionär wie die Wirklichkeit des Heros, der den Drachen zum Verschwinden brachte, dafür aber seine Nichtigkeit in sich aufgenommen hat. Die dritte Dimension, die der Dämonie des Abendlandes fehlt, ist die göttliche. Das Ungeheuer war dreidimensional, nicht nur seiner äußeren Gestalt nach, sondern vor allem auch insofern, als es die göttliche, die welträumliche und die zeitliche Dimension für sich in Anspruch nahm. Es forderte den Kult, die Anbetung. Zu diesem Zweck versammelte es um sich seine Gemeinde, die in ihm den Herrn ihrer Herkunft verehrte. Der Teufel aber steht eigentlich nicht mehr im Mittelpunkt des Kultes. Sogar während des Sabbats bleibt er eine mehr nebensächliche Figur. Zur Hauptsache wird hier die Gemeinschaft der Versammelten und ihre Orgie. Der Satan vermittelt die Gemeinschaft, das ist seine wesentliche Funktion, und wenn er selbst als Incubus oder Succubus handelnd eingreift, so begibt er sich damit auf die Ebene der sich geschlechtlich vermischenden Hexen und Magier. Die Dimension der Göttlichkeit erscheint also hier fast restlos ausgeschaltet, und übrig bleibt die Welträumlichkeit, die Fläche, das Feld, auf dem sich das Treiben abspielt. Zweck des Ganzen ist die dämonische Vergemeinschaftung der Einzelnen und nicht irgendein Gottesdienst.

Wie das Ungeheuer die erste und der Teufel die zweite, so ist das *Gespenst* die dritte Wirklichkeitsstufe des objektiv Dämonischen. Der Aufklärer verhält sich zum Teufel der Hexenzeit genau so wie Ödipus zur Sphinx, auch er ist eine Art Heros, ein Drachenkämpfer und Drachenbezwinger, zwar nicht des Schwertes, aber des Geistes oder besser des Intellektes. Und auch er stößt die dämonischen Mächte in den Abgrund, der sich zuletzt als der Abgrund seiner eigenen Seele erweist. Er wird so abermals um einen Grad oder um eine Dimension unwirklicher. Er ist auch kein Gemeinschaftsmagier mehr wie die Hexe, die im Bilsenkrautrausch nächtlicherweile mit anderen Hexen zum Blocksberg reitet, sondern bestenfalls ein Magier der Einsamkeit, ein Individualist, ein Geisterseher, der unter Umständen seine privaten Dämonenerscheinungen, seine privaten Halluzinationen hat; und der eindimensionale Dämon, der sich nur noch dem Einzelnen zeigt, ist das Gespenst, Gespenst, das heißt immer Geist eines Abgeschiedenen, eines Toten, eines Vergangenen. In der Gespenstererscheinung stellt sich also die Verbindung zwischen dem gegenwärtigen Geisterseher und dem vergangenen Geist dar. Es ist bloß die *zeitliche* Dimension, die lineare Strecke vom Einst zum Jetzt, die hier aktualisiert wird, während sowohl die göttliche wie auch die welträumliche Dimension fehlt. Das achtzehnte und beginnende neunzehnte Jahrhundert, das Zeitalter des Pietismus, des Sturms und Drangs, des Klassizismus und der aufkeimenden Romantik von Swedenborg bis Justinus Kerner ist auch das Zeitalter der Geisterseherei und des Gespensterglaubens.

Wir Modernen endlich sind auch über diese dritte Stufe der dämonischen Wirklichkeit hinaus. Für uns gibt es weder Ungeheuer noch Teufel noch Gespenster, sondern nur noch *Komplexe*. Das heißt mit anderen Worten: Unsere Dämonie ist die *Schizophrenie*, die Bewußtseinsspaltung. Was mir da in der Wirklichkeit als der Andere entgegentritt, als der Feind und Widersacher, das *bin ich selbst*. Ich bin mein eigener Dämon. Homo homini diabolus est. Und gerade damit hat die Dämonisierung, hat die Entwirklichung erst ihren höchsten Grad erreicht. Schon der Drache war ja, wie wir früher sagten, eigentlich nichts weiter als das Spiegelbild des Heros, als der Gott, der nicht den Menschen, sondern den umgekehrt der Mensch sich zum Bilde geschaffen hat. Und das eben wird nun deutlich offenbar. Der Teufel ist mein anderes Ich, mein *Doppelgänger*, der will, wenn ich nicht will und nicht will, wenn ich will, dessen Wirklichkeit meine Unwirklichkeit und dessen Unwirklichkeit meine Wirklichkeit ist. Im Doppelgängertum kommt der Prozeß des Abfalls von Gott zur letzten Reife. Hier entdeckt der nach Gottgleichheit strebende Mensch in sich selbst sein Verhängnis.

Meine eigene Unwirklichkeit oder, was dasselbe sagt, meine eigene Nichtigkeit findet ihren Ausdruck in der dreifachen Tatsache, daß ich erstens ein Triebleben habe, das sich der Herrschaft des Willens entzieht, daß ich zweitens eine Vergangenheit habe, die mich belastet, durch die meine gegenwärtige Existenz bedroht und in Frage gestellt wird, mit anderen Worten, die mir von allem Anfang an den Stempel der Vergänglichkeit aufdrückt, und daß mir drittens eine mich nicht nur begrenzende, sondern auch anfeindende Umwelt gegenübersteht, die gleichsam konzentrisch gegen mich vorrückt und mich auf einen immer engeren Lebensraum zusammendrängt. Ich bin also unwirklich, sofern mein Wille durch den Trieb, mein Jetzt durch das Einst und mein Hier durch das feindliche Dort entwirklicht ist und weiter entwirklicht wird, bis am Ende daraus die Nichtheit, die Nieheit und die Nirgendheit werden muß. Unbewußtheit, Vergangenheit und feindliche Natur sind die Orte der Gegenmacht, die Regionen, aus denen das Dämonische auf mich zutritt, und zwar ist der Dämon als der Gott meines Triebelebens auch schon der Gott der Vergangenheit (der »alte« Gott) und der Gott meiner Feinde. Aus ihm sieht mich meine eigene Unwirklichkeit an, die aber doch gerade als solche *meine* spezifische Wirklichkeit ist und darum Anerkennung fordert.

Über das Verhältnis von Willen und Trieb wurde bereits ausführlich gesprochen und dabei die Triebregion als Ursprung der dämonischen Möglichkeit dargestellt. Wie dem wollenden Ich der Trieb, so hängt aber dem Jetzt die Vergangenheit an. Sie ist zweideutig als Ort der Herkunft einerseits und als das Nicht-mehr-Seiende andererseits. In der ersten Hinsicht erscheint sie dem Gegenwärtigen durchaus überlegen und somit auch als das relativ Wirklichere, in der zweiten jedoch ist sie gerade umgekehrt das Versunkene, das Tote, das in die Unwirklichkeit Eingegangene. Vermischen sich beide Ansichten in der Weise, daß mir die Vergangenheit als das Überlegene und Wirkliche zum Bewußtsein kommt, ohne dabei doch den Charakter der Gestorbenheit zu verlieren, so wird sie zur unwirklichen Wirklichkeit oder wirklichen Unwirklichkeit und das heißt zum Inbegriff der Dämonie. Die ganze Frage nach der Wirklichkeit der Dämonen läßt sich von der Dialektik der Vergangenheit her beantworten, aus der auftauchend sie die Gegenwart bedrohen. Bewußt ist mir die Vergangenheit nur in der Erinnerung. Erinnerung aber hat es nicht eigentlich mehr mit Wirklichkeiten, sondern nur mit *Eindrücken von Wirklichkeiten* zu tun. Der Eindruck bleibt gegenwärtig, wenn auch das, was ihn hervorgerufen hat, nicht mehr besteht. Indem ich mich an etwas erinnere, bin ich gleichzeitig hier und dort, gleichzeitig im Einst und im Jetzt. Die Erinnerung hebt den zeitlichen Abstand auf, aber das allerdings nur sehr teilweise; denn tatsächlich ist das erinnerte Erlebnis niemals ebenso lebendig und unmittelbar wie das gegenwärtige, schon darum nicht, weil ihm das objektiv-reale Gegenüber fehlt, weil sozusagen nur die *subjektive Seite* des vergangenen Wirklichkeitskomplexes in die Erinnerung eingeht, und selbst das subjektive Erinnerungsbild nimmt mit der zeitlichen Entfernung an Klarheit ab. Die Erinnerungen sinken aus den bewußten immer tiefer in die unbewußten Schichten ein, bis sie dort schließlich vollkommen verschwinden. So wird aus dem ursprünglichen Hier *und* Dort bzw. Jetzt *und* Einst mehr und mehr ein Hier *oder* Dort, ein Jetzt *oder* Einst. Die eventuelle Reaktivierung des Erinnerten, das Wiederlebendigwerden der Vergangenheit bedingt dann eine Art Vergewaltigung der Gegenwart, einen Angriff auf das Bewußtsein des sich Erinnernden, eine Übermächtigung des Lebendigen durch das Tote. Indem das Einst sich aus seiner

Unwirklichkeit erhebt, wieder wirklich wird, vernichtet es die Wirklichkeit des Jetzt und das bedeutet für das Bewußtsein die Wirklichkeit schlechthin. Was aber in seiner Wirklichkeit in Gegensatz zum Wirklichen tritt, ist das Dämonische.

Es wurde bereits einmal darauf hingedeutet, daß der Gott aller natürlichen Religionen entweder der Stammvater oder der Heros ist. Beide scheinen zunächst polare Gegensätze zu sein. Der Stammvater repräsentiert die Vergangenheit, der Heros die Zukunft, die alle Fesseln des Gewesenen abwirft oder abgeworfen hat. Als der, der seine Aufgabe bereits getan hat, wird aber der Heros abermals zum Stammvater, nämlich zum Stammvater des Geschlechtes, das in seiner Gefolgschaft auf der Straße des Sieges über den zum Dämon gewordenen alten Gott weiterschreitet, und es läßt sich nicht vermeiden, daß er so allmählich als Gestalt der Erinnerung in die Vergangenheit eingeht und am Ende auch dämonische Züge annimmt. Er, der einstige Vorkämpfer der Wirklichkeit, verwandelt sich in ihren Verneiner, und ein neuer Heros muß kommen, um auch ihn niederzuringen. Aber auch dieser neue Heros erleidet die gleiche Verwandlung, auch er folgt dem alten auf dem Weg aus dem Licht in die Finsternis, aus dem Tag in die Nacht. Diese Zwiespältigkeit hat ihre Wurzel in dem Urstammvater Adam, der als erster Empörer gegen Gott auch der Urheros ist.

Indem der Mensch im Stammvater seinen Gott verehrt, bekennt er sich zu dem, der selbst wie Gott sein wollte und sich darum von Gott lossagte, der seine Wirklichkeit in der Unwirklichkeit, in der Abkehr vom Allerwirklichsten suchte. Damit aber wird er selbst immer unwirklicher und zeigt ihm auch sein Abgott als sein Spiegelbild immer deutlicher das Gesicht des Verneiners. Wer aus der Gegenwart Gottes fällt, vergißt Gott. Was ihm bleibt, ist bestenfalls eine vage Erinnerung nicht etwa an Gott, sondern bloß an den Eindruck von Gott, an das Bild von Gott im Bewußtsein des Stammvaters. Dieses nur subjektive Erinnerungsbild schiebt sich vor, tritt an die Stelle Gottes, und der Erinnerungsgott unterliegt selbstverständlich dem gleichen Prozeß der Entwirklichung wie Adam, wie der Mensch selbst. Nicht Gott zwar, wohl aber die Vorstellung von ihm verkehrt sich ins Dämonische. Als der Gegenwärtige und

Ewige kann Gott niemals in die Vergangenheit eingehen und dialektisch werden. Die Bilder jedoch, die sich der Mensch von ihm macht, verfallen wie alles Menschliche der Zeit, der Bewegung, die in der Wirklichkeit beginnt und in der Unwirklichkeit endet.

Ob ich sage, der Dämon ist der tote Stammvater oder der im Stammvater erinnerte Gott, bleibt letzten Endes gleichgültig; denn dieser erinnerte Gott fällt ja mit dem zusammen, dem der Stammvater als Heros gleich werden wollte, er ist gar nichts weiter als das Ideal des Stammvaters selbst. Den wahren lebendigen Gott kann man niemals in der Vorstellung oder in der Erinnerung, sondern immer nur gegenwärtig haben. Gott ist der Wirkliche, das bedeutet auch schon der Gegenwärtige, der leibhaftig Anwesende. Im Augenblick, da ich ihn vorstelle, habe ich ihn auch schon verfehlt und verfälscht, ist er tatsächlich nur noch der Gegenspieler Gottes, fällt er zusammen mit dem Pseudogott, der ich in meiner Selbstherrlichkeit sein will. Der abgebildete, auch der nur geistige, nämlich erinnerungs- oder vorstellungsmäßig abgebildete Gott verdient diesen Namen nicht mehr; denn alle Gottesbilder sind, genau besehen, Teufelsbilder.

Jede Bemühung, sich Gottes zu erinnern, seiner ansichtig zu werden durch magisches Zurücktauchen in die Vergangenheit, muß vergeblich bleiben. Offenbarungen lassen sich nicht will-kürlich herbeiführen, auch nicht durch Meditationen und Kontemplationen, sie können nur von Gott selbst gegeben werden. Nur wenn er sich mir zeigt, kann ich wieder etwas von ihm wissen, und zeigt er sich mir, dann tritt er auf mich zu nicht aus der Vergangenheit, sondern aus der Ewigkeit, dann wird nicht irgendein verblaßtes Erinnerungsbild wieder lebendig, dann tritt vielmehr eine Wirklichkeit in Erscheinung, die mit einem Schlag alle Zeit, alle Vergangenheit und also auch alle Erinnerungen zu Nichts werden läßt. Wo der Wirkliche ist, sind alle Formen der Unwirklichkeit wesenlos geworden. Die Offenbarung offenbart die Einheit von Vater und Sohn, von altem und jungem Gott, von Stammvater und Heros, von Vergangenheit und Zukunft in der ewigen Gegenwart. »Ich und der Vater sind Eines«, und beide sind der, der da ist, der da war und der da kommt. Darum hat uns die christliche Offenbarung nicht einen Mythos neben anderen Mythen anzubieten, sondern bedeutet das Ende aller Mythologie. Der Heros setzt sich ab gegen den alten Gott, Christus aber kehrt zum Vater zurück. Damit wird die Vergangenheit entdämonisiert, hört sie überhaupt auf, Vergangenheit zu sein und gibt sich zu erkennen als das der Zeit entnommene Reich der Herkunft.

Wenn aber auch das Christusgeschehen die Aufhebung der Mythologie und demnach selbst kein Mythos ist, so wird es trotzdem nur dem verständlich, der etwas vom Mythos weiß, und von einem solchen Wissen sind wir allerdings heute weiter entfernt denn je. Wir kennen ja gar keine mythologische Vergangenheit mehr, sondern nur noch eine *historische* und das will sagen eine rationalisierte. Mythologisch oder, was das Gleiche bedeutet, dämonisch erscheint die Vergangenheit nur solange als sie noch nicht völlig dem Schema der Zeit verfallen ist und darum noch einen Rest der Ewigkeit in sich trägt, solange sie also noch an der Wirklichkeit Gottes, an der Wirklichkeit des Lebens teil hat. Die bloß historische Vergangenheit dagegen ist ganz und gar Wirklichkeit des Todes, und was in ihr erscheint, hat darum einfach die Form des Nichtmehr-Seins angenommen. Da gibt es keine Dämonen, keine Stammväter und keine Heroen mehr, sondern nur noch Ursachen und Wirkungen. Wir sind eben ferner von Gott als die mythologische Zeit, und darum haben wir es auch schwerer, den Sinn der Offenbarung zu verstehen, wir sind unwirklicher und darum haben wir den weiteren Weg zur Wirklichkeit. Aber trotzdem ist doch auch der Rationalismus nur ein Stadium und zwar das Endstadium des mythologischen Prozesses. Als solches muß er erkannt werden oder muß er sich selbst erkennen. Dann wird ihm die Sprache der Offenbarung nicht mehr als eine ihm fremde Sprache erscheinen, dann wird es ihm nicht einfallen, die »Entmythologisierung« der Offenbarung zu fordern, sondern wird er umgekehrt sich zur Mythologisierung seines Weltbildes aufgerufen wissen.

In einem gewissen Sinn, nur eben in ganz anderer Weise als bisher davon die Rede war, bleibt freilich der Dämon auch noch für die Historie, für die rationalistische Geschichtsdeutung der

Gott der Vergangenheit. Das aufgeklärte Heute nämlich sieht in dem Dämonenglauben und in allem Dämonenkult nichts weiter als ein Merkmal der Rückständigkeit von gestern. Man war damals noch nicht weit genug, um zu wissen, daß es weder Ungeheuer noch Teufel oder Gespenster gibt. Für die Historie ist nicht der Gott von einst der Teufel von jetzt, sie hat zur Metaphysik und zum Glauben der Vergangenheit überhaupt kein unmittelbares Verhältnis, keine lebendige Beziehung, sondern steht allem, was einmal war, durchaus unbeteiligt oder, was dasselbe sagt, sachlich-wissenschaftlich gegenüber. Ihr ist das Gestern einfach tot, es hat für sie seine Gegenwärtigkeit ganz und gar verloren, und keine Erinnerung reicht mehr zurück in jene abgelebten Zeiten. Das historische Jetzt kennt keine Götter mehr, weil hier der Mensch sein eigener Gott geworden ist, und so kann es auch die Götter und Dämonen von einst nur als Hirngespinste einer noch unvollendeten Generation verstehen. Die Rationalität, und das bedeutet die Unwirklichkeit der eigenen Umwelt, wird ohne Bedenken auch auf die Umwelt der Vergangenheit übertragen. Götter und Dämonen gehören für den reinen Historiker in gleicher Weise zum Überwundenen. Nicht nur Pluto, sondern auch Zeus, nicht nur Ahriman, sondern auch Ormuzd, nicht nur Loki, sondern auch Wotan, nicht nur die Teufel, sondern auch die Engel sind zu bloßen Kuriositäten, zu bloßen Museumsstücken degradiert. Man ist jetzt sehr objektiv und sieht beinahe verächtlich herab auf die Intoleranz des christlichen Mittelalters, das den ganzen Olymp und die ganze Walhalla »verteufelt« hat, statt zu bemerken, daß sich auch hinter dieser Verteufelung immerhin noch ein letztes Wissen um die Realität der alten Götter verbarg, ein Wissen, das uns längst entglitten ist. Nur wer das Gestern noch als Wirklichkeit erlebt, kann den angebeteten Gott von Gestern als Teufel fürchten.

Es war ja übrigens gar nicht das christliche, sondern das unter seinem christlichen Firnis immer noch sehr massiv heidnische Mittelalter, für das sich die Götter des Altertums in Dämonen verwandelten; denn für einen geläuterten christlichen Glauben sind die Götter von heute genau so dämonisch wie die von gestern, ja diesem Glauben enthüllt sich gerade das Jetzt als die wahre Zentrale aller Dämonie, der gegenwärtigen wie der vergangenen; denn eben die Selbstherrlichkeit, die immer im Heute ihren jeweiligen Höhepunkt erreicht, bleibt für alles Dämonische in Natur und Geschichte verantwortlich. Christlich beurteilt ist also der Mensch, für den es keine Götter und Dämonen mehr gibt, der über den Aberglauben der Vorzeit spottet und die mythologischen Anschauungen von einst nur noch in gelehrten Büchern registriert, der eigentlich dämonische, der dem Teufel mit seinem ganzen Selbst verfallene. Darum richtet auch der Satan in der christlichen Apokalypse nicht am Anfang, sondern am Ende der Zeit, knapp vor dem Untergang der Welt seine Schreckensherrschaft auf. Diesen Satan werden wir vielleicht nicht zu sehen bekommen, aber er wird gerade deshalb um so satanischer sein.

Wenn Gen. 3, 1 gesagt wird, daß die Schlange das klügste unter den Tieren des Paradieses war, so soll sie damit als das dem *geistbegabten Menschen nächste Geschöpf* gekennzeichnet werden. Nur sie und kein anderes Tier konnte mit dem Weib reden; durch sie fand die Kreatur Zugang zum Ohr Evas. Sie befand sich an der Schwelle zwischen Natur und Geist und das heißt an der Grenze des Übergangs vom Schlaf- zum Wachbewußtsein. Diese Übergangsstelle aber wurde durch den Fall zur *Bruchstelle* zwischen Trieb und Willen, zwischen Tod und Leben, zu dem kritischen Punkt, wo das Dämonische seinen Sitz hat. Aus dem Mittler wurde der Diabolus, der Zerwerfer. Wo der Wille den Trieb, das Leben den Tod, das Bewußte das Unbewußte, der Geist die Natur, die Erinnerung das Vergessen, die Wirklichkeit die Unwirklichkeit berührt, und wo ineinandergreift, was sich wechselseitig ausschließt, wo Einheit und Widerspruch zugleich da sind, dort keimt wie ein böses Geschwür das Dämonische hervor.

Das zweite Kapitel der Genesis schließt mit dem Vers: »Und sie waren beide nackt, Adam und sein Weib, und schämten sich nicht.« Das dritte beginnt mit den Worten: »Die Schlange aber war das klügste von allen Tieren auf der Erde, die Gott, der Herr geschaffen hatte.« Im hebräischen Text steht auffallenderweise dort für »nackt« und hier für »klug« das gleiche Wort, nämlich »arum«, und man wird kaum annehmen dürfen, daß das ein bloßer Zufall ist. Der Verfasser hat sicherlich sehr genau gewußt, was er da schrieb, und es liegt wahrscheinlich nur an dem analytischen Charakter der jüngeren Sprachen, wenn diese an Stelle des einen Wortes und also des verbindenden Mittelbegriffes zwei Worte einsetzen mußten, deren Bedeutungen so verschieden sind, daß sich der Sinnzusammenhang gar nicht mehr erkennen läßt. Der Urtext will zweifellos ausdrücken, daß die Schlange mit ihrer »Klugheit« dem Menschen in seiner »Nacktheit« verwandter war als die übrigen Tiere, daß also »klug« und »nackt « im Tiefsten das gleiche meinen. Dem eigentlichen Sinn beider Sätze kommt man vielleicht nahe, wenn man »arum« mit *bewußt* übersetzt. Die Nacktheit, die Unbedecktheit oder Offenheit des Menschen ist das äußere Zeichen seiner Bewußtheit, nämlich seiner geistigen Klarheit. Das Bewußte ist unverborgen, es liegt sichtbar zu Tage. Die Behaarung der Tiere dagegen entspricht ihrer relativen seelischen Dumpfheit, ihrer Bedecktheit und Triebgebundenheit. Der Mensch, wie ihn Gott ursprünglich geschaffen hat, ist nackt und bewußt und braucht sich seiner Nacktheit nicht zu schämen, weil er nichts an sich hat, was seiner Natur nach zum Verborgenen gehört und also bedeckt werden müßte. Im Augenblick aber, da er dem Tier gehorcht, statt dem Geist Gottes zu folgen, wird er selbst tierähnlich und verliert so das Recht auf seine Nacktheit. Dem Tier hörig, erfährt er eine Trübung des Bewußtseins und muß nun auch seinen Körper bedecken. Darum machten sich die Menschen Schürzen aus Feigenblättern und wurden sodann von Gott selbst mit *Tierfellen* bekleidet. Ohne Frage stehen Nacktheit, Scham und Bekleidung auch in engster Beziehung zum Geschlechtlichen; denn das Geschlechtliche ist die Schwellenregion, wo Wille und Trieb, Bewußtes und Unbewußtes hart aneinander stoßen, wo der Mensch vor allem seine Zwiespältigkeit, seine Gebrochenheit bemerkt, und wo deshalb auch alle Dämonie am leichtesten ihren Anknüpfungspunkt findet. Sogar der Rationalist, der sonst von Dämonen nichts mehr weiß und wissen will, erfährt in seiner Geschlechtlichkeit noch immer dann und wann etwas von ihrer Existenz.

Als Jesus versucht wurde, weilte er, wie Markus sagt, in der Wüste »bei den Tieren«. Bei den Tieren, das heißt in nächster Nähe der Kreatur, also – und das will der Evangelist andeuten – dort, wo sich einst auch Adam befand, als er sich vor die Entscheidung gestellt sah. Nur hatte freilich die Berührung mit der Kreatur jetzt ein ganz anderes Gesicht als damals. Damals war es der Garten Eden, das Paradies, in dem Mensch und Tier nebeneinander lebten, jetzt aber war es die Wüste, damals die sehr gute Schöpfung des Anfangs in ihrer Fülle, jetzt die Öde der gefallenen Welt, das Land, das Dornen und Disteln trägt. Aus dem Mund der Schlange redete den Menschen eine ihm noch harmonisch zugeordnete Natur an, und der Ort, wo sie ihm begegnete, war, wie wir schon sagten, die Schwelle des sanften Übergangs vom Wachen zum Schlafen. Das Wort der Schlange hatte noch nichts Böses, es war nur zweideutig und insofern versucherisch. Der Satan aber begegnet Jesus dort, wo die Kluft bereits aufgebrochen ist, gleichsam in dem leeren Raum zwischen Mensch und Natur, eben in der Wüste. Hier herrscht bereits Feindschaft zwischen dem Schlangensamen und dem Weibessamen und ist darum die Gemeinschaft zwischen dem Menschen und den Tieren zerstört. Die Stimme der Versuchung kommt von unten herauf aus dem Reich des Todes, nicht des Schlafes, und so ist sie auch nicht nur versucherisch, sondern verführerisch, eindeutig böse. Aus dem Tier ist der Dämon, aus der Schlange der Teufel geworden, und der Teufel will den Menschen ganz und gar für sich, er fordert ohne Umschweif die Entscheidung gegen Gott, er selbst will angebetet werden. Er verlockt zur Magie, er verspricht übernatürliche Macht um den Preis der bedingungslosen Hingabe an ihn. Der zweite Adam gerät so, indem er den Ort betritt, wo der erste einst versagt hatte, in eine weit gefährlichere Lage als dieser; denn derselbe Ort ist nun nicht mehr derselbe, nicht mehr Schwelle, sondern Abgrund. Aber Jesus besteht die Prüfung, die kein anderer jemals bestanden hätte, er knüpft so die Fäden, wo sie zerissen waren, wieder zusammen, er füllt als echter Mittler die Kluft und heilt die Wunde, die Adam der Schöpfung geschlagen hatte. Der Teufel, der Diabolus ist aus dem Mittel getan, er muß weichen, und der neue Mensch weilt abermals bei den Tieren wie vor dem Fall, in nächster Nachbarschaft der mit sich und mit Gott versöhnten Kreatur. In Erscheinung tritt diese Heilung freilich erst jenseits des Kreuzes; denn indem Jesus der satanischen Versuchung widersteht, entscheidet er sich gleichzeitig für den Heimgang zum Vater und das bedeutet für den Todesschritt heraus aus der zeitlichen Welt. Die paradiesische Wirklichkeit kann nur wiedergewonnen werden im Verzicht auf die außerparadiesische Scheinwirklichkeit. Das heißt mit anderen Worten: Von uns, die wir noch immer außerhalb des Paradieses leben, kann die von Christus eroberte neue Erde vorläufig nur im Glauben erfahren werden. Mit unseren leiblichen Augen sehen wir auch nach Christus bloß die Kluft, den Bruch, die Wüste, das Kreuz. Wer jedoch im Vertrauen auf ihn das Schicksal des Kreuzes auf sich nimmt, der wird wie der rechte Schächer heute noch mit ihm im Paradiese sein.

Wir haben früher zu zeigen versucht, daß in der Geschichte das Dämonische immer als Übergangserscheinung auftritt, an der Grenze zwischen der Gegenwartswirklichkeit und der Vergangenheitsunwirklichkeit, zwischen Erinnerung und Vergessen. Dämonisch ist, was im Zwielicht des Lebens und des Todes schillert. Wie aber das Gegenwärtige in die Vergangenheit, so versinkt für den auf dem Weg der Selbstherrlichkeit vorwärtsschreitenden Geist das lebendig Kreatürliche allmählich in die Gesetzhaftigkeit der leblosen Natur. Auch hier also gibt es einen solchen Übergang oder solche Übergänge, wo das, was übergeht, in das Zwielicht des Dämonischen gerät, wo es noch zu mir und doch auch schon nicht mehr zu mir, noch zum Lebendigen und doch auch schon zum Toten gehört, wo es mir gleichzeitig vertraut und fremd, ja feindlich erscheint. Hier an dieser Stelle verwandeln sich die Geister und Götter der Natur in Teufel, hier redet mich die Natur zwar noch an, aber schon in einer Sprache, aus der sich das Echo des Abgrundes vernehmen läßt. Die Kobolde, die Gnome, die Elfen und die Nixen der Märchen sind dem Menschen zugeneigt, solange er sie einfach gewähren läßt und ihre Dienste dankbar hinnimmt, ohne sich allzuviel um sie zu kümmern; sie werden aber zu tückischen Dämonen im Augenblick, da er neugierig in ihre Welt einzudringen und sie dort zu stören sucht. Neugierde ist nichts anderes als eine Art Reflexion oder Objektivation. Der Neugierige drängt die Dinge und Wesen aus der Unmittelbarkeit in die Mittelbarkeit, also über die Schwelle, die das Vertraute vom Fremden scheidet. Er entschleiert die Natur in unkeuscher Weise, er macht sie sich zum Gegen-Stand und das bedeutet zum Gegenpol seines eigenen autonomen Selbst, er stößt sie aus der Wirklichkeit, die er für sich allein beansprucht, hinaus in die Unwirklichkeit, und diese Unwirklichkeit richtet nun ihren Giftstachel gegen ihn, der ihr verfällt, während er sie zu meistern glaubt. So hat sich die nachparadiesische Welt immer mehr mit Naturdämonen aller Art bevölkert und hat der Boden nicht nur Dornen und Disteln, sondern auch Raubtiere, widerliche Insekten, Spinnen, Skorpione und Giftschlangen hervorgetrieben.

Aber nicht nur zwischen dem Menschen und der Natur im allgemeinen oder zwischen Mensch und Tier liegen solche Schwellen, sondern überall dort, wo sich ein Bewußtsein mit einem auch nur relativ Unbewußten berührt, wie etwa zwischen Mann und Weib oder zwischen sogenannten Kulturvölkern und Barbaren. Als Dämon erscheint darum vor allem dem Zivilisierten der Gott der naturnäheren Fremdvölker, der Exoten. Das war schon früher so und ist auch heute noch immer so, nur allerdings mit dem wesentlichen Unterschied, daß man früher den Gott des Fremdvolkes, also den Dämon als metaphysische Realität durchaus ernst nahm und ihm demgemäß unter Umständen sogar einen Platz im eigenen Pantheon anwies, während er heute nichts weiter ist als ein psychologisches Phänomen, nämlich eine nur dem Barbaren eigentümliche Vorstellung, ein Erzeugnis der Einbildung, das den zivilisierten Beobachter zu nichts verpflichtet und ihm nicht einmal im tieferen Sinn etwas zu denken gibt. Für die alten Ägypter etwa war nach *Diodor* Set oder Typhon, der feindliche Bruder des Osiris, also – wenn man so sagen kann – ihr eigener Teufel, gleichzeitig der Bundesgenosse der Königin von Äthiopien und daneben auch der Gott der Hyksos, jenes semitischen Volkes, unter dessen Herrschaft Ägypten nahezu hundertfünfzig Jahre zu leiden hatte. Darum wurde Set in gelber Farbe dargestellt wie alle Feinde und Ausländer, die aus der gelben Wüste kamen. Als sich die Menschheit nach Völkern und Sprachen spaltete, spaltete sich mit ihr auch der eine Gott oder richtiger das Bild, das man sich von dem einen Gott gemacht hatte. Diese Spaltung war wie alle Spaltungen überhaupt eine polare nach dem Urgegensatz von Tag und Nacht, von Leben und Tod, von Geist und Materie oder, wenn man das gleiche philosophisch abstrakt ausdrücken will, von Subjekt und Objekt. Aus der Gesamtmenschheit löste sich eine Völkergruppe ab, der innerhalb des Ganzen die gleiche Bedeutung zukommt wie dem reflektierenden Bewußtsein, dem Intellekt innerhalb der Einzelperson, und diese Völkergruppe wurde dann zum Träger der geschichtlichen Entwicklung. Sie nahm für sich den Gott des Lichtes, den heroischen Gott in Anspruch und überließ den anderen den Gott der Finsternis, des Abgrundes. Dieser Gott war der Dämon, mit dem der sich emporringende Geist zu kämpfen hatte, die Sphinx des Ödipus und selbstverständlich auch der Gott aller Feindvölker, die den ruhigen Verlauf des kulturgeschichtlichen Fortschrittes störten, der geistfeindliche Geist der Schwere. In den Augen der Griechen waren bereits die Ägypter Exoten und Barbaren (daher wohl das Symbol der Sphinx), für die Ägypter die Äthiopier und Hyksos. Nicht als ob jene diesen den dämonischen Gott bloß angedichtet hätten, die Spaltung war vielmehr ein durchaus realer Vorgang, so daß tatsächlich den einen der Olymp und den anderen der Abyssos, den einen die obere und den anderen die untere Hemisphäre zufiel. Man muß sich, um das zu verstehen, die Menschheit wirklich als ein organisches Ganzes vorstellen, in dem sich die einzelnen Völker zueinander genau so verhalten wie die Glieder oder Organe eines Leibes oder die Funktionen einer Seele. So standen also die Hyksos nicht nur nach der Meinung der Ägypter, sondern durchaus auch an sich selbst im Zeichen des Typhon.

Das alles liegt freilich auf der Ebene der *natürlichen Religion*, der natürlichen Mythologie, deren Ablauf durch die fortschreitende Entfernung des Menschen vom Schöpfer determiniert ist. Wenn nun aber, wie wir früher sagten, die *Offenbarung*, das freie Sich-Zeigen Gottes alles bloß Mythologische außer Kraft setzt, so muß sich das auch an dieser Stelle, also am Verhältnis zwischen den einzelnen Volksgöttern zu erkennen geben. Im Gegensatz zur religiösen Anschauung der Selbstherrlichkeit wird hier gerade nicht der fremde Gott, nicht der Gott der Barbaren, sondern der eigene in erster Linie als der wahre Urdämon offenbar. Das soll an einem einzigen Beispiel klargemacht werden. Beim sogenannten großen Versöhnungsfest wurden nach Lev. 16, 8 zwei Böcke vor den Hohenpriester gestellt. Der eine mußte auf dem Altar Jahves geopfert, der andere , der »Sündenbock«, in die Wüste gejagt werden für den »*Asasel*«. Nach einer Auslegung *(Oskar Goldberg)*, die viel Wahrscheinlichkeit für sich hat, ist das Wort »Asasel« eine Umstellung von »El-ha-Es«, was so viel wie der *Gott Esaus* (Esaus El) bedeutet. Der Ziegenbock gilt als das Totemtier des Mannes, der selbst wie ein Bock behaart war und den daher auch Jakob mit Hilfe eines Bocksfelles um den väterlichen Erstgeburtssegen bringen konnte. In der Austreibung des Sündenbocks hat man somit die Absage Israel-Jakobs an das Totemtier Esaus und das heißt an den *Gott der Edomiter*, des aus Esau hervorgegangenen Volkes zu sehen. Bis hierher scheint es demnach so, als ob sich Jahve, der Gott Israels, zu Asasel, dem Gott Edoms, ebenso verhielte wie etwa Osiris oder Horus als Gott der Ägypter zu Typhon, dem Gott der Äthiopier und Hyksos. Dagegen ist aber doch zu bedenken, daß der Gott des *älteren Bruders*, also Asasel, tatsächlich auch der *natürliche* Gott Jakobs ist; denn als der Erstgeborene wäre Esau nach dem Gesetz der Erbfolge der Stammvater des ganzen Isaaksgeschlechtes und damit auch der Nachkommen Jakobs geworden, um so mehr als mit dem Erstgeburtsrecht ja auch die metaphysische Substanz Esaus auf Jakob überging. Wird nun beim Versöhnungsfest der Gott Esaus geradezu mit der Sünde Jakobs identifiziert, so folgt daraus, daß die Forderung Jahves an Israel darin besteht, nicht irgendeinen fremden, sondern eben den Gott als seinen Widersacher zu betrachten, in dem jedes natürliche Volk seinen eigenen erkannt hätte. Jahve also verkehrt, indem er sich der äußeren Form und Sprache der heidnischen, nämlich der allgemein menschlichen Mythologie bedient, diese *in ihr Gegenteil*. Der eigene, mit der natürlichen Erbfolge übernommene Stammesgott soll so behandelt werden, wie die Heiden die Götter der fremden Völker zu behandeln pflegten. An die Stelle des eigenen Gottes aber tritt Jahve, der kein natürlicher, kein bloßer Volksgott, sondern der nur unter der Maske des Gottes Israels erscheinende unsichtbare Gott aller Völker, der allmächtige und ewige Schöpfer Himmels und der Erde ist. Auch in der weiteren Geschichte des erwählten Volkes erscheinen immer wieder Edom oder Amalek (der Enkel Esaus) als die sozusagen *kultischen* Feinde Israels. Israel wird geradezu verpflichtet, die Amalekiter auszurotten, und der erste israelische König, Saul, verliert die Gnade Gottes, das königliche Charisma, weil er den König der Amalekiter, Agag, am Leben läßt. Den König der Amalekiter schonen heißt hier nichts anderes, als vom geoffenbarten Gott zu Asasel, zum natürlichen Gott des natürlichen Stammvaters abfallen und so den vorgezeichneten Weg Israels verlassen. Was von Israel immer wieder und auch von seinem König Saul verlangt wird, ist das bedingungslose Festhalten an dem schon dem Abraham gegebenen Gebot: »Gehe aus deinem Vaterland und von deiner Verwandtschaft und deines Vaters Hause in ein Land, das ich dir zeigen will.« Verlasse dein Vaterhaus, das meint, verlasse die Götter, die Dämonen deiner Väter. Von da aus verstehen wir auch Jesus, wenn er von seinen Jüngern und nicht von seinen natürlichen Verwandten als von seiner Mutter und seinen Brüdern redet.

Es wäre nicht zu wundern, wenn mancher das in diesem Kapitel bisher über die Wirklichkeit der Dämonen Gesagte nicht restlos befriedigend fände; denn die immer wieder gestellte Frage nach der Wirklichkeit will ja wissen, ob es uns heute möglich ist, auf irgendeinem Weg etwas von den dämonischen Wesen zu erfahren und ihre faktische Existenz festzustellen. Darauf kann nur geantwortet werden: Gewiß ist so etwas möglich, wenn wir uns nämlich selbst auf jene kritische Schwelle des Übergangs zurückbegeben, deren eigener zweideutiger Charakter der Zweideutigkeit des Dämonischen entspricht. Wer auf dieser Schwelle steht, dem sind die Dämonen genau so wirklich wie dem überzeugten Rationalisten das mehr oder weniger berechenbare Naturgesetz. Die äußere Wirklichkeit wechselt ihr Gesicht mit den Veränderungen der subjektiven Wirklichkeit und umgekehrt. Je entschiedener der selbstherrliche Geist das Leben für sich allein in Anspruch nimmt, um so lebloser, um so rationaler präsentiert sich ihm die Welt. Verzichtet er dagegen in einem bestimmten Ausmaß auf diesen Anspruch, gibt er etwas auf von seiner Icheinsamkeit, um sich zu den tieferen Schichten der Triebsphäre zurückzuwenden, dann lebt auch im objektiven Bereich wieder einiges auf von dem scheinbar schon längst Erstorbenen.

Freilich hat aber jede Stufe der Rationalität, das heißt der bereits erreichten Autonomie, ihre ganz besondere, nur ihr allein eigentümliche dämonische oder magische Möglichkeit. Als der Mensch des zwanzigsten Jahrhunderts, der ich nun einmal bin, kann ich nicht nach Belieben in die Zeit des Altertums oder des Mittelaters zurücktauchen, kann ich mir nicht die Ungeheuer der mythischen Epoche oder die Teufel der Hexenzeit ohne weiteres wieder vergegenwärtigen. Das würde die Spannkraft meines Bewußtseins bei weitem übersteigen. Mit der Rückkehr dorthin mußte ich das Wissen um mich selbst verlieren und könnte mir also auch gar keine Rechenschaft über das vielleicht Erschaute ablegen. Die Schwelle der für mich gerade noch erreichbaren Dämonie liegt meinem Hier und Jetzt viel näher, nämlich ein relativ nur sehr kurzes Wegstück hinter meinem normalen Tagesbewußtsein, dort, wo dieses, ohne schon erloschen zu sein, an das Unbewußte grenzt. Die Tiefe der magischen Schau steht so im umgekehrten Verhältnis zu meiner Rationalität. Je mehr diese mein Leben und Denken normalerweise bestimmt, um so flacher und banaler sind die Dämonen, die sich mir zeigen, wenn ich zum Magier werde. Die Magie des zwanzigsten Jahrhunderts kommt darum über das, was wir Spiritismus, Okkultismus, Parapsychologie usw. nennen, über den bürgerlichen Hexensabbat der Seancen niemals hinaus. Was da zum Vorschein kommt, hat noch keinem Menschen höhere Erleuchtungen vermittelt. Die aus dem Teleplasma der Medien materialisierten »Geister« sind genau so dürftig wie die Spiritisten, die sich an ihnen ergötzen.

An den wiederholt geschilderten und auch hinreichend beglaubigten Tatsachen zu zweifeln haben wir gar keinen Grund, wohl aber müssen wir den Wert solcher Veranstaltungen und ihrer Ergebnisse in Frage stellen; denn es ist doch im Grunde nichts als ganz widerlicher Unrat, der da zu Tage gefördert wird, nämlich der in den Zwischenschichten des Rationalisten, an der Berührungslinie von Willensleben und Triebleben abgelagerte Bodensatz. Ein anständiger Teufel, der etwas auf sich hält, ist sich selbst viel zu gut, um an spiritistischen Seancen teilzunehmen. Was dort erscheint, sind wirklich nur sehr arme Teufel, sozusagen das Proletariat der Hölle, mit dem verglichen selbst die Incubi und Succubi der Hexen vornehme Aristokraten waren, um von den Ungeheuern älteren Datums oder gar von den Gottessöhnen der Genesis ganz zu schweigen.

Der moderne Spiritismus gibt seinen »Experimenten« gern den Anstrich einer ernsten und strengen Wissenschaftlichkeit, so, als ob die mit den Medien angestellten Versuche qualitativ in nichts verschieden wären von irgendwelchen exakten Forschungen auf natur- oder geisteswissenschaftlichem Gebiet. Aber hier täuscht man sich; denn die bei aller Fragwürdigkeit doch immerhin saubere Haltung des rationalen Forschers zeichnet sich der Magie gegenüber durch ihr bedingungsloses Festhalten am autonomen Geist aus. Man kann nicht einerseits auf der Höhe des Bewußtseins stehen und andererseits auch in den Regionen des Unbewußten nach Schätzen graben wollen. Darum befindet sich ausnahmslos jeder beteiligte Teilnehmer an einer spiritistischen Seance in einer Seelen- und Geistesverfassung, die von jener des rein wissenschaftlichen Denkers grundsätzlich abweicht. Der Forschertrieb der Wissenschaft wird vom Machtbedürfnis, vom Willen zur Herrschaft über die Welt diktiert, die Neugier des Okkultisten aber stammt aus dem geheimen Wunsch, die kalte Region der Ratio zu verlassen, um sich am Feuer der Hölle ein wenig zu erwärmen. Darüber kann uns auch die gewaltsame und gespreizte wissenschaftliche Terminologie des Okkultismus nicht hinwegtäuschen. Der wissenschaftliche Denker steht seinem Gegenstand innerlich unbeteiligt gegenüber, der Okkultist niemals. Man kann nicht zu den Dämonen hinabsteigen, ohne dabei eine Wesensveränderung durchzumachen, so wie man ja auch kein Gift an sich ausprobieren kann, ohne sich selbst zu vergiften. Der Magier begibt sich, indem er, sei es mit Zauberformeln oder mit Hilfe von in Trance versetzten Medien, die Dämonen beschwört, auf die Ebene einer anderen Wirklichkeit, und nur darum kann sich ihm auch eine andere als die gewohnte mehr oder weniger rationale Wirklichkeit zeigen.

> Mit viel Vergnügen bin ich da
> Und freue mich mit diesen;
> Denn von den Teufeln kann ich ja
> Auf gute Geister schließen.

So sagt der »Supranaturalist« in der »Walpurgisnacht«, und so oder so ähnlich haben die schwarzen Magier zu allen Zeiten ihr schlechtes Gewissen zu beruhigen versucht. Auch die schwarzen Magier des Abendlandes im zwanzigsten Jahrhundert, die schwarzen Magier mit der Gelehrtenmiene und dem Gehaben des exakten Wissenschaftlers machen davon keine Ausnahme. Sie cachieren ihre verdächtige Neugier, indem sie vorgeben, dem guten Geist der Forschung zu dienen. Wenn aber die Güte dieses Geistes schon an sich selbst mehr als zweifelhaft ist, so wird sie durch die Konfrontation mit den bösen Geistern ganz gewiß nicht besser, im Gegenteil; denn der Engel, der sich im Teufel bespiegelt, muß schließlich, ob er will oder nicht, in diesem auch sein eigenes Spiegelbild erkennen. Wer in irgendeiner Form dem Manichäismus huldigt, den hat auch bereits der Satanismus in seiner Gewalt. »War einmal das Böse als prinzipienhaft persönlich in Macht, Würde und Bedeutung anerkannt, dann war es auch als solches berechtigt, Verehrung, Huldigung und Dienst zu verlangen, die es nun nach seiner Weise mit Wohltaten zu vergelten sich veranlaßt fand« (Görres, »Christliche Mystik«, III, 32).

Nahrung und Gift

Es muß jedem Leser der Bibel auffallen, wie viel in den ersten Kapiteln der Genesis von der Speise und vom Essen geredet wird. Gott schafft die Kräuter den Tieren und die Bäume mit ihren Früchten den Menschen zur Nahrung. Vom Essen handelt das erste Gebot, das Gott seinem Ebenbild gibt, ja das erste Wort, das er überhaupt zu Adam spricht, und der Genuß der verbotenen Frucht wird dem ersten Paar und seiner ganzen Nachkommenschaft zum Verhängnis. Speisegebote bilden sodann, wenn nicht den Haupt-, so doch wenigstens einen wesentlichen Gegenstand sowohl des noachitischen wie auch des mosaischen Gesetzes, bis dann schließlich im letzten Teil der Offenbarungsgeschichte Jesus sich selbst als die rechte Speise und den rechten Trank anbietet. Vom Essen also, vom rechten oder falschen Essen, hängt alles, hängt das Schicksal der Welt ab. Die überragende Bedeutung, die hier der Nahrungsaufnahme zugeschrieben wird, läßt sich nur verstehen, wenn man bedenkt, daß die Speise ursprünglich nicht irgendein Drittes ist zwischen dem Schöpfer und dem Geschöpf, sondern die dem Geschöpf zufließende Lebenskraft des Schöpfers selbst. In der gespendeten Nahrung gibt sich Gott an die von ihm geschaffenen Wesen hin. Die aus der Erde hervorgewachsenen Pflanzen, die Kräuter und die Bäume sind Organe, sind gleichsam die Fingerspitzen Gottes. In ihnen berührt Gott die Welt und hält das Lebendige am Leben. Der Mensch wie auch das Tier ist um seiner selbst, die Pflanze aber um des Menschen und um der Tiere willen da. Wer sie als Speise zu sich nimmt, kann das in rechter Weise nur tun, indem er sich gleichzeitig ihr und das heißt Gott hingibt; denn wenn auch der Mensch, vom Schöpfer her gesehen, wie eben gesagt, um seiner selbst willen da ist, von sich aus gesehen ist er dennoch um Gottes willen da, steht er mit allem, was er ist und hat und vollbringt, im Dienste dessen, der ihn ins Sein gerufen hat. Sein ganzes Leben soll Antwort sein auf das Wort »Es werde!«, mit dem er aus dem

Nichts heraus in die Wirklichkeit gestellt wurde. Und diese Antwort wird gerade dort vor allem gesprochen werden müssen, wo die Kraft des Schöpfers und Erhalters am unmittelbarsten erfahren wird, wo also der Mensch empfängt, was ihm sein Leben sichert, wo er ißt und trinkt. In zweifacher Weise läßt sich die Nahrung aufnehmen, entweder so, daß man die Speise *zu sich her* ißt, und das ist die uns allein noch geläufige Art zu essen, oder so, daß man *sich zur Speise hin* ißt. Dort erscheint die Speise nur noch als Mittel zum Zweck, steht sie ganz und gar im Dienst des Genusses, des Genießers, der sie gebraucht, um mit ihrer Hilfe sein eigenes Leben zu erhalten und zu steigern. Hier dagegen stellt sich umgekehrt der Esser in den Dienst dessen, was er ißt bzw. des Nahrungsspenders, er ißt sich sozusagen an die Heiligkeit Gottes heran. Das Verzehren der Speise wird ihm zum kultischen Akt. In Ehrfurcht nimmt er die Gabe aus der Hand des Schöpfers entgegen, nicht weil er darauf bedacht ist, sich möglichst viel Kraft anzuessen, sondern weil er sich berufen weiß, von Gott gespeist, immer mehr und mehr in die vollkommene Ebenbildlichkeit hineinzuwachsen und so als Sohn des ewigen Vaters würdig zu werden.

Als Inbegriff der rechten und der unrechten Speise, des rechten und des unrechten Essens standen der Lebensbaum und der Erkenntnisbaum in der Mitte des Paradieses. Wer vom Lebensbaum ißt, sucht die Gemeinschaft mit Gott um Gottes willen, das heißt aus Liebe zu Gott, er empfängt Gott, während er in Einem sich ihm hingibt. Wer aber vom verbotenen Erkenntnisbaum ißt, sucht die Gemeinschaft mit Gott oder richtiger die Kraft Gottes sich einzuverleiben, weil er selbst wie Gott sein, weil er seine eigene Gottgleichheit genießen will. Er greift nach Gott, nach dem ausgestreckten Finger Gottes und versagt sich ihm doch gleichzeitig. Darum kann er die wahre Gemeinschaft mit Gott gar nicht ertragen, darum wird sie ihm im Augenblick, da sie infolge des Genusses zustande kommt, zum Verhängnis. Sie reißt ihn heraus aus seiner gewollten Isoliertheit und hinein in einen Daseinsbereich, von dem er nichts wissen will, der sich ihm geradezu als das Nichts, als das Reich des Todes darstellt. *Er ißt sich das Gericht.* Der Lebensbaum, der Baum des Sich-hin-Essens zu Gott, ist der *Nah-*

rungs-Baum, der Erkenntnisbaum hingegen, der Baum des Zu-sich-her-Essens, der *Gift-Baum*. Zwischen beiden hatte Adam die Wahl. Hätte er den Lebensbaum gewählt, dann wäre er wirklich Gott gleich geworden, heilig und unversuchbar wie der Vater, und dann wäre das lockende Gift aus dem Paradies verschwunden. Da er aber den falschen Baum wählte und sich mit seinen Früchten vergiftete, verschwand aus der Welt, in die er nun hinausgestoßen wurde, umgekehrt der Lebensbaum.

Im Anfang waren alle Pflanzen bis auf den einen verbotenen Baum Nahrung für Mensch und Tier. Da sich aber Adam vor Gott zurückzog und so seinen eigenen Daseinsumfang verringerte, verringerte sich für ihn auch der Umfang der ihn nährenden Natur, der Pflanzenwelt. Der Boden gab die Speise nur noch widerwillig her, neben süßen Früchten trug er auch Dornen und Disteln. Dem Adam, der sich auf sich selbst kehrt und sich feindlich abschließt gegen die äußere Wirklichkeit, antwortet diese in gleicher Weise. Auch sie kehrt sich in sich, und alles nach innen Gekehrte kehrt nach außen Stacheln und Dornen. Der Stachel bedeutet aber freilich noch nicht Gift. Dornen und Disteln sind gewöhnlich ungiftig. Von den zahlreichen Kakteenarten etwa enthalten nur ganz wenige und auch diese nur relativ harmlose Giftstoffe. Die Antipathie gegen den Menschen drückt sich hier lediglich in der Abwehrhaltung, in der Geste des Nicht-herankommen-Lassens aus. Dornen und Disteln, das heißt nur *keine Nahrung* oder schwer zu gewinnende Nahrung, Gift aber bedeutet das *Gegenteil von Nahrung*, das, was, in den Körper aufgenommen, nicht Leben, sondern Tod wirkt. Das Giftige steht in eigentümlicher Weise mir gleichzeitig näher und ferner als das bloß Ungenießbare. Das Ungenießbare wehrt sich gegen mich, es will mich nicht, das Giftige aber will mich und sucht mich, allerdings als den Toten. Es hat zu mir eine unmittelbare Beziehung, die jener der Nahrung verwandt ist. Es prunkt und es lockt, es täuscht Genießbarkeit vor, es will von mir genossen werden. Dornen und Disteln sind feindlich, aber ehrlich wie Raubtiere, Gift-pflanzen hingegen sind heimtückisch; hier umgibt sich der Tod selbst mit dem Schein des Lebens. Auch rückt die Giftpflanze mit Vorliebe in die Nähe des Menschen und stellt sich dicht neben die nahrhaften Kräuter. Wer Pilze gesucht hat, weiß, daß diese Pflanzen nur ganz selten in abgelegenen Teilen des Waldes zu finden sind. Meistens wachsen sie am Rand des Weges, dort, wo der Mensch vorbeikommt und sie sehen muß. Zwischen eßbaren und giftigen Pilzen ist da kaum ein Unterschied zu bemerken, und überdies hat fast jeder gute Pilz seinen bösen Doppelgänger.

Die Pilze, und zwar die giftigen wie die ungiftigen, wachsen aus Moder und Verwesung, das heißt sie haben den Tod zur Voraussetzung ihres Lebens, und Ähnliches gilt von sehr vielen, wenn nicht von den meisten genießbaren und giftigen Gewächsen. Der Boden, auf dem man Frucht und Getreide baut, wird gedüngt, mit tierischen und menschlichen Abfallstoffen genährt. Das Bilsenkraut liebt die Schutthalden, die Tollkirsche gedeiht auf frisch gerodeten Waldlichtungen. Aus den ehemaligen Schlachtfeldern des Weltkrieges soll das Bilsenkraut üppig hervorgeschossen sein. Alles Gift ist irgendwie Leichengift, Tod, der weiter tötet, der sich fortpflanzt. Aber, wie gesagt, auch die nahrhaften Kräuter mästen sich an der Verwesung. Das hängt offenbar zusammen mit der Zwiespältigkeit des Menschen, so wie er abseits vom Schöpfer lebt. Der gefallene Adam muß töten, um leben zu können, er muß sich seine Daseinsmöglichkeit durch Vernichtung der Feinde erkämpfen, er muß die Tiere schlachten, deren Fleisch er ißt. So wird der Tod des Anderen Voraussetzung seines Lebens. Und doch schreit dasselbe Blut, das er vergießt, weil es ihn nährt, zum Himmel um Rache. Er kann nicht leben, ohne zu töten, das heißt auch schon, er kann nicht leben, ohne schuldig zu werden, und auf alle Schuld steht zuletzt immer die Todesstrafe. Leben und Tod kommen so aus der gleichen Quelle. Wahrscheinlich enthalten alle Nahrungsmittel geheime Gifte, die wenigstens mitschuldig sind an der Tatsache, daß wir sterben müssen. Der Tod, den wir wirken, indem wir uns erhalten, greift unvermeidlich am Ende auf uns über, und vielleicht liegt der ganze Unterschied zwischen Nahrung und Gift in dieser gefallenen Welt nur darin, daß uns dieses schnell, jene aber nur langsam vergiftet. Zwischen Nahrung und Gift unterscheidet ja derselbe Mensch, der nach dem Genuß der verbotenen Frucht auch den Gegensatz von Gut und Böse kennt, und alles Gute, das im dialektischen Verhältnis zum Bösen steht, hat selbst den Keim des Bösen in sich.

Das heißt freilich nicht, daß alle Nahrung im Grunde gleichfalls gar nichts weiter als Gift wäre, sondern nur, daß sie immer *auch* Gift enthält, daß sie immer *auch* giftig ist, und das zwar als die Nahrung des *seinem Wesen nach* sterblichen Menschen. Ebenso gilt aber der andere Satz: alles Gift ist immer auch Nahrung, nur eben Nahrung in besonderer Weise, Nahrung auf ein Leben hin, das der Mensch im allgemeinen nicht mehr als *sein* Leben versteht. Die Einverleibung des Giftes, der giftigen Pflanze etwa, reißt den Genießer sozusagen hinein in einen weiteren Lebensrhythmus, aus dem er sich in seiner Vereinsamung herausgelebt hat, der ihn daher als den, der er nunmehr ist, aufhebt und tötet. So wird die Welt der Gifte zum Ausdruck für die dem gefallenen Adam gesteckte Grenze und gleichzeitig für einen Lebensumfang höherer, nämlich überindividueller Art. Indem das Gift den Einzelnen vernichtet, nährt es trotzdem eine Ganzheit, der dieser Einzelne wesensmäßig zugehört, aus der er jedoch bewußtseinsmäßig herausgeglitten ist. Man könnte darum das Gift geradezu die *Nahrung des Unbewußten*, die Nahrung der Triebsphäre nennen. Damit hängt ohne Zweifel auch das Lockende und Verlockende an ihm zusammen, die eigentümliche Tatsache, daß es sich so oft als scheinbare Nahrung anbietet und dann jeden, der sich täuschen läßt, hinterrücks überfällt.

Im Raum der Selbstherrlichkeit, des Sich-Abschließens von der Gesamtschöpfung wird gerade das zum Gift, was ursprünglich vor allem berufen war, Leben zu spenden. Vor dem Fall war der Erkenntnisbaum der Giftbaum schlechthin, sofern er nämlich den Menschen verlockte, aus dem Bereich des Lebens in den des Todes hinüberzuwechseln. Nach dem Fall aber wurde Adam gegen das Gift dieses Baumes immun, ja seine Früchte dienen ihm nun bis zum Jüngsten Tag geradezu als Nahrung; denn der Wille zur Selbsterhaltung stellt ihn jetzt vor die Notwendigkeit, sich in Abwehr und Kampf, also in immer neuer Selbstabgrenzung zu behaupten. Dagegen wird ihm der andere Baum, der Lebensbaum zum eigentlichen Giftbaum. Vom Lebensbaum essen, das hieße ja nun, sich in die Daseinssphäre, in den Daseinsbereich hineinbegeben, der die radikale Aufhebung des nach dem Fall allein als Leben verstandenen Lebens bedeutet. Das furchtbarste Gift für den Gott Entfremdeten ist Gott selbst. »Kein Mensch wird leben, der mich sieht« (Ex. 33, 20). Es gibt Pflanzen, die an sich selbst gar nicht giftig sind, die aber bewirken, daß für den, der sie genießt, das Licht der Sonne zum Gift wird. Wer solche Pflanzen zu sich nimmt, entfremdet sich damit gewissermaßen der Sonne, so wie sich der Adam, der vom Erkenntnisbaum ißt, Gott entfremdet. Er kann von nun an nur im Schatten leben, verborgen unter den Blättern des Gartens. Greift er von dort her nach dem Lebensbaum, so begibt er sich damit in das ihm jetzt unerträgliche Licht Gottes, also in das »giftige« Licht, das ihn tötet. Es war darum die höchste Gnade, daß Gott dem Menschen den Lebensbaum entzog, daß er ihn aus dem Paradies vertrieb, die Cherubim mit dem Flammenschwert vor den Eingang stellte und die Blöße der Gefallenen mit Fellen bedeckte. So schützte Gott das ihm untreu gewordene Geschöpf vor der eigenen Majestät, vor der eigenen in Zorn verkehrten Liebe.

Die Frucht des Erkenntnisbaumes ist, wie wir schon sagten, die Speise, die der Mensch *zu sich her* ißt, die Frucht vom Lebensbaum dagegen jene, zu der *man sich hin* ißt. Was wir Nahrung nennen, ist grundsätzlich von der Art jener ersten Frucht. Wir essen, das heißt, wir nähren *uns*, wir haben dabei *unsere* Sättigung und *unser* Leben im Auge. *Wir* wollen wachsen und gedeihen und wir bedienen uns zu diesem Zweck der Speise. Die andere Speise jedoch, die man nicht zu sich her, sondern zu der man sich bloß hin essen kann, erscheint uns innerhalb der vom Erkenntnisbaum überschatteten Welt notwendig als Gift, weil sie gerade das in Frage stellt, was wir für den eigentlichen Kern unserer Existenz halten, die Selbstherrlichkeit. Wir wollen immer nur weiter in uns hinein und nicht aus uns heraus, wir wollen nur erraffen, was sich uns darbietet, aber wir wollen uns nicht hingeben nach außen, weder an den Schöpfer noch an die Mitgeschöpfe. Wir leben so in einer Welt, in der der Tod die Maske des Lebens und das wahre Leben die

Maske des Todes trägt. Und doch stehen wir auch weiterhin unter der Forderung eben dieses wahren Lebens und ahnen etwas von seiner Wahrheit. Darum vielleicht das eigentümliche Schillern des Giftes, vor allem der giftigen Pflanzen, von denen uns der Tod droht und die uns trotzdem in geheimnisvoller Weise zurückrufen zu jenem Urstand, den wir mit unserem Stammvater Adam verlassen haben.

Stacheln und Dornen stechen nur, wenn ich sie angreife, das Gift aber greift mich an. Es spiegelt Freundschaft vor und offenbart seine Feindschaft erst, wenn ich ihm in die Falle gegangen bin. Der Arm, der umarmt, verwandelt sich in den Stachel, der sticht. Auch im Gift antwortet die Natur auf meine Selbstabschließung damit, daß sie sich vor mir gleichfalls verschließt und mich so wie ich bin verneint. Nur begnügt sich das Gift nicht wie das Ungenießbare mit der Abgrenzung, sondern sucht seine Grenzen zu erweitern; es will verschlingen und erweist sich so erst als die endgültige Antwort der Natur auf den menschlichen Willen, der ja auch die Welt zu erobern und seinen eigenen Zwecken zu unterwerfen sucht, sich also nicht damit begnügt, abseits von ihr in Ungestörtheit zu leben. Der selbstherrliche Mensch verdichtet sich gegen seine eigene Mitte zu, er konzentriert sich und trachtet nach Möglichkeit, auch alles andere in das Kraftfeld seiner Ichheit hineinzuziehen. Darin liegt seine Giftigkeit im Verhältnis zur Umwelt, und darauf antwortet die Natur mit ihren Giften in der gleichen Weise. Auch das Gift muß als eine Art *Konzentrationsprodukt* verstanden werden. Es ist wohl eigentlich gar nicht so, wie man gewöhnlich meint, daß manche Pflanzen Giftstoffe in einem bestimmten Prozentsatz enthalten, Giftstoffe, die man nur vom übrigen zu scheiden brauchte, um das reine Gift zu gewinnen, sondern der Giftstoff stellt den konzentrierten Lebenssaft der Pflanze selbst dar, und zwar jeder Pflanze ohne Ausnahme. Alles wird giftig und verwandelt sich in Gift, wenn es sich gegen seine eigene Mitte zu verdichtet. Das Urgift ist das Blutgift des von Gott abgefallenen Adams, das »Adamin«, das Leichengift, das schon in den Adern des Säuglings kreist, aber erst im toten Leib als konzentrierter Giftstoff erkennbar wird. Der tote Adam ist der ganz und gar zu sich selbst gekommene, das heißt der am Gift des Erkenntnisbaumes zugrunde gegangenen Sicut-Deus-Mensch. Der Wille zum eigenen Ich hat ihn giftig gemacht und schließlich getötet.

Im Paradies, im Vaterhaus waren alle Pflanzen genießbar und waren alle Tiere sozusagen Haustiere. Erst als Adam den Vater und das Vaterhaus verlassen hatte, wurde das anders, wurden die Tiere zum Teil wild und die Pflanzen zum Teil ungenießbar oder giftig. Und giftig wurde auch das Tier, von dem sich Eva zum Genuß der verbotenen Frucht verleiten ließ, die Schlange. Wir sagten schon früher, daß die Worte der Schlange zweideutig waren, sie handelten nur vom »Baum in der Mitte des Gartens«, und es blieb unentschieden, ob darunter der Baum des Lebens oder der Baum der Erkenntnis verstanden werden sollte, ob also aus der Schlange die Stimme Gottes oder die des Widersachers redete. Die Entscheidung führte erst der Mensch herbei, als er die verbotene Frucht nahm, als er sich dem Giftbaum zuwandte. Diese Entscheidung brachte auch die Schlange auf die Seite des Giftes, machte sie zum giftigen Tier, das nicht nur als dämonischer Versucher die gefährliche Frucht anbot, sondern darüber hinaus selbst mit seinem eigenen tödlichen Gift das Leben des Versuchten und Verführten gefährdete. Sie rächte sich am Menschen dafür, daß dieser ihre Worte im Sinne des Bösen gedeutet und so ihr wie aller Kreatur den Weg zur Vollendung abgeschnitten hatte. Wie der Lebensbaum von allen nahrhaften Pflanzen, so stand die Schlange von allen Tieren dem Menschen am nächsten. Aber Adam griff vorbei am Lebensbaum nach dem Erkenntnisbaum, der auch in der Mitte des Gartens wuchs und ihm daher gleich nahe war, so wie Nahrung und Gift immer dicht beieinander wachsen. Indem er den Erkenntnisbaum wählte, wählte er auch die teuflische und nicht die englische Möglichkeit der Schlange. Eine tiefe Ahnung von der eigentümlichen Zweideutigkeit dieses Tieres lebt seither fort in den Religionen und Mythologien der Völker. Schlangen- oder Drachengötter tauchen überall auf, werden verehrt und angebetet, wahrscheinlich darum, weil hier durch den Dämon immer noch der Engel hindurchschimmert, der Engel nämlich, dessen Aufgabe es war, das erwählte Ebenbild Gottes nicht an den Erkenntnisbaum, sondern an den Lebensbaum heranzuführen. Neben der Schlange gibt es noch andere giftige Tiere in unserer Welt wie Skorpione und Spinnen, aber die wurden niemals als Götter angebetet, weil ihr teuflischer Charakter allzu eindeutig in die Augen fällt. Die Schlange hatte ihren Platz auch in dem noch ungestörten Gottesgarten und wird ihn vermutlich im Reich der Vollendung wieder haben, Skorpione und Spinnen dagegen bevölkern nur die gefallene Erde und wahrscheinlich die Hölle. Sie wachsen nur dort, wo der Tod sich bereits eingenistet hat. Im Paradies sind sie unmöglich.

Das Pflanzengift dringt auf dem Weg der Nahrung in den Körper ein, das giftige Tier aber tötet durch seinen Biß oder Stich, und zwar tötet es auf diese Weise vor allem jene Geschöpfe, die ihm zur Nahrung dienen sollen und nur gelegentlich auch den Menschen. Dort also ist es die Speise, die vergiftet, hier gerade umgekehrt das Tier, das die Speise verzehrt. Dort geht die verderbliche Wirkung vom Empfangenen, hier vom Empfänger aus. In beiden Fällen aber bleibt der Zusammenhang zwischen Nahrung und Gift unverkennbar. Giftig ist sowohl der Stoff, der in falscher Haltung gegessen wird wie auch der Esser selbst. Offenbart sich in der giftigen Pflanze die Feindschaft der mißbrauchten Natur, so im giftigen Tier der geheime Schöpfungshaß dessen, der sie mißbraucht und das heißt zuletzt des Menschen. Das Gift der Schlangen, der Skorpione, der Spinnen usw. ist im Grunde mein eigenes Gift, das Gift der Selbstherrlichkeit, die alles, was der Schöpfer den Geschöpfen bietet, zu sich her ißt, statt sich zu ihm hin zu essen. Der bewußte Wille weiß freilich nichts davon, daß er giftig ist, daß die egozentrische Ausbeutung und Vergewaltigung der Umwelt im Tiefsten Schöpferhaß und Schöpfungshaß bedeutet, der Trieb aber verfolgt sein Ziel ohne Hemmungen und Selbsttäuschungen. Er kennt nicht die neutrale, uninteressierte Haltung des rechnenden Intellektes, sondern stürzt sich mit unverhüllter Wut auf sein Opfer. Wo er an die Oberfläche kommt, wird deutlich, daß Vergewaltigungswille Vernichtungswille ist. Der Löwe zerreißt die Antilope im grimmigsten Zorn, der Mensch tut dergleichen nicht, er schlachtet die Tiere ohne jede Gemütsaufwallung, er bereitet in sachlicher Form ihr

Fleisch für den Genuß zu und verspeist es dann mit stillem Behagen, aber der Löwe bringt zum Ausdruck, was sich in Wahrheit hinter dem kühlen Gehaben des Menschen verbirgt. Und was vom Löwen gilt, das gilt auch von der Schlange. Auch ihr giftiger Biß offenbart mir den Charakter meines eigenen Beißens. Ihr Gift ist das Menschengift, auf das die Natur mit dem Gift der Pflanzen antwortet. Die Tiere bringen zur Darstellung was wir unter der Schwelle des Bewußtseins sind. Darum ist mit Adam die ganze Kreatur gefallen und wird mit ihm auch wieder die ganze Kreatur erlöst werden, darum werden dort, wo der Lebensbaum zu beiden Seiten wächst, wie es im letzten Kapitel der Apokalypse heißt, der Löwe und der Wolf friedlich neben dem Schaf weiden. Dann werden wieder wie einst alle Tiere Haustiere und alle Pflanzen Nahrung sein.

Der Baum der Erkenntnis ist der Baum der Unterscheidung zwischen Gut und Böse wie zwischen Nahrung und Gift und damit das Urgift selbst. Wer von diesem Baum ißt, verfängt sich im Netz der Widersprüche; die Dinge und Erscheinungen seiner Welt werden ihm dialektisch, und alles Dialektische erweist sich von der anderen Seite her betrachtet als sein eigenes Gegenteil. Wahrhaft gut ist das Gute und wahrhaft nahrhaft die Nahrung nur im Zustand der ersten Unmittelbarkeit. Sobald jedoch einmal das Gute in bewußten Gegensatz zum Bösen gerät, steht es selbst bereits im Zeichen des Bösen; denn böse sein bedeutet gar nichts weiter als verneinen und widersprechen. Je schärfer der Zwiespalt wird, das heißt je vernehmlicher im Guten das Nein zum Bösen mitklingt, um so geringer ist tatsächlich der Unterschied zwischen beiden. Dasselbe gilt, wie sich leicht einsehen läßt, auch vom Verhältnis der Nahrung zum Gift. Die Nahrung, die sich am Gift reflektiert, ist insofern nicht mehr Nahrung im eigentlichen Sinn, sondern nur *Gegen-Gift*, also gleichfalls eine Art Gift. Giftig wird auf der einen Seite der Mensch in seiner Besonderung und auf der anderen die Natur, von der er sich sondert. *Verdichtung und Spaltung* erzeugen so das Gift oder richtiger zwei Gifte, das Eigengift und das Fremdgift, die aber freilich aller scheinbaren Feindschaft zum Trotz im Letzten eben doch Blutsbrüder sind.

Das Ur-Eigengift ist der Saft der Erkenntnisfrucht, das Ur-Fremdgift nach dem Fall der Saft der Lebensfrucht. Statt von Eigengiften und Fremdgiften könnte man ebensogut von intensiven und extensiven, von zentripetalen und zentrifugalen oder von *narkotischen* und *dionysischen* Giften reden. Jene isolieren den Vergifteten von seiner Umwelt, diese verbinden ihn mit ihr, jene führen zuletzt zur völligen Erstarrung (ναϱϰαω = erstarren), diese zur Auflösung (Zerreißung durch die Mänaden!). Im Grunde aber handelt es sich hier nur um die beiden Seiten des gleichen Vorganges; denn eben durch die Selbstabschnürung verfällt der Einzelne schließlich dem Mechanismus der äußeren Wirklichkeit, in die sein Wille und seine Macht nicht mehr hineinreichen. Das Gift vom Erkenntnisbaum ist zunächst ein Narkotikum. Durch den Genuß der verbotenen Frucht will sich Adam von Gott unabhängig machen, seine Gemeinschaft mit Gott zerschlagen, aber gerade darum wird ihm seine unaufhebbare Abhängigkeit von Gott wie auch sein ebenso unaufhebbarer Zusammenhang mit der Schöpfung zur Auflösung seiner Person.

Was für den einen narkotisches Gift ist, kann unter Umständen für den anderen dionysisches Gift oder *Rauschgift* sein; denn das Eigengift des Fremden ist für mich ein Fremdgift und umgekehrt. Ob das eine oder andere Gift tötet bzw. den Organismus fühlbar schädigt oder ob es – sei es durch Steigerung oder durch Schwächung des Selbstbewußtseins – angenehme Empfindungen auslöst, hängt erstens von der genossenen Menge und zweitens von der Spannweite zwischen meiner und seiner Lebensrichtung ab. Als Gift wirkt nämlich was mein Leben nach innen oder nach außen in eine ihm unangemessene Richtung drängt. Ist der Winkel, unter dem sich beide Richtungen, die des Giftes und meine eigene, schneiden, groß, so können bereits ganz geringe Giftmengen den Tod herbeiführen, ist er klein, so wird der Organismus verhältnismäßig große Quantitäten vertragen können ohne ernstlich Schaden zu nehmen, und ist er endlich gleich Null, so reden wir überhaupt nicht von Gift, sondern von Nahrung. Dieser letzte Fall bleibt jedoch in seiner Idealität eine Grenzmöglichkeit, die nur ganz selten, vielleicht sogar niemals erreicht wird und die wir selbst eigentlich auch gar nicht wünschen. Wir lieben ja bekanntlich nur *schmackhafte* Speisen, das heißt solche, an deren Geschmack wir uns unseres Schmeckens bewußt werden, an denen wir uns also im Genuß reflektieren. Alle Reflexion aber hat ein Spannungsverhältnis zur Voraussetzung; denn nur vom Andersartigen kann ich mich abheben. Schmackhafte Speisen sind darum immer auch schon irgendwie giftige Speisen. Wir würzen unsere Nahrung mit Giften, um so den Genuß des Essens zu steigern, und genußreich essen heißt zu sich her essen, so essen, wie bereits Adam von den Früchten des Erkenntnisbaumes gegessen hat. Gut schmecken in dem uns geläufigen Sinn kann weder die reine Nahrung noch das reine Gift, sondern immer nur die leicht vergiftete, die auf irgendeine Weise »pikante« Nahrung. Absolute Nahrung gibt es in unserer Welt nicht, weil unsere Lebensrichtung nicht mehr die des absoluten Lebens ist. Gäbe es sie aber, dann wäre sie wahrscheinlich nach unserem Geschmack geschmacklos. Das absolute Gift hingegen gibt durch scharfen, üblen oder widerlichen Geschmack seine Feindschaft offen zu erkennen. Ob und wie im Paradies die Früchte vom Lebensbaum schmecken, können wir nicht wissen. Es mag aber sein, daß sie *süß* schmecken und daß uns der süße Geschmack auch der uns bekannten Speisen eine gewisse Ahnung von ihrem Geschmack vermittelt. Jedenfalls ist der Genuß des Süßen der harmloseste, den wir überhaupt kennen.

Wird der Geschmack bzw. der Genuß daran nicht mehr als bloßes Attribut der Nahrung, sondern um seiner selbst willen gesucht, so tritt das Gift als ausgesprochenes »Genußmittel« an die Stelle der Speise, und zwar je nachdem als Rauschgift oder als narkotisches Gift. Für den Abendländer sind narkotische Gifte Nikotin und Coffein, Rauschgifte Alkohol und Opium. Daß jedes Gift zuweilen auch anders wirken kann, ergibt sich schon aus der inneren Dialektik der Giftigkeit selbst, dann aber auch aus dem Verhältnis der Fremdheit oder Verwandtschaft zwischen den verschiedenen Individuen, Völkern, Rassen und Landschaften. So wäre es z. B. denkbar, daß der bei uns vorwiegend wegen seiner narkotischen Wirkung genossene Tabak von indianischen Stämmen als Rauschgift verwendet wird. Vor allem reagiert jeder Mensch auf die Pflanzen seiner eigenen Heimat anders als auf jene fremder Erdstriche. Selbst einheimische Nahrungspflanzen können bei Ausländern Vergiftungserscheinungen hervorrufen. Für den Einheimischen, heißt das, ist das Gift überhaupt kein Gift; denn es gibt nur Gifte in Beziehung auf und nicht an sich selbst. Gift bleibt somit ein Relationsbegriff.

In gewissem Sinn ist jeder andere Mensch für mich ein Rauschgift, da die Bewegung zu ihm hin notwendig von meiner eigenen subjektiven Richtung abweicht, und zwar nach außen abweicht, und dasselbe gilt selbstverständlich auch von vielen Stoffen, die er zur Weiterführung seines spezifischen Aufbauweges absorbiert, allerdings nicht von allen; denn insofern er mir nicht fremd, sondern artverwandt ist, bedarf er ja der gleichen Nahrung wie ich selbst. Hinsichtlich der Gifte läßt sich sagen: Was für ihn Rauschgift ist, kann für mich gleichfalls Rauschgift, ungiftig oder sogar Narkotikum sein, je nachdem ob es ihn in eine Richtung drängt, die von mir weiter abliegt oder aber mir näher gerückt erscheint als sein Wesenszentrum. Das Leben des einen ist der Tod des anderen. Diese einfache und eigentlich selbstverständliche Wahrheit kommt auch in der Verschiedenartigkeit der Giftwirkungen zum Ausdruck. Der Genius des einen Volkes erscheint dem anderen als Dämon, der Gott, den die Äthiopier als ihren guten Gott verehren, zeigt sich den Ägyptern in der Gestalt des teuflischen Set.

Jedes Volk hat seine besonderen, gerade ihm angemessenen Rauschgifte, die zwar die Individualität des Einzelnen sprengen, diesen aber dafür in das Ganze der Volkspersönlichkeit hineinstellen. Man könnte darum geradezu sagen: Das Gift wird hier zur Nahrung des Volkskörpers und gewinnt demgemäß – wenigstens dort, wo die Organe für das Metaphysische noch intakt sind – kultische Bedeutung. Der Berauschte wächst hinein in die Nation und damit auch in den sie verkörpernden Gott. Er steigert sich selbst zur Gottheit empor oder er vermählt sich mit dem Gott. Der Volksfremde hingegen, der den gleichen Trank zu sich nimmt, wird durch ihn nicht nur aus seiner individuellen Sphäre, sondern auch aus seiner nationalen heraus- und in einen ihm völlig wesensfremden Bereich hineingerissen. Er gewinnt nichts im Rauschzustand, sondern verliert nur, und zwar im extremsten Fall sogar sein Leben. Man könnte vielleicht meinen, daß das gleiche Rauschgift, das den Einzelnen aus seiner Isoliertheit heraushebt und ihn dem Volksganzen eingliedert, ihn damit auch schon einer übervölkischen Ganzheit und zuletzt der Menschheit näherbringt. Das wäre aber ein Trugschluß; denn im nationalen Rausch sind nicht nur die Einzelnen auf das Ganze, sondern ist ebenso auch umgekehrt das Ganze auf die Einzelnen bezogen. Wie der Einzelne mit seinem Gott, so vermählt sich auch der Gott mit ihm. Das will sagen: *Das Rauschgift der Menschen ist das Narkotikum der Götter.* Im gleichen Grad, in dem sich der Einzelne entäußert, vereinzelt sich der Gott, dem zuliebe er sich entäußert. Dieser Gott wird also individueller und grenzt sich darum nur um so schärfer gegen die Götter der anderen Völker ab. Der nationale Kult bedingt so die Zunahme und gerade nicht die Abnahme der nationalen Gegensätze. Die patriotische oder völkisch-religiöse Begeisterung, in der das Individuum sich selbst völlig vergißt und ganz und gar zum bloßen Glied der ihm übergeordneten Gemeinschaft wird, ist gerade die Kraft, aus der diese Gemeinschaft den Feind bekämpft und sich so aus der umfassenden Völkergemeinschaft heraushebt. Wir Abendländer des zwanzigsten Jahrhunderts dienen unseren nationalen Göttern nicht mehr in kultischen Formen, etwa durch den gemeinsamen Genuß von Rauschtränken und dergleichen. Die Gifte, die wir uns einverleiben, sind von anderer, nämlich von geistiger Art, Wortgifte, die uns durch die Reden von Demagogen oder durch die Presse eingeflößt werden. Aber sie haben nichtsdestoweniger die gleiche Wirkung wie etwa der berühmte Pulquetrank der Mexikaner, sie vermählen uns mit den Göttern der patriotischen oder nationalen Begeisterung und peitschen uns auf zu kriegerischer Wut, zum Haß gegen fremde Völker usw. Einer sehr verbreiteten, aber trotzdem falschen Theorie nach führt der Weg zur allgemeinen Menschenliebe, also etwa auch zur Nächstenliebe im christlichen Sinn über die Liebe zum eigenen Volk und Vaterland. Tatsächlich aber verschließt man sich das Tor zur christlichen Liebe mit nichts so hermetisch wie mit patriotischen und nationalistischen Ideologien. Die Volksgötter sind ausnahmslos eifersüchtige Götzen, die keinen anderen Volksgott neben sich dulden und schon gar nicht den Gott, der Himmel und Erde gemacht hat und in dessen Namen die Nächstenliebe gefordert wird. Der Volksgott will, daß ich mich um seinetwillen aufgebe, damit er sich an der von mir empfangenen Kraft stärken und mästen kann, um so Macht zu gewinnen über seine verschiedenen Konkurrenten. Über sich selbst hinaus aber denkt er keinen Augenblick, es fällt ihm gar nicht ein, sich nun gleichfalls einer noch höheren Gottheit zuliebe aufzugeben, im Gegenteil, alles, was ihm von seinen Dienern geschenkt wird, benützt er nur dazu, sich der Forderung nach einer solchen Selbstaufgabe zu widersetzen.

Der aus dem Rausch geborene Nationalismus macht die Völker nicht aufgeschlossen für einander, sondern giftig. Das klassische Beispiel dafür ist das jüdische Volk der Evangelien. Die Juden, die ursprünglich zum Menschheitsvolk bestimmt waren, die den Grundstein der geistlichen Gemeinde aus allen Völkern und Sprachen hätten abgeben sollen, haben ihre Berufung, ihre Erwählung im nationalen Sinn mißverstanden. Statt nach außen wandten sie sich nach innen, statt mit dem Schöpfer Himmels und der Erde, dem ewigen Vater aller Menschen, vermählten sie sich mit dem Abgott ihres Blutes, dem sie allerdings in Verkennung des Offenbarungswortes den Namen Jahwe beilegten. Aber dieser Jahwe war nur das goldene Stierkalb, dem sie schon in der Wüste gedient hatten, und auf ihn übertrugen sie nun den Absolutheitsanspruch, den mit Recht allein der wahre Gott Abrahams erheben konnte. Die Folge davon war ein Umschlagen der Lebensrichtung von außen nach innen, eine nationale Narkose, ja die nationale Narkose schlechthin. Trotzdem aber sind die Formen, in denen nun von anderen der Abwehrkampf gegen die Versuchung des Judentums geführt wird, in den weitaus meisten Fällen falsch. Vor allem kann der jüdische Nationalismus niemals durch irgendeinen anderen Nationalismus entmächtigt werden, weil ja jeder Nationalismus ohne Ausnahme im Kern gar nichts anderes ist als eben Judaismus. Wer aus nationaler Leidenschaft heraus den Juden verfolgt oder gar auszurotten versucht, vergiftet sich selbst in noch viel gefährlicherer Weise als irgend ein anderer, der ihn einfach gewähren läßt. Wirklich überwunden wird das Judentum nur dort, wo man gar keinem Volksgott, sondern ganz allein dem Herrn aller Völker die Ehre gibt, wo man sich nicht berauscht und nicht begeistert, sondern in frommer Nüchternheit die Nahrung aus der Hand des Vaters entgegenzunehmen bereit ist.

Gäbe sich der Berauschte wirklich seinem Gott, nämlich dem durch das Rauschmittel bezeichneten erweiterten Daseinsbereich und das heißt in unserem Fall, gäbe sich der Nationalist wirklich restlos an die Nation hin, dann wäre freilich alles in bester Ordnung. Aber eben das tut er nicht. Der Rauschsüchtige will vielmehr in der Selbsthingabe doch wieder sein eigenes Ich auskosten, also etwa als Nationalist das Hochgefühl seiner Zugehörigkeit zu diesem vergötterten Volk. Der Bewegung von innen nach außen entspricht so immer auch die andere von außen nach innen, der Erweiterung des Bewußtseins auf der einen eine Verengung auf der anderen Seite. Das Rauschgift wirkt sich gleichzeitig als Narkotikum aus. Der Berauschte oder Begeisterte ist sowohl der Mensch, der sich an seinen Gott verschenkt wie auch der Gott, der sich dem Schenkenden zuwendet und sein Geschenk empfängt. Daraus folgt aber, daß sich unter der andauernden oder wiederholten Einwirkung des Giftes eine allmähliche Schrumpfung oder Verkümmerung des Bewußtseins gerade auch der Einzelnen vollzieht. Der Nationalismus, der den Individualismus zu überwinden meint, potenziert ihn in Wahrheit, worüber auch die immer nur sehr temporären Rauschzustände nicht hinwegzutäuschen vermögen.

Die Nahrung gibt, das Gift entzieht dem Körper Leben. Und doch gehen erfahrungsgemäß Personen, die sich an irgendein starkes Rauschgift wie Morphium oder Opium gewöhnt haben, zugrunde, wenn ihnen der Genuß dieses Giftes plötzlich unmöglich gemacht wird. Das ist geheimnisvoll und erstaunlich, weil ja doch das Gift selbst den Organismus allmählich zerstört und also den Tod herbeiführt. Der Vergiftete geht bereits den Weg des Todes, und trotzdem bringt ihn ein Abweichen von diesem Weg nun erst recht in unmittelbare

Gefahr, wo man doch eher meinen sollte, daß er dadurch gerettet werden könnte. Des Rätsels Lösung gibt ein Hinweis auf die Tatsache, daß der gefallene Adam seine Nacktheit nicht mehr erträgt, daß er das Angesicht Gottes nicht sehen kann ohne zu sterben und daß ihm die Früchte des Lebensbaumes zum tödlichen Gift werden. Dieser bekleidete, gottferne und aus dem Paradies vertriebene Adam lebt allerdings nur noch als Sterbender, aber er kann auch nur noch so leben, er kann nur noch als Sterbender er selbst sein, das heißt der sein, der er nun ist und als den er sich begreift. Als wahrhaft Lebendiger im Angesicht des lebendigen Gottes und gespeist mit der lebendigen Speise wäre er von sich selbst so verschieden, daß er überhaupt gar nicht mehr er selbst wäre. Wer einmal eingegangen ist in die Zeit, in die Vergänglichkeit, der hört in der Ewigkeit auf zu sein, dem bringt die Ewigkeit nicht die Erfüllung, sondern das Gericht.

Ursprünglich und an sich sind Nahrung und Gift dasselbe, mit anderen Worten, ursprünglich gibt es nur die Nahrung allein; denn Gott, der Schöpfer hat keinen Keim des Todes in die Welt gepflanzt. Aber den auf sich gekehrten Menschen nährt die Nahrung und läßt ihn wachsen in einer Richtung, in der er sich weder sucht noch findet. Indem er alles, was sich ihm darbietet, zu sich her ißt, ißt er eigentlich gar nicht die Nahrung, sondern sich selbst am Faden der Nahrung zu sich her, an dem Faden, der ihn mit Gott verbindet. Er ißt sich gleichsam auf das Ende dieses Fadens zu, er schrumpft, immer nur das eigene Ich begierig suchend, sich ständig von Gott wegbewegend, gegen das Ende hin zu einem Punkt, zum absoluten Nullpunkt zusammen. Er treibt den Faden ähnlich wie eine spinnende Spinne aus sich heraus und meint dennoch, ihn in sich hineinzuschlingen, und diese Nahrung eben, die scheinbar in den Körper eingeht, ihn aber in Wahrheit verläßt, ist das Gift.

Wir sagten schon, daß alles genießerische Essen sich nicht an der Nahrung, sondern am Gift ergötzt. Wer nämlich den reinen Genuß sucht, ist nicht dem zugekehrt, nicht für den offen, von dem er die Nahrung empfängt, sein Blick ist vielmehr retrospektiv der eigenen Person zugewandt. Damit aber verschließt er sich dem Spender wie auch der Spende, er wächst nicht, sondern nimmt ab, er empfängt nicht, sondern verliert, die Lebenskraft strömt nicht in ihn hinein, sondern aus ihm heraus, aber gerade dieses Sich-Verströmen und Sich-Verlieren gibt ihm die Illusion des Empfangens und vermittelt ihm den bewußten Genuß. So bewirken etwa stark alkoholische Getränke in großer Kälte eine scheinbare Erwärmung des Körpers, weil das Blut, durch sie an die Oberfläche getrieben, seine Wärme nach außen abgibt. Wir fühlen also Wärmeempfang, während wir tatsächlich Wärme verlieren. Und genau so verhält es sich mit jeder Aufpeitschung der Kräfte durch Gift. Was da als Steigerung empfunden wird, ist kein Zuwachs, sondern nährt sich bloß von dem bereits Vorhandenen. Die noch verfügbaren Reserven werden rücksichtslos eingesetzt und verbraucht, bis schließlich als Endergebnis die völlige Erschöpfung eintritt. Als Adam selbst wie Gott sein und aus eigener Kraft die höchste Stufe der Macht erringen wollte, da vollzog er diese Umkehr. Statt vom Schöpfer das Brot entgegenzunehmen, sich erhalten und ernähren zu lassen, trieb er die ihm verliehenen Kräfte verschwenderisch aus sich heraus, um so seiner Hautoberfläche die Sensation der Machtsteigerung zu verschaffen. Das Gift der Frucht wirkte ebenso wie der Branntwein, den jener Frierende zu sich nimmt, es war nur das *Reizmittel*, das die Umkehrung der Stromrichtung auslöste. Es war das Truggeschenk Satans, die teuflische Morgengabe, die den sie gierig Genießenden seines Schöpfungskapitals beraubte und ihn so auf die Bahn des Sterbens führte. Je mehr aber der Mensch verlor, um so heißhungriger verlangte er nach der verbotenen Frucht, die er für Nahrung hielt und die ihm doch nur auch noch den letzten Rest von Leben nach außen durch die Poren trieb.

Der Teufel ist der Scheingott, der statt Nahrung Reizmittel anbietet und mit ihnen dem Betrogenen auch das nimmt, was er hat. Sobald sich das Geschöpf dem Schöpfer versagt, ist es allein auf den eigenen Besitz angewiesen, muß es von seinem eigenen Fett zehren. So nur kann es sich weiterhin die Empfindung der Lebenssteigerung verschaffen und verehrt infolgedessen den als seinen Gott, der ihm die Mittel gibt, mit welchen sich die aufgespeicherten Kräfte entfesseln lassen. Es nimmt die ihm heimtückisch dargereichten Gifte in der Meinung, daß sie ihm die Stoffe zuführen, die von ihm im Verlust, in der Verschleuderung des Lebens erfahren werden. Diese Verblendung kann unter Umständen so weit gehen, daß der bereits am Rande des Todes Angelangte auch noch den Tod selbst als Äußerung der Lebendigkeit mißversteht und sich in einem Fanatismus des Wahnsinns als freiwilliges Opfer dem Teufel in den Rachen wirft. Wie der Teufel die Karikatur Gottes, so ist dieses orgiastische Rauschopfer die Karikatur der liebenden Selbsthingabe an den Schöpfer.

Wer den Rausch als solchen sucht, geht noch einen Schritt weiter als der andere, der das Gift bloß mit der Nahrung verwechselt. Er weiß nämlich, daß Gift Gift ist, er weiß auch, daß ihn das Gift entmächtigt und ihm das Bewußtsein raubt, aber er sucht es gerade deshalb, er schwelgt in der Wollust des Todes, und damit erst wird das Gift im eigentlichen Sinn *dämonisch*, zur Lockspeise des Teufels. Das Rauschgift ist von der Art nicht des Erkenntnisbaumes, sondern des Lebensbaumes, es ist die dem Sterblichen verbotene, weil für ihn verderbliche Götterspeise, Nektar und Ambrosia von Tantalus geraubt. Der Rauschmensch vergeudet auch noch das ärmliche Leben, das ihm im Schatten des Erkenntnisbaumes bis zu seiner Rückkehr zur Erde geblieben ist. Er greift hinaus über seine Grenzen nach einem Leben, das ihm nicht mehr zusteht und das, obwohl es an sich zweifellos Leben ist, Tod bedeutet. Er sucht dieses Leben nicht etwa um seines unverlierbaren Wertes willen, sondern um sich selbst in seiner Ausgeschlossenheit von ihm zu genießen. In seiner reflektierten Selbstherrlichkeit will er die Wonnen eines Daseins kosten, das ihn, so wie er ist, aufhebt. So macht er sich zum Schmarotzer am Leben, und zwar an seinem Leben. Er saugt sich sozusagen selbst das Blut aus den Adern. Im Rausch spaltet sich der Mensch in einen Dämon und in einen Leichnam. Rauschlust ist Kannibalismus am eigenen Fleisch.

Teuflisch ist nicht nur der Giftmischer und Giftspender, sondern vor allem auch das Gift als solches. Gift entsteht immer aus dem Zerfall einer organischen Ganzheit als Zersetzungsprodukt, als Abspaltungsprodukt, eben als Leichengift, und so bewirkt es auch weitere Zersetzung und Spaltung. Im Teufel aber haben wir den Inbegriff des zersetzten Zersetzers vor uns. Darum stellt man ihn auch dar als eine in seine Bestandteile zerfallene und nur mosaikartig wieder zusammengekleisterte Person. Teuflisch ist die Gestalt, an der sich kein Glied zum anderen fügt, sondern jedes einzelne für sich abgesehen von der Gesamtheit sein besonderes Leben hat. Und zu so einem Teufel wird auch der Mensch im Zustand des Rausches, er selbst sein eigener Feind und mit sich im Widerspruch, Zerreißer und Zerrissener in Einem, Hasser des Lebens, das er doch auch wieder gierig an sich zu reißen sucht, wahnsinnig im Zusammenmischen von Leben und Tod, hin und her gezerrt zwischen den äußersten Polen des Seins und des Nicht-Seins, ein sich im Wirbel der Verzweiflung und doch auch der Wollust um die eigene Achse drehender Korybant der Hölle und ihres Fürsten.

Die Sehnsucht nach dem Rausch, von der kaum ein Mensch ganz frei ist, kommt freilich aus einer Not. Im Rausch wollen wir loskommen vom Druck der Ich-Einsamkeit, in die uns der Genuß der Erkenntnisfrucht, dieses Ur-Narkotikum versetzt hat. Wir ahnen, daß das drüben jenseits der uns vom Paradies scheidenden Kluft der Lebensbaum wächst, und wir meinen, wenn wir den Rausch suchen, ganz gewiß auch das Leben, das von ihm ausgeht, aber wir meinen es, so wie wir sind, immer nur in unkeuscher Weise. Wenn der auf sich selbst gekehrte, giftige und stachelige Mensch sich nach außen wendet, so tut er das entweder um mit seinen Stacheln zu stechen, oder um sich an den Stacheln des anderen zu kitzeln, das heißt er genießt in seiner eigenen Giftigkeit auch die fremden Gifte, als Magier wie auch als Trinker, als Opiumraucher oder als Morphinist. Der Rauschsüchtige glaubt den Zwiespalt zwischen sich und der Natur aufheben zu können, indem er ihre Gifte in sich aufnimmt, sich selbst vergiftet, um im Rhythmus des Fremdgiftes zu leben. So wird ihm das Gift zum Zaubertrank der Dämonen und der chthonischen Götter.

Im Rausch verwischen sich die Grenzen zwischen den oberen und unteren Bewußtseinsschichten, aber immer nur zu Gunsten des mehr oder weniger unbewußten Trieblebens. Dabei kann es auch zu erheblichen Steigerungen einzelner Sinnesfunktionen kommen, allerdings auf Kosten der übrigen und vor allem der Gesamtpersönlichkeit. Das Rauschgift bewirkt demgemäß die Herstellung eines bloß sehr einseitigen Kontaktes mit der Umwelt oder auch mit den metaphysischen Mächten. Daß gewisse Gifte sogar das Hellsehen, die Überwindung der Schranken von Zeit und Raum ermöglichen, ist eine bekannte Tatsache. Berauscht von den aus der Felsenspalte von Delphi aufsteigenden Dämpfen weissagte die auf dem Dreifuß sitzende Pythia, die Priesterin des Apollo. Die Schamanen der nordasiatischen Mongolenstämme trinken den Saft des Fliegenpilzes und geraten dann in einen somnambulen Zustand, der sie zeitlich wie räumlich weit entfernte Ereignisse schauen läßt. Im nördlichen Teil von Südamerika wächst die Schlingpflanze Banisteria, von den Eingeborenen Ayahuasca genannt, deren Gift die von ihm Berauschten gleichfalls hellsichtig macht. Nach zuverlässigen Berichten haben wilde Indianer, nachdem sie den Saft der Pflanze genossen hatten, ihnen völlig fremde europäische Städte ganz genau beschrieben. Das Rauschgift erweitert also wohl den Gesichts- oder Wahrnehmungsumfang, aber der Zustand, in dem das geschieht, ist immer ein wenigstens relativ bewußtloser, so daß der Seher selbst von seinen Gesichten eigentlich gar nichts weiß. Er verhält sich genau so wie ein Hypnotisierter oder wie ein Medium in Trance. Darin besteht der Unterschied zwischen dem Rausch und jenem anderen Zustand, den der Christ Erleuchtung durch den Heiligen Geist nennt. Diese Erleuchtung führt zu einer Steigerung des Gesamtbewußtseins, hier wird die Spaltung tatsächlich aufgehoben, während sie dort nur übertäubt erscheint. Es gibt nur einen Gott, aber viele Teufel, nur eine Gesundheit, aber viele Krankheiten und ebenso auch nur einen Heiligen Geist, aber viele Gifte und viele Giftwirkungen von sehr verschiedener Art. Der Rausch kommt nicht von oben, er ist eine gesuchte, planmäßig herbeigeführte Erscheinung und darum wie alles reflektiert Gesuchte an die Vereinzelung gebunden. Das Bewußtsein, das sich selbst sucht, verliert sich, es erweitert vielleicht seine Peripherie, aber sein Zentrum verschwindet.

Die Geschichte der Menschheit nach der Sintflut, also der *zweiten* Menschheit beginnt mit der Erzählung vom Weingenuß und vom Rausch Noahs. Der Mensch trinkt, und in der Trunkenheit legt er seine Kleider ab, das heißt mit anderen Worten, kehrt er zurück zum Urzustand vor dem Fall Adams. Der Wein neutralisiert sozusagen das Gift vom Erkenntnisbaum, er hebt die Isoliertheit des Gefallenen auf und gibt ihm die Erinnerung oder die Illusion der verlorenen Unschuld wieder. Der Mensch steht noch einmal seinem Schöpfer gegenüber, so wie er ihn geschaffen hat, unmittelbar und unverhüllt, von Angesicht zu Angesicht. Was früher einmal in der Epoche vor der Sintflut dem adamitischen Geschlecht noch waches Erlebnis war, bis es als solches schließlich verblaßte und entartete und zur blasphemischen Vereinigung von Erde und Himmel in den Engelehen führte, ist nun, nachdem die Flut einen dicken Strich unter jene erste Epoche gesetzt hat, ausgelöscht aus dem Bewußtsein. Die Flut hat zwischen Mensch und Gott wie auch zwischen Mensch und Natur eine Kluft aufgerissen, die noch viel breiter ist als die durch den Fall Adams und die Vertreibung aus dem Paradies bedingte. Jener ersten Menschheit galten noch immer die Worte: »Seid fruchtbar und mehret euch und füllet die Erde und macht sie euch untertan, und herrschet über die Fische im Meer und über die Vögel unter dem Himmel und über alles Getier, das auf Erden kriecht« (Gen. 1, 28). Hier heißt herrschen noch regieren im Sinn des liebenden Vaters. Zu den Stammeltern des nachsintflutlichen Geschlechtes aber sagt Gott: »Seid fruchtbar und mehret euch und füllet die Erde. Furcht und Schrecken vor euch sei über alle Tiere auf Erden und über alle Vögel unter dem Himmel, über alles, was auf dem Erdboden kriecht, und über alle Fische im Meer; in eure Hand seien sie gegeben« (Gen. 9, 1f). Jetzt ist also die Herrschaft nicht mehr die des Vaters, sondern die des Tyrannen, nicht mehr die der Liebe, sondern die der Gewalt. Die Ordnung bleibt, aber als Ordnung über dem klaffenden Abgrund. Gewaffnet und nicht nackt wie einst steht der Mensch der Kreatur gegenüber, genau so wie er sich vor Gott und Gott sich vor ihm verhüllt. Aber wenn die Säfte dieser noachitischen Natur ins Gären kommen, wenn sie in ihrem Tod die Grenzen der Vereinzelung durchbrechen, dann lassen sie auch den Menschen, der von ihnen kostet, einen Blick über diese Grenzen hinweg tun in das Reich, das in eigentümlichem Zwielicht schillert zwischen der Nacht des Todes und dem Tag des ewigen Lebens; denn die Vereinzelung aufgeben kann bedeuten zur Einheit zurückkehren und auch im völligen Nichts versinken. Es kommt da eigentlich nur auf die Gesinnung an, in der die rauschhafte Grenzüberschreitung erfahren wird. Gibt sich der Mensch in ihr wirklich auf und gibt er sich wirklich hin an den Gott, von dem er sich als Einzelner gelöst hat, dann wird ihm der Rausch heilige Begeisterung schenken, und dann wird er so berauscht auch in legitimer Nacktheit vor das Angesicht des wiedererschauten Gottes treten dürfen. Sucht er aber im Rausch *seinen* Genuß, will er, indem er sein Einzelsein aufgibt, doch daran festhalten, dann steigt hinter der von ihm überschrittenen Grenze die Nacht des Todes auf, dann ist es nicht Gott, sondern der Satan, der sich ihm dort zeigt, und dann ist seine Nacktheit nicht die unschuldige des Urzustandes, sondern die wollüstige des Bacchanten. Noah, dem Gerechten und Liebling Gottes, mag in seinem Rausch die Erinnerung an das Paradies geschenkt worden sein, seine Söhne jedoch, die nicht getrunken hatten, die nüchtern waren und als Nüchterne von der Welt Adams geschieden blieben, konnten nur entweder wie Ham mit lüsternen, genußsüchtigen Augen den nackten Vater betrachten oder wie Sem und Japhet die ihrer eigenen Wirklichkeit unangemessene Blöße mit abgewandten Augen zudecken. Dem Geheimnis des Weines durfte man sich nur in ehrfürchtiger Scheu und nicht mit unreinen Begierden nähern.

Etwas davon wußten oder wissen auch noch jene Völker, die den Genuß der Rauschgifte auf den Kult beschränken, sonst aber streng verbieten. Freilich hat es ganz gewiß niemals ein Volk gegeben, das den Rausch wirklich als vollkommen reine Hingabe an Gott erlebt und nicht mindestens auch orgiastisch genossen hätte, bei dem sich also nicht Gottesdienst und Dämonendienst miteinander vermischten. Alle heidnischen Götter sind ja stets Engel und Teufel zugleich. Aber wir sollten doch das Göttliche oder Engelhafte an ihnen nicht ganz übersehen und darum auch ihre Räusche nicht einfach unsern Räuschen gleichsetzen, die fast immer nur mit der Lüsternheit Hams und kaum jemals mit der heiligen Trunkenheit Noahs etwas zu tun haben.

Die vom Schöpfer getrennte Schöpfung ist eine in sich zerfallende, eine in Verwesung, in Gärung übergegangene Welt. Gären heißt in seine Bestandteile zerfallen, und zwar so, daß diese Bestandteile, die bisher gemeinsam ein Ganzes bildeten, einander zu verdrängen oder zu verschlingen suchen. Während vorher jedes Glied allen anderen diente, für alle anderen da war und in diesem Zusammenklang auch für sich selbst die beste Möglichkeit des Gedeihens fand, will sich jetzt umgekehrt jedes Glied von allen anderen dienen lassen. Die anderen sind ihm nur noch Mittel zum eigenen Selbstzweck, sie und mit ihnen das Ganze werden restlos ausgebeutet. Der Kampf aller gegen alle hat begonnen, und lediglich das Recht des Stärkeren entscheidet. Jedes Glied, jeder Einzelne wird zum *Schmarotzer* an den übrigen. Spaltung und Schmarotzertum gehören untrennbar zusammen. Auch der von Gott abgefallene Mensch schmarotzt ja gleichsam an Gott. Er kann ohne Gott nicht leben, das weiß er wohl auch irgendwie, aber er will nicht *für* Gott, sondern nur *von* Gott leben, und diesem Verhältnis zum Schöpfer entspricht auch das andere zwischen den Geschöpfen untereinander, entspricht überhaupt der ganze Charakter der abtrünnigen und darum in Gärung übergegangenen Welt. Das Gift ist bloß eine Erscheinungsform dieses Gärungszustandes unter vielen anderen, wenn auch sicher eine der sinnfälligsten. Die enge Beziehung zwischen Gift, Gärung und Schmarotzertum ist so bekannt, daß darüber kaum viel gesagt werden muß. Alles Gegorene enthält Giftstoffe, und viele Giftpflanzen sind Schmarotzer im engeren oder weiteren Sinn; sie nähren sich von der Verwesung, vom Schutt, vom Abfall, vom Toten oder Sterbenden. Wer Gifte genießt, macht sich so als Genießer, wie wir schon andeuteten, erstens zum Schmarotzer am eigenen Leben und nimmt zweitens die Gärung in sein Blut auf; er verbindet sich sozusagen mit dem, was seiner Natur nach die Verbindung gerade ausschließt, er sucht das zerbrochene Ganze in seiner Zerbrochenheit, das Leben der Gesamtheit in der Form des Todes wiederherzustellen. Und nichts anderes als dieses Versinken im gärenden Weltall ist der Rausch.

Freilich sind nicht alle Gifte gleich giftig und alle Räusche gleich gefährlich. Die Welt, die mit uns dem Ende entgegenreift, hat immer noch Restbestände der ursprünglichen guten Ordnung in sich, und daher kommt es, daß wir im Rausch unter Umständen nicht nur die Auflösung, sondern daneben auch noch etwas von der Harmonie der Urschöpfung erfahren, daß ein mildes Gift tatsächlich eine Art Erinnerung an das Verlorene in uns aufleben läßt. Vom Weinrausch Noahs wurde in diesem Zusammenhang schon gesprochen. Ein verhältnismäßig harmloses, in gewissem Grad sogar zuträgliches Rauschgift wie etwa der Alkohol im reinen Wein oder im Bier wird erst durch Destillation zum wirklich gefährlichen, den Organismus schwer schädigenden und zerstörenden Gift. Der Vorgang der Destillation entspricht nämlich der bewußten Selbstablösung des Einzelnen von der Gemeinschaft. Wer destillierten Alkohol genießt, sucht darum nicht mehr wie der Wein- oder Biertrinker die fröhliche Gesellschaft der Zechgenossen, sondern die Einsamkeit. Der vom Wein Berauschte singt im Chor mit den anderen Trinkern, der Schnapssäufer aber zieht sich am liebsten allein in einen stillen Winkel zurück. Er flieht, was der andere noch bewußt sucht, nämlich die Befreiung aus seiner Isoliertheit. Er genießt und bejaht das Nein zum eigenen Ich, er sucht sein Leben im Tod, und damit erst wird der Giftgenuß zur schwarzen Magie, zum Teufelskult.

Es gibt, wir sagten das schon einmal, nur einen Gott, aber viele Teufel, nur eine Gesundheit, aber viele Krankheiten und ebenso nur einen Lebensbaum, aber viele Giftbäume und Gifte. Das Gift ist ein Spaltungsprodukt, und Spaltung heißt Vervielfältigung, Zerfall. Die Einteilung nach Rauschgiften und narkotischen Giften kann da nur sehr bescheidenen Ansprüchen genügen, sie ist allzu allgemein und wird der Unzahl der tatsächlich vorkommenden Gifte nicht gerecht. Gerade diese Unzahl und Verschiedenartigkeit aber gibt uns ein sinnfälliges objektives Bild von der Labilität unserer eigenen Ganzheit. Jedes Gift reißt uns nach einer anderen Richtung, vereinseitigt uns in anderer Weise und zerstört damit die organische Harmonie. Als Spaltungsprodukt jedoch bleibt jedes Gift Glied in einem dialektischen System, in dem auch die andere Spaltungshälfte, das *Gegengift* also seinen Platz finden muß, und das Gegengift hebt die Wirkung des Giftes auf, es neutralisiert sie.

Im Augenblick, da der Nahrung das Gift gegenübertritt, ist auch die Polarität von Gift und Gegengift schon da; denn die Nahrung, die das Gift zu ihrem Widerspiel hat, enthält selbst bereits ein Gift. Sie ist ja die Nahrung des sich absondernden und also giftig gewordenen Geschöpfes und das, wie gezeigt wurde, als bewußt gesuchtes Genußmittel. Indem ich nämlich aus der Nahrung Genuß ziehe, hört sie auf, mir zu dienen und werde ich umgekehrt zu ihrem Diener, zu ihrem Sklaven. Dem Genußmittel verfällt man, weil sich im Genuß das Selbst spaltet in den eigentlich Genießenden und den Beobachter des Genießens. Der erste wird dabei verloren, vom Genußmittel aufgesogen. Um ihn vermindert sich daher der Gesamtumfang des Subjektes, und so entzieht das Genußmittel Leben statt Leben zu geben, das heißt es wirkt nicht als Nahrung, sondern als Gift. Die eigentlichen Gifte, die auch als solche erfahren werden, sind dann nur Derivate der mißbrauchten und durch den Mißbrauch vergifteten Nahrung. Hier herrscht die gleiche Dialektik wie im Verhältnis von Willen und Trieb. Indem sich der Wille auf sich selbst richtet, entsteht überhaupt erst der Trieb als eine dem Bewußtsein widerstrebende Macht. Die Nahrung oder genauer das, was wir für Nahrung halten, ist dem Willen, das Gift dagegen dem Trieb zugeordnet. Jene entspricht demgemäß dem jungen Gott, den uranischen Göttern und den Engeln, dieses dem alten Gott, den Dämonen des Abgrundes und den Teufeln.

Jedes Gift hat sein Gegengift, jedes Gift läßt sich unschädlich machen. Aber wir kennen allerdings die Gegengifte nicht immer, und wenn wir sie auch kennen, so sind sie doch nicht immer im rechten Augenblick zur Hand. Diese Tatsache hat etwas zu bedeuten; denn eben die Unverfügbarkeit des allerdings irgendwo vorhandenen Gegengiftes macht das Gift überhaupt erst gefährlich, nur so kann durch die eine Spaltungshälfte das Gleichgewicht zerstört und das Ganze aus seiner Richtung geworfen werden. Wäre das Gegengift immer zur

Stelle, dann hätte es im Grunde gar keinen Sinn mehr, von Giften zu reden. Wahrscheinlich hat jeder Organismus zu jedem Gift, wenn auch oft nur in ganz kleinen und völlig unzureichenden Mengen, das Gegengift im eigenen Lebenssaft. Und diese, obgleich praktisch kaum wesentlichen Restbestände deuten zurück auf einen Urzustand, der sich, da ihm alle Gegengifte jederzeit zur Verfügung standen, durch vollkommene Giftfestigkeit auszeichnete. Für diesen hypothetischen und sicher mehr als bloß hypothetischen Urorganismus gab es also gar kein Gift, sondern war alles ausnahmslos Nahrung. Die Ausdrücke Gift und Gegengift sind darum hier eigentlich unangebracht. Zwischen dem Aufnehmer und dem Aufgenommenen besteht ja kein Gegensatz oder Widerspruch, sondern vollendete Harmonie. Was wir gleichnisweise noch Gegengift nennen können, ist in Wahrheit nur die richtige Reaktionsweise des Empfängers auf die empfangene Nahrung, die rechte Antwort auf eine Anrede. Der noch intakte Mensch, und um ihn handelt es sich an dieser Stelle, antwortet auf die Lebensspeise, die er von Gott entgegennimmt, auf das Wort Gottes gleichfalls in der Sprache Gottes. Gifte treibt die Erde erst hervor, wenn wir diese Sprache nicht mehr verstehen, wenn wir vor der Anrede, die uns trifft, verstummen. Jetzt fühlen wir uns bedroht und gefährdet, und jetzt nimmt auch unsere Reaktion auf das sich uns Darbietende unter Umständen den Charakter der Abwehrhaltung an, der Gegengiftigkeit. Aber auch noch dort, wo der Organismus die Gegengifte nicht mehr oder doch nicht mehr in ausreichendem Maße zur Verfügung hat, besteht häufig noch ein unmittelbares Wissen um ihr Vorhandensein in der äußeren Natur, das mit Erfahrung nichts zu tun hat. Der Vergiftete, etwa ein primitiver Naturmensch oder auch ein Tier, reagiert auf das ihm eingeflößte Gift, indem er instinktiv nach dem entsprechenden Gegengift greift. Er erkennt, was er im Augenblick nötig hat und findet, ohne belehrt worden zu sein, die heilende Pflanze. Die Natur ist ihm noch so vertraut, noch so nahe, daß er ihre Dialektik an sich selbst erfährt. Die Spaltung hat ihre äußerste Schärfe noch nicht erreicht. Dann aber geht allmählich auch dieses unmittelbare Wissen verloren. Das Gift steht nun gänzlich beziehungslos da, genau so vereinzelt wie der Mensch, den es bedroht. Sein Gegengift existiert zweifellos, aber es wird aus seiner Natur heraus nicht mehr erkannt. In diesem Zustand der Gefährdetheit sucht man das verlorene unmittelbare Wissen durch ein mittelbares zu ersetzen. Man forscht nach den Gegengiften, die Wissenschaft – Botanik, Chemie, Medizin – tritt mit ihren Ergebnissen an die Stelle der Natursichtigkeit des Anfangs. Die Bekämpfung des Giftes durch das Gegengift wird zu einer Art Technik, in deren Handhabung es der moderne Mensch ohne Zweifel weit gebracht hat. Durch die Herstellung der verschiedensten Sera konnte, wer wollte das leugnen, die Gefährlichkeit vieler Gifte und vieler Krankheiten wesentlich herabgesetzt, oft sogar behoben werden. Es scheint so, als ob die Wissenschaft tatsächlich auf dem besten Wege wäre, die Welt zu entgiften, sie ebenso giftlos zu machen wie sie das einmal im Anfang war. Aber es scheint doch nur so; denn in Wahrheit ist dieses theoretische Wissen von den Giften und Gegengiften um einen Preis erworben worden, der den Wert des Erworbenen bei weitem übersteigt. Wenn der vorgeschichtliche Mensch die Gegengifte einfach kannte, so deshalb, weil er ihrer Natur verwandt war und selbst in ihrem Rhythmus lebte. Wenn dagegen wir heute viele Gegengifte kennen, so deshalb, weil wir uns von der Natur so weit entfernt, uns so hoch aus ihr herausgehoben haben, daß wir sie gleichsam von außen überblicken. Gewiß sind wir in der Lage, diesen oder jenen Einzelangriff, diese oder jene Krankheit, dieses oder jenes Gift mit Erfolg abzuwehren, aber dafür steht uns die Natur als Totalität, die Natur, die wir nur noch kühl theoretisch beobachten und erforschen, erst recht und in gesteigertem Maß als unversöhnlicher Feind, als ein Gift höherer Potenz gegenüber. Je mehr es uns gelingt, die Einzelgifte zu neutralisieren, um so mehr ballt sich für uns alles, die ganze äußere Welt zu einem einzigen ungeheuren Gesamtgift zusammen, dem wir nun gar nichts mehr entgegenzusetzen haben, dem wir, wenn es zum entscheidenden Angriff auf uns übergeht, einfach wehrlos erliegen müssen. Aus den vielen kleinen Teufeln ist der einzige übermächtige Satan geworden, und vor ihm, der uns wie zu allem, so auch zu unserer wissenschaftlichen Hybris verführt hat, können wir am Ende nur kapitulieren. Zu den Giften und Gegengiften, mit denen wir in unseren Laboratorien experimentieren, fehlt uns jedes unmittelbare Verhältnis, jede lebendige Beziehung, und wenn es uns gelingt, die einen mit Hilfe der anderen unschädlich zu machen, so treiben wir doch immer nur den Teufel durch Beelzebub aus. Dämonen sind beide, das Gift und das Gegengift, und als Dämonen gegen uns verbündet.

Solange der Mensch von Natur aus über die Kräfte und Säfte verfügt, mit welchen er Gifte abwehrt oder solange er auch instinktsicher und unreflektiert nach den gerade nötigen Gegengiften greift, ist er selbst der Kämpfer, das heißt ist er am Kampf und am Sieg ganz persönlich beteiligt. Wird aber das Gegengift nur noch von außen an ihn herangebracht durch die medizinische Wissenschaft, durch den Arzt, dann verwandelt sich der aktive Krieger in den passiven Kriegsschauplatz Der Patient, ob er geheilt wird oder nicht, sinkt zu einem an sich gleichgültigen und auswechselbaren Objekt der Manipulation herab, nicht viel besser als die Eprouvette, das Reagenzglas, in dem der Chemiker seine Essenzen mischt, um ihre Wirkung aufeinander zu erproben. Und doch ist es derselbe Mensch, der hier willenlos ohne sein Zutun je nachdem vergiftet oder entgiftet wird wie ein Versuchskaninchen und der andererseits, außerhalb der Dialektik stehend, die Gifte nach Belieben handhabt, so als ob sie in seine Macht gegeben wären. Höchste Aktivität und völlige Passivität scheinen sich da in einer Person zu vereinigen. Es ist nichts weiter als der radikale Zwiespalt von Willen und Trieb, der sich auch in dieser Form wieder zu erkennen gibt, es ist die Selbstherrlichkeit, die von der anderen Seite her besehen Verfallenheit bedeutet. Der autonome Einzelne, herausgelöst aus jeder Gemeinschaft, erliegt der amorphen Masse und wird zum Knecht der mechanischen Ordnung, mit der er sich seine Welt dienstbar machen will. Die Masse, die Maschine und das wissenschaftlich angewandte Gegengift sind Äußerungen der gleichen Dämonie, Entsprechungen des gespaltenen, des zerbrochenen und das heißt des in seinem Kern vergifteten Geistes.

Heute souveräner Herrscher über die Medikamente, morgen unter ihrer Herrschaft, heute Hexenmeister, morgen vom

Teufel geholt; und dabei ist das Morgen das Letztgültige; denn einmal wird aus jedem Arzt ein Patient, während die Umkehrung nicht gilt. Ja der Arzt, von dem wir hier reden, der Arzt im Kollektiv ist eigentlich Patient von Anfang an. Wie er nicht teil hat am persönlichen Schicksal des Kranken, so fehlt auch ihm selbst alles Persönliche. Einmal war der Arzt der Helfer des Einzelnen in seiner durch die Krankheit bedingten Not, heute ist er nur noch ein Ingenieur, der die Maschine überwacht, sie in Gang hält und ihre Leistungsfähigkeit im Interesse der anonymen Masse zu steigern, das Höchstmögliche aus ihr herauszuholen hat, der Vertrauensmann der politischen Behörde und damit nicht der Freund, sondern eher der Feind des ihm anvertrauten Kranken, ein moderner Fronvogt mit der Peitsche in der Hand, aber doch auch nur ein Sklave unter Sklaven.

Aber nicht nur durch Gegengifte allein lassen sich Gifte unschädlich machen. Vergiftung wie überhaupt Krankheit ist nichts weiter als Kampf zwischen dem Erkrankten und dem Krankheitserreger. Die Krankheit läßt sich darum heilen entweder durch Niederringen des Erregers oder durch Aufhebung des Widerspruchs, das heißt durch Angleichung des Vergifteten an das Gift. Nehme ich selbst die Art des Giftes an, so hört der Kampf und also auch die Krankheit auf. Diese Methode – wir wollen sie mit einem dem modernen Sprachgebrauch allerdings nicht ganz entsprechenden Ausdruck die *homöopathische* nennen – ist nicht erst eine Erfindung der jüngeren Zeit. Jeder wendet sie gelegentlich an, wenn er z. B. im Rausch den Zwiespalt zwischen sich und seiner Welt, mit einem Wort seine Lebenskrankheit für einige Stunden zu vergessen sucht. Es bleibt immer unsere geheime Sehnsucht, dorthin zurückzukehren, wo wir einmal waren und von wo wir ausgegangen sind, in das Paradies, das noch keine Gifte kannte, weil Pflanzen, Tiere und Menschen, auf den gleichen Urakkord gestimmt, die gleiche Sprache redeten, so daß jedes Wort die ihm gemäße Antwort fand. Wir möchten wieder zurücktauchen in eine Natur, von der uns nichts trennt, die von unserer Art ist wie wir von ihrer sind. Aber wir haben über diese giftlose Natur des Ursprungs keine Gewalt, wir können sie nicht wiederherstellen; denn wir wissen nur um uns selbst auf der einen und um die uns mit ihren Giften bedrohende Welt auf der anderen Seite. Wir sind giftig, und die Welt um uns ist auch giftig. Als giftig empfinden und erfahren wir aber nicht uns selbst, sondern immer nur das Andere, das Fremde und Feindliche. Von diesem Gift sucht man sich zu befreien und meint sein Ziel erreichen zu können, indem man sich mit dem gleichen Gift vergiftet, das schmerzt, also mit dem Weltgift. Man flößt dem Körper etwas davon ein und erreicht so, daß dieser Körper, dem Rhythmus der Umwelt angeglichen, dem Angriff von außen keinen Widerstand mehr leistet. Er wird ihr gleichartig, er fügt sich ihr ein, der Kampf und die Qual hören auf, Ich und Nicht-Ich fließen ineinander. Die Schranken fallen, die bisher verschlossenen Tore öffnen sich. Die Natur bedroht mich mit dem Tod, sie ist darauf aus, mir mein Leben zu nehmen, und mein Leben setzt sich dagegen zur Wehr. So entsteht der Kampf. Wenn ich aber mir selbst etwas von dem Leichengift da draußen einflöße, etwa in Form von Gärungsstoffen, von Alkohol oder dergleichen, dann mildert sich der Gegensatz und macht sogar einer gewissen Harmonie Platz. So kommt es zum Rausch. Aber es ist ja gar nicht das Ich selbst, es ist nicht das eigentliche Subjekt des Willens, das sich da dem Rhythmus des Anderen anschmiegt, sondern nur ein reflektierter Bruchteil von ihm. Dieser Bruchteil spaltet sich ab, geht über in das Andere, und nur solange dieser Prozeß des Übergangs währt, solange die Abspaltung noch nicht vollendet ist, hält der Rausch an. Nachher aber, nach beendetem Ablauf hat sich die Kluft keineswegs geschlossen, sondern ganz im Gegenteil noch erweitert; denn nun ist das Ich noch winziger geworden, und die Umwelt hat auch noch den abgespaltenen Selbstteil in sich aufgenommen. Der Rausch wurde um den Preis einer neuerlichen Verringerung des Selbstumfanges erkauft. Und jetzt erst kommt die Vergiftung als peinliche Ernüchterung zum Vorschein. Wie ausgelaugte Schlacke sinkt der Berauschte schließlich aus den Höhen seiner Ekstase zu Boden.

Der gleichen homöopathischen Methode, die wir vom Rausch her kennen, bedient sich in verschiedenster Weise auch die Medizin. Dem Kranken wird nicht das Gegengift, sondern das Krankheitsgift selbst injiziert, angeblich, um damit die

Abwehrkräfte des Körpers und also seine Widerstandskraft anzuregen, in Wahrheit aber doch wohl, um auf Gleiches mit Gleichem zu antworten und so den Widerspruch zu besänftigen. So verfährt z. B. die psychoanalytische Therapie, wenn sie dem mit den Trieben in Konflikt geratenen Willen selbst die Richtung des bisher bekämpften Triebes weist. Aus den Todfeinden werden plötzlich Bundesgenossen. Zu fragen bleibt allerdings, ob es sich dabei wirklich um die Heilung oder nicht vielmehr umgekehrt um die radikale Vergiftung bzw. Dämonisierung des ganzen Menschen handelt. Innerhalb seiner eigenen Wesensgrenzen ist jetzt gewiß der Streit durch eine Art Friedensschluß mit dem Angreifer beigelegt, aber doch nur für die Dauer des Übergangs, das heißt für die Dauer der Täuschung. Dem Rausch des Teufelspaktes folgt auch hier unausweichlich die bittere Ernüchterung, die Erkenntnis der Verfallenheit an den, dem man sich verschrieben hat. Die Homöopathie, wie wir sie hier verstehen, ist nichts anderes als der Weg zum Gegenpol des Urzustandes, dessen Wiederherstellung zu sein sie vorgibt. Dort gab es keine Krankheiten, weil noch alles gesund und nichts giftig war, hier dagegen gibt es keine Gesundheit, weil alles krank und von Giften geschwängert ist. Die Homöopathie erweist sich so als die ultima ratio des Menschen, der den Kampf aufgibt, die Waffen streckt und vor dem Feind kapituliert.

Alle Anstrengungen, aus eigener Willens- und Erkenntniskraft der Gefahrenzone des Giftes zu entrinnen, müssen vergeblich bleiben, ja immer nur noch tiefer in das Verhängnis führen, solange ich dabei mein eigenes Selbst und seine Rettung im Auge behalte; denn solange esse ich ja das vermeintliche Heilmittel *zu mir her* und tue also was die Entstehung weiterer Gifte und Vergiftungen bedingt. Das wahre Heilmittel könnte nur die Nahrung sein, die ich in keiner Weise zu mir her, sondern zu der ich mich ganz und gar hin esse, die Nahrung, die ich aus der Hand Gottes um Gottes willen entgegennehme ohne jeden Gedanken an *mein* Heil. Die Nahrung aber muß mir gegeben werden von außen in einem Akt der Offenbarung, sie läßt sich niemals von mir finden und erringen. Eine Ahnung davon hat der Mensch auch immer behalten, und nur aus ihr erklärt sich etwa der letzte Sinn aller rituellen Opfermahlzeiten, auch im Heidentum. Wenn das Fleisch des dem Gott geopferten Tieres gegessen wurde, so war das eine Speise aus der Hand des Gottes, eine vom Gott geschenkte Speise, über welche der Beschenkte kein Verfügungsrecht und auch keine Macht mehr hatte. Aber die Götter der heidnischen, der natürlichen Religionen sind, wie wir wissen, ausnahmslos Zwitterwesen. Ihre Göttlichkeit ist von sehr fragwürdiger Art, nämlich immer getrübt durch dämonische Züge. Der heidnische Gott setzt sich zusammen aus dem Erinnerungsbild des vergessenen und aus menschlicher Dichtung, er ist in Einem der, der sich den Menschen und den sich der Mensch nach seinem Bild geschaffen hat, und demgemäß wird er auch verehrt, zum Teil um seiner selbst willen, zum anderen Teil aber um der Vorteile willen, die sich der Verehrer von ihm erhofft. Man erwartet etwas von ihm, man möchte für die dargebrachten Opfer und Gebete belohnt werden. Im Opfermahl ißt man sich zu ihm hin und ißt doch gleichzeitig das Empfangene zu sich her. Alles schillert da im Zwielicht der Reflexion, die von sich loszukommen sucht, ohne es doch jemals zu können. Die Blickwendung nach dem eigenen Ich ist nicht mehr rückgängig zu machen. Ein Minimum an Reflexion genügt schon, um, wie ein ganz geringes Quantum Hefe, alles zu durchsäuern. Die Dialektik der Reflexion ist die Dialektik des Sich-Entgegensetzens, die Dialektik der Verneinung. Das Ja im Gegensatz zum Nein ist selbst ein Nein, der Gott im Gegensatz zum Dämon selbst ein Dämon und die Nahrung im Gegensatz zum Gift selbst ein Gift. Darum treibt jeder Schritt, der auf dem Weg der Reflexion getan wird – sei es auch immerhin, um die Reflexion los zu werden –, zu neuen und schärferen Widersprüchen; die Götter werden immer dämonischer und die Gifte immer giftiger. Der ererbte Schatz an positiven Werten zehrt sich auf, bis am Ende nur noch ein Nein erübrigt.

Der heidnische Kult mitsamt dem Opfermahl kommt somit niemals heraus aus der Mühle der Dialektik, sondern läuft sich vielmehr in ihr zu Tode. Dagegen wird uns im *christlichen Abendmahl* die Nahrung angeboten, die kein Gift zu ihrem

Gegensatz hat, die Nahrung, zu der man sich nur hinessen, die man niemals zu sich her essen kann, weil sie uns gar nichts verspricht für das Leben in der Zeit. Trotzdem knüpft das Abendmahl unverkennbar an heidnische Gebräuche an. Es redet zu uns in der Sprache der natürlichen Religion. Auch hier wird ja das Fleisch und das Blut des geschlachteten Opfers zu Speise und Trank für die Gemeinde. Diese Anknüpfung wäre unmöglich, wenn nicht auch schon das heidnische Opfermahl sein verborgenes Wahrheitsmoment hätte; denn in der Sprache der eindeutigen Lüge könnte Gott unmöglich reden. Der Heide, der imstande ist, die Nahrungsaufnahme überhaupt noch als sakralen Vorgang zu verstehen, ißt, wenn er ißt, *nicht nur* zu sich her. Sein Essen und Trinken hat den äußersten Grad der Verkehrtheit noch nicht erreicht. Es lebt noch ein Rest von echtem Gottesdienst in seinem Götzendienst, und eben hier an diesen Rest knüpft die Offenbarung an, hier wird es ihr möglich, ihre Wahrheit im Gleichnis auszudrücken.

Das Wort der Offenbarung ruft zur Bekehrung, zur Umkehr, zur Rückkehr dorthin, von wo wir kommen. Je mehr wir noch von der Herkunft wissen, um so verständlicher wird uns daher dieses Wort sein. Je weiter sich aber der verlorene Sohn bereits verlaufen und vom Vaterhaus entfernt hat, um so weniger gleicht seine Sprache der des Vaters, um so weniger wird es dem Vater möglich sein, sich in der Sprache des Sohnes auszudrük-ken, und um so weniger Ähnlichkeit wird auch die tägliche Speise des Sohnes haben mit der Nahrung, die ihm einst am Tisch des Vaters vorgesetzt wurde. Der verlorene Sohn, das ist der Adam, der den Lebensbaum vergessen und die Früchte des Erkenntnisbaumes zu seiner einzigen Nahrung gemacht hat, für den Essen immer mehr nur Zu-sich-her-Essen bedeutet; und so muß einmal der Augenblick kommen, da sich an diesem seinem Essen das andere wahre Essen gar nicht mehr vergleichnissen läßt und die Sprache des Altarsakraments unverständlich wird. Die Sünde ist wie ein Strom, dessen Gefälle immer reißender und reißender wird. Im Anfang, wenn das Wasser noch verhältnismäßig ruhig dahinfließt, besteht noch die Möglichkeit einer Bewegung stromaufwärts, später aber wird alles, sobald es mit dem stürzenden Element in Berührung kommt, unwiderstehlich mitgerissen. Wir sollten uns nicht durch fromme Illusionen über die Tatsache hinwegtäuschen lassen, daß das Abendmahl in seiner althergebrachten Form heute den weitaus meisten nichts mehr oder doch kaum noch etwas zu sagen hat, daß wir diesen kultischen Vorgang einfach nicht mehr nacherleben können. Es wäre schon richtiger und es wäre auch viel frommer, hier endlich einmal alle Sentimentalität beiseite zu schieben und ganz nüchtern der Wahrheit die Ehre zu geben. Nicht als ob das Sakrament als solches seinen Sinn verloren hätte und als ein veralteter Brauch abzuschaffen wäre. Gerade das meinen wir nicht. Der Geist des Sakraments ist heute noch genau so lebendig wie ehedem, aber unser Essen und Trinken ist nicht mehr lebendig, und darum kann sich an ihm die im Sakrament geoffenbarte Lebendigkeit nicht mehr abbilden. Das Brot des Lebens und das Wasser des Lebens, die rechte Speise und der rechte Trank (Joh. 6, 55) haben keine Beziehung zu der unrechten Speise und dem unrechten Trank, die wir allein noch kennen. Aber gerade darum ruft uns das Wort der Offenbarung um so lauter und um so nachdrücklicher heraus aus unserer Fremde, gerade darum wird uns das Abendmahl erst recht zur Aufforderung, den Tisch zu verlassen, den wir uns im Schatten des Erkenntnisbaumes gedeckt haben und die Wanderschaft nach dem Land des Lebensbaumes anzutreten. Das Abendmahl, dessen Sinn wir als Menschen dieser Welt nicht mehr verstehen, wird uns seinen Sinn erschließen in dem Augenblick, da wir in ihm nichts als eben wirklich das *Abend*-Mahl sehen, das heißt das Mahl am Abend, am Ende der Welt, des zeitlichen Lebens, ein Mahl des Sich-Herausessens und Heraustrinkens aus der Fremde, in die wir verlorenen Söhne uns verirrt haben. Der Christ der Endzeit, der apokalyptischen Zeit, ißt sich aus der Welt heraus, genau so, wie sich die Israeliten in der Nacht vor dem Auszug, als sie das Osterlamm verzehrten, aus Ägypten herausgegessen haben. Dieses recht verstandene Abendmahl ist sozusagen das diametrale Gegenteil aller Mähler, mit denen wir uns, so wie wir sind, zu sättigen angewöhnt haben. Darum verbietet der Apostel Paulus, das Brot und den Wein des Sakraments mit irdischem Hunger und Durst zu genießen, und darum verlangt die römische Kirche Nüchternheit von allen, die zum Tisch des Herrn gehen. Wie überall, so vollendet sich auch hier das Offenbarungsgleichnis erst im Kreuz, das heißt im Gegenteil dessen, was wir gemeinhin für das Leben halten. Das Essen von der wahren Gottesspeise, das Essen, das Leben gibt, findet schließlich seinen ihm gemäßen Ausdruck innerhalb unserer Wirklichkeit nur noch am Nicht-Essen von der falschen Speise und das will sagen am *Hunger*. Das Abendmahl empfängt, wer verhungernd seinen Hunger selbst als Kreuz, nämlich als die der Welt zugekehrte Seite der Auferstehung erfährt.

In seinem Kreuzestod gibt sich Christus gleichzeitig dem Vater und den Menschen hin, und demgemäß enthält auch das diesen Tod darstellende Abendmahl *zwei* Momente. Es wird erstens vom Menschen genommen und also so gegessen und getrunken wie der Mensch alles ißt und trinkt, zu sich her, aber indem es so gegessen und getrunken wird, nimmt es zweitens den Esser und Trinker hinein in die Bewegung dessen, der zum Vater zurückkehrt, der sich selbst zu der Speise hinißt, die ihm der Vater reicht. Wer den Kelch mit dem Blut Christi trinkt, trinkt damit auch schon jenen anderen Kelch, den Jesus auf Gethsemane und Golgatha getrunken hat, den Leidens- und Todeskelch. Und nur indem er den ersten als diesen zweiten trinkt, wird das Abendmahl für ihn zum Sakrament, zu einem Akt der Heilung, der Heranführung an Gott. Der Wein als Abendmahlsgetränk ist das genaue Gegenteil des Weines als Rauschgetränk. Wer sich berauscht, sucht auch noch aus dem Gift Genuß für sein zeitliches Leben zu ziehen, das Vergehen, der Tod als solcher wird ihm zur Quelle der Lust; der Verlust des Lebens soll da noch in den Dienst des sich verlierenden Lebens gestellt werden. Der Trinker trinkt sogar noch das Sterben zu sich her. Im Abendmahl dagegen gibt der Trinker umgekehrt gerade dieses zeitliche Leben hin. Er trinkt sich heran an die ihm von Gott gebotene Nahrung, obwohl sie ihm den Tod bringt, obwohl sie also scheinbar ein Gift ist, im Glauben, daß sie ihn zum wahren Leben nährt, weil Gott sie bietet.

Wenn das Abendmahl nicht mehr wie früher noch aus dem sakralen Herkunftsrest des profanen Essens und Trinkens verstanden werden kann und damit seinen lebendigen Sinn verliert, zerbröckelt auch die christliche Gemeinde, sofern sie nichts weiter ist als eine besondere Gemeinschaft in der Welt neben anderen Gemeinschaften. Wer nur noch zu sich her essen und trinken kann, hat wie zu Gott, so auch zu seinem Nächsten keine unmittelbar lebendige Beziehung mehr, er ist nur noch Einzelner, nur noch Individuum. Das Gebot der Wahrhaftigkeit, das uns alle leere Abendmahlsfrömmelei verbietet, verbietet uns daher ebenso die Gemeindefrömmelei, die Illusion des kirchlichen Betriebes, und wie das Abendmahl nur unter der Bedingung lebendiges Sakrament werden kann, daß jeder, der es nimmt, sich damit entschlossen an den Abend der Welt, an die Schwelle zwischen Zeit und Ewigkeit gestellt sein läßt, in der Bereitschaft, das Kreuzesschicksal auf sich zu nehmen, so wird heute die christliche Gemeinde nur lebendig sein können als die Gemeinde der zum Aufbruch Bereiten, als die Gemeinde der Abendmenschen in schroffem Gegensatz zu allen innerweltlichen Gemeinschaften ohne Ausnahme. Sichtbar wird diese Gemeinde vielleicht gar nicht in Erscheinung treten; denn ihr gehört an, wer, aus den irdischen und zeitlichen Gemeinschaften ausgestoßen, kreuzesgläubig in Einsamkeit versinkt. – Am anderen Ufer aber wird diese Gemeinschaft die einzige sichtbare sein, und wer ihr angehört, wird sich nähren von den Früchten des Lebensbaumes, dessen Blätter, wie es in der Apokalypse (22, 2) heißt, zur Heilung der Völker dienen. Das bedeutet, daß der Genuß dieser Pflanze die Vereinsamung, die Vereinzelung der Völker aufhebt und aus allen ein einziges Volk Gottes macht. Hier wächst der Lebensbaum zu beiden Seiten des Flusses, in dem das Lebenswasser fließt. Hier ist alles Nahrung und nichts mehr Gift.

Orient und Okzident

Nach einem indischen Schöpfungsmythos sollen die verschiedenen Kasten aus den einzelnen Körperteilen des von den Göttern geopferten Urmenschen Puruscha entstanden sein, und zwar wurden die Brahmanen aus dem Kopf, die Tschandalas aus den Füßen gebildet. Puruscha ist im Grunde kein anderer als Adam, und die Kasten, die ja auch auf nationale Unterschiede zurückgehen, sind die Völker. Aus dem seiner Sünde wegen gestorbenen und zerbrochenen Adam hat sich das Menschengeschlecht, wie wir es heute kennen, entfaltet. Das entspricht nicht nur der indischen, sondern durchaus auch der biblisch-christlichen Vorstellung vom Werden der Völker. Was einmal Eines war und Eines hätte bleiben sollen, ist gegen den ursprünglichen Willen des Schöpfers, weil es sich von ihm losgesagt und damit die eigene organische Mitte verloren hat, in eine Vielheit zerfallen, der sich der einstige gegliederte Zusammenhang kaum noch anmerken läßt. Auf die gleiche Wahrheit zielt auch die Erzählung der Genesis vom Turmbau zu Babel, die Zerstreuung der verschiedensprachigen Völker in alle Länder, in alle Weltrichtungen. Die Menschheit, die bis dahin nur eine einzige Sprache, also nur ein einziges gemeinsames *Bewußtsein* hatte, zerbrach in eine Mehrheit von nationalen Individuen, deren jedes seine besondere, allen übrigen unverständliche Sprache redete. Jedes Volk, heißt das, behielt in seinem Bewußtsein nur das in seiner Sprache Ausdrückbare, alles andere, nämlich der Bewußtseinsinhalt der anderssprachigen Völker versank dagegen ins Unbewußte. Das war bekanntlich die Folge des Versuches, einen bis an den Himmel ragenden Turm zu bauen und sich damit einen Namen zu machen oder, was dasselbe bedeutet, das Gemeinschafts-, das Zusammengehörigkeitsbewußtsein mit besonderem Nachdruck zu betonen, ja aus der eigenen Kraft heraus zu erzeugen, statt es einfach sich von Gott, dem gemeinsamen Vater geschenkt sein zu lassen. Bewußtsein läßt sich eben nicht betonen und noch weniger willkürlich erzeugen, vielmehr bedeutet jeder Versuch nach dieser Richtung immer schon Abspaltung vom Ganzen und damit gerade den Zerfall des erstrebten Zusammenhanges. Der Raum, der Weltraum, der vorher Lebensraum und Medium der Verbundenheit war, wurde durch den Frevel des Turmbaues zum Medium der Scheidung und Trennung. Die Völker vereinigten sich nicht, wie das beabsichtigt war, um die durch den Turm bezeichnete Mitte, sie strebten vielmehr radial auseinander, um in Hinkunft nur noch als Feinde zusammenzutreffen.

Während die Urschöpfung, wie sie im ersten Kapitel der Genesis beschrieben wird, Entfaltung aus einer Mitte und um eine Mitte ist, die auch weiter das lebendige Zentrum, die Seele des Entfalteten bleibt, stellt sich der Entwicklungsgang der gefallenen Welt geradezu als die zerrbildhafte Umkehrung dieses Schöpfungsprozesses dar, so nämlich, daß die Mitte in die Entfaltungsprodukte zerbricht. Was an ihrer Stelle übrigbleibt, ist das leere Nichts, die bloß negative Grenze zwischen oben und unten, rechts und links und damit Inbegriff alles Gegensätzlichen und Widersprüchlichen, aller Ausschließlichkeit und Feindschaft.

Der selbstgewählte Weg Adams von Gott weg ist Fortschritt und Niedergang, Aufstieg und Abstieg in Einem, und zwar Fortschritt oder Aufstieg, freilich nur Scheinaufstieg, in Richtung der Selbstherrlichkeit, denn hier wird ja als letztes Ziel die Loslösung von allen Bindungen gesucht, Niedergang oder Abstieg hingegen in die Regionen des Triebhaften, denn hier bedeutet Entfernung von Gott den Verlust des persönlichen Beziehungspunktes, Abgleiten aus dem Aug in Auge mit dem Schöpfer in die dumpfe Verfallenheit an das bloß Geschöpfliche. Indem der Mensch sich auf der einen Seite zur Autonomie des Bewußtseins und des Willens emporsteigert, sinkt er auf der anderen immer tiefer ab in das Unbewußte und wird zur wehrlosen Beute der Triebe. Und das gilt wie vom Einzelnen so auch von der Menschheit als einem Ganzen, eben von dem zerbrochenen Adam. Auch dieser Bruch vollzieht sich nach den gleichen Gesetzen. Auch die babylonische Sprachenverwirrung war eine Spaltung von dieser Art, aus der keineswegs alle Völker in qualitativer Gleichwertigkeit hervorgingen, sondern –

in der Sprache des indischen Mythos gesprochen – die einen als Brahmanen und die anderen als Tschandallas, die einen aus dem Haupt, die anderen aus den Füßen des Puruscha, die einen als Repräsentanten des autonomen Bewußtseins, die anderen als Sklaven der Triebe und der chthonischen Dämonen. Jene sind wir selbst, wir Europäer, wir Abendländer in unserem Aufstieg durch die Geschichte mit unserer rationalen Kultur und Zivilisation, diese sind alle übrigen, die sogenannten Exoten, die Naturvölker und die Primitiven, aber auch die Kulturvölker, sofern ihre Kultur im Zeichen nicht der Ratio, sondern der Magie steht. Wir sehen unser Entwicklungsziel immer vor uns und über uns als einen Zustand noch weiterer Beherrschung der Umwelt, die Exoten dagegen haben den Höhepunkt ihrer Kultur stets hinter sich in der Vergangenheit. Ihr Blick ist nicht nach oben, sondern nach unten, nicht vorwärts, sondern rückwärts gerichtet. Wir sind die *Hinkünftigen,* sie sind die *Herkünftigen,* aber ihrer Herkünftigkeit fehlt das Bewußtsein, sie sind nur triebhaft und nicht willensmäßig an den Ursprung gebunden. Wir haben sozusagen den Ursprung um des Bewußtseins willen, sie haben umgekehrt das Bewußtsein um des Ursprungs willen geopfert. Wir sind Kopf ohne Füße, sie sind Füße ohne Kopf.

Was sich zur Zeit des babylonischen Turmbaues ereignete, zeichnete sich im Umriß bereits ab, als Noah Fluch und Segen über seine drei Söhne aussprach. Durch ihr verschiedenes Verhalten angesichts des berauschten, nackten Vaters deuten Sem, Ham und Japhet die möglichen Einstellungen des Menschen zum Triebleben an. Ham ist der rein Triebhafte, der den Vater lediglich als seinen Erzeuger begreift. Darum fühlt er sich auch nicht bewogen, die Blöße Noahs zu bedecken. Er sieht vielmehr darauf hin als auf das ihm Selbstverständliche und allein Wirkliche. Sem und Japhet aber betreten das Zelt mit abgewandtem Gesicht und verhüllen den Vater. Ihre Augen suchen nur die Augen Noahs, das Licht seines Geistes und nicht die Nacht seiner Geschlechtlichkeit. Warum sie sich so verhalten, hören wir nicht, aber aus den folgenden Segensworten läßt sich doch erkennen, daß Japhet aus rein menschlicher Schamhaftigkeit, Sem jedoch aus religiösen Motiven gehandelt hat.

Darum wird Japhet in seiner irdischen Existenz gesegnet: »Gott breite Japhet aus und lasse ihn wohnen in den Hütten des Sem; und Kanaan sei sein Knecht.« Was ihm verheißen wird, ist also Ausbreitung, das heißt mit anderen Worten weltliche Macht und Herrschaft. Japhet vergleichnißt also offenbar den autonomen Typus, der sich von allen Bindungen, vor allem von der Bindung an den Trieb befreit; er ist der Keusche aus dem Willen zur Selbstbehauptung, der abendländische Mensch. Daß Sem von anderen Beweggründen als sein Bruder geleitet wird, läßt die eigentümliche Tatsache erkennen, daß er selbst eigentlich überhaupt nicht gesegnet wird; denn es heißt nur: »Gelobt sei der Herr, der Gott Sems.« Was Sem tut oder richtiger wie und weshalb er es tut, liegt gar nicht im Bereich menschlicher, sondern nur göttlicher Möglichkeiten. Er handelt unter dem Einfluß der Gnade, und so gebührt auch das Lob nur Gott allein und nicht ihm. Als Menschen handeln die beiden anderen Brüder, Ham und Japhet, Ham als Triebmensch, Japhet als Bewußtseinsmensch. Sie sind die Pole, in welche die Menschheit, in welche Adam zerbricht, sie stehen diesseits und jenseits der verlorenen Mitte in der Dialektik des Widerspruchs. Sem dagegen handelt von Gott geführt aus der Mitte selbst heraus und auf die Mitte hin. Er ist nicht nur herkünftig wie Ham und nicht nur hinkünftig wie Japhet, sondern herkünftig und hinkünftig zugleich, er steht in der Gegenwart, dort, wohin Gott den Mensch gestellt hatte, als er ihn zu seinem Ebenbild schuf. Aber das ist, wie gesagt, keine menschliche Möglichkeit und gehört darum auch nicht in den Rahmen des Bildes, das uns die geschichtliche Entfaltung der Völker zeigt. Die empirischen Völker sind entweder Japhetiten oder Hamiten. Semiten gibt es immer nur aus Gnade, sie werden gelegentlich ohne Rücksicht auf ihre blutmäßige Abstammung als Söhne des Heiligen Geistes von Gott erweckt und erwählt, herausgehoben aus allen Völkern, vaterlos und mutterlos wie Melchisedek, der König von Salem und vereinigt zu einem neuen pneumatischen Volk, das seine eigentliche Heimat jenseits der Zeit hat.

Es gehört zum Wesen des japhetisch-abendländischen Geistes, die Vollendung in der Zukunft zu suchen und demgemäß die Vergangenheit als das Überwundene und Unvollkommene zu betrachten. Auf sich selbst gestellt, von Gott geschieden und blind für den vergessenen Ursprung kann dieser Geist seine Herkunft unmöglich schätzen, sie stellt sich ihm vielmehr dar als das Chaos, als der Ungeist, aus dem er sich allmählich emporgerungen hat und noch weiter emporzuringen berufen ist. Die der Natur und den Trieben mehr oder weniger verhafteten Exoten, die Hamiten also, scheinen ihm daher zunächst Zustände seiner eigenen Vergangenheit abzubilden, er hält sie samt ihrer dämonisch-magischen Kultur für Frühstadien der Entwicklung, durch die er selbst einmal hindurchgegangen ist, während sie sich in Wahrheit genau so wie er, nur eben nach der anderen Richtung, aus der gemeinsamen Urmitte abgespalten haben. Da aber, wie wir schon erwähnten, der hamitische Geist wesentlich herkünftig, das heißt auf eine Vergangenheit bezogen ist, was allein schon im Ahnenkult aller Exoten hinreichend deutlich wird, besteht hier zwischen dem ersten Eindruck, den der Abendländer von ihnen empfängt, und ihrem Selbstverständnis ein gewisser Widerspruch. Einerseits erscheinen sie als entwicklungsgeschichtliche Frühform, andererseits aber geben sie sich als die degenerierte Nachkommenschaft irgendwelcher versunkener Kulturvölker zu erkennen, indem sie selbst ihre ganze religiöse Energie den oft als Göttern verehrten Stammvätern zuwenden. Wäre das abendländische Entwicklungsschema, das Schema des Aufstiegs vom Niederen zum Höheren bedingungslos richtig, dann hätte man in den Exoten wohl relativ zurückgebliebene, aber doch immerhin auf dem gleichen Weg fortschreitende Menschengruppen zu sehen, dann müßten sie genau ebenso wie der faustische Abendländer ihre Erfüllung im Vorwärtsstürmen suchen. Tun sie das nicht, sondern bleiben sie im Gegenteil rückwärtsgewandt, so wird dadurch auch der abendländische Evolutionsbegriff in Frage gestellt. Wir wissen ja, daß die Meinungen der Ethnologen in diesem Punkt weit auseinander gehen. Während man noch vor verhältnismäßig kurzer Zeit die Primitiven recht unbedenklich für stehengebliebene Vorformen der Kulturvölker hielt, neigt man heute eher dazu, sie als herabgekommene Spätlinge zu betrachten, ohne sich dabei allerdings die Konsequenzen für die Beurteilung des eigenen Werdeganges hinreichend klarzumachen.

Mit den Mitteln der rationalen Wissenschaft, die die Alleingül-
tigkeit der japhetischen Denkkategorien immer schon voraussetzt, läßt sich das Rätsel, um das es hier geht, überhaupt
niemals lösen; denn jene Mitte, jener Ursprung, aus dem sich das
autonome Bewußtsein ebenso wie das triebhafte Unbewußte
abgespalten hat, erscheint in keiner zeitlich-historischen Vergangenheit, sondern liegt in einer der ratio unzugänglichen metaphysischen Region, in einer sozusagen relativen Ewigkeit. Von
dort her kommen beide, die Japhetiten und die Hamiten. Jene
aber haben die Vollkommenheit ihres Urzustandes vergessen,
während diesen wenigstens noch eine Ahnung von ihm verblie-
ben ist. Hier hat sich nicht, wie im Abendland, der Mensch von
Gott emanzipiert, um sich aus sich selbst eine neue eigene Welt
zu schaffen, und nicht das Bewußtsein von Gott verdrängt, um
das Bewußtsein von sich allein an seine Stelle zu setzen, sondern
hier ist gerade umgekehrt dieses Selbstbewußtsein mehr und
mehr verkümmert, so daß am Ende auch das Bewußtsein von
Gott nicht mehr festzuhalten war und an seine Stelle die
dumpfe Angst der verlorenen Kreatur vor den sie umdrohenden
ungreifbaren metaphysischen Mächten trat. Man könnte sagen:
Im Abendland wird der Mensch immer mehr Mensch ohne
Gott, bei den Exoten wird er immer weniger Mensch mit Gott.
Das kennzeichnet die beiden Entwicklungswege, die aber
freilich im Tiefsten nur die beiden Seiten desselben Weges sind.
Die exotische Kultur ist immer nicht mehr, was sie einmal war,
die abendländische immer noch nicht, was sie einmal sein wird
oder richtiger, sein zu werden wähnt. Der Japhetit hat, als er die
Mitte verließ, Gott verloren und sich gerettet, der Hamit hat
sich verloren und Gott gerettet. Da aber der Mensch, der sich
verloren hat und also nicht mehr Ebenbild Gottes ist, Gott in
seiner Wahrheit niemals erkennen kann, so verdient das, was
hier gerettet wurde, auch gar nicht mehr den Namen Gottes. Es
ist vielmehr nur noch eine Karikatur des Schöpfers, eine
dämonische Fratze als das Urbild des um seine Würde gekom-
menen Menschen. Japhetitischer und hamitischer Geist stehen
zueinander im dialektischen Verhältnis. Der Japhetit selbst
nämlich wird zum Hamiten im Augenblick, da er den eigenen
Schwerpunkt von der Willensseite auf die Triebseite verlegt.

Der Hamit ist also seine eigene andere Möglichkeit. Nur die Mitte, um die der dialektische Umschlag erfolgt, die verlorene Herkunft läßt sich weder von dem einen noch von dem anderen erreichen.

Wille und Trieb, Bewußtsein und Unbewußtsein haben sich nach entgegengesetzten Richtungen aus dem Ursprung ihrer harmonischen Verbundenheit heraus reflektiert, oder genauer: reflektiert hat nur der bewußte Wille allein; denn der Trieb als solcher kann ja nicht reflektieren; wohl aber wird er vom reflektierenden Bewußtsein in den Reflexionsprozeß hineingenommen. Wie das geschieht, läßt sich an einer Gegenüberstellung des abendländischen und des indischen Denkens ungefähr deutlich machen. Im Abendland verfolgt die Reflexion den Zweck der Bewußtseinssteigerung, der immer schärferen Ablösung des Ich von seiner Umwelt. Der autonome Geist reflektiert auf seine Beziehung zum Anderen, sodann auf sein Reflektieren auf diese Beziehung und so weiter ad indefinitum, wobei aber die im ersten Reflexionsakt vorgenommene Scheidung zwischen Subjekt und Objekt sich immer weiter verschärft, weil der Reflektierende sich hartnäckig mit sich selbst identifiziert und ihm auf die Bewahrung der Ich-Identität überhaupt alles ankommt. Der magisch-hamitische Geist dagegen versteht vom Standpunkt des zweiten Reflexionsaktes, also von der Reflexion auf die Reflexion her, den ersten Akt als Objektivation des Ich und das heißt als dessen Zuordnung zur Außenwelt, zur Natur, zum Nicht-Ich. Das eben besagt auch die bekannte und oft wiederholte buddhistische Floskel: »Das gehört mir nicht, das bin nicht ich, das ist kein Ich.« So löst sich allmählich die Ichheit gänzlich auf, um sich im Nirwana zu verlieren. Das Ergebnis der Reflexion ist mithin dort das potenzierte autonome Selbst, hier umgekehrt die jeder Persönlichkeit entkleidete objektive Alleinheit.

Im ersten Fall führt der Weg vom Schöpfer und auch von der Schöpfung weg zum isolierten Ich, im zweiten verliert sich das ursprüngliche ebenbildliche Selbst mehr und mehr ins Wesen lose. Immerhin bedeutet dieser zweite Weg eine, wenn auch nur negative Anerkennung der göttlichen Macht oder doch wenigstens einer religiös bewerteten, dem Menschen übergeordneten metaphysischen Potenz. Der Mensch erfährt hier und bekennt seine eigene Nichtigkeit, und indem er das tut, gibt er irgendwie dem die Ehre, vor dem er vergeht, mag die Gestalt, in der sich ihm die überlegene Macht zu erkennen gibt, auch kaum noch göttliche, sondern bloß dämonische Züge tragen oder gar im äußersten Fall sich in die nebelhafte Umrißlosigkeit des Nirwana auflösen. Während so der Japhetit zuletzt alle Bindungen religiöser Art zerreißt, bleiben sie beim Hamiten erhalten, nur freilich nicht als Bindungen an den persönlichen Gott, weil dies ja den vollen persönlichen Charakter auch des Verbundenen selbst zur Voraussetzung hätte. Was man heute bei den Exoten, vor allem bei den Naturvölkern an religiösen Vorstellungen und Gebräuchen vorfindet, sind ausnahmslos verkümmerte Relikte eines viel tieferen Wissens um die Zusammenhänge. Geblieben ist die Beziehung, vergessen aber ist der Beziehungspunkt. Der ursprüngliche Wille zu Gott hat sich in einen Trieb zu Gott verwandelt, und der Gott, zu dem ich nur getrieben werde, ist tatsächlich gar kein Gott mehr, sondern eben ein Dämon und sogar das nur im besten Fall. So wird etwa aus dem Glauben an eine Vorsehung ein dumpfer Schicksalsglaube; Vorzeichen und Träume bestimmen weithin das Verhalten der Menschen, aber ohne daß damit die Vorstellung einer offenbaren Gottheit verknüpft wäre. Alles wird als Bestimmung und nichts als Zufall verstanden, aber hinter der Bestimmung steht kein bewußter Bestimmer. Durch Gottesurteile, durch sogenannte Ordalien verschafft man sich Gewißheit über die Schuld oder Unschuld eines Angeklagten, aber man fragt vergeblich nach dem Gott, der hier urteilt. Der Glaube hat sich in Aberglauben verkehrt. Glaube ist Vertrauen eines bewußt persönlichen Ich in ein ebensolches Du, Aberglaube hingegen ist Angst eines verkommenen und verkrüppelten Ich vor einem unberechenbaren dämonischen Du, zuletzt vor einer bloßen Naturgewalt. Glaube ist Verbundenheit eines Lebendigen mit einem Lebendigen, Aberglaube Gebundenheit eines schon halb Verwesten an einen gleichfalls in Verwesung übergegangenen Gott, an eine lebendige Gottesleiche. So verzerren sich alle einst positiven Zusammenhänge in negative. Dem magischen Menschen, dem abergläubischen, fehlt, was das autonome Bewußtsein hat, nämlich die Freiheit und das Wissen um das eigene Ich. Dafür fehlt allerdings diesem wieder das Organ für die Zusammenhänge und Beziehungen. Der autonome Geist hat zwar Vertrauen, aber nur zu sich selbst, er kennt kein Gegenüber; der magische Geist wird erdrückt von der Überfülle des Gegenüber, aber eines Gegenüber, dem man nicht vertrauen kann.

Wir wollen uns hier nochmals daran erinnern lassen, daß nach jenem indischen Mythos die höchste Kaste aus dem Kopf des geschlachteten Puruscha hervorging. Die höchste Kaste ist somit das *Subjekt* des Ganzen; denn im Kopf sitzt das Bewußtsein. Wie innerhalb des Einzelnen nur das Bewußtsein und nicht das unbewußte Triebleben Träger der Subjektivität sein kann, so auch im Rahmen aller überindividuellen Organismen und zuletzt der gesamten Menschheit. Japhet ist aus dem Kopf Adams hervorgegangen, nur er, nur der Abendländer ist daher Subjekt, der Exote hingegen bleibt wesensmäßig Objekt. Man wird sich sehr gründlich klarzumachen haben, was das bedeutet; denn diese Einsicht führt unvermeidlich zu einer ganz radikalen Revision aller bisher geläufigen Vorstellungen vom Wesen exotischer Kulturerscheinungen. Es lassen sich grundsätzlich drei verschiedene Einstellungen zu den Exoten und ihren Selbstdarstellungen in Religion, Kunst, Ethik usw. denken, erstens die naiv egozentrische, die einfach den eigenen Maßstab unbedenklich auch an alle fremden, räumlich oder zeitlich von uns geschiedenen Kulturen anlegt. Was uns nahesteht, gilt ihr als hochwertig, was uns ferne liegt, als minderwertig. Dann zweitens die objektivistisch-relativistische, die in der fremden Kultur ein von der eigenen völlig verschiedenes, ihr nebengeordnetes, aber immerhin gleichberechtigtes Gewächs sieht, das, wenn überhaupt, nur aus sich selbst, etwa durch psychologische Einfühlung verstanden werden kann. Und endlich drittens die phänomenalistische, die alle anderen Kulturen als Spiegelungen des eigenen Wesens oder seiner einzelnen Seiten begreift. Zu dieser dritten Einstellung bekennen wir uns, wenn wir sagen, der Abendländer sei das Subjekt, der Exote jedoch bloß das Objekt des Ganzen. Objekt sein das heißt nämlich *Phänomenon* sein im Sinn der kantischen Erkenntnistheorie, also kein An-Sich, kein Ding, das unabhängig vom

Denker oder Betrachter gedacht werden könnte, so wie ja auch der Trieb kein An-Sich ist, sondern bloß das Phänomenon des ihn anschauenden, von ihm abgespaltenen Bewußtseins. Trieb nennen wir, was dem isolierten autonomen Willen zu seiner Ergänzung fehlt, mit dem zusammen er weder autonom noch auch triebhaft, sondern wahrhaft ursprünglich und gottebenbildlich wäre. Genau das gleiche ist vom Exoten im Verhältnis zum Abendländer zu sagen. In ihm sehen wir die andere Hälfte, die andere Seite, das was für die Anschauung erübrigt, nachdem sie selbst sich ihm entzogen hat. Man könnte demnach auch sagen: Im Exoten erscheint sich der Abendländer als sein eigenes Objekt, wird er sich anschaulich, aber so, daß das Wesen des Angeschauten allein durch die Tatsache, daß es angeschaut wird, seinen besonderen Charakter erhält. Es hätte gar keinen Sinn, von einem »Trieb an sich« zu reden; denn der Trieb ist überhaupt nur Trieb als der dem Bewußtsein entzogene, aus der subjektiven in die objektive Region verschobene Wille. An sich kann immer nur ein Ich sein, aber niemals ein Es. Wäre es möglich, den Trieb sozusagen zu subjektivieren, das heißt ihm Selbstbewußtsein zu geben, dann würde er im gleichen Augenblick aufhören Trieb zu sein und müßte sich rückverwandeln in den Willen, der er ursprünglich war. Genau das gleiche gilt auch von der triebhaft-magisch bestimmten Schicht der Menschheit, von den Exoten. Sie können niemals aus sich selbst, sondern nur aus dem Ganzen verstanden werden, dessen der Erkenntnis fähiges Subjekt allein der Abendländer ist. Sie sind das als was sie in der Vorstellung des Abendländers erscheinen und gar nichts außerdem. Es gibt also kein chinesisches, kein indisches, kein afrikanisches Subjekt, sondern nur ein europäisches, bzw. der europäische Geist ist der subjektive Geist auch des Chinesen, des Inders und des Afrikaners.

In ihrer räumlichen und vor allem qualitativen Geschiedenheit vom Abendland bringen die exotischen Kulturen bestimmte Wesensseiten oder Möglichkeiten der abendländischen Kultur selbst zur Darstellung. Es ist das *Unbewußte des Abendländers,* das hier objektiv und jeweils *einseitig* in Erscheinung tritt, einseitig, weil die Abspaltung des Unbewußten vom

Bewußtsein auch die Spaltung des Unbewußten zur Folge hat. Dem einen selbstherrlichen Willen zum Ich steht ja nicht ein einziger Trieb, sondern stehen viele Triebe gegenüber, die sich vielfach überschneiden und sogar widerstreiten. Der von Gott abgefallene Adam zerfällt in sich selbst und verfällt dem an sich Besonderten, den Einzeldarstellungen seines Wesens, den Ebenbildern nicht Gottes, sondern der Engel, das heißt, dem Reich der außermenschlichen Kreatur, den Tieren. Die Exoten sind darum sozusagen die den Tieren zugeordneten, ihnen und ihren Dämonen verfallenen Teile der Menschheit, so wie sie sich im Geist des selbst wie Gott sein wollenden und in der Illusion seiner unzerstörten Persönlichkeit schwelgenden Adam spiegeln. Wir sprachen in einem der früheren Kapitel von der Ambivalenz, die darin besteht, daß der Mensch seine Triebe gleichzeitig bejaht und verneint: Ich will und ich will auch nicht. Diese Zwiespältigkeit gibt dem Triebleben seine tiefe Dämonie. Ganz ähnlich verhält es sich auch mit unserer Beziehung zu den Exoten: Das sind wir und das sind wir auch nicht. Daher das Gefühl der Unheimlichkeit, das kein Europäer los wird, wenn er sich in asiatische, afrikanische oder amerikanische Kulturerscheinungen vertieft, daher überhaupt der durch und durch dämonische Charakter aller dieser Kulturen ohne Ausnahme.

Japhet ist, wie wir früher sagten, hinkünftig, Ham herkünftig. Dort liegt der Schwerpunkt im Ziel des Wollens, hier im Ursprung, dort in der Zukunft, hier in der Vergangenheit. Aber jene Zukunft hat einen ganz anderen Charakter als diese Vergangenheit, nur sie allein nämlich ist rational zeitlich, den Kategorien des historischen Denkens zugänglich, während die hamitische Vergangenheit immer ein *Mythos* bleibt. Darum läßt sich auch nur dort und nicht hier so etwas wie ein Entwicklungsprozeß feststellen. Der Japhetit sieht sich selbst im Jetzt-Punkt einer zeitlichen Strecke. Er hat also eine lineare Vergangenheit hinter sich, eine Geschichte, die von ihm durchlaufen wurde, einen Aufstieg aus der Tiefe zur Höhe, und ebenso eine lineare Zukunft vor sich, in der er, wie er meint, seine Evolution fortsetzen wird. Der Hamit dagegen kennt nichts dergleichen, er denkt nicht in rationalen Kategorien, und somit fällt auch seine Vergangenheit nicht in den Rahmen des historischen Schemas, das der autonome Geist sich zurechtgelegt hat.

Die historische Betrachtungsweise des Abendländers entspricht vollkommen seiner Raumanschauung. Auf der Seite des Ich, auf der subjektiven Seite findet sich aller Wert und alle Fülle, auf der objektiven aber die Leere, das Nichts. Auch in der objektiven Vergangenheit erscheint demgemäß das relative Nichts, nämlich das Minderwertige, aus dem sich die Gegenwart zu ihrem höheren Wert emporgerungen hat, um sich in der Zukunft weiter emporzuringen. Das Bild eines unentwegten stetigen Fortschritts ergibt sich so mit Notwendigkeit aus der Grundhaltung des autonomen Bewußtseins überhaupt. Von dieser Grundhaltung her aber läßt sich die magisch-hamitische Kultur, die, wie gesagt, im Mythos wurzelt, niemals verstehen. Versuchen wir an diese Kultur mit dem abendländischen Schema heranzukommen, so führt das unvermeidlich zu verwirrenden Überschneidungen verschiedenartiger, ja einander ausschließender Vergangenheitsanschauungen. Die Vergangenheit des magischen Menschen, des Exoten liegt eben gar nicht auf der historischen Linie, die wir allein kennen und auf der wir daher auch alles suchen, sie reicht vielmehr in eine uns unzugängliche außer- oder überzeitliche Dimension hinein. Während die Kultur oder genauer die Zivilisation Europas offensichtlich das Ergebnis eines allmählichen Aufstieges ist, so offensichtlich, daß dieser geradezu zu ihrem Wesen gehört, trifft das Umgekehrte für die exotischen Kulturen keineswegs mit der gleichen Eindeutigkeit zu. Sie erweisen sich also durchaus nicht auf den ersten Blick etwa als das Ergebnis eines Abstieges oder Niederganges. Es hat vielmehr eher den Anschein als ob das, was jetzt ist, immer, seit undenkbaren Zeiten so gewesen wäre. Das Beispiel Chinas ist allgemein geläufig, aber auch die primitiven Kulturen der Naturvölker, der afrikanischen Neger, der Australier, der südamerikanischen Indianer oder der Polynesier zeigen das gleiche Bild. Im Gegensatz zum historisch bedingten, zeitgebundenen Abendländer sind die Exoten – allerdings in einem nur *negativen* Sinn – zeitlos oder ungeschichtlich. Man könnte auch sagen: sie kommen nicht

vorwärts, sie bleiben stehen, sie haben keine Entwicklungs-
möglichkeit, und zwar weder nach oben noch nach unten.

Das gilt freilich nur vom Exoten als Repräsentanten einer
Kultur und nicht vom einzelnen exotischen Menschen. Diese
Kultur ist sozusagen unabhängig von ihren Trägern oder
richtiger: Nicht die Menschen sind Träger der Kultur, das heißt
Herrscher über die besondere Lebensform, sondern die Lebensform bemächtigt sich umgekehrt der Menschen, die zu ihr
absinken. Die Form ist hier das vom Menschen Unabhängige,
immer Gleichbleibende, das ihn, woher er auch kommen und
welchem Volk er auch entstammen mag, gleichsam verschlingt.
Der Mensch sinkt in die Unveränderlichkeit einer geradezu
naturgesetzlichen Rhythmik ab. Er ist Objekt und nicht
Subjekt seiner eigenen Kultur, geradeso wie ja auch niemand
Subjekt seiner Triebe sein kann. Die indische oder richtiger
hinduistische Kultur etwa hat bestanden noch ehe die Arier
nach Indien kamen, als drawidische und vielleicht sogar schon
als vordrawidische, und hat die sich in ihre dämonische
Gefahrenzone begebenden Arier einfach verschlungen. Man
kann demnach wohl von einer Degeneration der indischen
Arier, nicht aber der indischen Kultur reden. Ebenso wäre es
sehr wohl denkbar, daß irgendein Europäer, der sich in den
Urwäldern Brasiliens verirrt und dort an einen wilden Indianer-
stamm Anschluß findet, allmählich auf die Stufe naturmensch-
licher Primitivität herabsinkt, ohne daß es doch jemandem
einfallen würde zu sagen, die europäische Kultur habe sich hier
zu ihrem Urzustand zurückentwickelt. In Anpassung an seine
Umgebung hat sich dieser Europäer einfach auf eine Schicht
seines eigenen Wesens eingestellt, auf die Begriffe wie Evolution
oder Degeneration gar nicht mehr anwendbar sind, weil sie dem
Schema der historischen Zeitlichkeit überhaupt entrückt ist.
Das Leben des Primitiven verläuft, wie gesagt, negativ zeitlos,
ähnlich wie das des Tieres. Da aber der Primitive eben doch
kein Tier, sondern ein Mensch ist, das heißt ein geistbegabtes
Wesen, nimmt bei ihm die Geistlosigkeit dieses Zustandes den
Charakter der Geistfeindlichkeit an. An die Stelle des Geistes
tritt der Gegengeist, der Dämon. Und wie alles Dämonische auf

das Göttliche, so weist alles negativ Zeitlose im Menschenleben auf die positive Zeitlosigkeit, auf die Ewigkeit als auf seinen Ursprung zurück, auf eine Quasi-Vergangenheit, die aber mit der Gegenwart gerade nicht zeitlich, sondern metaphysisch oder mythologisch zusammenhängt.

In seiner Kultur stellt sich der Mensch selbst dar, entweder so wie er werden will oder wie er seiner Erinnerung einmal war. Beim Abendländer ist immer das Gewollte und Erstrebte, das *heroische Ideal* Inhalt seiner kulturellen Gestaltung, beim Exoten dagegen das Erinnerte, das – wenn wir so sagen dürfen – *stammväterliche Ideal*. In dem Maß aber, in dem dort der Heros die göttlichen Züge verliert und lediglich zu einem Ideal-*Menschen* wird, verwandelt sich hier der Stammvater in ein dämonisches Gespenst. In beiden Fällen bedeutet das den Verlust der ursprünglichen kulturellen Potenz, nämlich einmal in der Richtung auf die bloße Zivilisation und einmal in der Richtung auf die Primitivität. Von wahrer Kultur läßt sich nur reden, solange der Heros noch etwas vom Stammvater und der Stammvater noch etwas vom Heros an sich hat, das heißt mit anderen Worten, solange Zukunft und Vergangenheit irgendwie ineinanderspielen und in ihrer metaphysischen Überhöhung die Ewigkeit symbolisieren. Mit der Ewigkeitsahnung jedoch schwindet auch die Kraft zur Kulturgestaltung. Der ewigkeitslose Mensch verzehrt sich entweder in seiner rein zivilisatorischen Zukunftstüchtigkeit oder in seiner Angst vor den bösen Geistern der Verstorbenen. Dem restlos entgötterten oder, was dasselbe sagt, restlos humanisierten Abendland entspricht so auf der anderen Seite ein ebenso restlos dämonisierter Primitivismus. Alles Dazwischenliegende, der Mitte des Lebens Nahe aber verschwindet und bricht zusammen. Wenn das Abendland einmal keine Kultur mehr hat, dann werden wir uns auch bei den Exoten ganz vergebens nach einem Ersatz dafür umsehen; denn es ist ja doch ein und dieselbe Menschheit, deren Weg von Gott und von der Ewigkeit weg, hier wie dort, nur jedesmal in anderer Weise, sich abzeichnet. Kennt der autonome Willensmensch nur noch Karikaturheroen, die als Genien einer Kultur nicht mehr in Frage kommen, so kennt der zeitgenössische Triebmensch nur noch Karikaturahnen, die eher lächerlich als schauerlich wirken, ja diese lächerlichen Gespenster sind gar nichts weiter als die Kehrseiten jener ebenso lächerlichen Heroen, jener physischen oder auch geistigen Meisterboxer, Fußballchampions und Filmstars unserer modernen abendländischen Zivilisation. Es ist derselbe Wirklichkeitswert, der den im Flimmerlicht der Kinoleinwand agierenden Schauspieler, den bei einer spiritistischen Seance erscheinenden »Geist« und den Ahnendämon eines innerafrikanischen Negerstammes kennzeichnet. Gespenster sind immer nur Gespenster in Europa und auch anderswo.

Die ganze Menschheit ist der eine Adam, und die verschiedenen Völker mit ihren besonderen Kulturen sind wie kommunizierende Gefäße, in denen der ihre Entfernung von Gott und vom Urzustand anzeigende Wasserspiegel immer gleich hoch steht. Wenn im Gefäß Europa das Wasser sinkt, so sinkt es auch in anderen Gefäßen, in China oder in Indien, obgleich ganz ohne Zweifel das Sinken hier und dort wesentlich andere Formen annimmt. Im Abendland beobachten wir vielleicht den Übergang der Kultur in eine nur noch technische Zivilisation, in China die Degeneration unter dem dünnen Firnis einer längst nicht mehr lebendigen alten Hochkultur zu den primitivsten Formen des Aberglaubens. Aber in beiden voneinander scheinbar völlig unabhängigen Zonen ist es doch der gleiche Vorgang, der sich einmal so und einmal so zu erkennen gibt, es ist der gleiche Grad der Gottferne, der in dieser oder in jener Form erreicht wird. Freilich bleibt trotzdem das, was sich im Abendland abspielt, das eigentlich Entscheidende; denn hier hat Puruscha, der Urmensch sein Haupt, hier hat der Geist seinen Sitz, nämlich der Geist des nach Gottgleichheit und Selbstherrlichkeit strebenden Adam. Es ist eine bekannte Tatsache, daß die Kulturen der fremden Völker der europäischen Zivilisation nicht standhalten können, sondern unter ihrem Einfluß zerbröckeln. Japhet breitet sich aus wie ihm verheißen wurde, und Kanaan, der Sohn Hams wird sein Knecht. Der unwiderstehliche Drang nach Ausbreitung im Raum ist dem japhetitischen Geist ebenso wesentlich wie sein Drang in die Zukunft, und im gleichen Maß, in dem sich dieser zweite Drang steigert als Überhandnehmen der Zivilisation über die Kultur, wächst auch die Dynamik der räumlichen Entfaltung, die Dynamik der Welteroberung. Solange in Europa selbst die reine Hinkünftigkeit noch niedergehalten wurde von einem frommen Wissen um die Herkunft, das heißt solange letzte Reste des Kulturgeistes die Zivilisation noch in Schranken hielten, konnten auch die exotischen Kulturen relativ unbehelligt bleiben. Damals stand Kultur neben Kultur, jede einzelne als Ausprägung einer besonderen Seite der Gesamtmenschheit, eines Gliedes am Leibe Adams. Die verschiedenen Kulturen waren so ein Zeichen relativer Gesundheit; denn im gesunden Organismus erfüllt jedes einzelne Glied seine ihm zukommende Aufgabe, ohne von den übrigen Gliedern behindert zu werden. Im kranken Körper aber geraten die Funktionen der Organe durcheinander, sucht das eine das andere zu vergewaltigen. Der eigentliche Vergewaltiger ist auch hier das Gehirn, der Intellekt, der, indem er sich in sich selbst reflektiert, zerstört und zersetzt, was er in harmonischem Zusammenhang zu halten hätte. Lebendige Kulturen sind unübertragbar, und gerade in dieser Unübertragbarkeit und Unvertauschbarkeit gehören sie zusammen. Die chinesische Kultur, die neben der abendländischen bestand, gehörte ihr in einem viel tieferen Sinn an als das von der universellen Zivilisation überflutete China von heute dem modernen Europa. Diese unpersönliche Zivilisation löst alle Persönlichkeitswerte auf. Wie sie die abendländische Kultur selbst zerstört hat, so frißt sie auch alle anderen. An die Stelle der organischen Gliederung tritt das allgemeine Schema. Der Leib Adams zerfällt in Staub. Das wäre freilich nicht möglich, wenn der Zersetzungsprozeß nicht überall gleichmäßig fortgeschritten, wenn, um in unserem früheren Bild zu sprechen, der Wasserspiegel nicht in allen kommunizierenden Gefäßen gleich tief gesunken wäre. Was da in China, in Indien oder sonst irgendwo unter dem Anstoß der europäischen Zivilisation zusammenbricht, ist tatsächlich keine vollwertige Kultur mehr, sondern nur noch eine hohle Schale, eine Blase, die zerplatzt, wenn man sie anstict. Unter ihr erst kommt die wahre Gestalt des betreffenden Kulturvolkes zum Vorschein. Und diese wahre Gestalt ist bei allen Exoten von heute ohne Ausnahme der dämonische Primitivismus, das dialektische Widerspiel der modernen abendländischen Zivilisation. Über Kulturen hätte die Zivilisation keine Macht, der Primitivismus aber erliegt ihr, weil er gar nichts weiter als ihr eigenes verkehrtes Spiegelbild ist.

Aber nicht nur das Abendland wird den Primitiven, sondern auch die Primitiven werden dem Abendland gefährlich. Die Überflutung der Welt durch die europäische Zivilisation bedeutet gleichzeitig die allgemeine Ausbreitung der Primitivität auch über Europa selbst. Die Neger übernehmen und handhaben unsere Maschinen, und wir tanzen dafür ihre Tänze. Absolute Zivilisation und absolute Primitivität vereinigen sich schließlich im Bolschewismus und in anderen wesensähnlichen Kollektivismen zu einer einzigen den Menschen beherrschenden Macht. Derselbe Mensch wird hier in Einem zum vollendeten Intellektualisten und zum vollendeten Triebwesen. Die Hegemonie Europas über die Exoten ist nur die weltpolitische Darstellung der Hegemonie des Willens über den Trieb, des Bewußtseins über das Unbewußte. Aber wie sich der geknechtete Trieb schließlich rächt und den Willen in seinen Strom hineinreißt, so erliegt auch das Abendland am Ende den exotischen Mächten, die es unter seiner Gewalt zu haben meinte. Aufs Letzte gesehen allerdings unterliegt gar nicht der eine dem anderen, sondern unterliegen beide dem Nichts, dem sie in ihrer ewigkeitslosen Herkünftigkeit oder Hinkünftigkeit zusteuern. Herkunft und Hinkunft waren ursprünglich Eines, nämlich die überzeitliche Gegenwart des Ebenbildes vor dem Angesicht seines Schöpfers. Sie werden am Ende abermals Eines sein, nämlich die vollendete Gegenwartslosigkeit in der Abwesenheit Gottes.

Dem Japhet wurde aber neben der Ausbreitung auch noch verheißen, daß er wohnen wird in den Hütten Sems. In den Hütten Sems wohnen heißt Heimatrecht genießen im Lande Gottes, sich über einen nicht geographischen, sondern geistlichen Raum ausbreiten dürfen. Japhet und Ham sind Möglichkeiten und Ausformungen des empirisch natürlichen Menschen, Sem aber ist nur die Möglichkeit göttlicher Wahl, das Geheimnis der Gnade. Sem kann von sich aus kein Mensch sein, weder durch blutmäßige Abkunft von bestimmten Voreltern, noch durch autonome Willensentscheidung. Sem ist allein der, der das Wunder der Wiederherstellung erfährt, der neue Mensch einer neuen Mitte, die der Schöpfer durch seinen Mittler in dem Loch aufgerichtet hat, das zwischen Ham und Japhet, zwischen dem dämonischen Trieb und dem hoffärtigen Willen gähnt. Hat Japhet die Verheißung, in den Hütten Sems wohnen zu dürfen, so bedeutet das, daß ihm von Gott her neben der aus dem Urdrang des Empörers geborenen Ausbreitung seiner Macht über die Oberfläche der Erde auch der Dienst an dem Reich der von Christus begründeten neuen Mitte, neben der *Welteroberung* auch die *Weltmission* übertragen ist, ein Dienst und nicht etwa eine Herrschaftsgewalt. Der Welteroberer unterwirft die Völker, zu denen er kommt, der Weltmissionar aber unterwirft sich ihnen. Japhet hat nichts voraus vor Ham, wenn nicht dies, daß er die Schuld und damit auch die Verantwortung für den Fall der gesamten Menschheit trägt. Er ist auch hier und gerade hier das Subjekt, der Adam, den Gott in seinem Versteck anruft: »Wo bist du?« Auf diese Frage muß er antworten, und darin liegt seine Verantwortung für alle. Nicht der Trieb hat den Willen, sondern der Wille hat den Trieb von sich abgestoßen in die Wesenlosigkeit. Nicht die Exoten, nicht die Primitiven und Naturvölker haben sich vom Geist des Abendlandes gelöst, um den Dämonen nachzulaufen, sondern der abendländische Geist hat in seiner rücksichtslosen Selbstherrlichkeit die anderen den Dämonen überantwortet. In ihrer Verfallenheit an die Mächte des Abgrundes stehen sie vor ihm als Kläger. Das auf den Opferaltären der ganzen Welt vergossene Menschenblut schreit zum Himmel um Vergeltung an Europa, an Japhet, am autonomen Willen der weißen Rasse. Der Missionar geht zu den »Wilden«, zu den »armen Heiden«, um dort eine Schuld wieder gutzumachen und nicht, um ihnen ein Gut zu bringen, über das sein Volk bereits verfügt. Das Abendland hat die Offenbarung erfahren, weil es Träger des Geistes ist und weil nur der Geist vom Geist angesprochen werden kann, aber der Geist, der hier angesprochen wurde, ist, das darf nicht vergessen werden, ein verkehrter Geist, dessen Rückverkehrung die Umkehr zu der Mitte bedeutet, von der er sich losgesagt und aus der er die Exoten nach der anderen Seite in den Ungeist verdrängt hat. Gäbe es diesen, der Selbstvergottung nachjagenden Geist nicht, dann gäbe es auch keine dämonische Abgötterei. Wie wir wissen, arbeitet die Weltmission fast immer Hand in Hand mit der Welteroberung, so, als ob der Missionar den Auftrag hätte, den heidnischen Völkern nebst dem Christentum auch die »Segnungen« der europäischen Zivilisation zu bringen, während doch in Wahrheit gerade umgekehrt echte Mission den radikalen Verzicht auf alle angeblichen Vorzüge der Welteroberer zur Voraussetzung hat. Statt dem Exoten die reine Offenbarung und damit die Erlösung von seinem magischen Aberglauben zu bringen, bietet man ihm den noch viel schlimmeren oder doch mindestens ebenso schlimmen rationalistischen Aberglauben Europas an. Statt sich im Bewußtsein der eigenen Schuld demütig in den Dienst der Entrechteten zu stellen, sieht man in lächerlichem Hochmut überlegen auf sie herab und meint, ihnen eine Gnade zu erweisen, indem man ihnen neben dem abendländischen auch noch das christliche Joch auf die Schultern legt. Es ist Gottes Geheimnis, daß er paradoxerweise mit Hilfe der Sünde das Evangelium ausbreitet, daß er also die Welteroberer zu Trägern der Weltmission macht. In Gott sind eben alle Widersprüche aufgehoben. Aber diese Tatsache entlastet uns in keiner Weise; denn wir stehen mitten drin im unaufgelösten Widerspruch. In seinem schönen Buch »Las Casas vor Karl V.« hat *Reinhold Schneider* den Konflikt des zum Weltmissionar berufenen Welteroberers eindrücklich dargestellt, aber auch er sieht die letzte Tiefe des Problems nicht. Die missionarische Pflicht des mit den Heiden zusammenstoßenden abendländischen Christen ist wohl erkannt, von der Schuld jedoch und von der Verantwortung, die dem Abendländer bereits aus der Tatsache erwächst, daß es Heiden überhaupt gibt, weiß Las Casas noch nichts. Auch für ihn schließt demgemäß die Mission die Eroberung nicht aus, auch er begreift nicht, daß der weiße Mann den Auftrag hat, den farbigen um Vergebung zu bitten und gerade nicht, sich ihm gegenüber als Bringer der Vergebung aufzuspielen. Christus predigen, das heißt unter allen Umständen: nicht sich selbst predigen; und wer einem anderen den Anspruch Gottes vermitteln will, darf vor allem keinen Zweifel darüber lassen, daß er bereit ist, diesem Anderen zuliebe auf jeden Anspruch, auch auf den geistlichen, zu verzichten. In den Hütten Sems kann Japhet darum nur wohnen, wenn er den Drang nach räumlicher Ausbreitung, wenn er den »Willen zur Macht« aufgegeben hat. Aus der Haltung des Missionars müßte dem Missionierten eindeutig klar werden, daß wirklich nur Gott etwas von ihm will und nicht der, der ihm von Gott erzählt. Nur dann können sich beide in der Hütte Sems treffen, das heißt in jener Mitte, die der Mittler Christus neu aufgebaut hat.

Mission und Psychoanalyse stehen vor genau dem gleichen Problem. Hier wie dort geht es um die verlorene Mitte, die durch keine vom Menschen erdachte Methode wiederzufinden ist. Der Mensch von sich aus kann immer nur entweder den Trieb dem Willen, die Exoten dem Abendland unterwerfen oder umgekehrt das Unbewußte und Dämonische zur Macht kommen lassen, das heißt er kann nur dialektisch nach der einen oder anderen Seite umschlagen. Weder so noch so werden die Dämonen besiegt. Hier halten sie sich im Verborgenen, dort sind sie sichtbar, das ist der ganze Unterschied. Entmächtigt aber sind sie erst dann, wenn sich die Kluft schließt, wenn an die Stelle der leeren die erfüllte Mitte tritt, wenn Christus sich dorthin stellt, wo wir von uns aus nicht stehen können, und wenn wir im Glauben an ihn den Standpunkt unserer Dämonie wie unserer Autonomie verlassen.

Während sich das Unbewußte ins Grenzenlose ausbreitet, ist das Bewußtsein begrenzt und sucht seine Begrenzung. Es gleicht darin dem immer auf einzelne leuchtende Körper beschränkten Licht, etwa dem Licht der Sterne im Verhältnis zur Dunkelheit des unendlichen Weltraumes. Und wo das Bewußte an das Unbewußte, der Wille an den Trieb stößt, dort stößt auch der Tag an die Nacht, das Reich der Lichtgötter an das der Dämonen, die in der Finsternis hausen. Wir haben einen Anfang und ein Ende in der Zeit, einen Lebensmorgen und einen Lebensabend, das heißt, wir grenzen da und dort an die Nacht, und an diesen Rändern der Geburt und des Todes, des Sonnenaufgangs und des Sonnenuntergangs kommen wir unmittelbar in Berührung mit den Mächten des alle Grenzen überquerenden Unbewußten. Das gilt im zeitlichen wie im räumlichen Sinn. Anfang und Ende sind hier wie dort die kritischen Punkte, und so erscheinen der äußerste Osten und der äußerste Westen auch als die vor allem von den Dämonen umdrohten Gebiete des Gesamtlebensraumes. Wo der Tag beginnt und wo er aufhört, dort beginnt und hört auf auch das Bewußtsein, der Machtbereich des Willens. Jenseits des Horizontes liegt die schwarze Tiefe, das Meer, aus dem die Sonne aufsteigt und in das sie wieder versinkt.

Die Tatsache allein, daß wir einen Anfang und ein Ende haben, daß wir einmal nicht waren und einmal nicht sein werden, ist allerdings noch nicht dämonisch. Sie wird erst dämonisch, wenn die Gegenwart in ihren Bann gerät, wenn der Tag sich von der Nacht nicht nur begrenzt, sondern bedingt erkennt oder zu erkennen glaubt, wenn der Geist sich verführen läßt von der mephistophelischen Weisheit, daß es die »Mutter Nacht« war, die das Licht aus sich geboren hat, wenn also, überwältigt von der Unendlichkeit der ihn umgebenden Finsternis, der bewußte Wille sich für ihren Sohn hält und ihr hörig wird. Diese Hörigkeit kann je nachdem in einem krampfhaften Festhalten am Zustand des Anfangs, der Kindheit, des Sonnenaufgangs oder umgekehrt im Verfallensein an das Ende, in der Dienstbarkeit des Todes, des Sonnenuntergangs ihren Ausdruck finden. Osten und Westen haben so ihre besondere Anfälligkeit für die Dämonen, ihre besonderen Krankheiten, und irgendwie leidet freilich unter diesen Krankheiten jeder Mensch; denn jeder ist geboren und muß sterben, jeder hat Ränder, die an das Nichts grenzen, jeder trägt, auch im Mittag des Lebens, die Ahnung seines Gewordenseins und seines Vergehenmüssens mit sich herum als dumpfe Angst vor der Unendlichkeit, jeder hat seinen Horizont, über den ihn drohend und lockend die chthonischen Götter anstarren; jeder Mensch, jedes Volk, jede Kultur, jede Epoche und auch die ganze Menschheit in ihrer zeitlichen wie in ihrer räumlichen Erstreckung. Das Wort »Exoten« erhält von hier aus seinen besonderen Sinn. Exoten sind die *Randvölker*, die Völker, die an den Rändern sitzen, vor allem am Ostrand und am Westrand, am Ufer des Meeres, aus dem die Sonne aufgeht und am Ufer des anderen Meeres, in das sie untergeht. Der autonome Mensch als der *Mittagsmensch*, als das Haupt des Puruscha, wohnt in der Mitte, aber er bleibt vielfach verbunden mit den anderen, die ihn umgeben und die heranreichen an den Horizont, wo die Nacht beginnt. Auch er kennt daher die Lockung dahin und dorthin, den magischen Zug zur Selbstentäußerung, zum Verzicht auf die Behauptung des eigenen Ich, auch er hat seine Neigungen nach dem Osten und nach dem Westen, nach dem Anfang und nach dem Ende, nach der Vergangenheit und nach der Zukunft, auch er ist unter Umständen geneigt, der »Mutter Nacht« seinen Tribut zu zahlen, wäre es auch nur unter der nüchternen Maske des Konservativen oder des Revolutionärs.

Aufgang und Niedergang, Osten und Westen haben ihre besonderen Formen der Dämonie, und wir werden im Folgenden versuchen, die Unterschiede einigermaßen zu klären. Der Trieb hat einen anderen Charakter, je nachdem, ob er von der Geburt oder vom Tod bestimmt ist, ob die Wärme des dunklen Mutterschoßes oder die Kälte des dunklen Grabes dem Reich der Nacht sein Gepräge gibt, und doch können an ein und demselben Trieb beide Seiten aufscheinen, so am Geschlechtstrieb, der sich sowohl als Trieb zur Rückkehr in den Leib der Mutter, also in die Vergangenheit, wie auch als Fortpflanzungstrieb, also als Trieb in die Zukunft über das eigene Leben und über den eigenen Tod hinaus verstehen läßt. Östliche und westliche Dämonie stehen zu einander in einem dialektischen Verhältnis. Jede hat ihren Gegensatz als die eigene andere Möglichkeit an sich; denn als Einseitigkeit steht sie im Widerspruch, ja wird sie sich selbst zum Widerspruch. Da und dort siegt die grenzenlose Finsternis über das begrenzte Licht, das unendliche Nie über das endliche Jetzt, über die Gegenwart. Die Gegenwart wird besiegt heißt aber, sie wird zerrissen in Vergangenheit *und* Zukunft.

Für unser rationales Denken haben die Dimensionen des Raumes und der Zeit fast rein geometrischen Charakter, das heißt sie erscheinen uns qualitätslos und als lineare Strecken vertauschbar. Euklidisch-kantisch begreifen wir Raum und Zeit als leere abstrakte Anschauungsformen, denen sich die den

Sinnen gegebene Wirklichkeit eingliedert. Es fällt uns daher schwer, der Vergangenheit und der Zukunft oder gar dem Osten und dem Westen eine mehr als bloß formale und vom Ordnungswillen diktierte Bedeutung zuzuerkennen. Aber nicht von jeher hat die abstrakte Form über den Gehalt, hat die Zahl über die Dinge geherrscht. Solange das Viele nicht als getrenntes Nebeneinander oder Nacheinander, sondern als gegliederte Ganzheit verstanden wird, steht die Zahl im Dienst der dinglichen und sinnlichen Welt, ist sie nichts weiter als ein Ausdruck ihrer *Entfaltung*. Der Raum hat vier und die Zeit hat drei Dimensionen heißt daher bloß: der Raum ist vierfältig und die Zeit dreifältig. Im vierfältigen Raum aber sind die Weltgegenden notwendig *qualitativ* verschieden. Die Völker, die nach der babylonischen Sprachenverwirrung sich da und dorthin über die Erde ausbreiteten, behielten zunächst noch einen Rest ihres ursprünglichen Zusammengehörigkeitsbewußtseins, eine Ahnung um ihre Einheit in Adam, und darum hing die Weltgegend, die jedes einzelne Volk wählte, von dem Charakter eben dieses besonderen Gliedes am Leibe Adams wesensmäßig ab. Der rationalistische Abendländer weiß davon freilich nichts mehr. In den magischen Kulturen der Exoten und vor allem der primitiven Naturvölker aber finden sich noch letzte Spuren des verlorenen Einheitsbewußtseins. So verwendet z. B. der Papua auf Neu-Guinea jedesmal ein anderes Wort für »gehen«, wenn es sich um ein Gehen nach Norden, nach Süden, nach Osten oder nach Westen handelt. Der abstrakte Begriff dagegen wurde zum Sondergut des autonomen Denkens, das seine Umwelt in ein homogenes Nichts zu verwandeln sucht. – Der Psychologe *C. G. Jung* hat entdeckt, daß unter den vom Unbewußten im Traum, in der Trance, im Mythos usw. produzierten Symbolen das sogenannte »Mandala« eine ganz eigenartige und hervorragende Rolle spielt. Dieses Mandala, das auch in indischen und ostasiatischen Ornamenten gelegentlich auftaucht, ist eine quadratische oder doch wenigstens dem Quadrat verwandte Figur, die, auf ihr eigenes Zentrum bezogen, die Vierheit zur Einheit zusammenfaßt, und der somit die funktionelle Bedeutung einer Versöhnung der Gegensätze zukommt (C. G. Jung, »Psychologie und Religion«, S. 163). Halten wir daneben, daß nach den überzeugenden Forschungsergebnissen von *Leo Frobenius* die Zahl vier, wo immer sie im Mythos oder im Märchen erscheint, ihre Beziehung zum Raum, nämlich zu den vier Raumentfaltungen der Erdoberfläche, zu erkennen gibt, so drängt sich unwillkürlich der Schluß auf, daß die Harmonisierung der Vierfältigkeit im Mandala den Ausgleich der sich in der räumlichen Ausbreitung und ihrer Polarität symbolisch darstellenden Widersprüche bedeutet. Der Ort der lebendigen Raumbezogenheit ist die beim Träumer, beim Somnambulen wie beim Exoten dominierende Triebregion, das heißt in dieser oder, was dasselbe sagt, im Unbewußten berührt sich das Selbst mit der entfalteten Umwelt, die für das Auge des wachen autonomen Bewußtseins von ihm abgespalten und zerteilt nach bloß geometrischen Gesetzen daliegt. Versenkt sich aber der Mensch meditierend in sein eigenes unbewußtes Wesenszentrum, so schließt sich ihm das Zerfallene wieder zur Einheit bzw. zur qualitativ gegliederten Ganzheit zusammen, und als Bild der so gewonnenen Versöhnung zeigt sich ihm das Mandala. Ebenso wird auch umgekehrt das Mandala benützt, um den Zustand meditativer Versunkenheit herbeizuführen.

Dieser Vorgang hätte keine so große Bedeutung, wenn es sich dabei tatsächlich um nichts weiter handelte als um den Ausgleich räumlicher Gegensätze und Spannungen, oder richtiger, wenn die räumlichen Gegensätze, die hier ausgeglichen werden, nicht viel mehr wären als eben nur das, nämlich Sinnbilder, ja geradezu Darstellungsweisen der Urgegensätze, des Urwiderspruches oder Urzwiespaltes, an dem wir leiden und auf dessen Aufhebung uns daher alles ankommt, des Zwiespaltes von Leben und Tod. Der Osten, der Ort des Sonnenaufganges, ist auch der Ort der Geburt, des Lebensanfanges, der Westen, der Ort des Sonnenunterganges, auch der Ort des Sterbens, des Lebensendes. Dem Osten erscheint, wenigstens für uns Bewohner der nördlichen Hemisphäre, der Süden als Ort des höchsten und dem Westen der Norden als Ort des tiefsten Sonnenstandes irgendwie verwandt. Die Sonne im Zenit, das heißt Leben, die Sonne im Nadir dagegen Tod. Das ganze Viereck Osten-Süden-Westen-Norden bedeutet sonach Geburt-Leben-Sterben-Tod. Die enge Beziehung zwischen Osten und Süden einerseits und

Westen und Norden andererseits kommt auch darin zum Ausdruck, daß die Sonne in ihrem Jahreslauf von Südosten nach Nordwesten wandert. Sie geht zur Zeit des längsten Tages im Nordwesten unter. Diesem Sonnenlauf folgt, wie abermals Frobenius festgestellt hat, bezeichnenderweise auch die Wanderung der Hochkulturen. Sehen wir von weiter entfernten Ländern wie China oder Indien gänzlich ab, so läßt sich doch allein schon innerhalb des begrenzten Mittelmeerraumes beobachten, daß die Kultur im Südosten, in Ägypten und Babylonien erwacht und sich sodann über Griechenland und Italien immer mehr nach Nordwesten vorschiebt. Der Lebensgang der Menschheit, der Ablauf der Kulturgeschichte, entspricht also durchaus dem Gang des Tagesgestirns. Im Osten oder Südosten wohnen die Völker des Anfangs, der Geburt, im Westen oder Nordwesten die Völker des Endes, des Sterbens, und ihr Wohnort im Verhältnis zum Ganzen gibt ihnen ihr Gepräge, kennzeichnet sie je nachdem als Morgen-, Mittags- oder Abendvölker. Der Osten, also etwa Ostasien, ist nicht nur relativ von Europa aus gesehen, sondern auch *an sich selbst* der Osten, d. h. die Ostseite oder Geburtsseite der Menschheit, deren subjektives Zentrum die Völker Europas bilden. Das Für-uns und das An-sich fallen hier, wie schon gesagt, zusammen. Die Exoten sind an sich nichts anderes als eben das, was sie für den Europäer sind. In ihnen erkennt der in uns zum Bewußtsein erwachte Menschheits-Mensch seinen eigenen Anfang, sein Geburts- und Frühstadium, seine morgendliche Berührung mit der Mutter Nacht. Als die am Rande Siedelnden sind die fernsten Exoten unmittelbare Nachbarn des Unbewußten, erscheinen sie dem Objektiven angenähert und dem Subjektiven entfremdet.

Aus dem bloßen Hinausgeschobensein an den Rand erklärt sich aber freilich noch nicht das Dämonische und für unser Empfinden Unheimliche der exotischen Kultur. Ein Glied des Körpers, etwa der Fuß, mag vom Bewußtseinszentrum noch so weit abliegen, solange seine Gliedschaft, das heißt seine Zugehörigkeit zum Ganzen außer Frage steht, behält er dennoch dem Charakter des Vertrauten. Löst sich das betreffende Glied aber vom Leib ab und führt es als abgelöstes sein Eigenleben weiter, so wird es zur Spukerscheinung. Ein einzelnes lebendiges Bein oder ein lebendiger kopfloser Rumpf oder auch ein rumpfloser Kopf wäre ein Anblick, der Grauen und Entsetzen erregt, weil hier das an sich selbst gar nicht Lebensfähige, das seinem Wesen nach Tote durch die Gebärde des Lebens das wahre Leben, in dessen Besitz wir uns glauben, in Frage stellt und also bedroht. Genau das gleiche gilt auch von den Gliedern am Menschheitsleib, von den Randvölkern und Randkulturen. Je mehr sich die autonome Mitte, das Abendland, vom Ganzen emanzipiert, je autonomer sie also wird und sich damit herauslöst aus allen Zusammenhängen, je absoluter und unbedingter sie sich setzt, um so fremder muß ihr notwendig alles Periphere erscheinen, um so weniger kann sie die Exoten als zu sich gehörig erkennen, und so stellen sich ihr diese schließlich dar wie abgetrennte und dennoch lebendige Glieder, die nicht vom Geist, sondern vom Widersacher des Geistes, nicht von dem nach dem eigenen Bild vorgestellten Gott, sondern von den Dämonen regiert werden. So ist also, wie wir schon ausführten, die exotische Kultur ein Ergebnis der abendländischen Perspektive und nicht etwa ein selbständiges Erzeugnis der exotischen Seele, ja diese Seele gibt es überhaupt gar nicht, sie existiert nur in der Einbildung der Autonomie als Gegenstück des in den Traum seiner eigenen Gottgleichheit versponnenen Adamsgeistes.

Der Orient ist das Land der Herkunft, der Okzident das Land der Hinkunft. Aus dem Osten kommt alles, aber dorthin geht nichts, darum hat er, so wie er einmal war, Endgültigkeit. Er gleicht darin allem Vergangenen, das in seinem Sosein unveränderlich bleibt und in der angenommenen Form erstarrt. Dem Westen jedoch wandern wir entgegen, er ist Zukunft und darum verborgenes, unbekanntes Land bis zu dem Augenblick, da ihn die wandernde Mitte erreicht, um sich dort anzusiedeln, um also selbst westlich zu werden und damit aufzuhören Mitte zu sein. Zum Abendland im vollen Sinn des Wortes wird Europa eigentlich erst mit der Überquerung des Atlantischen Ozeans und der Entdeckung Amerikas. Der Atlantik vergleichnißt die Grenze, die die Gegenwart von der Zukunft, das Mittagland vom wahren Abendland scheidet. Als der bisher so genannte »Abendländer« mit seinen Schiffen über den Atlantik fuhr und die Küste der Neuen Welt erreichte, da erst begann es für ihn wirklich Abend zu werden, da wurde er, der Mittagsmensch, ein Abendmensch. Nun war ihm die Zukunft nicht mehr verborgen, nun stand er selbst in der Zukunft, und damit begann sich sein Schicksal, das Schicksal des autonomen Willens zu erfüllen. Dieser Wille will zwar immer nur den ewigen Mittag, die Gegenwart, aber er er will sie für sich, und darum entgleitet sie ihm, darum wird er aus einem Gegenwärtigen ein Zukünftiger, ein dem Ende sich Zuneigender, ein Gefolgsmann der Sonne auch auf dem Weg des Untergangs. Nach Westen wandern heißt sterben, und der autonome Geist muß sterben, eben um seiner Autonomie willen; denn Autonomie bedeutet Ablösung von der Wurzel des Lebens. Er sucht den Mittag und findet den Abend, er sucht den Tag und findet die Nacht. Die in Amerika landenden Spanier fanden dort eine hochentwickelte, obgleich extrem dämonische Kultur, eine Kultur des Todes, des Sonnenuntergangs. Aber diese Kultur hielt nicht stand; sie brach zusammen, ja sie verschwand geradezu, so als ob sie niemals gewesen wäre, kaum, daß sie einen Hauch Europas erfahren hatte. Dieser eigenartige Vorgang ist von tief symbolischer Bedeutung, er sagt nämlich, daß das bisher Unbekannte seine Wirklichkeit verlor im Augenblick, da es bekannt wurde. Die erreichte Zukunft ist keine Zukunft mehr, weil der, der sie erreicht hat, selbst ihr zugehört, selbst zukünftig wird. Der dämonische Geist der verschwundenen indianischen Kultur, dieser Abend-Geist oder Sterbe-Geist, teilte sich ganz und gar dem Europäer mit, der die durch den Atlantik bezeichnete heilige Schranke zwischen Mittag und Abend niedergebrochen hatte. Nur in ihrer Verborgenheit konnte die amerikanische Kultur abseits vom Land der Mitte bestehen; denn sie war eine Kultur des Unbewußten, des *noch* Unbewußten. Aufgenommen in das Bewußtsein, mußte sie sich auflösen, freilich nicht, ohne diesem ihren Todeskeim einzuimpfen. Die Dämonie des Sterbens, die auf den Pyramidentempeln Mexikos ihre blutigen Orgien feierte, bemächtigte sich unversehens der Spanier, die sie auszurotten meinten, und drang sodann über Spanien immer tiefer hinein in das Herz der

Menschheit. Indem der Abendländer den Boden des westlichen Kontinentes betritt, steigt er gleichsam als das dem Gott des Todes geweihte Opfer die Stufen des Tempels hinauf, um sich mit dem Obsidianmesser des schwarzen Aztekenpriesters die Brust aufschneiden zu lassen. Er selbst hat die Grenze des Sonnenlaufes und damit des Lebens erreicht. Wer den Westen erobert, erobert damit sich den Tod, er entschleiert das bis dahin von den Göttern gnädig verhüllte Bild von Sais und entdeckt hinter dem Vorhang die Wahrheit, daß er sterben muß. Die Fahrt des Kolumbus fällt zeitlich zusammen mit der Ablösung des ptolemäischen durch das kopernikanische Weltsystem. Das ist kein bloßer Zufall. Kopernikus hat den Sternenhimmel seiner Göttlichkeit beraubt, das heißt, er hat der Erde ihre Verbindung mit der Wohnung Gottes, ihre sichtbare Beziehung zum Thron des lebendigen und Leben spendenden Schöpfers endgültig genommen, und Kolumbus hat den Schwerpunkt der Menschheit aus dem Mittagland nach dem Abendland, aus dem Land des Lebens nach dem Land des Sterbens verschoben.

Mit der Entdeckung und Besiedlung Amerikas war aber die Westwanderung noch nicht beendet. Auf die Überquerung des Atlantischen folgt die des Großen Ozeans, auch sie zuerst in der Richtung von Osten nach Westen, also des Sonnenlaufes, und damit schließt sich der Kreis. Später, im neunzehnten Jahrhundert, wird Japan bezeichnenderweise nicht von Europa, sondern von Amerika aus erschlossen, das äußerste Tor des Ostens wird vom äußersten Westen geöffnet, um nicht zu sagen erbrochen. Die Ost-West-Richtung hat nun eigentlich ihren Sinn verloren, sie ist zu einem bloßen Verhältniswert herabgesunken. Was einmal eindeutig Osten war, ist jetzt auch über den Westen zu erreichen und also selbst Westen. Wenn aber Osten und Westen nicht mehr festliegen, hat es auch keinen Sinn mehr, von der Mitte zu reden. Jetzt ist alles oder nichts Mitte. Der Stille Ozean, das große Weltmeer, hat seine metaphysische Bedeutung eingebüßt. Er weist nicht mehr ins Andere, ins Unzugängliche. Alles ist zugänglich, so scheint es wenigstens; in Wahrheit freilich hat sich das Unzugängliche nur dem Zugriff des Menschen entzogen. In unserem Eroberungs- und Entdeckungsdrang wollen wir uns der Schöpfung und wohl auch des

Schöpfers bemächtigen, aber wir finden nur uns selbst. Das sagt uns im Gleichnis die Kugelgestalt der Erde. Der Adam, der Gott gleich werden wollte, muß am Ende erkennen, daß er immer nur um sein eigenes kleines Ich kreist und in diesem Kreisen den wahren Gott aus den Augen verliert, mitsamt seiner Welt in die Trostlosigkeit der absoluten Gottesferne gerät. Solange das Zugängliche noch unmittelbar an das Unzugängliche grenzte, solange das Jenseits des Ozeans noch im Geheimnis blieb, hatte die von den unerforschten Weltmeeren umschlossene Erde auch selbst noch teil an diesem Geheimnis, das will sagen am Jenseits Gottes. Die Weltumseglung aber machte aus der ganzen Erde ein Diesseits, eine aus der Hand des Schöpfers gefallene und damit dem Untergang verfallene Schöpfung. Die kugelförmige Erde hat keinen Westen und keinen Osten, kein Oben und kein Unten und auch keine Weite mehr. Sie hat kein Anderes, sondern nur noch das *»ganz Andere«* außer sich, das, wohin kein Schauen und kein Wahrnehmen und auch kein Begreifen reicht. Wir sagten früher, daß Herkunft und Hinkunft, die ursprünglich Eines waren in der überzeitlichen Gegenwart des Ebenbildes vor dem Angesicht Gottes, am Ende abermals Eines sein werden, aber nun in der Gegenwartslosigkeit der Abwesenheit Gottes. Für dieses Eins-Werden ist unter anderem auch die Berührung von Orient und Okzident über den Stillen Ozean hinweg ein Bild. Sie hat mit der ersten Weltumseglung begonnen und findet in der kriegerischen Auseinandersetzung zwischen den Weltmächten Amerika und Japan ihre Vollendung. Dieser Krieg ist der »Weltkrieg« schlechthin; denn in ihm stürzt die Welt in sich zusammen. Anfang und Ende finden einander, aber nicht im Mittag, sondern in der *Mitternacht,* nicht in der Harmonie der ewigen Gegenwart, sondern im Chaos eines Trümmerhaufens, der alle menschlichen Illusionen unter sich begräbt *(Hiroshima).*

Im Osten und Südosten des eurasischen Kontinents, der sogenannten »Alten Welt«, an den Ufern des Großen Ozeans, liegt das Chinesische Reich, das »Reich der Mitte«, das diesen Namen mit dem gleichen Recht oder Unrecht trägt wie Europa den des »Abendlandes«. Genau genommen freilich ist Europa das Land der Mitte und China das Morgenland, das Reich des

Sonnenaufgangs und des Anfangs. Der Chinese hält sein Gesicht dem Osten zugekehrt, der Osten ist für ihn die vornehmste Weltrichtung. Schon die älteste chinesische Philosophie kennt die Begriffe des *Jang* und des *Jin*. Jang ist das Männliche, das Starke und der *Süden*, Jin das Weibliche, das Schwache und der *Norden*. Da aber das Starke und Männliche immer der *rechten,* das Schwache und Weibliche der *linken* Hand entspricht, so folgt daraus, daß der Chinese die rechte Seite dem Süden, die linke dem Norden und also die Front dem Osten zugeordnet denkt, er ist im ganz wörtlichen Sinn »orientiert«. Wir Europäer dagegen sind nicht dem Osten, sondern dem Norden zugekehrt, wie ein einziger Blick auf unsere Landkarten erkennen läßt. Für uns liegt der Osten rechts, der Westen links und der Norden vorne. Unser Auge sieht instinktmäßig nach Norden. Das Sehen nach Norden aber ist nur ein Ausdruck für das Gehen nach Norden. Wir lassen uns unseren Weg von den Strahlen der Mittagssonne weisen. Der autonome Geist sucht nicht das Licht, sondern ist das Licht oder hält sich doch dafür. Er sucht darum mit seinem Licht die Finsternis zu erleuchten und nennt das »erkennen«. Das noch Dunkle, die Finsternis, die Mitternacht, der Norden, ist somit sein Ziel. Der Weg dorthin wird ihm allerdings zum Irrweg; denn indem er der Mitternacht zuwandert, entzieht er sich dem Licht, dem er in seiner Selbstherrlichkeit den Rücken kehrt und das eben tatsächlich nicht sein Licht ist. Die Wanderung nach Norden verwandelt sich so für ihn in eine Wanderung nach Westen, nach dem Abend, nach dem Sonnenuntergang. Er nähert sich dem Tod, während er die Vollendung des Lebens sucht.

Der Chinese dagegen sieht dorthin, woher das Licht kommt. Er erwartet das Licht. Deshalb ist China das Land des Aufgangs und Anfangs, aber das freilich nur von der Mitte her gesehen, aus der Perspektive des Abendlandes, das heißt dieser Anfang hat keine Aktualität mehr, in ihm fängt nichts mehr an, es *hat* dort nur angefangen; denn die Sonne steht ja längst im Mittag, wenn nicht gar schon im Westen. Der erwartungsvolle Blick nach Osten wird damit sinnlos, eine Haltung der *Vergangenheit*, der Vorzeit und nicht der lebendigen Gegenwart. Die Geste ist leer und verheißungslos. Es wird da scheinbar etwas bewahrt als hohle Form, das seinen Inhalt längst verloren hat. Man richtet die Augen starrsinnig nach Osten und merkt nicht, daß man die Sonne im Rücken hat. So ist also China wohl das Morgenland, aber das Morgenland ohne Morgen, der Anfang, aber der vergangene Anfang, der bereits tote Anfang. Was dort anfing, gehört bereits der Mitte, dem Abendland. Der Chinese verharrt im Zustand der Geburt, während die Entwicklung diesen Zustand schon lange überschritten hat. Im Zustand der Geburt verharren bedeutet jedoch, die Bindung an die Mutter, an die Nacht festhalten. Wenn die Sonne einmal aufgegangen ist, dann gilt nicht mehr »ex oriente lux«, sondern »ex oriente nox«. Die Hinwendung zum Licht verkehrt sich damit in ihr Gegenteil, in die Hinwendung zur Finsternis, die mit dem Licht verwechselt, dem Licht gleichgesetzt wird. Wo aber Licht und Finsternis, Tag und Nacht, Tod und Leben in Verwirrung geraten, wo der Abgrund als Höhe, der Ungeist als Geist angebetet wird, dort verfällt der Mensch den Mächten der Tiefe, den Dämonen. Und so ist die chinesische Kultur eine Kultur der dämonisierten Geburt oder des dämonisierten Anfangs.

In seiner tiefsinnigen Abhandlung über den Geist und die Mythologie Chinas legt *Schelling* allen Nachdruck auf die eigentümliche Tatsache, daß im Zentrum der chinesischen Religion nicht irgendein persönlich vorgestellter Gott, sondern der Himmel, und zwar der *leere* Himmel steht, das Reich der Herkunft oder der Väterlichkeit, aber ohne leibhaftigen Vater, der Raum, in den sich die Morgensonne erhebt, aus dem sie aber tatsächlich bereits verschwunden ist. Schelling drückt das aus, indem er sagt: die Chinesen hätten sich dem »mythologischen Prozeß«, den die Völker des Abendlandes mitmachten, entzogen. Sie hielten fest am uranischen Prinzip, nachdem Uranos schon längst anderen Göttern hatte weichen müssen. So blieb ihnen nur die hohle Form, eben der Himmel ohne den Himmelsgott. Wir brauchen aber, um das Wesen der chinesischen Kultur und Religion zu verstehen, den etwas umständlichen Ausführungen über den mythologischen Prozeß gar nicht zu folgen. Uns genügt allein der Umstand, daß China den Anfang über seine Aktualität hinaus festhielt, also, wie wir sagten, im Zustand der Geburt verharrte, auch als die Reife bereits erreicht war. Damit entleerte sich die Form, und der Ausdruck dieser leeren Form war der leere Himmel, das Haus Gottes, in dem kein Gott mehr wohnte; denn Gott ist immer und überall ein Gott der Lebendigen und nicht der Toten. Wenn der Mensch in seiner selbstgewählten Erstarrung ihn festhalten will, dann behält er nur Hüllen in der Hand, und wer in die leere Hülle Gott hineindichtet, den sieht daraus der Dämon an.

Der leere Himmel, das ist der leere unendliche Raum, und dem unendlichen Raum entspricht die unendliche Zeit, in der sich nichts ereignet als nur ein ständiges rhythmisches Auf-und-Ab, die völlige Geschichtslosigkeit. Da ändert sich nichts und verändert sich nichts, da kehrt immer nur das Gleiche in regelmäßigem Wechsel wieder, da hat sich die Natur der Geschichte bemächtigt. Das Nirgends und das Nie nehmen nun den Platz des Überall und des Immer, der Allgegenwart in räumlicher und zeitlicher Hinsicht ein. Alles Werden erschöpft sich im Entstehen und Vergehen der Generationen, und aus dem gleichmäßig dahinfließenden Strom taucht nichts Neues hervor. Die Wellenlinie dieser Zeit ohne Anfang und ohne Ende beherrscht vielfach die Formensprache der chinesischen Kunst. Aus ihr erklären sich etwa die bekannten Rollbilder, die in ununterbrochener Abfolge nichts weiter zeigen als Landschaften von Bergen und Tälern. Der kunstverständige Chinese wird ein solches Bild niemals vor sich ausbreiten, sondern legt immer nur einen kurzen Ausschnitt frei, während er die eine Seite auf- und die andere einrollt. So entsteht die Illusion der Anfangs- und Endlosigkeit. Daß die Bilder tatsächlich einen Anfang und ein Ende haben, liegt nur an der Begrenztheit des menschlichen Vermögens, ihrem Wesen nach müßten sie eigentlich unendlich lang sein, weshalb man ja auch die Ränder durch das Einrollen zu verbergen sucht.

Nach den Worten der Genesis ruhte Gott am siebenten Tag, nachdem er das Werk der Schöpfung vollendet hatte, und segnete diesen Tag. Gottes Ruhe ist die Ruhe der Erfüllung, eine ihrer selbst durch und durch bewußte Ruhe, die Ruhe als

Ausdruck höchster Lebendigkeit. Die Ruhe des chinesischen Himmels dagegen ist die Ruhe des Todes, die Ruhe der Starrheit. Der Himmel ruht hier, nicht weil er etwas vollendet hat, sondern weil ihm der Schöpfer und Vollender fehlt. Wird diese nichtige Ruhe verwechselt mit der erfüllten, wird in sie die Erhabenheit des ruhenden Gottes hineingedichtet und wird sie darum zum Gegenstand der Verehrung und Anbetung, so verkehrt sie sich wie alles vergöttlichte Ungöttliche ins Dämonische. Der ruhende Schöpfer hat die Macht, jederzeit wieder aus seiner Ruhe herauszutreten, um von neuem zu wirken, die Ruhe hat alle Möglichkeiten der Bewegung in sich; denn über ihr steht die schrankenlose Freiheit dessen, der ruhen und wirken kann wie er will. Die Ruhe des leeren Himmels aber kann niemals aufhören Ruhe zu sein, und darum ist das Wirken, die Bewegung ihr Gegensatz und Widerspruch. Wo der Mensch die Ruhe als Starrheit versteht und also dämonisiert, dort lauert neben ihr, sie ständig in Frage stellend und bedrohend, die gleichfalls dämonische Bewegung. Dem leeren Himmel entspricht auf der anderen Seite der entfesselte *Drache*. Auf den ersten Blick scheint der Drache ein Fremdling zu sein im chinesischen Weltbild. Wie konnte ein solches, die höchste Dynamik verkörperndes Wesen gerade hier zu solcher Bedeutung kommen? Verstehen läßt sich das nur aus der Dialektik von Bewegungslosigkeit und Bewegung. Die tote Ruhe, die aus sich selbst nicht herauskann, führt zur Spannung, und wo es Spannungen gibt, kommt es zu Entladungen, zu Explosionen. Im Drachen explodiert also gleichsam die aus dem Himmel entschwundene bewegende Kraft. Er ist der *Blitz* als Kehrseite der starren Bewegungslosigkeit. Starrheit bedeutet dämonische Ruhe, Blitz dämonische Bewegung. Der tote Himmel hat zu seinem Gegenüber eine tote Erde. Sein ewig schweigendes Dach wölbt sich unnahbar über einem regungslosen Tal. Himmel und Erde können so niemals zu einander finden, aber zwischen ihnen zucken die Blitze. Der Blitz stellt die Verbindung her von einem Pol zum anderen. Er ist der Dritte, er ist der *Mittler*. Im Bild des Blitzes, des Drachens, der die Spannung lösenden Explosion, stellt sich darum dem chinesischen Geist alles dar, was sich zwischen Erde und Himmel abspielt. Drachenartig ist vor allem die aus dem Meer des Ostens emporsteigende Sonne, drachenartig ist die lodernde Flamme, das aufschäumende Meer, sind die Bäume und die Felsen, ja sogar die Wolken, die am Himmel hinziehen und als Nebel die Erde berühren. Der Drache hat im chinesischen Mythos etwas eigentümlich Zwiespältiges. Er genießt zum Teil beinahe göttliche Verehrung, und doch bricht zuweilen auch die Ahnung von seiner Fragwürdigkeit, ja seiner Dämonie durch. So erklärt sich offenbar das von *Schelling* einmal zitierte Wort aus dem I-King: »Er (der Drache) seufzt über seinen Stolz; denn der Stolz hat ihn blind gemacht; er wollte hinauffahren in den Himmel und stürzte in den Schoß der Erde herab.« Wem fällt da nicht der Kampf des Erzengels Michael mit dem Drachen ein, wie ihn das 12. Kapitel der Apokalypse schildert, oder auch das Wort Christi aus Luk. 10, 18: »Ich sah den Satan vom Himmel fallen wie einen Blitz.«? Im ältesten China scheint der Himmel noch nicht ganz so leer gewesen zu sein wie heute. Da gab es noch göttliche Mächte, die aus ihrer eigenen verhaltenen Dynamik heraus dem Dämon des Blitzes Trotz bieten konnten. Später aber erstarb der Himmel immer mehr, und so ging alle Kraft der Bewegung auf den Drachen über. Deshalb wird in dem China, das wir kennen, neben dem ruhenden Himmel der niemals ruhende Drache verehrt wie ein zweiter Gott oder besser wie der Mittler, dem allein es gegeben ist, von hier nach drüben die Brücke zu schlagen. Der Drache schmückt die chinesischen Fahnen und vor allem den Thron des Kaisers. Ohne ihn hätte der Bewohner der Erde keinen Anteil an den oberen Regionen. Nur dem Drachen verdankt er seine Beziehung zum Himmel. Der Drache ist nicht etwa selbst die aufgehende Sonne oder der Blitz oder das Feuer, sondern das in allen diesen Erscheinungen lebendige Prinzip. Er ermöglicht das Aufsteigen, das Aufschäumen, das Auflodern. Wenn dieses Prinzip gerade unter der Gestalt eines chthonischen Ungeheuers vorgestellt wird, so darum, weil das Unten das Primäre und das Oben das Sekundäre ist. Der Mittler kommt nicht aus dem Himmel herab als persönlicher Sendbote eines persönlichen Gottes, sondern er zuckt von der Erde aufrührerisch empor, er ist eigentlich nichts weiter als der entfesselte Wille, der selbst wie Gott sein will.

Weil der Himmel leer ist, weil dort oben kein Gott mehr wohnt und regiert, darf sich die Schlange aufbäumen. Für den christlichen Glauben geht der Sohn, der Mittler vom Vater aus und kommt in die Welt. Vor diesem wahren Mittler muß der Drache weichen. Wo aber kein Vater ist, gibt es auch keinen Sohn. Dort werden die Dämonen zu Mittlern, freilich nur zu Mittlern mit dem Nichts. Der Teufel, der Drache kann die Rollen des Mittlers spielen in einer Welt, in der es nichts zu vermitteln gibt als nur die Beziehung zwischen dem Tod unten und dem Tod oben.

Wo der Himmel leer ist, wo kein persönlicher Gott dem Menschen gegenübersteht, dort verliert notwendig auch dieser seine Persönlichkeitswerte, dort regiert überhaupt das Allgemeine über das Besondere, das Kollektiv über das Individuum. Nichts mutet uns vielleicht am ostasiatischen Geist so fremdartig und geradezu unheimlich an wie die völlige Unpersönlichkeit der Menschen und die damit verbundene Gleichgültigkeit dem Leben oder dem Tod des Einzelnen gegenüber, eine Gleichgültigkeit, die sich sehr oft bis zur Grausamkeit steigert. Das Mitleid mit dem Nächsten scheint dem Chinesen wie auch dem Japaner ein beinahe unbekanntes Gefühl zu sein. Der Ostasiate sieht nur das Ganze, aber auch dieses lediglich als eine entleerte Form. Damit hängt, wie ebenfalls Schelling gezeigt hat, auch die Einsilbigkeit der chinesischen Sprache zusammen. Das einsilbige Wort nämlich ist im Grunde gar kein Wort, kein *Wort-Individuum* in unserem Sinn, sondern bloß ein Glied des Satzes, aus dem allein es seine Bedeutung erhält. Diese Bedeutung läßt sich immer nur aus dem Zusammenhang ablesen, so daß die Abfassung chinesisch-europäischer Wörterbücher auf fast unüberwindliche Schwierigkeiten stößt; denn was nützt es mir zu wissen, daß irgendeine bestimmte chinesische Silbe etwa »Vater« bedeutet, wenn die gleiche Silbe in einem anderen Zusammenhang auch eine ganz andere Bedeutung haben kann. Wie überall, so bleibt also auch hier das Einzelne ganz und gar dem Ganzen eingefügt. Dem leeren Himmel fehlt die Person Gottes, und demnach gibt es auch unter ihm keine Personen. In polarem Gegensatz zu den Sprachen des Ostens stehen die vielsilbigen Sprachen der amerikanischen Indianer, also des Westens. »Diese Sprachen scheinen das Gegenstück, die anderen Extreme zu dem Monosyllabismus der Chinesen. In diesem hat sich die Macht des Urprinzips erhalten, in jenen ist sie ganz zerstört, und die Sprachen sind einem sinnlosen Polysyllabismus hingegeben« (Schelling). Hier erscheint demnach der Individualismus übersteigert, aber das allerdings so, daß das Individuum zum Massenpunkt herabsinkt, zum verschwindenden Atom in einer haufenartigen Vielheit, wodurch sein Wert als Person nicht weniger als dort in Frage gestellt wird. Person ist, was sich erstens in seiner Einzelheit behauptet und zweitens dennoch einer Gemeinschaft einfügt. Der einsilbigen Sprache fehlt das erste, der vielsilbigen das zweite Moment, und wie der Sprache, so selbstverständlich auch den Menschen, die sie sprechen. Der Chinese geht auf in der ausgehöhlten Ureinheit Adams, der Indianer verliert sich in der Staubmasse, zu der Adam zerfällt. Dort ein Symbol der sinnentleerten Geburt, hier ein Bild des ewigen Todes.

Wenn für China der Himmel leer, die Zeit geschichtslos und der Anfang überholt ist, so liegt das nicht an ihm selbst, sondern an der Menschheitsmitte, am sogenannten Abendland, dem Subjekt der Welt, dessen eigener Morgen sich ihm in eben dieser Gestalt darstellt. Aber auch ein leerer Himmel und ein vergangener Morgen bedeuten immer noch mehr als gar kein Himmel und gar kein Morgen. Eine Menschheit, in der es noch ein Chinesisches Reich, eine chinesische Kultur gibt, hat den Zusammenhang mit dem Himmel immerhin noch nicht ganz verloren, wenn auch ihr Auge schon so getrübt ist, daß es den Herrn des Himmels nicht mehr sehen kann. Der chinesische Kaiser, der »Sohn des Himmels«, hat sich von jeher nicht nur für den Kaiser von China allein, sondern für den einzigen rechtmäßigen Herrscher und Beherrscher der ganzen Erde gehalten, für den König der Könige, dem alle übrigen Kaiser und Könige untergeordnet sind, und das auch mit einem gewissen Recht; denn China hat resthaft bewahrt, was den westlichen Ländern und Völkern bereits entglitten ist, das unmittelbare Wissen um die Himmelsbedingtheit alles Geschaffenen. Hier war die Verbindung zwischen Schöpfer und Schöpfung wenigstens noch nicht vollkommen gelöst, hier hatte die

Urreligion, die metaphysische Urbedingtheit eine letzte Hochburg, und das war von ungeheurer Bedeutung nicht nur für China allein, sondern darüber hinaus für die gesamte Erde. Während die Kulturvölker des Westens schon längst nur noch in der Horizontalen lebten und das heißt in *politischen* Interessen aufgingen, an nichts weiter dachten als an ihre Ausbreitung über die Fläche, an Welteroberung, an Weltwirtschaft und dergleichen, blieb China unverrückt der Vertikalen treu. Abgeschlossen von aller Welt, thronte der Kaiser in der verbotenen Stadt, um sich ungestört der Macht von oben öffnen zu können, die ihm die Kraft gab, sein Land und mit ihm die Erde nach dem Gesetz des Himmels zu regieren. Und wie dieser Kaiser für sein eigenes Volk, so blieb das ganze China für die übrige Welt verschlossen, also gleichfalls eine verbotene Stadt, denn wer dem Himmel dient, darf sich nicht durch andere Dinge ablenken lassen. So hielt sich China der großen Weltpolitik bewußt fern und schien damit bedeutungslos für die Geschichte. In Wahrheit freilich war es gerade umgekehrt, erhielt diese Geschichte von dort, das heißt mittelbar aus dem Himmel ihre Lebenskraft. Das Ende dieses Kaiserreiches muß darum als ein die ganze Menschheit berührendes Ereignis gewertet werden. Hier stürzte der Himmel ein, unter dessen Kuppel bisher alle Völker in einer wenigstens relativen Ordnung lebten. In dem Augenblick, da China in den Zusammenhang der Weltpolitik eintritt, da aus dem Kaiserreich eine Republik wird und diese sich dem Westen erschließt, fällt es aus dem großen metaphysischen Zusammenhang heraus und wird für die Geschichte bedeutungslos. Damit aber verliert diese Geschichte überhaupt ihren Kontakt mit dem Himmel, der Faden nach oben zerreißt. Das Jahr 1912, das Jahr der Abdankung des letzten Kaisers, war ein Schicksalsjahr ohnegleichen, übrigens auch das Jahr des Halleyschen Kometen, es brachte den Balkankrieg, der dann zum ersten Weltkrieg führte und das Zeitalter der Weltkriege, des allgemeinen Chaos einleitete. Die äußere Unabhängigkeit des alten China war die Voraussetzung für die Erfüllung der Aufgabe, die ihm innerhalb der Gesamtheit zukam. Gerade das weltlich scheinbar Bedeutungslose, das in der nur politischen Geschichte kaum eine Rolle spielt, das in bewegungsloser Ruhe verharrt, während alles andere vorwärts-hastet, kann unter Umständen der wahrhaft lebendige Pol sein, der Punkt, wo sich Erde und Himmel die Hand reichen und durch den die Erde ihre Nahrung erhält. Darin liegt ja auch der unverlierbare Wert der Klöster, und das alte China war sozusagen das Kloster der Welt. Mit dem Untergang des Drachenthrones von Peking zerbrach die Vertikale, die Him-melsachse, der Halt, der auch die Horizontale hält. Allein aber kann die Horizontale nicht leben. Ihr fehlt das ordnende Prinzip. Wenn der letzte »Sohn des Himmels« von der Erd-oberfläche verschwunden ist, dann kann Gottes Wille nicht mehr geschehen auf Erden wie im Himmel, dann herrschen hier unten nur noch die Dämonen, dann beginnt die apokalyptische Epoche des Antichrist. Für den christlichen Glauben freilich ist das alles belanglos; denn er hängt nicht an den armseligen Resten der schon seit dem paradiesischen Sündenfall ihrem Untergang unaufhaltsam zueilenden ersten Schöpfungsord-nung, sondern an der verheißenen Neuschöpfung von Himmel und Erde mit einer ewigen Ordnung, die keine Sünde jemals zerstören kann, an der Stadt Gottes, deren Länge, Breite und Höhe, wie es in der Offenbarung heißt, gleich sind, das will sagen, in der die Vertikale und die Horizontale unlöslich miteinander verschmolzen sind, so daß unmöglich Gottes Wille nicht geschehen könnte auf Erden wie im Himmel.

Als Dämonie ist auch die Dämonie des Ostens, die Dämonie der Geburt eine Dämonie des Todes, und zwar des Todes durch Erstarrung im Anfangszustand. Der Geist wird dämonisch, wenn er sich über den Rand des Abgrundes neigt, statt dem Licht der Höhe zugekehrt zu bleiben, ganz gleichgültig, ob der Rand am westlichen oder am östlichen Horizont liegt. Liegt er im Osten, so wird jeder, der dorthin zurückblickt wie das Weib des Lot, zur Salzsäule, er verfällt der Unveränderlichkeit des Vergangenen. Die Dämonie des Westens hingegen ist eine Dämonie des Todes durch Auflösung ins Chaos, durch Verwe-sung. Hier bemächtigt sich nicht die starre Vergangenheit, sondern die über alle Grenzen hinwegeilende Zukunft des dem Abgrund hörigen Geistes und reißt ihn hinein in ihren Strudel.

Das Ergebnis ist ein dynamischer Auflösungsprozeß, eine wilde Gährung, die alle Säfte zum Aufschäumen bringt, und nicht Versteinerung. Es hat darum seine symbolische Bedeutung, daß das uralte China, wenigstens in gewissen Restformen, sich bis heute erhalten hat, während die viel jüngeren mittelamerikanischen Kulturen längst verschwunden sind und den eindringenden Weißen kaum einige Jahrzehnte Widerstand zu leisten vermochten. China wurde von der Vergangenheit, der es sich verschrieben hatte, mumifiziert, Mexiko wurde vom Strom der Zukunft fortgeschwemmt.

Aber freilich ist diese Zukünftigkeit und damit auch die Zukunftsdämonie der Mayakulturen im Grunde nur eine relative, eine sozusagen *vergangene Zukünftigkeit;* denn zukünftig im strengen Sinn des Wortes kann nur der autonome Wille und nicht der Trieb, also nur der Abendländer und nicht der Exote sein. Der Exote steht schon als solcher in der Vergangenheit. Sein Schwerpunkt liegt ja in der Region des Unbewußten oder mindestens Unterbewußten und das heißt auf einer Ebene, über die sich der autonome Geist, das Subjekt der Welt, hinausgehoben, bzw. die er nach unten ins Nicht-mehr-Seiende abgedrängt hat. Ob Chinese oder Indianer, ob Neger oder Eskimo, der Sohn Hams und Kanaans bleibt immer der Knecht Japhets, ist immer aus den Füßen und niemals aus dem Kopf des Puruscha geformt, die Füße aber sind räumlich dem Unten und zeitlich dem Vergangenen, dem vom Haupt Überwachsenen und Überwundenen zugeordnet. Nur innerhalb dieses Rahmens einer allgemeinen und grundsätzlichen Vergangenheit läßt sich also bei exotischen Völkern von Zukunft und Dämonie der Zukunft sprechen. Mexiko – wir verstehen darunter jetzt wie im Folgenden immer das alte Mexiko – liegt zwar am Horizont des Sonnenuntergangs, aber nur gleichsam als Platzhalter bis zu dem Augenblick, da Europa selbst auf seinem Weg diesen Horizont erreicht und damit den Weltabend einleitet. Wir betonen darum nochmals: Mexiko ist nicht Abendland schlechthin, so wie China bis zur Stunde Morgenland schlechthin, sondern nur Abendland im Rahmen der Morgenwelt, Abendland einer auf der Stufe des Morgens stehengebliebenen Menschheit. Allerdings bedingt aber gerade diese Zwiespältigkeit den über alle Maßen dämonischen Charakter seiner Kultur. Der Europäer selbst erscheint sich ja niemals dämonisch, auch nicht und gerade nicht in seinem Fortschreiten nach dem Westen. Er geht diesen Weg vielmehr bewußt, geleitet vom autonomen Willen. Von den Trieben, denen er unbewußterweise gehorcht, merkt er nichts. Die Dämonie der Zukunftsverfallenheit kann ihm deshalb nur sichtbar werden an einem Volk, das ihm objektiv gegenübersteht als Verkörperung der Triebgebundenheit, also an einem ihm wesensfremden exotischen Volk, das jedoch als solches die Züge eben nicht des Zukünftigen, sondern des Vergangenen trägt. Der Willensmensch glaubt sich zu immer höherem Leben zu steigern, auch indem er dem Horizont des Sonnenuntergangs entgegenwandert. Daß er da in einem Irrtum befangen ist, weil er für Leben hält, was sich am Ende als Tod erweisen muß, bleibt ihm verborgen und deutet sich ihm nur symbolisch an in den Fremdvölkern, denen er auf seinem Weg begegnet. Sie, die Exoten des Westens, lassen ihn ahnen, daß jenseits des Horizonts der Abgrund gähnt und daß auch er in Wahrheit diesem Abgrund sich nähert, während er emporzusteigen meint. An ihnen offenbart sich ihm in Gestalt eines dämonisch gewollten Todesschicksals das eigene ungewollte.

Huitzilopochtli, der vornehmste Gott der alten Azteken, war der Sonnengott und der Gott des Südens, der »südliche Kolibri«. Opochtli heißt der Südliche oder auch der *Linke*. Für »südlich« und »links« hat der Mexikaner also das gleiche Wort, und das beweist, daß er im Gegensatz zum Ostasiaten das Gesicht dem *Westen* zuwendet. Er ist nicht orientiert, sondern okzidentiert. Die Völker Amerikas sind die Völker des Sonnenuntergangs. Daraus erklärt sich die Unmenge von Menschenopfern, die fast täglich auf den Altären Tenuchtitlans und anderer Städte dem Huitzilopochtli dargebracht wurden. Das treibende Motiv war die Angst vor dem Verschwinden der Sonne, vor dem allgemeinen Tod. Die südliche Sonne mußte immer wieder mit Menschenblut und Menschenherzen genährt werden, um nicht ihre Kraft zu verlieren und endgültig im Meer des Westens zu versinken. Zu Kolibris, also zu sonnenähnlichen Wesen, wurden nach der religiösen Vorstellung der Mexikaner auch die im Krieg gefallenen und auf den Altären geschlachteten Männer. Sie begleiten die Sonne auf ihrem Weg über den Himmel bis zum Mittagspunkt. Dort übernehmen dann die im Wochenbett gestorbenen Frauen den Trabantendienst. Die tote Mutter ist damit gekennzeichnet als die Westliche schlechthin, als das eigentliche Prinzip des Westens. Sie zieht den Sohn nach und nimmt den Sterbenden in ihren Schoß zurück. Der aufsteigende Ast ist männlich, der absteigende weiblich, das heißt jener wird beherrscht vom bewußten Willen, dieser aber vom Trieb. Die untergehende Sonne verliert die Gewalt über sich selbst, sie verfällt den Mächten des Abgrundes, des Grabes.

Indem die Sonne den Himmel verläßt und im Westen untertaucht, verwandelt sich Huitzilopochtli in eine andere Göttergestalt. Aus dem starken und grausamen Herrn wird der milde *Quetzalcouatl,* der tragische Heros, der Mittler und Heiland der Azteken, dessen Zeichen übrigens das Kreuz gewesen sein soll, so daß die Spanier hier nicht mit Unrecht eine dämonische Verzerrung des Christentums zu finden meinten. Quetzalcouatl heißt *»Federschlange«,* und die gefiederte Schlange ist eines der Hauptsymbole in der religiösen Kunst Mexikos, ja in ihr offenbart sich wie in nichts außerdem der Geist dieser Kultur. Die Feder, das Kleid des Vogels, bedeutet die überirdische Region, den Himmel, die Schlange dagegen, das tellurische Tier, das in Erdlöchern wohnt, die unterirdische, den Abgrund, und die gefiederte Schlange demnach die Vereinigung von Oben und Unten, und zwar in der Weise, daß das Unten über das Oben triumphiert; denn es ist ja doch eben die Schlange, die sich das Kleid des Vogels aneignet. Der Vogel wird zur Schlange und nicht umgekehrt die Schlange zum Vogel. Der Abgrund verschlingt den Kolibri, die Sonne und macht sich ihre Kraft zu eigen, ja die Sonne selbst verwandelt sich in ein Geschöpf des Abgrundes. Die Federschlange ist der in das Reich der Nacht eingegangene Quetzalcouatl, der tote Osiris, der eigentliche Gott des Westens, in dessen Schicksal das Schicksal des westlichen Menschen, des »Abendländers«, seine urbildliche Darstellung findet. Wer dem Huitzilopochtli dient, wehrt sich noch leidenschaftlich gegen dieses Schicksal, wer den Quetzalcouatl als seinen Gott verehrt, hat sich ihm ergeben. Huitzilopochtli ist der Gott, dem geopfert wird, Quetzalcouatl der, der sich selbst opfert, der zur Erde herabsteigt und sich ihr hingibt. Das Opfer wäre aber sinnlos ohne Hoffnung, und zwar ohne Hoffnung auf Wiederkehr und Auferstehung in einem höheren Daseinszustand. Darum hofft man auch auf die Wiederkehr Quetzalcouatls. Der im Westmeer verschwundene soll als heller Morgenstern aus dem Ostmeer wieder auftauchen und der Welt einen neuen, glücklicheren Äon bringen. Als Montezuma von den an der Ostküste Mexikos gelandeten Spaniern hörte, hielt er den Cortez zunächst für den wiedergekommenen Quetzalcouatl und schickte ihm darum reiche Gastgeschenke entgegen. Freilich mußte er dann sehr bald erfahren, daß dieser Cortez alles eher als ein Heiland war.

Im Grundsätzlichen aber erscheint die Hoffnung auf den neuen Äon für die religiöse Haltung der Azteken in keiner Weise wesentlich. Sie wird jedenfalls bei weitem überboten von der Angst vor dem drohenden Untergang des alten. Der heimliche Kampf zwischen den beiden Göttern Huitzilopochtli und Quetzalcouatl, das heißt zwischen der Sonne im Zenit und der Sonne im Untergehen, gibt der mexikanischen Kultur ihr besonderes Gepräge. Die gefiederte Schlange ist der wahre Gott des westlichen, des dem Untergang geweihten Menschen. Seinen Untergang aber will der Mensch nicht wahrhaben und sucht darum krampfhaft den südlichen Kolibri, die Sonne in der Kulmination, also Huitzilopochtli als seinen Gott zu behaupten. Darum wird die Feder stilbestimmend für die ganze indianische Kunst. Mit Federn schmückt man sich selbst und schmückt man seine Umgebung. Man redet sich ein, ein fliegender Vogel zu sein, weil man im Tiefsten ahnt, daß man gerade kein Vogel, kein fliegendes Wesen, sondern ein in den Abgrund stürzendes und dem Schlangendämon verfallenes ist. Im Federschmuck drückt sich so die gleiche Haltung aus wie in der an Opfern überreichen Verehrung des Huitzilopochtli. Die Quetzalcouatl-Natur soll ins Unbewußte abgedrängt werden. Aber dort wird sie wie alles Verdrängte zur dämonischen Macht und wirkt sich nun aus im Blutrausch der Opferorgien. Unter der Maske der Mittagsillusion kommen die Ungeheuer der gefürchteten Nacht zum Vorschein. Auch das kultische Federballspiel der Mexikaner gehört hierher. Der nach abwärts fallende gefiederte Ball, ebenfalls ein Symbol der sinkenden Sonne, wird immer wieder emporgeschleudert, genau so wie Huitzilopochtli durch das auf den Pyramidentempeln vergossene Menschenblut. Die Angst vor dem drohenden Verlust des Lebens, vor der unheimlichen Macht des westlichen Horizontes, auf den man wie gebannt hinstarrt, beherrscht alles. Die Religion Mexikos läßt sich nur verstehen als eine Weltanschauung, geboren aus der wahnsinnigsten metaphysischen Angst. Hier wird Gott nicht gefürchtet *und* geliebt, sondern nur gefürchtet, und der nur gefürchtete Gott ist der Satan, der Herr des Abgrundes. Sein düsteres höllisches Licht färbt sogar noch die im Mittag stehende Sonne und macht sie zum blutdürstigen Ungeheuer. Die Angst vor Gott ist die ins Dämonische verkehrte Liebe zu ihm. Der Liebe entspricht die freiwillige Selbsthingabe, in der sich der Hingebende emporschwingt zum Leben dessen, dem er sich hingibt, der Angst aber entspricht das grausame Menschenopfer, das immer das Vorzeichen des Todes trägt. Der Gott Mexikos ist ein Gott nicht der Lebendigen, sondern der Toten und damit der Urdämon selbst.

Wie der chinesische Drache, die *Feuerschlange* des östlichen Morgens, so ist auch die *Federschlange* des westlichen Abends eine Mittlergottheit, die das Oben mit dem Unten, den Tag mit der Nacht, den Himmel mit der Erde und der Unterwelt verbindet. Während aber der Drache Feuer speiend und Blitze schleudernd aus dem Abgrund emporsteigt zur Höhe, sinkt im Westen der Vogel herab und verschmilzt mit der unten lauernden Schlange. Im Osten geht also der Mittler den Weg des Lebens, im Westen den Weg des Todes. Immerhin findet hier wie dort der Vorgang des Aufstieges und des Untergangs seine bildliche Verkörperung in einem chthonischen Ungeheuer. Wenn der chinesische Drache auch von unten nach oben steigt, ist er eben trotzdem ein Drache und das heißt eine Ausgeburt nicht des Lichtes, sondern der Finsternis. Das Morgenland und das Abendland, das Land der Geburt und das Land des Sterbens sind beide in gleicher Weise, abgesehen von allen relativen Gegensätzen, aufs Letzte gesehen dem Abgrund verhaftet und also dämonisch bestimmt. Am Rand liegt nicht nur Amerika, sondern auch Ostasien, und was am Rand liegt, ist der Tiefe und ihren Göttern hörig. Die Sonne, die im Osten des Drachens aufgeht, muß im Westen der Schlange untergehen. Sie kehrt in den Schoß der Mutter zurück, die sie geboren hat. Europa, das Mittagsland, wähnt sich diesem Schicksal entnommen und sonnt sich im Licht des autonomen Geistes, aber es ist in Wahrheit sein eigenes Geborensein und sein eigenes Sterbenmüssen, das sich da und dort spiegelt, es sind seine Ränder, mit denen es an den Anfang und an das Ende grenzt. In den Gestalten des Feuerdrachens und der Federschlange reckt sich der Urdämon aus der Nacht herauf und zeigt dem tagesseligen, wie Gott sein wollenden Willen sein wahres Gesicht.

Die Indianerkulturen Mittel- und Südamerikas sind primitive, das heißt *Degenerationskulturen,* aber in der *Gestalt von Hochkulturen.* Es handelt sich hier nicht etwa um abgesunkene Späterscheinungen nach früher einmal nicht primitiven Kulturen, sondern das Prinzip der Degeneration oder der Primitivität selbst ist in Amerika stilbestimmend für eine Hochkultur geworden, so daß man geradezu von einer Hochkultur der Fäulnis und der Verwesung sprechen könnte. Darin liegt ein Widerspruch beschlossen, der sich aus dem Phänomen an sich gar nicht erklären läßt, sondern nur aus seiner Phänomenalität, nämlich aus seinem Objekt-Sein für das Menschheitssubjekt Europa. Primitivismus und Hochkultur schließen einander aus; denn jener ist das Ergebnis eines Abfalls- oder Verkümmerungsprozesses, während diese umgekehrt im Aufstieg erreicht wird. Zum Primitivismus führt der Weg aus der willensbedingten Geschichte, die einsinnig einem Ziel zustrebt, in die ziellose, bloß noch naturhafte Existenz im Rhythmus des immer Wiederkehrenden. Hochkultur dagegen kann immer nur am Ende einer zielstrebigen Entwicklung liegen, die also gerade das Naturhafte hinter sich gelassen hat. Hier, bei den Azteken, den Mayas und Inkas aber erscheint das an sich Ziellose als Ziel, der Ungeist, ja der Gegengeist tritt an die Stelle, die bei allen übrigen Hochkulturen der Vergangenheit wie der Gegenwart der Geist als gestaltende Macht einnimmt. Diese Kulturen verdanken ihren Kulturcharakter dem Verzicht auf die Gottebenbildlichkeit des Menschen und der bedingungslosen Hingabe an die Dämonen. Sie sind im wahrsten Sinn des Wortes ein Geschenk des Teufels. Hier haben sich ganze Völker dem Teufel verschrieben und dafür das erhalten, was der Teufel eben geben kann, ein furchtbares Zerrbild, ja das diametrale Gegenteil der Kultur in der Maske einer Kultur. Echte Kultur hängt immer mit dem Leben und der Steigerung des Lebens zusammen, mag auch das Leben immerhin an der falschen Stelle gesucht werden. In Amerika jedoch wird die kulturbildende Kraft aus dem Tod geschöpft. Man ergibt sich ganz und gar dem Tod, den Dämonen des Abgrundes und erhält dafür ein Scheinleben, das sich mit den grellen Farben der Verwesung schmücken darf. Gewiß tragen auch andere Hochkulturen, wie etwa die ostasiatischen, dämonische Züge, aber dort ist das Dämonische gerade nicht das Ursprüngliche. China ist in seiner Erstarrung dem Geist untreu geworden. Indem es den Zustand der Geburt krampfhaft festzuhalten suchte, verwandelte sich dieser, der wesentlich ein Zustand des Lebens ist, allmählich in einen Zustand des Todes, was die Dämonisierung seiner Kultur zur Folge hatte. Im Westen jedoch haben wir die ungeheure Paradoxie einer ganz ursprünglichen Kultur des Sterbens, der Todesbejahung, ja des Todesrausches vor uns, eine Erscheinung, die sich in keiner Weise psychologisch aus irgendeiner möglichen Haltung des Subjektes ableiten läßt, sondern nur aus der Polarität, das heißt aus der Bezogenheit der Primitivität als Objekt auf die Subjektivität des autonomen Geistes. Dieser Geist selbst entdeckt hier sein eigenes dialektisches Gegenbild und findet sich in ihm verkehrt gespiegelt. Seine unbewußte Triebhaftigkeit hat sich da zur sichtbaren Gestalt ausgeformt. Indem er sich aus allen Bindungen löst, seine Vollendung in absoluter Unabhängigkeit suchend, nähert er sich in Wahrheit, ohne es zu wissen, dem Rand des Todes, dem westlichen Horizont, macht er sich zur Beute der gleichen Dämonen, die er endgültig abgewehrt zu haben glaubt. Seine vermeintliche Kultur des Lebens ist also tatsächlich eine Kultur des Todes und als solche wird sie ihm am Bild der amerikanischen Dämonie offenbar.

Nur weil zwischen der Autonomie Europas und der Dämonie des Westens ein geheimer Zusammenhang, ja eine tiefe

Wesensidentität besteht, konnten die Spanier im sechzehnten Jahrhundert so hemmungslos den Geistern des von ihnen neu eroberten Kontinentes verfallen. Ihr grausames Vorgehen gegen die Ureinwohner läßt sich aus den Instinkten der Gewinnsucht und der Goldgier allein kaum erklären. Das fremde Land vergiftete sie vielmehr körperlich und seelisch, weil die Affinität zu diesem Gift bei ihnen a priori vorhanden war. Der gleiche Blutrausch, der als treibende Kraft hinter den Menschenopfern der Mexikaner stand, bemächtigte sich auch der Konquistadoren, nur war er dort dem Lebensstil entsprechend kultisch gebändigt, während er hier ins Chaotische ausschweifte. Den Dämonen kann nur widerstehen, wer sich ihnen uneigennützig nähert und sich mit ihnen nicht einläßt. Die Spanier aber fuhren nach dem Westen, nach dem Land des Sonnenuntergangs, um dort reich zu werden, und damit lieferten sie sich dem Geist des Sonnenuntergangs aus, schlossen sie mit dem Teufel den gleichen Pakt, den vor ihnen bereits die Mayavölker geschlossen hatten.

Die Dämonie Amerikas ist eine Dämonie des Rausches. Im Rausch nämlich sucht der dem Untergang verfallene Mensch seinen letzten Ausweg. Kann er den Tod auf keine Weise mehr besiegen, so versucht er ihn wenigstens zu genießen und aus dem Schmerz eine Lust zu machen. Das heißt aber mit anderen Worten, das Sterben wird bejaht und verneint zugleich; denn Lust meint im Letzten immer das Leben und nicht den Tod. Diese eigentümliche Zwiespältigkeit kann sich in verschiedenster Weise äußern, so z. B. in einer Art Moralisierung oder Ethisierung des an sich Antimoralischen. Der Teufel enthüllt sich niemals restlos. Irgendwie spielt er immer die Rolle des Pharisäers und behält wenigstens einen Fetzen vom Gewand des Lichtengels. Auch in der mexikanischen Kultur des Todes und des Rausches ist das nicht anders. Das Triebhafte erscheint hier vielfach moralistisch gebrochen. Die ausgesuchtesten Grausamkeiten bei den Martern der Opfer unterliegen strengen kultischen Regeln. Dasselbe gilt vom Genuß berauschender Getränke. Gelegentlich wurden sogar die Kinder zum Genuß des Pulquetrankes wie auch zum wahllosen Geschlechtsverkehr gezwungen. Dagegen unterlag der außerkultische übermäßige

Pulquegenuß der Todesstrafe. In den Straßen Tenuchtitlans wimmelte es des Nachts von süß duftenden Dirnen, aber diese Dirnen waren diffamiert, sie standen außerhalb der Gesellschaft und der Religion. Sie hatten also offiziell nicht den Rang von Hierodulen, durften sich jedoch am Tage der Liebesgöttin Xochiquetzal, die als Frosch mit einem blutigen Maul dargestellt wurde, freiwillig als Opfer anbieten, von welcher Erlaubnis sie auch zuweilen ausgiebig Gebrauch machten. Auf dem Altar der Göttin ließen sie sich das Herz aus der Brust reißen. Aber auch das wieder nicht etwa in eingestandener ekstatischer Steigerung der Geschlechtslust, sondern unter der unverkennbar moralistischen Verfluchung ihrer Sündigkeit. Die mexikanische Mythologie berichtet sogar von Göttern, die ihrer Sünde wegen gestraft und getötet wurden. Alle diese Erscheinungen haben das Gemeinsame, daß die Dämonie hier ihre brutale Nacktheit unter einem dünnen ethischen Schleier verbirgt, um sich so erst recht ungehemmt austoben zu können. Die letzten eventuell noch vorhandenen Reste von Gewissen sollen beschwichtigt werden. Der Teufel bleibt ein Lügner und Heuchler, solange er die Seelen noch nicht bei sich in der Hölle hat.

Die Spanier kamen in der Hauptsache als Abenteurer, als Goldjäger und skrupellose Freibeuter nach Amerika, und von ihren Nachfolgern, mögen sie Engländer, Deutsche, Franzosen, Skandinavier oder sonst etwas gewesen sein, läßt sich im großen Ganzen kaum viel Besseres sagen. Es war sicher nicht gerade die Elite Europas, die nach der Neuen Welt strömte. Die Auswanderer aus den nordischen Ländern brachten aber neben dem Verbrechertum auch noch ihr protestantisches Ethos, den Puritanismus mit, und daraus ergab sich die Mischung, die auch noch den Charakter des modernen Nordamerikaners weithin kennzeichnet. Diese Mischung oder richtiger, dieser Zwiespalt ist weiter nichts als die Gebrochenheit des Menschen überhaupt und des westlichen, am Rand des Todes angelangten Menschen im besonderen, des Komplexmenschen, der in Einem will und auch nicht will, der seine Triebhaftigkeit verdrängt und moralisch zu verdecken sucht. Je näher mir der Tod kommt, um so schärfer wird der Bruch, um so unabweisbarer drängt sich mir die Einsicht auf, daß mein selbstherrlicher Lebensdrang ins Nichts mündet, aber um so weniger will ich diese Tatsache wahrhaben. Auch der weiße Amerikaner wehrt sich genau so wie der indianische Ureinwohner gegen den Sonnenuntergang, auch er versucht mit allen Mitteln die Sonne im Zenit festzuhalten. Der Kampf zwischen Huitzilopochtli und Quetzalcouatl geht weiter, er endet nicht mit dem Untergang des Aztekenreiches, sondern muß zwangsläufig von allen Bewohnern Amerikas aufgenommen werden. Wenn der Puritaner seine chthonisch bedingten Instinkte, seinen Erwerbstrieb oder seine Geschlechtlichkeit scheinheilig verschleiert, so tut er im Grunde das gleiche wie der Mexikaner, der im symbolischen Spiel den dem Zug der eigenen Schwere folgenden Federball immer wieder aufwärts schleudert.

In dem rationalistischen Zukunftsoptimismus des modernen Amerikaners sieht das oberflächliche Urteil leicht die gesunde Diesseitsgebundenheit einer neuen Jugend. In Wahrheit aber verdeckt dieser Optimismus nur die Angst vor dem Ende der Geschichte. Der Lebensstarke und Jugendkräftige erträgt ohne weiteres auch den Gedanken an den Zusammenbruch der zeitlichen Welt und den Einbruch der Ewigkeit, weil er seine Kraft von dorther hat und also in seiner Wesenswurzel dort lebt, wohin er nun gehen soll. Der Lebensschwache dagegen verliert mit seiner Diesseitigkeit alles. Ihm, der nichts hat, wird auch das genommen, was er hat, und so klammert er sich verzweifelt an die Zeit und dichtet in den zeitlichen Fortschritt die Vollendung hinein, die nur darüber hinweg erreicht werden kann. Darum wird in der jüngeren amerikanisch-christlichen Theologie sogar die Eschatologie evolutionsideologisch umgedeutet. »We no longer look for a catastrophic revolution in history. The ideal of the kingdom of God has been transformed in modern thinking into the conception of a righteous society which is to be evolved out of the existing social structure« (B. G. B. Smith, The principles of christian living, 1924, S. 26). Wird aber das Ziel in der zeitlichen Zukunft gesucht, so werden damit alle vor der Erreichung dieses Zieles gestorbenen Generationen einfach geopfert, genau so wie jene Tausende und Abertausende, die auf den Altären des Huitzilopochtli verbluteten, aus Angst vor dem Sonnenuntergang. Freilich handelt es sich hier nicht nur um eine auf den amerikanischen Kontinent beschränkte Ideologie. Auch unser altes Europa ist heute von ähnlichen Gedanken besessen, aber dieses Europa hat ja selbst bereits amerikanischen Charakter angenommen. Indem Europa den westlichen Kontinent besiedelte, richtete es sich nach dem Westen aus und bekannte es sich zum Geist des Westens. Das ursprüngliche Mittagsland wurde damit wirklich zum Abendland.

Die Götter Ägyptens tragen auf Menschenleibern Tierköpfe oder auch umgekehrt, wie bei der Sphinx, auf einem Tierleib ein Menschenhaupt. Diese enge Verbindung von Mensch und Tier können wir, wenn überhaupt, nur in einem sozusagen magischen Akt einfühlend nachvollziehen, das heißt wir sehen uns, wenn wir die hier dargestellte Einheit als mögliche Realität erleben wollen, genötigt, die Klarheit des Bewußtseins daranzugeben und in die Region des Tierisch-Triebhaften hinabzutauchen. Nur wenn wir uns in die Dämmerung des Halbbewußten traumhaft-rauschhaft versenken, werden wir dort vielleicht Dämonen von ähnlicher Gestalt antreffen. Wie aber, wenn die Tierköpfe der ägyptischen Götter in Wahrheit gar keine Tierköpfe, sondern etwa *Engelköpfe* wären, die den sie tragenden Menschenleib himmlisch verklären und nicht dämonisch verunstalten? Tier und Engel verhalten sich zueinander wie Mensch und Gott, und so könnte es sein, daß der Ägypter als engelgleich erkannte, was für unseren Blick nur tiergleich ist. Je näher ich selbst Gott bin, um so näher sind die Tiere meiner Welt den Engeln, um so transparenter wird in ihnen das Irdische für das Himmlische, und um so weniger bedeutet daher die Annäherung an ihre Gestalt eine Herabwürdigung oder Dämonisierung des Menschen. Wir sind aber freilich Gott nicht nahe, und so ist unser Auge auch blind für die Engelnähe der Tiere. In der Welt, die wir kennen, gibt es weder Gott noch Engel, und so muß sich uns die Erhöhung zum Engel, wie sie das Bildwerk einer fernen Vergangenheit zum Ausdruck bringt, zwangsläufig als Erniedrigung zum Tier darstellen, das heißt der ganze Geist der ägyptischen Kultur, Religion und Kunst verkehrt sich für unseren Blick in sein diametrales Gegenteil. Aus Göttern werden Dämonen, aus der Freiheit im Licht des Himmels wird die Abhängigkeit von den Mächten des Abgrundes.

Es gibt also neben der Dämonie des Exotischen, von der in diesem Kapitel bisher die Rede war, auch eine Dämonie der Vergangenheit, des Archaischen, neben der Dämonie der *räumlichen* auch eine Dämonie der *zeitlichen* Ferne. An sich ist die Vergangenheit das *Reich der Herkunft,* die Gegenwart oder doch wenigstens die relative Gegenwart, die das in die Zeit abgeglittene Jetzt verloren hat. Wer sich noch dort befindet, ist der Ebenbildlichkeit des Anfangs und damit Gott näher als der spätzeitliche Mensch von heute, aber gerade das kann dieser Mensch von seinem Standpunkt aus unmöglich sehen; denn Gottes Nähe erkennt auch bei anderen nur, wer selbst Gott nahe ist und niemals der Gott Ferne. Ihm erscheint vielmehr die Nähe zu Gott, dem Schöpfer als Knechtschaft unter den Mächten der Schöpfung, der Welt, der Natur, deren Fesseln er abgeworfen zu haben meint. Darum sieht er entweder verächtlich herab auf die Geschlechter von damals, die noch von wirklichen oder wahrscheinlich sogar von bloß eingebildeten Dämonen beherrscht wurden, oder fühlt sich unter dem peinigenden Druck seiner eigenen Einsamkeit versucht, gleichfalls nach der Gemeinschaft mit den Dämonen der Vorzeit zu verlangen. Er ahnt vielleicht irgendwie dunkel den Wert dessen, was er da verloren hat, aber auch dann kann er in seiner Selbstbefangenheit diesen Wert nur auf sein Ich beziehen und als möglichen Genuß herbeisehnen. So erscheint ihm die Vergangenheit im Zwielicht des Dämonischen und verführt ihn unter Umständen zur magischen Hingabe an sie. Unwillkürlich überträgt er auf die Menschen von einst die eigene Verfassung. Er müßte, um von sich loszukommen, sein Bewußtsein dem Unbewußten, seinen Willen dem Trieb, seinen Geist dem Ungeist überantworten, er müßte das Licht des Tages eintauschen gegen die Finsternis der Nacht, und darum kann er sich auch die religiöse und metaphysische Haltung seiner entfernten Vorfahren auf keine andere Weise erklären.

Es handelt sich hier aber keineswegs nur um ein psychologisch deutbares Phänomen und um einen korrigierbaren Irrtum, vielmehr hat das Vergangene schon allein dadurch, daß es überhaupt als Vergangenes, nämlich als ein Gewesenes und Nicht-mehr-Seiendes auf der Zeitstrecke in Erscheinung tritt, diesen seinen besonderen Charakter. Indem der autonome Geist seine Herkunft historisch begreift, deutet er sie um. Die zeitliche Geschichte selbst also und nicht erst irgendein Mißverständnis verwandelt die Nähe zu Gott in die Nähe zu den Dämonen. Die Kulturen des Altertums müssen für uns magische Kulturen sein einfach deshalb, weil wir sie im Altertum, das heißt in einer Epoche der Zeit wahrnehmen; denn in ihrer phänomenalen Zeitlichkeit sind sie ja der Gegenwart der ursprünglichen Existenz entnommen und in die Nicht-Gegenwart verkehrt. Damit aber verkehrt und verwandelt sich ihr ganzer Habitus. An sich selbst ist meine Herkunft viel gegenwärtiger als mein Jetzt, als historische Vergangenheit aber ist sie viel weniger gegenwärtig. Im Spiegel der Zeit schlägt das Plus um in ein Minus, das Höherwertige in ein Minderwertiges und werden aus Engelköpfen Tierköpfe. Die Frage, ob der Ägypter seine Götterbilder so gesehen hat wie wir sie sehen oder ob er die Tierköpfe als Engelköpfe sah, ist in dieser Form vollkommen falsch gestellt; denn *der Ägypter,* von dem wir da reden, hat überhaupt nur historische und das will sagen, unabhängig von meinem Jetzt, aus dem er wahrgenommen wird, gar keine Realität. Er ist mitsamt seiner ganzen Kultur historisches Phänomen und nichts außerdem. Wohl aber steht hinter ihm eine nicht-historische, sondern herkünftige und also gegenwärtige Wirklichkeit, die sich nur gebrochen durch das Medium der Zeit in der vergangenen Geschichte spiegelt und dort die völlig veränderte, ja verkehrte Gestalt dieser besonderen Kultur annimmt.

Die Verkehrung ist die notwendige Folge der historischen Lokalisierung des Herkünftigen. Was seinen Platz in der zeitlichen Vergangenheit hat, muß auch den Stempel der Vergänglichkeit, das Mal des Todes tragen und das um so deutlicher, je weiter es zurückliegt, je mehr es also an sich selbst gerade dem Leben zugehört. Was wir am Beispiel Ägyptens zu zeigen versuchten, gilt selbstverständlich von allen Kulturerscheinungen der Vorzeit ohne Ausnahme, ja nicht nur von den Kulturerscheinungen und nicht einmal vom Menschen allein, sondern auch noch von der vormenschlichen Urgeschichte, soweit wir von ihr etwas wissen oder zu wissen glauben. So erscheinen uns die Urwelttiere unter der Gestalt von drachenartigen Ungeheuern, weil uns in ihnen einerseits die Macht des gegenwärtigen Lebens und andererseits das längst Vergangene und Tote entgegentritt. Der Tod selbst wird hier sichtbar, gleichsam geladen mit der Urkraft der ersten Schöpfung, so wie sie aus der Hand Gottes hervorgegangen ist. Die Mächtigkeit des Daseins in der unmittelbaren Nähe Gottes wird zur Mächtigkeit des Nicht-Seins, des Nicht-mehr-Seins, und eben aus dieser Zwiespältigkeit ergibt sich die Dämonie des Ungeheuers. Das Leben, das der abgefallene Geist in seinem Streben nach Gottgleichheit sucht, ist ein verkehrtes Leben, ist aufs Letzte gesehen der Tod. Wer aber den Tod für Leben hält, *muß auch umgekehrt das Leben für Tod halten.* Ihm wird das göttliche Licht zum verzehrenden Feuer und ihm zeigt sich gerade das Lebendigste in der Maske des Gestorbenen, das Gegenwärtige in der Maske des Vergangenen. Aber das Vergangene, das er in verzerrter Gestalt dort zu entdecken meint, ist tatsächlich nur das treue Spiegelbild seines eigenen Zustandes; denn er selbst lebt oder, richtiger gesagt, stirbt in eben jener Vergangenheit, die er in eine scheinbar längst dahingeschwundene Zeit zurückprojiziert, er steht unter der Herrschaft jener Dämonen, jener Ungeheuer und Drachen, von denen er sich durch einen ungeheuren Abstand von Jahrmillionen geschieden glaubt. Es ist, könnte man vielleicht sagen, sein eigener unsichtbarer Hintergrund, der ihm dort wie in einem Spiegel sichtbar wird.

Den Unterschied zwischen exotischer und geschichtlicher Dämonie finden wir also darin, daß diese sich aus der perspektivischen Verkehrung herleitet, während jener eine gewisse objektive Realität nicht abzusprechen ist. Das rezent Exotische verhält sich zu mir, dem Beobachter, genau so wie der ins Unbewußte verdrängte und damit erst im eigentlichen Sinn des Wortes triebhaft gewordene Trieb zum autonomen Bewußtsein, das Vergangene aber stellt sich als das an sich selbst Herkünftige und Gegenwärtige nur infolge seiner Projektion auf die Zeitstrecke in einem ähnlichen Licht dar. Darum die schillernde Zweideutigkeit der geschichtlichen Phänomene gegenüber der Eindeutigkeit alles bloß Exotischen. Die Kulturen der Fremdvölker von heute sind das, als was sie mir erscheinen, ihr Wesen erschöpft sich in ihrer Phänomenalität. Hier gibt es kein An-Sich. Hinter dem Geschichtlichen jedoch verbirgt sich als seine wahre Wirklichkeit immer der überzeitliche Ursprung, der da und dort durch das der historischen Vernunft gegebene Bild hindurch erahnt und erspürt werden kann. Jede Urkunde, jedes Dokument menschlicher Vergangenheit ist deshalb für uns Hieroglyphe, das heißt Geheimnis, und das Geheimnisvolle, das Nichtenträtselbare daran ist sein Gegenwärtiges, sein Nicht-Objektives. In ihrer Gegenwärtigkeit redet mich die Geschichte unmittelbar an, ist sie an mich gerichtetes Wort. Aber alle Worte aus der Vergangenheit bleiben mir mindestens teilweise unverständlich, nicht etwa, weil sie noch nicht meine Sprache sprechen, sondern weil ich ihre Sprache vergessen habe, weil mein Ohr für ihren volleren Klang unempfänglich geworden ist. Ich habe ihre Gegenwärtigkeit verloren und bin in mein vergängliches Jetzt abgeglitten, weshalb sie sich in meine nun gegenwartslose oder doch gegenwartsärmere Sprache auch gar nicht mehr übersetzen lassen. Was sich aber verstehen oder übersetzen läßt, was die historische Wissenschaft oft mit sehr viel Mühe als ihren angeblichen Sinn und Inhalt herausstellt, ist nicht ihr wahrer ursprünglicher Sinn, sondern der andere, den sie erst durch ihre *Lokalisierung* in irgendeinem bestimmten Punkt der Vergangenheit erhalten haben. Seiner eigenen Zeitgebundenheit entsprechend bindet der autonome Geist das Herkünftige gleichfalls an die Zeit. Da er alle Gegenwart für sich in Anspruch nimmt, kann er keine Gegenwart außer sich anerkennen, muß er das *Seiend-Gewesene* in ein *Gewesen-Seiendes* verwandeln. Er projiziert die eigene Gegenwartslosigkeit zurück in die Geschichte. Damit schneidet er dem Herkünftigen gleichsam das Wort ab und macht es ihm unmöglich, ihn selbst anzureden, er läßt das Geredete vielmehr auf ein dem Vergangenen Gleichzeitiges und also ebenfalls Vergangenes bezogen sein. Die Gegenwart des Wortes an sich wird so zu einer *Gegenwart von damals* und das heißt zu einer Nicht-Gegenwart. Mit dem Sprecher ist auch der Angesprochene in das Nicht-mehr versetzt. Während etwa der die Bibel lesende gläubige Christ nach dem ihm, dem Leser, geltenden Sinn des gelesenen Wortes fragt, dieses Wort befragt oder, was dasselbe sagt, sich *unter* das Wort stellt und so seine Gegenwärtigkeit voraussetzt, stellt sich der wissenschaftliche Bibelkritiker *über* das Wort und kehrt das Verhältnis um. Er hört nicht, sondern spricht in die Vergangenheit hinein, auch wenn er zu hören vorgibt und vielleicht wirklich zu hören glaubt, er schreibt ihr seine Gesetze vor, nämlich die Gesetze seiner als Gegenwart mißverstandenen Zeitbedingtheit, seines Eingegrenztseins auf einen winzigen Ausschnitt der Zeit und kann demgemäß alles, was der biblische Sprecher redet, immer nur aus einer besonderen »historischen Situation« verstehen. Aus dem Antwort fordernden Gotteswort wird so ein völlig belangloses Gerede von anno dazumal, das nur noch das Interesse des Antiquitätensammlers beanspruchen kann, aber den Glauben nichts mehr angeht. Das Wort hat sein numeriertes Grab auf dem großen Friedhof der Vergangenheit gefunden, das Jetzt bleibt von ihm unberührt.

Durch die Entzifferung alter Zeichen und Inschriften meint die Wissenschaft, meint die Archäologie das Vergangene für uns wieder lebendig oder doch wenigstens verständlich machen zu können. Aber sie irrt. Solange ich diese Zeichen nicht lesen und deuten kann, sprechen oder, richtiger gesagt, schweigen sie mich an mit ihrem verborgenen Geheimnis, und das Anschweigen hat, wie rätselhaft immer es auch sein mag, mehr Gegenwart in sich als die geheimnislose Aussage des entzifferten Textes. Der entzifferte Text redet nicht mehr *zu mir*, sondern nur noch *über etwas*, nämlich über Ereignisse oder Personen eines toten Gestern. Er ist festgefroren irgendwo auf der Strecke der Zeit. Die schweigende Inschrift nimmt mich mit hinein in eine Gegenwart höherer Ordnung, die auch mein vergängliches Jetzt umschließt und überwölbt. Ich kenne zwar nicht ihren Sinn oder kann ihn doch nicht in Worten wiedergeben, aber eben in seiner Unerkanntheit wird der Sinn als sinnvoll erfahren und sind die Zeichen, da sie auf etwas zeigen, wahrhaft Zeichen. Der armselige Sinn der entzifferten Schrift dagegen löscht all das weg. Nun ist zwischen mir und jenen Zeichen ein Abgrund aufgerissen, der es ihnen unmöglich macht, für mich wahrnehmbar auf etwas zu zeigen, das mich in meiner Existenz beansprucht, nun sind sie tot wie eine Mumie im Sarg oder wie der Stein, in den sie gemeißelt wurden. Als die Schweigenden waren *sie* es, die *mich* anschwiegen, das Schweigen ging von ihnen aus und traf mich, sie schwiegen aus Freiheit, und davon wurde auch meine Freiheit angerührt. Zwischen ihnen und mir ging ein stummes Gespräch hin und her. Indem ich sie aber zum Reden zwinge, nehme ich ihnen die Freiheit, und nun sind sie redend erst wirklich stumm. Unentziffert verhalten sie sich zu mir wie das, wenngleich unverstandene Wort einer Person an eine andere Person, und für beide Personen, die so in der Gegenwart der Rede und des Hörens stehen – vielleicht über Jahrtausende hinweg – ist *die Zeit* zu Ende. Nach der Entzifferung aber stehe ich in meinem Jetzt und steht das Entzifferte in seinem Einst. Nun sind wir beide *in der Zeit* zu Ende.

Aber, wie gesagt, die Vergangenheit bleibt immer zweideutig. Bei allem Rationalismus geht uns die Ahnung von der lebendigen Herkünftigkeit des Gewesenen doch niemals ganz verloren, die Ahnung, daß dort in der Vergangenheit noch mehr ist als eben nur ein Vergangenes. Neben der Wissenschaft, die die Sprache von einst zu übersetzen sucht in die Sprache von heute, steht deshalb die *magische* Vergangenheitsschau, in der der Mensch sein Jetzt aufgibt, um sich in das Damals zu versenken, um also sozusagen sich selbst zu übersetzen in die Sprache von gestern. Die Sprache aber, in die er sich da übersetzt, an die er sich hingibt, ist wieder nicht die Sprache des Ursprungs, sondern bloß die Hieroglyphensprache einer von ihm abgespaltenen Welt, die Sprache einer sphinxhaften und dämonisch verzerrten Vergangenheit. Wie man die einmal verlorene Harmonie von Willen und Trieb nicht wiederherstellen kann, indem man den Willen lähmt und sich dem Trieb überantwortet, so kann man auch nicht zur Gegenwärtigkeit der Herkunft zurückfinden, indem man seine eigene Gegenwart fortwirft und der Vergangenheit als solcher hörig wird. Der Historiker behandelt die Geschichte wie einen leblosen Gegenstand, ihm ist sie einfach das Gewesene, das Nicht-mehr-Seiende, der Magier hingegen läßt ihr das Leben oder richtiger, schenkt ihr ein Scheinleben, gespeist aus seinem eigenen Blut. Er macht sich ihr zuliebe selbst zu einer Leiche und mästet sie mit seinem verwesenden Fleisch, bis sie zu einem gespenstischen Leben erwacht. Er träumt sich in sie hinein, er setzt sein Bewußtsein herab, um in einer Welt von Halluzinationen rauschhaft unterzutauchen. Von dieser Art ist die Vergangenheitsschau der Seelenwanderungsmystik, des Buddhismus, aber auch der Theosophie und Anthroposophie, ja selbst der Romantik. Die einmal zwischen dem Jetzt und dem Einst aufgebrochene Kluft zu überbrücken bleibt dem Menschen verwehrt. Weder herüber noch hinüber gibt es für ihn einen Weg, solange er in der Zeit lebt. Die Gegenwart kann uns nur durch eine Offenbarung aus der Ewigkeit geschenkt werden. Wo die Offenbarung ausbleibt, müssen wir uns mit der Ehrfurcht vor dem schweigenden Zeichen begnügen.

Die Bilder der Dämonen

Ursprünglich waren alle Worte Namen und war alles Reden ein Nennen. Das echte unverdorbene Wort ist Hingabe des Sprechers an den Angesprochenen und auch an das Ausgesprochene. Solange aber Reden nichts anderes bedeutet als unmittelbare Anrede, besteht zwischen beiden kein Unterschied. Angesprochener und Ausgesprochenes, Genannter und Benanntes fallen zusammen. In seinem Wort tritt der Sprecher aus sich heraus, offenbart er sich dem Du und gibt sich in dessen Gewalt. Sprechen heißt, nicht für sich selbst, sondern für den anderen da sein zu wollen. Mein Wort bin ich für den anderen. Indem ich so redend für den Angeredeten da bin, kann ich mich unmöglich seiner bemächtigen wollen, das heißt es kann keinesfalls der Sinn des echten Wortes sein, den Angesprochenen oder Ausgesprochenen zu erfassen und zu erschöpfen, es muß ihm vielmehr die Freiheit zugestanden bleiben, sich von dem ihm geltenden Wort erfassen, also nennen zu lassen oder nicht, das Wort als den ihm gemäßen Ausdruck anzunehmen, sich in das Wort hineinzubegeben oder sich ihm fern zu halten. Das will sagen: Das Wort wird überhaupt erst dann zum wirklichen Wort und Namen und damit zur Aussage einer Wahrheit, *wenn es Antwort findet*. Abgesehen davon bleibt es ein werbender Hinweis auf das Gemeinte, ein Hinweis, der niemals aus sich selbst gerechtfertigt ist, sondern nur durch die Antwort gerechtfertigt werden kann, der seine Geltung abhängig sein läßt von der Willigkeit oder, wie wir auch sagen dürfen, von der *Gnade* des Genannten.

Dasselbe gilt aber auch von der Antwort, von der Annahme des Namens. Den Namen annehmen, sich von ihm nennen lassen, heißt, sich aus sich selbst herausrufen lassen, auf einen anderen, eben auf den Nennenden bezogen und für ihn da sein. Wie der Redende sich durch sein Wort in die Gewalt des Angeredeten, so begibt sich umgekehrt der Antwortende durch seine Antwort in die Gewalt des Redners, und in der Rede, die zwischen ihnen hin und her geht, sind so beide aneinander hingegeben. Es ist vielleicht das tiefste metaphysische Geheimnis der Sprache, daß kein Ansprechen ohne gleichzeitiges Sich-Aussprechen möglich ist, daß jeder, der einen anderen anredet, sich ihm ausliefern muß, daß die Nennung eines Namens sowohl den Genannten – sofern er den Namen annimmt – wie auch den Nennenden offenbar macht. Wie ich den anderen nenne, so nenne ich unwillkürlich auch mich selbst. Je tiefer der genannte Name das Wesen des Genannten zum Ausdruck bringt, um so schrankenloser gibt sich der Nennende dem Genannten hin, oder umgekehrt: Nur indem ich mich ganz hingebe an den Genannten, indem ich vollkommen darauf verzichte, ihn zu beherrschen, finde ich seinen wahren Namen und kann ich ihn aussprechen. Je nichtssagender dagegen die Namen sind, die ich den Dingen und Wesen um mich her gebe, um so nichtssagender, um so wesenloser bin auch ich selbst. Daß der Name den Genannten ausdrückt, ihn also doch ohne Zweifel irgendwie erfaßt, andererseits aber gerade insofern echter Name ist, als er darauf verzichtet, das zu tun und sich dem Genannten nur hinhält, damit dieser, wenn es ihm beliebt, sich aus Freiheit seiner zur Selbstoffenbarung bedient, erscheint paradox, und diese Paradoxie hat ihren Grund im *dialogischen* Charakter der Sprache. Sprache ist nur in der Wechselseitigkeit von Rede und Antwort, unser Denken hingegen, mit dem wir das Wesen der Sprache zu begreifen suchen, bleibt *monologisch* und zerlegt daher das untrennbar Verbundene in einander ausschließende Gegensätze, es verwandelt das Sowohl-ich-wie-auch-du in ein Entweder-ich-oder-du. Alles Denken ist von vornherein auf die Beherrschung des Gedachten aus und hat demgemäß keinen Raum für den Akt der Selbsthingabe. Denkend kann ich niemals verstehen, was es heißt: »erkennen, so wie ich erkannt bin«. Die Möglichkeit der Wesenserfassung durch Auslieferung des Erfassenden an das Erfaßte geht in die Welt der bloßen Begriffe nicht ein. Begreifend bemächtige ich mich des Begriffenen, redend hingegen überantworte ich mich der Macht des Angeredeten. Der Begriff ist ganz ausschließlich mein Erzeugnis, er hat in mir seinen Ursprung, der Name aber kommt vom Benannten auf mich zu, er offenbart sich mir in dem Maß, in dem ich mich ihm zur Verfügung stelle. Unsere Sprache ist ein trübes Gemenge aus Namen und Begriffen. Im Namen hat sie ihren Ursprung, ihre Herkunft, im Begriff ihr Ziel, ihre Hinkunft. Wir reden in der zweiten und in der dritten Person. Dort herrscht der Name, hier der Begriff vor, aber auch unser zweitpersönliches Sprechen ist vom drittpersönlichen schon weithin durchsetzt, so daß es niemals zu einer wirklich echten Anrede, noch auch zu einer wirklich echten Antwort kommt. Auch unsere Dialoge sind gewöhnlich nicht viel mehr als alternierende Monologe, Wortkämpfe, in welchen die beiden Gesprächspartner miteinander um die Vormacht ringen.

Wenn ich mich im Nennen des Namens nicht selbst schrankenlos ausspreche, trifft der Name auch den Genannten nicht in seinem Wesen, gibt er ihm keine Möglichkeit, sich in ihm darzustellen, sondern tritt zwischen ihn und mich gleichsam als ein *Halb-Du* oder auch als ein *Halb-Ich* und das heißt, als ein *Bild*. Bilder sind Namen eines Genannten, dem die Freiheit, sich nach eigenem Willen zu offenbaren, abgesprochen wird und gleichzeitig im selben Grad die Namen eines Nennenden, der sich im Nennen zurückhält. Im Bild erscheint so das Wesentliche des Abgebildeten verfälscht, weil durchsetzt mit dem Wesen des Bildners. Auch das geschriebene Wort ist bereits ein Bild, es legt das in ihm Ausgedrückte fest und nimmt ihm die Möglichkeit, sich in Freiheit zu offenbaren, es macht aus ihm ein beherrschtes, für den Schreiber verfügbares Objekt und wird so zum Bild nicht nur des Benannten, sondern noch mehr der herrscherlichen Macht des Nennenden. Allein durch seine Dauerhaftigkeit erhebt das geschriebene Wort einen Anspruch, der jede Spontaneität des Ausgedrückten leugnet. Echtes Wort kann darum immer nur das gesprochene sein, das im Augenblick, da es gesprochen wird, auch schon verklingt. Sein Verklingen ist seine Hingegebenheit an das Du. Im Verklingen gibt es diesem den Raum zur Antwort frei. Es maßt sich auch nicht an, das Wesen des Genannten zu erschöpfen, sondern gesteht ihm die Unerschöpflichkeit zu, die sich in einer Unzahl noch nicht genannter Namen darstellen kann.

Im ruhenden Bild suchen wir die Totalität des Gegenüber festzuhalten. Der Proteuscharakter der Wirklichkeit beängstigt uns, ihre Wandelbarkeit und Vieldeutigkeit droht auch uns selbst in Stücke zu reißen. Freilich nur, weil wir uns nicht hingeben können und nicht hingeben wollen, weil wir immer nur auf Selbstbewahrung bedacht sind. Wären wir zur Hingabe fähig, dann würde sich uns die Totalität des Wirklichen gerade in der Fülle seiner Offenbarungen enthüllen, dann würde es seine eigene Einheit und Unwandelbarkeit hinein schenken in die Einheit und Unwandelbarkeit des sich ihm schenkenden Ich. So aber halten wir uns selbstbesorgt zurück und schaffen uns im Bild eine Illusionswirklichkeit, eine Illusionstotalität, die uns gestattet, ein Ganzes zu ergreifen, ohne dabei von der eigenen Ganzheit etwas abgeben zu müssen. Im Bild, im geschriebenen Wort, im Dogma usw. erstreben wir die Allgemeingültigkeit des ewigen Lebens und ergreifen doch nur die Zeitlosigkeit des Todes, die starre Unveränderlichkeit. Allerdings gibt es zwischen Bildern und Bildern sehr erhebliche Unterschiede. Die Bilder, die sich der Mensch zuerst schuf, als er dem Gegenüber die schrankenlose Hingabe versagte, waren ohne Zweifel ihren Urbildern noch weit näher als die uns bekannten und geläufigen. Sie hatten noch mehr an sich vom lebendigen Namen, vom Wort, das, ausgesprochen, sich dem Angesprochenen darbietet. Das Verhältnis zwischen Hingabe und Selbstbewahrung fiel, verglichen mit allem Späteren, noch sehr zugunsten der Hingabe aus. Aber wenn hier der erste Schritt einmal getan ist, dann muß auch der zweite und dritte getan werden. Das Bild treibt unvermeidlich fort zu weiteren Bildern, die sich zum ersten ähnlich verhalten wie dieses zum Original. An die Stelle der Namen treten Namen von Namen und an Stelle der Worte Worte über Worte.

Warum das so sein muß, läßt sich unschwer einsehen. Der Bildner sucht ja von allem Anfang an im Bild nicht das Bild, sondern das Abgebildete. Gerade das aber kann er darin nicht finden, und so läßt ihn das Bild unbefriedigt, er strebt darüber hinaus, nur freilich im Blick auf *seine* Unbefriedigtheit, in der Absicht, befriedigt zu werden, also weit davon entfernt, sich zu vergessen und hinzugeben. Das Ergebnis ist darum ein neues Bild, nämlich ein Bild des Bildes. Was sich einmal dem Urbild, dem realen Du gegenüber abgespielt hat, das wiederholt sich nun vor dem Abbild. Ich bin unbefriedigt, daß heißt ich fühle mich durch das Bild beschränkt und will mich den Widerständen zum Trotz durchsetzen. Was mich beschränkt, ist natürlich das im Bild immer noch erscheinende Andere und nicht die mit ihm verwobene Selbstdarstellung, anders ausgedrückt: der Name des Genannten und nicht mein eigener mitgenannter Name. Ich will einerseits mich darstellen, aber ohne mich zu verlieren und ich will andererseits das Gegenüber erkennen, aber ohne gleichzeitig von ihm erkannt zu werden. So spaltet sich im Fortgang des Prozesses das erste Bild in zwei neue Bilder oder genauer, in ein neues Bild und einen *Begriff*. Aus der Mitte des Bildes heraus forme ich mir in der Richtung auf mich her das zweite Bild, in dem vor allem ich mich nenne und abbilde, so daß das darin immer noch aufscheinende Andere nur noch den Wert eines Symbols meiner selbst erhält, und bilde ich nach der entgegengesetzten Richtung von mir weg den Begriff, in dem das Begriffene wohl unzweideutig das Andere ist, aber in einer seiner Freiheit beraubten und daher mir verfügbaren Gestalt. Wir erkennen so im Bild, im uneigentlichen Namen den *Ursprungsort sowohl der Kunst wie der Wissenschaft*. Je subjektiver auf der einen Seite die Bilder, um so objektiver, um so leerer und abstrakter werden auf der anderen die begrifflichen Systeme, ja wird schon die alltägliche Umgangssprache und das geschriebene Wort. Mit diesen Mitteln sucht der autonome Geist sich seiner Umwelt zu bemächtigen, mit jenen sich in der Selbstbetrachtung zu befriedigen. Die idealistische Kunst erweist sich so als das Komplement der mechanistisch-rationalistischen Wissenschaft. Wir erinnern hier nochmals an Ödipus, der mit der Lösung des Rätsels sich seiner bewußt wird, sich beim Namen nennt, sein eigenes Bild vor sich hinstellt und in Einem das lebendige Gegenüber, die Sphinx, in den Abgrund stößt, sie in einen toten Begriff verwandelt.

Daneben aber besteht noch die zweite Möglichkeit, daß angesichts des Bildes der Mangel an Hingegebenheit als die wahre Wurzel meines Unbefriedigtseins erkannt oder doch erahnt wird und ich daher den Versuch wage, die Schranke wirklich durch einen Akt der Hingabe zu bewältigen. Hier handelt es sich jedoch nicht mehr um Hingabe an die lebendige

Wirklichkeit, sondern nur noch an ihr Bild. Sie entspringt aus der Ichbezogenheit dessen, der seinen Zustand peinlich empfindet und nicht aus der spontanen Dubezogenheit. Der Sich-Hingebende gibt sich also hin um seiner selbst willen, mit der Absicht, den Verlust seiner Ichheit auszukosten, und wir wissen bereits, daß dies die typische Haltung des magischen Menschen ist. Auch hier wächst aus dem ersten Bild ein zweites hervor, und zwar diesmal in der Richtung nicht auf das Subjekt, sondern auf das Gegenüber, nämlich ein *dämonisches* Bild, dessen Ort sich dort befindet, wo der autonome Geist seine Begriffe bildet. Als bloßes Mittel im Dienst des Selbstgenusses ist ja dieses Bild kein geliebtes Du, dem man sich in echter Weise hingeben könnte, sondern umgekehrt das ausdrücklich Andere und Fremde, das als Beschränkung und Bedrohung erfahren wird, der Feind selbst. Der Magier liebt seine Dämonen nicht, wie auch sie ihn nicht lieben, er benützt sie nur, um am Ende von ihnen benützt zu werden. Er stellt sie vor sich hin in der Gestalt von Bildern und übt an ihnen die Askese der Todeswollust. Wo immer Bilder in den Mittelpunkt des religiösen Kultes treten, ist der Schritt zur Dämonie unvermeidlich. Im Bild, im Namen, im Wort, im Dogma festgehalten, wird das Göttliche dämonisch. Dem Toten, und tot ist alles in der Form Bestandene, entzieht sich das Lebendige. Wer ein Bild, ein Schriftwort, ein Gebot, einen Lehrsatz anbetet, betet den Tod als Leben an, und der in der Maske des Lebens auftretende Tod ist der Dämon.

Die magisch-dämonische Idolatrie tritt als Versuchung an jedes Stadium des Bewußtseins heran, und es gibt kein Bild, das vollkommen frei wäre von Dämonie. Im Augenblick, da sich der Name zum Bild verfestigt, gewinnt in ihm neben dem gesuchten Urbild auch der Widersacher dieses Urbildes Gestalt; denn was zum Bild erstarrt ist tot. Aber auch das Umgekehrte gilt: Neben dem Erstorbenen und also Dämonischen lebt in allen Bildern auch noch ein Rest von der Ursprache, aus der sie herkommen, und das vor allem dann, wenn das betreffende Bild dem Urwort, dem Urnamen noch relativ nahe ist. Die Bilder einer weit zurückliegenden Vergangenheit haben noch all das in sich, was sich dann später aus ihnen in der Richtung sowohl auf das subjektive Bild wie auch auf den Begriff entfaltet hat. Der Mensch, der diese Bilder schuf, war an sich weit weniger dämonisch als irgendein Magier nach ihm. Trotzdem nehmen gerade seine Bilder in unseren Augen den Charakter des Dämonischen an, weil in ihnen lebt und zur Anknüpfung von persönlichen Beziehungen auffordert, was in unserer Wirklichkeit längst der begrifflichen Entleerung und damit dem Tod verfallen ist. Der alte Ägypter, der seine Götterbilder verehrte, war um nichts dämonischer als der die Werke seiner eigenen zeitgenössischen Kunst ästhetisch genießende Europäer des achtzehnten oder neunzehnten Jahrhunderts. Dieser Europäer mußte aber allerdings zum Magier werden, wenn er von sich aus zu jenen alten Bildern in ein unmittelbares Verhältnis kommen wollte, und eben darum hält er sie für Dämonenbilder, bzw. können sie sich ihm gar nicht anders als im Licht der Dämonie darstellen.

Immerhin enthalten die Bildwerke des frühen Altertums nicht nur die für uns bereits ins Begriffliche abgesunkenen Elemente, sondern daneben im Keim auch noch alle künstlerischen Werte späterer Epochen. Die Plastik Ägyptens etwa schließt in sich alle Möglichkeiten sowohl der antiken klassischen Plastik wie auch der antiken *Geometrie*. Hier schlummert sozusagen Phidias neben Euklides. In den Augen des Griechen und des humanistischen Abendländers schillert sie daher zwischen Dämonie und Erhabenheit. Wesentlich anders verhält es sich jedoch mit den Bildwerken der Exoten. In ihnen besteht zwischen dem An-sich und dem Für-mich kein Unterschied, und so ist die Dämonie eine völlig eindeutige. Der Exote repräsentiert nicht die ursprüngliche, sondern die abgespaltene, rein triebhafte Naturbezogenheit, der sich der Geist entzogen hat. Wie er selbst für mich Objekt und nichts als Objekt ist, also keinesfalls mögliches Subjekt wie der Mensch der Vorzeit, so kehrt auch das Bild, dem er sich hingibt, bloß die objektive und tote Seite heraus. Der Exote kennt weder das Bild als Selbstdarstellung, als subjektive Idealität, noch den rationalen Begriff als objektive Realität, weil ihm für beide die Voraussetzung, nämlich die Autonomie des Bewußtseins fehlt. Mit seiner ganzen Vorstellungswelt steht er daher im Bezirk des für mich

Begrifflichen, aber freilich ohne dieses selbst begrifflich fassen zu können, das heißt er steht nicht als Herrscher darüber, sondern als Beherrschter darunter, so daß es für ihn die Gestalt des Bildes, und zwar des dämonischen Bildes annimmt. Im polaren Gegensatz zu dem sein Ich im Kunstwerk abbildenden Abendländer bildet der Exote immer nur das Nicht-Ich, also das Unlebendige ab, aber das Unlebendige, auf das er sich triebhaft bezogen weiß und das darum für ihn ein dämonisch Lebendiges ist.

Wir können uns den Unterschied zwischen archaischer, abendländischer und exotischer Haltung dem Bild gegenüber an dem folgenden Beispiel einigermaßen klarmachen: In Ägypten waren die Bildnisse der siderischen Gottheiten Offenbarungen sowohl persönlicher Mächte wie auch des astronomischen Geschehens. In der griechischen Antike verschiebt sich das persönliche Moment nach der Seite der Kunst und nimmt in Helios, Apollon, Artemis usw. menschenähnliche, ja menschliche Gestalt an, die ihre siderische Herkunft kaum noch erkennen läßt, während das Astronomische zum Gegenstand der begrifflichen Wissenschaft wird. In den Indianerkulturen Mittelamerikas endlich fällt das Bild selbst auf die Seite des abstrakt Astronomischen und wird damit extrem-dämonisch. Man hat einwandfrei nachweisen können, daß die furchtbaren Dämonenfratzen auf den Tempelruinen Mexikos und Yukatans fast ausschließlich als kalendarische Angaben zu verstehen sind, und zwar von einer Präzision, die jener unserer eigenen wissenschaftlichen Zeitrechnung kaum nachsteht. Hier scheint sich also der wildeste ausschweifende Aberglaube mit einem streng mathematischen Rationalismus zu einer in sich widerspruchsvollen und von unserem Denken in keiner Weise nachvollziehbaren Gestalt vereinigt zu haben. Tatsächlich ist ein solches Gebilde auch nur als Phänomen und niemals an sich möglich. Sowohl die Dämonie wie auch die Rationalität dieser Bilder ergibt sich aus der Perspektive ihres Inerscheinungtretens im Blickfeld des Abendländers. Der Exote, der Primitive ist der Repräsentant meiner eigenen Triebhaftigkeit, meiner eigenen Naturgebundenheit und also dämonisch; seine Naturgebundenheit aber ist Gebundenheit an die von mir rationalisierte Natur und also begrifflich. So wachsen hier Bild und Begriff zusammen, und erst in ihrer Einheit, die immer auch schon Auflösung der organischen Totalität des Bildes durch den rationalen Begriff, das heißt Zerstörung und Zersetzung des Lebendigen durch den Tod bedeutet, werden sie überhaupt zum Ausdruck der Dämonie.

Wenn die Dämonie der alten wie der exotischen Bilder ihre zureichende Erklärung aus dem Geist nicht ihrer Schöpfer, sondern ihrer Betrachter, also aus *unserem Geist* findet, so ergibt sich daraus, daß es auch *unsere Dämonen* sind, die dort sichtbar werden. Solange wir uns nur im Bezirk des autonomen Bewußtseins mit seinen Bildern und Begriffen bewegen, bleiben die dämonischen Mächte verborgen hinter der Fassade des Ästhetischen und des Rationalen, so wie ja das Bewußtsein immer eine Wand zwischen sich und dem Reich des Unbewußten aufrichtet. Die Fassade soll uns davor schützen, das sehen zu müssen, was wir nicht sehen und nicht wahrhaben wollen. Das Vergangene und das Exotische aber rechnen wir nicht unserer Wirklichkeit zu. Hier übernimmt der räumliche oder der zeitliche Abstand die Funktion der Fassade. Dort drüben, am anderen Ufer, mag erscheinen was will, wir halten uns nicht mehr für verantwortlich. In Wahrheit aber sind diese von uns durch Raum und Zeit geschiedenen Dämonen genau die gleichen, über deren Existenz wir uns auch je nachdem ästhetisch oder rationalistisch hinwegzutäuschen suchen, nämlich die in den Abgründen des Unbewußten beheimateten Mächte. Nur weil wir selbst in ihrem Bann stehen, haben wir eine dämonische Vergangenheit und eine dämonisch-exotische Umwelt. Dort offenbart sich bloß, was wir tatsächlich sind und was wir verdrängt haben aus dem Kosmos unserer Sprache, die sich entweder im Monolog auslebt, im Traum des Ich von sich selbst oder, soweit sie auf ein faktisches Gegenüber bezogen bleibt, sich in bloßen Bezeichnungen erschöpft, deren eigentliche Aufgabe es ist, das Bezeichnete zu entmächtigen und vom Bezeichner zu distanzieren. Aber wir täuschen uns, indem wir den Kosmos dieser Sprache mit dem Kosmos schlechthin verwechseln. Jenseits seiner Grenzen dehnt sich noch eine ungeheure Welt, und was in dieser Welt lebt, ist dämonisch geworden, nicht obgleich, sondern gerade weil wir uns vor ihr abgeschlossen haben.

Was jenes *erste Bild* war, aus dem sich alle weiteren Bilder wie auch die Begriffe entfaltet haben, und wie es aussah, entzieht sich unserem Wissen. Nur so viel können wir sagen, daß aus seinem Stamm das weitverzweigte dialektische System des Ästhetischen und des Rationalen, der Kunst und der Wissenschaft hervorgewachsen ist. Zwischen dem echten Namen, der gleichzeitig den Nennenden und den Genannten nennt, in dem die Wahrheit der lebendigen Ich-Du-Beziehung sich offenbart und dem anderen Namen, der sich als »erstes Bild« zwischen das Ich und das Du einschiebt, liegt der jähe Bruch des Sündenfalls. In der Welt nach dem Sündenfall aber gibt es nur noch Gespaltenes, und so wäre es denkbar, daß das »erste Bild« gar nichts weiter ist als die Vorstellung, die wir uns von unserem Standpunkt aus von dem Ganzen vor dem Sündenfall, das heißt vom ursprünglichen Namen machen müssen.

In dem Polaritätsverhältnis von Kunst und Wissenschaft oder Bild und Begriff wird die *Schrift* zum Ausdrucksmittel des Wissenschaftlichen und Begrifflichen. Wie das Bild, so will auch das geschriebene Wort das Andere wiedergeben und also den Namen nennen. Während sich aber das Bild dem Abgebildeten möglichst anzunähern, ja dieses selbst darzustellen sucht, tritt das Schriftzeichen nur stellvertretend für das Bezeichnete ein. Das Bild ist da *für den objektiven Inhalt*, die Schrift dagegen nur *für mich,* für den Schreiber und Leser, für das erkennende Bewußtsein. Dieser Unterschied wird freilich um so geringer sein, je näher beide noch ihrem gemeinsamen Ursprung sind. Mit zunehmender Entfernung von ihm aber wird die Schrift immer abstrakter und das Bild immer illusionistischer. Dieser Illusionismus bedeutet keineswegs Annäherung an die Eigenwirklichkeit des Dargestellten, sondern nur an die Gestalt, in der es *mir* erscheint, in der es *für mich* da ist. So ist etwa die perspektivische Malerei illusionistischer als die nichtperspektivische. Sie gibt nicht die Dinge, sondern nur ihr Netzhautbild wieder und subjektiviert sie damit, sie macht aus meiner Umwelt einen Teil meiner selbst. Es ist ja der gleiche

Geist, der sich die Schrift wie auch das Bild schafft, der autonome Geist, der sich niemals einem Gegenüber verpflichtet weiß, sondern dieses sich entweder unterwirft oder sich angleicht, so wie bereits Adam den Tieren begriffliche Namen gab, wir könnten ebensogut sagen schriftliche Namen, weshalb er unter ihnen kein helfendes Gegenüber finden konnte, während er das Weib nach sich selbst benannte und so gleichsam ein Bild aus ihr machte. Der Realismus des autonomen Ich wird immer nur der eigenen Realität gerecht und auch dieser bloß in der Form, in der er sie sehen will. So entspricht also der objektiv-abstrakten Schrift, die kaum noch etwas von ihrem Ursprung aus einer gemeinsamen Wurzel erkennen läßt, das subjektiv-realistische oder illusionistische Bild.

Der Satz, daß alle Schrift ursprünglich Bilderschrift war, kann nur bedingterweise anerkannt werden, nämlich dann, wenn man unter dem Bild jenes »erste Bild« versteht, in dem Schrift und eigentliches Bild noch ungeschieden bleiben. Keinesfalls dürfen wir uns unter der Ur-Bilderschrift eine in unserem Sinn realistische Wiedergabe des Gegenständlichen vorstellen, obgleich sie zweifellos der Realität näher kommt als das illusionistische Bild. Wo noch Ehrfurcht besteht vor der Wirklichkeit, maßt man sich nicht an, diese einfach im Bild einfangen zu können, dort ahnt man vielmehr noch etwas von dem Urwort, das sich im Verklingen hingibt und dem Angesprochenen oder Ausgesprochenen die Freiheit läßt, sich seiner zur Selbstoffenbarung zu bedienen. Immerhin bedeutet auch schon die denkbar älteste Schrift ein Abgleiten ins Begriffliche und das heißt eine Art Tötung des Ausgedrückten. Die lebendige akustische Sprache setzt die Anwesenheit des Hörers voraus, geschrieben dagegen wird an einen Abwesenden und über ein Abwesendes. Sprache und Schrift verhalten sich darum zueinander wie Anwesenheit und Abwesenheit oder auch wie Gemeinschaft und Einsamkeit. Der Schreibende ist ein Einsamer, der, wenn er auch an einen anderen schreibt, doch nur einen Monolog führt oder doch nur zu dem Bild spricht, das er sich von dem Gesprächspartner in der Einsamkeit seines Schreibens macht. Hier wird die eigentümliche Wechselbeziehung von Bild und Schrift besonders augenfällig. Es ist derselbe

Mensch, der einerseits schreibt statt zu sprechen und andererseits an die Stelle des realen Du dessen subjektives Vorstellungsbild setzt. Im strengen Sinn wirklich ist nur das schreibende und vorstellende Ich. Dem Anderen wird erstens durch die Tatsache, daß ein Vorstellungsbild seinen Platz einnimmt und zweitens durch die Zumutung, das schriftlich niedergelegte und damit erstarrte Wort als vollwertige Anrede hinzunehmen, die Wirklichkeit teilweise abgesprochen.

Die Schrift konnte nur von einem sich selbst als einzig wahre Realität setzenden Geist erfunden werden. Je selbstherrlicher dieser Geist ist, um so mehr verwandelt sich sein Gespräch in ein bloßes Selbstgespräch und werden die von ihm gebrauchten Schriftzeichen zu nur ihm allein verständlichen, vom Wesen des Bezeichneten unabhängigen Symbolen. Das Urwort des Menschen war ohne Zweifel der Name Gottes und das Urschriftzeichen die Hieroglyphe Gottes. Da diese Hieroglyphe dem Namen noch relativ nahe stand, war sie auch von Gott nicht in dem Grad unabhängig wie etwa unser Schriftwort »Gott«. Wurde sie geschrieben, so wurde damit Gott wirklich noch angeredet, angebetet und zur Antwort aufgefordert, also gewissermaßen beschworen, das heißt aus der Abwesenheit in die Anwesenheit, aus der Verborgenheit in die Offenbarkeit versetzt. So etwas aber setzt voraus, daß das betreffende Zeichen noch irgendwie den Namen wiedergibt, unter dem Gott selbst sich geoffenbart hat und unter dem er angerufen sein will, der ihm also nicht umgekehrt vom Menschen beigelegt wurde. Ähnliches gilt natürlich auch von allen übrigen ursprünglichen Schriftzeichen. Je mehr Bilderschrift eine Schrift noch ist, um so weniger ist sie bloße Erfindung des Menschen und um so mehr Offenbarung der Namen, die dem Schreiber genannt wurden aus der leibhaftigen Wirklichkeit des Benannten heraus. Mit den Zeichen einer Bilderschrift kann man nicht so wie mit unserer Buchstabenschrift in der Einsamkeit seiner eigenen Zelle an einen weit entfernten Bekannten Briefe schreiben. Hier bedeutet vielmehr Schreiben Vergegenwärtigung des Angesprochenen und Ausgesprochenen. Der Genannte beantwortet die Nennung seines Namens mit seinem Erscheinen. Er ist dort und muß dort sein, wo er genannt, wo sein Zeichen niedergeschrieben wird, weil er selbst sich von ihm gar nicht ablösen läßt, weil er in gewissem Sinn sogar mit dem Zeichen identisch ist.

Mit Dämonenbeschwörung oder dergleichen aber hat dieser Vorgang unmittelbar noch nichts zu tun. Hier ist weder der Schreiber ein Geister bannender Magier noch der Erscheinende ein Gespenst. Von Magie kann erst dann die Rede sein, wenn das Zeichen nicht mehr wesensgemäßer Ausdruck dessen ist, der sich seiner bedient, wenn es nicht mehr in selbstverständlicher Ehrfurcht vor dem Bezeichneten, sondern in der aus Reflexion gezeugten Absicht gebraucht wird, mit ihm eine zauberhafte Wirkung zu erzielen, wenn der Schreiber die vom Zeichen bezeichneten Mächte in seinen Dienst zwingen will, obgleich sie ihm, der sonst vielleicht eine nüchterne rationale Buchstabenschrift verwendet, schon längst fremd geworden und also für ihn gestorben sind. Er zitiert also Tote, indem er sich an sie bindet, und der in die Welt gerufene Tote ist immer ein Dämon. Zu magischen Zeichen, zu Zauberschlüsseln werden für irgendeine Gegenwart darum nur die nicht mehr zeitgemäßen und in ihrem ursprünglichen Sinn nicht mehr verstandenen Hieroglyphen einer fernen Vergangenheit. Damals, in ihrer eigenen Zeit, waren sie Zeichen des Lebens, heute aber, da ihre Zeit für uns versunken ist, sind sie Zeichen des Todes. Wer als Magier mit ihnen umgeht, begibt sich als Toter in die Gemeinschaft von Toten. Die Dämonie der Bilderschrift erreicht ihren höchsten Grad aber nicht bei den Alten, sondern bei den Exoten. Die Hieroglyphen Ägyptens erscheinen uns kaum dämonisch, sie stehen nur wie erstarrt in ihrem schweigenden Geheimnis vor unseren Augen. Die Schriftzeichen der Mexikaner oder auch der Ostasiaten hingegen haben eine unheimliche Lebendigkeit, sie greifen nach uns wie Ungeheuer der Tiefe mit tausend Fangarmen; hier drohen die Gewalten des Chaos, die Mächte unserer eigenen unbewußten Abgründe in die Welt des Bewußtseins herauf. Dort haben wir es nur mit dem toten Tod zu tun, der unser Jetzt nicht berührt und hinter dem wir überdies noch ein erhabenes, der Ewigkeit nahes Leben ahnen, hier aber mit dem lebendigen Tod, der uns im Blut sitzt und in irgendeinem finsteren Winkel unserer eigenen

Seele lauert, der dieses, mein Leben, in Frage stellt und den wir, wenn auch nur widerwillig, als den Herrn über unser Schicksal anerkennen müssen.

Die Dämonie der Vergangenheit wie des Exotischen ist, wir wiederholen das nochmals, unsere eigene Dämonie. Wir können freilich weder in unseren illusionistischen Bildern, noch in unserer nüchternen Schrift eine Spur davon finden, im Gegenteil, das alles gibt sich so undämonisch wie nur möglich, ja scheint geradezu die Dämonen aus der Wirklichkeit unserer Anschauung und unseres Denkens zu verbannen. Bilder und Begriffe sind die Waffen, mit denen wir sie aus dem klaren Himmel des humanistischen Geistes endgültig vertrieben zu haben meinen. In Wahrheit verhält es sich gerade umgekehrt. So wie Ödipus der Sphinx erst nach ihrem Sturz in den Abgrund wirklich verfällt, gewinnen auch die Dämonen erst dann ganz und gar Macht über uns, wenn wir nichts mehr von ihnen bemerken. Der Satz, daß alle Bilder und ebenso alle Schriftzeichen Dämonenbilder sind, gilt vor allem auch von den Bildern und den Schriftzeichen des für die Dämonen Blinden. Die abstrakte Schrift, die nur noch stellvertretendes Zeichen für eine Wirklichkeit sein will, das Wirkliche selbst in seiner freien Eigenständigkeit also gar nicht mehr gelten läßt, tötet das von ihr Bezeichnete, und der so gewirkte Tod muß schließlich auf den Töter zurückschlagen. Wer nur noch Totes zeugt, kann selbst nicht am Leben bleiben. In der Schrift erstarrt das Wort. Es trifft nicht das Lebendige und löst keine lebendige Antwort aus. Wie Leben mit Leben, so wird Tod mit Tod beantwortet. Die heimliche Dämonie unserer Sprache enthüllt sich immer dann, wenn man versucht, sie als Mittel im Dienst geschichtlicher Bewegungen zu verwenden, also etwa in der propagandistischen Rede, im Wort der Demagogie, im *Schlagwort*. Schlagworte sind, auch wenn sie da und dort laut ausgesprochen werden, ihrem Wesen nach dennoch niemals gesprochene, sondern immer nur geschriebene Worte, was allein schon durch ihre ständige Wiederholung hinreichend bewiesen erscheint. Wie sie selbst nicht einmalig und unwiederholbar sind, so wenden sie sich auch nicht an das einmalige und unwiederholbare Leben, sondern an die der Begrifflichkeit entsprechende, dem blinden Naturgesetz unterworfene Schicht der angesprochenen Menschen. Sie reden sozusagen das Tote an, aber mit der Absicht, es ins Leben zu rufen, und das heißt, sie rufen die Dämonen aus den Abgründen herauf. Mit unseren modernen Begriffssprachen oder, was dasselbe sagt, mit unseren Schriftsprachen kann man wohl Revolutionen machen, kann man die Massen aufwiegeln und die Triebe aufpeitschen, man kann aber niemals echte Begeisterung wecken, wenigstens nicht, sofern man das Wort »Begeisterung« von dem Geist ableitet, der dem Menschen vom Schöpfer eingehaucht wurde; denn dieser Geist wird ja gar nicht angesprochen. Das urhafte gesprochene Wort kommt aus der Person und wendet sich an die Person, das nur noch geschriebene oder gar gedruckte aber, das Wort der Zeitung, der Flugschrift, der Reklame, des Rundfunks usw. ist anonym sowohl seiner Herkunft wie auch seinem Ziel nach, das heißt es ist nicht mehr Name, es nennt weder den Nennenden noch den Genannten. Es wird von unbekannten oder doch wenigstens gleichgültigen Sprechern gesprochen und von ebenso unbekannten Hörern gehört. Alles Persönliche löst sich da auf im amorphen Kollektiv, und der einzige Nutznießer dieser Katastrophe ist der die Masse lenkende und über sie triumphierende Dämon. Er ist der wahre Inbegriff des Wortes, des Namens, der Nennende und der Genannte zugleich. Er ist der Mittler zwischen Mensch und Mensch, der große Unbekannte, der aus dem Lautsprecher redet und am Lautsprecher hört, ja die Unbekanntheit und Ungenanntheit selbst, die Unpersönlichkeit in Person.

Ein zweites allgemein geläufiges Beispiel für die Dämonie des geschriebenen Wortes bietet das Gesetz. Wir brauchen darüber kaum viel zu sagen, weil jeder das Wichtigste und Nötigste bereits aus den Evangelien weiß. Allerdings denken wir hier nicht nur an das Gesetz vom Sinai allein. Immer wieder hat man versucht und versucht man noch, mit Gesetzen den Völkern und der Menschheit ihr größtmögliches Glück zu bringen, und immer wieder muß man enttäuscht erfahren, daß es gerade so nicht geht, daß Gesetze nur töten und nicht lebendig machen, weil sie ja selbst tot sind, tot wie der Stein, in den sie ihrer Natur entsprechend gemeißelt werden. Gesetz und Rechte erben sich nicht nur wie eine ewige Krankheit fort, sie sind eine Krankheit schon in dem Augenblick, da sie kodifiziert werden. Dabei muß freilich zwischen Gesetz und Recht ein gewisser Unterschied gemacht werden. Gesetze schreibt man, das Recht spricht man. Jesus etwa schreibt das Gesetz, nach dem die Ehebrecherin dem Tod verfallen ist, schweigend vor sich auf die Erde, aber er spricht das göttliche Rechtsurteil, das sie begnadigt. Der Richter, der nur noch nach geschriebenen Gesetzen sein Recht spricht, bleibt eine jämmerliche Figur. Natürlich heißt das nicht, daß man nach Belieben vom geschriebenen Gesetz wieder zum gesprochenen Recht zurückkehren könnte. Wer vom Erkenntnisbaum gegessen hat, darf nicht mehr nach den Früchten des Lebensbaumes greifen. Der Weg, den wir selbst uns einmal versperrt haben, bleibt unbetretbar, und wer ihn dennoch zu betreten versucht, wird am Ende nur gegen die Dämonie des starren geschriebenen Wortes die noch weit schlimmere der chaotischen Willkür eintauschen. Die Tafeln des Gesetzes kann und darf kein Mensch zertrümmern. Tut er das, so wird er an ihrer Stelle neue Tafeln mit noch härteren Gesetzen erhalten.

Während die Bilderschrift mehr von den Dingen zur Anschauung bringt als die abstrakte Zeichenschrift, gilt vom eigentlichen Bild in seinen Anfängen genau das Umgekehrte. Dieses Bild strebt nämlich die täuschende Ähnlichkeit mit dem Abgebildeten gerade nicht an, sondern begnügt sich damit, darauf hinzudeuten, es will »Symbol« sein und nichts weiter. Den Ehrgeiz im bekannten Streit zwischen Zeuxis und Apelles hätte ein archaischer Künstler niemals verstanden. Nur der isolierte Mensch kennt das Bedürfnis, sich eine illusionäre Wirklichkeit aufzubauen, das Faktische durch ein Scheinbares zu ersetzen, um sich dann in diese Scheinrealität traumhaft zu versenken. Neben der Welt, die ihm fremd und feindlich geworden ist und in der er sich nicht mehr zu Hause fühlt, schafft er sich eine Sonderheimat der Bilder, der Kunst, der Kultur. Der ursprünglichere Mensch aber hat seine Heimat noch hier auf Erden. Als Person steht er in keinem scharfen Gegensatz zu seiner Umgebung, und so liegt es ihm auch durchaus fern, diese in einer seiner Sehnsucht entsprechenden

Weise umgeformt zu wiederholen. Das würde ihm vermutlich sogar wie ein Sakrileg erscheinen. Was er an bildlichen Darstellungen hervorbringt, darf das Dargestellte nicht verdrängen oder überflüssig machen, sondern muß sich ihm fügen, in seinen Dienst treten und in Beziehung mit ihm bleiben. Es unterstreicht nur die Dinge und untersteht sich nicht, sie zu ersetzen, es redet bloß von einem Gegebenen, das seinen Schwerpunkt in der außermenschlichen Welt hat. Das illusionistische Bild ist immer auch *idealistisch*, das symbolische dagegen *realistisch*. Wir brauchen da nur etwa an die Reliefs und Fresken der Ägypter zu denken, die den menschlichen Körper für unseren Blick vollkommen verzerrt und naturwidrig, teils in Frontalansicht, teils im Profil wiedergeben und das heißt, eben eigentlich überhaupt nichts wiedergeben, sondern bloß an ihn, der ja an sich außerhalb des Bildes verbleibt und verbleiben soll, irgendwie erinnern oder in Ehrfurcht vor seiner Unwiederholbarkeit von ihm sprechen wollen. Freilich sind im Grunde genommen auch diese ägyptischen Bilder immer noch reichlich illusionistische Wiedergaben und keineswegs reine Symbole, verglichen mit den Werken der klassisch-antiken Kunst aber geben sie uns dennoch einen gewissen Begriff davon, wohin ihr relativer Realismus weist, welches Verhältnis zwischen dem Bild und dem Abgebildeten sich ergibt, wenn der Wunsch nach täuschender Wiedergabe der Natur noch weiter ab- und dementsprechend der Sinn für die Gegebenheit noch weiter zunimmt. Das Bild ist um so naturnäher, je weniger es selbst Natur zu sein beansprucht, je weniger es versucht, an die Stelle der sehr guten Schöpfung eine noch bessere zu setzen und damit Gott zu übertrumpfen.

Wie meine Rede keine Kopie von mir ist und doch mein Wesen ausdrückt, so ist auch das wahrhaft realistische und gerade als solches nicht naturalistische Bild keine Wiedergabe des Abgebildeten, sondern dessen Ausdruck und damit von ihm deutlich verschieden. Es muß über sich hinaus das andere meinen, um seinen eigenen Reichtum erfahren und entfalten zu können. Zu einem Wirklichkeitssurrogat wird das Bild in dem Maß, in dem der zum Ebenbild Gottes bestimmte Mensch zu einem Surrogat Gottes herabsinkt, in dem er verlernt, seine

Grenze zu überqueren und also auch die alle Grenzen überquerende Sprache der Dinge und Wesen um ihn her zu verstehen. Bilder in unserem Sinn sind nicht nur die Werke der sogenannten bildenden Kunst, sondern auch Lieder, Dichtungen, ja philosophische Systeme, und so gilt von den Büchern der Urzeit genau dasselbe wie von ihren sichtbaren Bildern. Auch diese Bücher – wie etwa das I-King – lassen sich nicht verstehen, solange man sie nur wörtlich, das heißt als Kopie ihres Sinnes nimmt. Ihr Geheimnis liegt vielmehr darin, daß sie über sich hinausdeuten, den Leser mit der Realität, deren Ausdruck sie sind, unmittelbar in Verbindung bringen. Wer hier etwas verstehen will, muß vor allem das aus der autonomistischen Selbstidentifikation des Ich stammende Vorurteil, daß jede Gegebenheit nur mit sich identisch sei, fahren lassen. Er müßte wieder Ebenbild werden, denn so wie das Ebenbild Gottes Gott bedeutet, bedeutet in dessen Augen alles möglicherweise alles. Darauf beziehen sich die bekannten Worte des Kungfutse: Wer, wenn ich ihm eine Ecke zeige, die vier anderen nicht errät, dem erkläre ich nicht. Unsere abendländischen Bücher freilich wollen immer ganz exakt alle vier Ecken geben, aber die so vermittelte Wahrheit ist dann auch danach, eine Wahrheit, die in ihrer Sterilität erstickt, so wie das isolierte Ich, das selbst nichts mehr bedeutet und darum auch für die Bedeutungen außer ihm weder Augen noch Ohren hat. In ihrem Sinn verstanden, strahlen die Bilder und Bücher der Urzeit eine Kraft aus, die den Betrachter oder Leser umformt, umgestaltet, ihn zur Mitwirkung zwingt, so etwa wie ein Befehlswort erst in seiner Befolgung richtig verstanden wird. Die ausgesprochene Wahrheit wird erkannt, indem sie nicht bloß gehört oder nachgesprochen, sondern *getan* wird. Wie sie sich nicht einfach ablösen läßt vom Ausgedrückten, so wendet sie sich auch nicht an eine abgelöste Vernunft oder an ein abgelöstes Gefühl, sie geht vielmehr den ganzen Menschen an, so daß es ihr gegenüber kein bloß theoretisches oder ästhetisches Verhalten gibt. Unsere Bücher enthalten ihre Wahrheiten streng abgeschlossen in sich, vollkommen geschieden von ihrem Verfasser. Die Bücher der Weisheit aber sind nicht zu sondern von dem weisen Geist, dem sie ihr Dasein verdanken. Sie führen den Leser entweder zur unmittelbaren Begegnung mit diesem oder haben ihm überhaupt nichts zu sagen. Hier gibt es kein Wort, das etwas wäre ohne den, der es spricht und den man willig anhören, dem man sich hingeben muß, wenn man verstehen will. Nur wer sich öffnet, um erkannt zu werden, wird erkennen.

Ganz ohne Hingabe kommt freilich kein Bild zustande, auch nicht im selbstherrlichen Abendland. Auch der autonome Geist, der alles seinem Wesen anzugleichen trachtet, indem er es formt und gestaltet, muß bis zu einem gewissen Grad aus sich heraustreten, sich ausdrücken, seine Grenzen überschreiten und das heißt, sich umformen und umgestalten lassen von eben der äußeren Wirklichkeit, die er im Bild zu fassen sucht. Aber es kommt eben auf das Verhältnis an, in dem hier das Geben zum Nehmen steht, und da ist für uns allein die Tatsache entscheidend, daß in aller abendländischen Kunst seit der Antike das Nehmen bei weitem das Geben überwiegt, daß also das ursprüngliche Gleichgewicht zugunsten des Subjektes verschoben wurde. Im dialektischen Gegensatz dazu scheint nun die Kunst der Exoten auf einer Verlagerung des Schwerpunktes nach der anderen Richtung zu beruhen. Hier gleicht der Mensch – wenigstens haben wir diesen Eindruck – nicht die Natur seinem Ich, sondern umgekehrt sich der Natur an. Seine Bilder sind also realistisch und nicht illusionistisch, allerdings nur relativ, nämlich verglichen mit unseren. Auch gibt es hier eine Menge von Abstufungen. Nicht alles Exotische liegt auf einer Ebene. Der Geist mancher Völker mit hoher Kultur wie der Chinesen oder Inder steht unserem eigenen natürlich weit näher als jener der Neger oder Indianer, und demgemäß hat dort auch das Bild noch immer einen deutlichen Zug ins Illusionistische und Naturalistische. Trotzdem läßt sich eine gewisse unheimliche Fremdartigkeit nicht verleugnen. Alle exotischen Bildwerke ohne Ausnahme scheinen uns irgendwie vergewaltigen und in eine Sphäre hineinziehen zu wollen, in der wir uns nicht zu Hause fühlen, die unsere Freiheit beschränkt, die Sicherheit unserer Existenz in Frage stellt; und das kommt einfach daher, daß sie ihre Entstehung einer mehr passiven oder triebhaften Haltung verdanken. Die Außenwirklichkeit ist in ihnen mächtiger als in unseren Bildern, und zwar eine Außenwirklichkeit, der wir im Rahmen unseres Weltbildes diese Macht und Lebendigkeit nicht zuerkennen. Wir stehen unter dem Eindruck, daß sich hier der menschliche Geist an ein Totes verschwendet, ein Totes mit seinem Leben nährt, und die gleiche Selbstverleugnung, aus der das Bild geschaffen wurde, scheint es nun auch vom Betrachter zu fordern. Aus ihm sieht uns ein Stück Nicht-Ich mit den Augen des Ich an, und diese Augen gehören nicht ursprünglich ihm, sondern dem Menschen, der sie ihm hingeworfen hat. Wir suchen, wie gesagt, die Spannung zwischen uns und der Natur zu bewältigen, indem wir diese entweder rationalisieren oder im Bild uns angleichen. Der Exote aber geht den umgekehrten Weg, er überantwortet sich der Natur, er opfert sein Selbst, sein Bewußtsein, seinen Willen, um der Peinlichkeit des Widerspruchs zu entkommen, er verschenkt sich an das Außen, er kapituliert vor ihm, ja er läßt sich von ihm geradezu verschlingen, mit anderen Worten, er geht den Weg der Magie. Er zwingt nicht das Dargestellte, ihm ähnlich zu werden, sich seinen Wünschen zu fügen, sondern erlaubt ihm, sich seine Seele anzueignen, aber das alles doch nur in der Absicht, auf diese Weise die Aufhebung der Spannung genießen zu können. Dem Ursprung ist er genau so fremd wie der Abendländer. Er lebt in der gleichen Zwiespältigkeit wie wir, und seine Umwelt ist um nichts menschenfreundlicher als unsere. Wird diese Umwelt im Bild lebendig, so kann das darum nur die Lebendigkeit der Dämonen sein.

Von dem größten Maler des alten China, dem fast legendären Meister *Wutaotse* wird erzählt, daß er einmal auf eine Wand des kaiserlichen Palastes eine Landschaft malte. Als das Bild fertig war, ging er vor den Augen des staunenden Kaisers in das Gemälde hinein und verschwand dort schließlich in einer Höhle, um nie wiederzukommen. Mit ihm aber war auch das Bild selbst verschwunden. Ein gründlicher Kenner der ostasiatischen Kunst, *Otto Fischer*, stellt dieser Erzählung die Sage von Pygmalion gegenüber, der sich in die selbstgeschaffene Statue eines wunderschönen Weibes verliebte und so inbrünstig zu Aphrodite betete, daß die Göttin sich bewegen ließ, den Marmor in Fleisch und Blut zu verwandeln. Dort also versinkt der Künstler in der Welt des Bildes, hier holt er das Bild in seine Welt herüber. Und das ist tatsächlich der Unterschied zwischen abendländischer und exotischer Bildnerei. Die Höhle im Gemälde des Wutaotse ist der Rachen des Dämons, der den Magier am Ende verschlingt. Abendländische und exotische Kunst entfalten sich aus der gleichen Wurzel, aus dem Zustand des Gleichgewichts von Geben und Empfangen; die abendländische vereinseitigt sich im Empfangen, die exotische im Geben. Der Abendländer sucht sich als einzige Wirklichkeit zu behaupten und allem, was er schafft, seinen Charakter aufzuprägen, der Exote wieder verliert sich an das Außen. Jenem entgleitet die Natur, diesem das eigene Ich. Der abendländische Geist ist naturfeindlich, die exotische Natur geistfeindlich. Indem aber der Abendländer die Natur vergewaltigt, um über sie zu herrschen, macht er sich an ihr schuldig und weckt ihre Rache. Die Dämonenbilder der Exoten sind die uns zugewandten Gesichter der mißbrauchten Schöpfung. Ihr Haß gilt uns, und darum haben wir auch allen Grund, vor ihnen zu erschrecken.

Der besondere Habitus eines Kunststils, wie er in irgendeiner bestimmten Epoche oder bei einem bestimmten Volk in Erscheinung tritt, hängt ganz ausschließlich von der Bewußtseinsschicht ab, aus der er kommt, deren objektiver Ausdruck er sein will. Der Grad des schon seinem Begriff nach immer höchst problematischen Könnens oder Nichtkönnens spielt hier gar keine Rolle, und wenn wir überhaupt das Recht haben, von einer Entwicklung, ja von einer Geschichte der Kunst zu reden, so hat diese Rede nur unter der Voraussetzung des bedingungslosen Verzichtes auf jedes ästhetische Werturteil ihren Sinn. Entwicklung oder Geschichte kann hier nur heißen Wechsel der jeweils dominierenden Bewußtseinsschicht, Wechsel des Schwerpunktes menschlicher Existenz. Was dominiert, ist entweder der bewußte Wille oder der Trieb oder endlich der Einklang beider bzw. die Diskrepanz zwischen beiden. Es gibt, darüber wird ein Zweifel nicht möglich sein, eine, wenn auch nicht linear verlaufende, so doch in der Grundrichtung festgehaltene Entwicklung vom ursprünglichen Einklang zur Gespaltenheit, und innerhalb dieser geht es dann um ein Entweder-

Oder, nämlich um die Willens- oder um die Triebdominante. Der Kunststil ist dann der dieser Dominante adäquate Ausdruck.

Wir gehen aus vom autonomen oder, was dasselbe bedeutet, vom reflektierten Bewußtsein, weil wir in ihm unseren eigenen Schwerpunkt zu suchen haben. Dieses Bewußtsein ist das Organ der Isolierung, der Sinn der Unbeteiligtheit an allem, was sich außerhalb der Ichsphäre vorfindet. Demgemäß trägt auch die Kunst des hochgezüchteten Bewußtseins den Stempel der Unbeteiligtheit, das will sagen, der Distanz sowohl des Künstlers von seinem Werk, wie auch vor allem des Kunstwerkes von der realen Umwelt. Dieses Werk steht da als eine Welt für sich, durch die weder ihr Schöpfer noch die in ihr umgeformte Wirklichkeit mich, den Beschauer, unmittelbar anredet. Wie das Werk sich selbst genug ist, so bin auch ich mir selbst genug, indem ich es genieße. Dagegen bleibt die aus der relativen Harmonie von Willen und Trieb hervorgegangene Kunst durchaus personbezogen und sachbezogen. Durch sie wirkt der Darsteller wie auch das Dargestellte auf mich ein. In dieser Region gibt es kein l'art pour l'art, keine zwecklose Kunst als rein ästhetisches Phänomen, sondern nur eine auf die Gestaltung oder Umgestaltung der faktischen Wirklichkeit abzielende, das heißt eine im weitesten Sinn des Wortes religiöse Kunst. Aber auch dort, wo der Trieb dominiert, gilt das gleiche. Der aus dem bewußtlosen oder doch relativ bewußtlosen Triebleben geborenen Kunst fehlt zwar manches, was die Kunst der Urharmonie, des bruchlosen Ineinander von Willen und Trieb noch hat, den Sinn für die Realität des Gegebenen aber hat sie sich bewahrt, sie steht nicht abseits neben dem Wirklichen, sondern erfährt dessen Wirkungen und sucht darauf zu wirken. Der Künstler bleibt seinen Gegenständen verbunden, allerdings in durchaus unfreier Weise, weshalb hier auch kaum von Religion, sondern nur von Magie oder Dämonie zu reden sein wird.

Den Unterschied zwischen der aus dem Willen und der aus dem Trieb gezeugten Kunst kann man sich an dem Verhältnis beider zu Raum und Zeit hinreichend klarmachen. Raum und Zeit sind die Formen sowohl der Verbundenheit wie auch der

Geschiedenheit der Dinge und Ereignisse. Darin liegt ihre besondere Dialektik. In der ersten Hinsicht hat die Welt Raum und Zeit in sich, in der zweiten befindet sie sich selbst im Raum und in der Zeit (ptolemäisches und kopernikanisches System!). Dem Ich des autonomen Bewußtseins stellen sich beide dar als Formen der Nicht-Identität, und zwar der Raum als Ausdruck des Nicht-Hier, die Zeit als Ausdruck des Nicht-Jetzt, ja im Idealfall ist der Raum das Nirgend, die Zeit das Nie. Setzt sich das Ich absolut, so erscheinen Raum und Zeit unendlich. Bei *Kant*, dem Philosophen der Autonomie, wird dieser äußerste Grenzfall erreicht. Dem mit allen Werten geladenen Subjekt entspricht als objektive Wirklichkeit der leere euklidische Raum und die unabschließbare lineare Zeit. In dem Maß aber, in dem das Selbst sich nicht absondert, sondern auf seine Umwelt bezogen weiß und dieser die Realität zuerkennt, verlieren Raum und Zeit ihre Selbständigkeit. Sie sind nicht mehr unendlich, freilich auch nicht im rationalen Sinn endlich, sondern durch das Gegenständliche in ihrer Geltung beschränkt, Darstellungsweisen dieses Gegenständlichen selbst. Ihre Bedeutung liegt allein darin, daß durch sie die Dinge und Ereignisse aufeinander bezogen erscheinen. Im Weltbild des nicht-autonomen Geistes gibt es daher keinen abstrakten Raum- oder Zeitbegriff. Das Dort ist qualifiziert durch das Ding, das sich dort befindet und an dessen Stelle kein anderes Ding treten kann. Es gibt kein Leeres, also etwa keine Weltrichtung im bloß geometrischen Sinn, sondern nur das, was wirklich im Norden, Süden, Osten oder Westen liegt.

Jede künstlerische Formgebung nimmt ihren Ausgang von der diesem bestimmten Bewußtseinszustand angemessenen Wirklichkeit, das heißt sie ist zunächst einmal Wiedergabe der Dinge in der dem jeweiligen Weltbild entsprechenden Gestalt. Das abendländische Weltbild wird beherrscht von der abstrakten Raum- und Zeitanschauung. Jede Erscheinung hat hier ihren Ort im unendlich gedachten dreidimensionalen Raum und auf der gleichfalls unendlich gedachten Zeitstrecke. Während nun das wissenschaftliche Denken bestrebt bleibt, die Welt der Raum- und Zeitform zu unterwerfen, weil sie auf diese Weise theoretisch ver-nichtet und damit restlos beherrschbar wird, sucht die Kunst gerade umgekehrt beide zugunsten einer konkreten gegenständlichen Realität zu überwinden. Die Kunst will ja das Andere dem Ich und nicht dem Nichts angleichen, sie schafft eine Illusionswirklichkeit, in der alle Widersprüche aufgehoben sind, weil darin nichts vorkommt, was nicht von der Art des Subjektes wäre. In der abendländischen Kunst handelt es sich sonach immer darum, Raum und Zeit im Hier und im Jetzt zusammenzufassen, die Ausdehnung in einem Punkt, eben im Ich-Punkt zu zentralisieren. Wenigstens gilt das ganz eindeutig und bedingungslos von der schönen klassischen Kunst, dem ewigen Ideal des abendländischen Geistes. Das klassische Gemälde gliedert und bindet den Raum, es läßt ihn als Funktion der dargestellten Dinge erscheinen, so daß für eine leere Unendlichkeit außerhalb des Bildes nichts mehr übrigbleibt. Ähnlich verfährt die klassische Musik mit der Zeit. Die Töne sind aufeinander abgestimmt und wechselseitig bedingt. Sie bilden zusammen ein gegliedertes Ganzes, in dessen Rahmen der Zeit nur eine dienende Rolle zukommt. Der zeitliche Abstand vermindert nicht, sondern verstärkt im Gegenteil den Eindruck der Zusammengehörigkeit. Das Frühere und das Spätere er-gänzen sich durch ihre qualitative Verschiedenheit, und die dazwischen liegende Zeitstrecke hat bloß die Aufgabe, dieser Er-Gänzung ein Spannungsmoment beizufügen, das sie erst recht fühlbar macht. Aber auch dort, wo sich die Widersprüche nicht in so leichter Weise lösen, wo Dissonanzen den malerischen oder musikalischen Zusammenhang und Zusammenklang stören und das Ich keinen mühelosen Sieg erringt, wo vielleicht sogar der unendliche Raum oder die unendliche Zeit die klassische Harmonie zerreißt, bleibt noch immer das autonome Subjekt idealer Mittelpunkt und überwindet alle Gegensätze in der sich dem tragischen Pathos verknüpfenden Katharsis.

Die leere Unendlichkeit des Raumes und der Zeit ist nichts anderes als die *objektive Widerspiegelung der Unbewußtheit des Unbewußten*. Der selbstherrliche Geist verdrängt die lebendigen Beziehungen zur außersubjektiven Welt ins Unbewußte und verwandelt sie so, wie schon früher ausführlich gezeigt wurde, in blinde Triebe, weil er allein da sein will. Er selbst macht sich also blind für die konkrete Realität des gegenüber Befindlichen und ebenso für alles, was an ihm mit diesem zusammenhängt und ihn zur Anerkenntnis seiner Gegenwärtigkeit zwingen muß. Er will in keinem wie immer gearteten Abhängigkeitsverhältnis zum Nicht-Ich stehen. Darum entfernt er jedes Wissen um ein solches Verhältnis aus seinem Bewußtsein, und darum tritt für ihn an Stelle der erfüllten Umwelt das leere Nichts bzw. eine nur noch ganz relative, diesem leeren Nichts unterworfene und von ihm allseits umschlossene Dinglichkeit. Je schärfer die Grenze zwischen Bewußtsein und Unbewußtsein, um so bedingungsloser die Herrschaft von Raum und Zeit über das Objektive.

Tritt nun aber, wie bei den Primitiven, das Unbewußte an die Stelle des Bewußtseins, und zwar ohne selbst ins Bewußtsein erhoben zu werden, mit anderen Worten, wird nicht der bestehende Gegensatz ausgeglichen, sondern nur der Schwerpunkt verlagert, so verschwinden der leere Raum und die leere Zeit, um einer Fülle Platz zu machen, die jedoch, da sie dem vom Geist abgelösten und somit gleichsam abgetöteten Unbewußten entspricht, auch nur eine tote und keine lebendige Wirklichkeit sein kann, oder genauer: in ihr *lebt das Tote,* so wie ja auch der verdrängte Trieb ein totes Leben lebt. Raum und Zeit werden hier zu Formen nicht der Geschiedenheit, wie für das rationale Bewußtsein, sondern der Bezogenheit und Verbundenheit, aber eben einer Verbundenheit von Erscheinungen, die in ihrem bloß dämonischen Leben aller Wesentlichkeit und Persönlichkeit beraubt sind. Das autonome Ich hat zu seinem Gegenüber ein leeres Nichts, das sich ins Endlose erstreckt, das Unbewußte ein gleichfalls endloses, aber erfülltes Nichts, nämlich ein Reich des toten Geistes, ein Gespensterreich, in dem sich seiner eigenen Ungeistigkeit gemäß der von ihm abgelöste Geist, das abgelöste Bewußtsein, ebenso spiegelt wie umgekehrt für dieses das abgelöste Unbewußte in der Nichts-Welt des mathematischen Raumes und der mathematischen Zeit.

Die abendländische Kunst sucht, wie wir sagten, des Raumes und der Zeit Herr zu werden, das schrankenlose Ausgedehnte im Hier und Jetzt zusammenzufassen. Die Kunst der Exoten dagegen ist ein ständiges Ringen mit den Mächten der Geister-welt, und zwar sucht diese Kunst nicht eigentlich die Dämonen zu bezwingen, so wie die abendländische die Natur und die Geschichte – denn das Bezwingen-Wollen gehört schon zum Wesen des autonomen Geistes –, sondern sie, deren Gewalt durchaus anerkannt wird, dem Menschen günstig zu stimmen. Man bildet den Dämon ab, weil er abgebildet sein will, und das bedeutet viel eher eine Dämonisierung des Menschlichen als eine Vermenschlichung des Dämonischen. Unsere Kunst ist immer *zentripetal*, die exotische aber *zentrifugal*, das heißt in ihr verschenkt sich der Bildner an das Abgebildete, um auf diese Weise die Spannung zu lösen. Der leere Raum und die leere Zeit sind das Nichts, das übrigbleibt, wenn der Mensch alle Werte des Realen auf sich gezogen hat, die den Raum erfüllenden Dämonen jedoch leben von den Werten und Kräften, die sie dem Menschen entziehen. Dort ist die Fülle in der Mitte und rings herum nichts als ein Vakuum, hier ist umgekehrt das Vakuum in der Mitte und das Gewimmel des Lebendigen im Umkreis. Auf einer mexikanischen Bilderhandschrift aus dem sogenannten Höllenfahrtsmythos (veröffentlicht von Danzel) erscheint die Weltmitte dargestellt als ein im Blut schwimmen-der Totenkopf, während die vier Weltrichtungen von thronen-den Dämonengöttern besetzt sind. Diese Darstellung sagt sehr viel, sie kennzeichnet völlig eindeutig die Kunstgesinnung des Primitiven. Der Totenkopf in der Mitte ist der gestaltende Mensch, die Dämonen im Umkreis sind die gestalteten, vom Blut dieses Menschen lebenden Mächte. Auf ihnen allein liegt hier das ganze Pathos, sie gewinnen ihre Wirklichkeit im Bild, indem der Bildner sich ihnen opfert.

Wir suchen das Mißverhältnis zwischen uns und der Welt auszugleichen, indem wir entweder den Kampf mit ihr aufneh-men und sie unseren Zwecken zu unterwerfen trachten oder indem wir uns neben ihr eine Illusionswelt aufbauen, in der jenes Mißverhältnis nicht mehr besteht. Im ersten Fall verhalten wir uns technisch, im zweiten künstlerisch gestaltend. Voraus-setzung für beide Verhaltungsweisen ist die klar bewußte Trennung von Ich und Nicht-Ich. Wo aber von einer solchen Trennung nicht die Rede sein kann, wie beim Primitiven, werden die Grenzen zwischen Technik und Kunst fließend, ist alles Technische gleichzeitig auch Kunst, nämlich Selbstausdruck des Subjektes, und alles Künstlerische gleichzeitig Technik, nämlich aktives Einwirken auf die reale Umgebung. Eine Welt, in der es Götter- oder Dämonenbilder gibt, *ist* darum eine andere Welt als jene, in der es so etwas nicht gibt. Das Bild setzt also hier nicht eine neue, relativ geistige Wirklichkeit neben die sinnlich wahrnehmbare, sondern es verändert diese selbst und es verändert vor allem auch den, der das Bild schafft, ansieht oder anbetet. Der Abendländer betrachtet sich und die Welt als zwei einander beziehungslos gegenüberstehende Größen. Er steht so vor der Alternative, entweder sich oder die Welt verändern zu müssen, um über den Widerspruch hinauszukommen. Jenes tut er in der Kunst, dieses in der Technik. Wo jedoch der Trieb dominiert und die Beziehungen aufrechterhalten bleiben, vollziehen sich Selbstveränderung und Weltveränderung stets gemeinsam. Jeder Umbildung des Ich und seiner Einstellung zu den Dingen oder Vorgängen entspricht eine ebensolche Umbildung der Dinge und Vorgänge in ihrem Verhältnis zum Menschen. Wenn also etwa der Mensch sich bereit macht, die Furchtbarkeit des Dämons, der ihn umlauert, anzuerkennen, indem er sie bildnerisch formt, wird damit gleichzeitig der betreffende Dämon an den Ort seines Bildes gebannt. Er läßt ihn nun relativ in Ruhe, freilich nur, weil er ja erreicht hat, was er wollte, eben die Anerkenntnis. Den Dämon in die Wirklichkeit versetzen, so daß er in ihr seinen Platz finden und wahrnehmbar werden kann, heißt zuletzt nichts anderes, als sich in die Welt des Dämon versetzen, in eine Region hinabtauchen, wo die Teufel leibhaftig sind. Der endgültig Überlistete ist darum unter allen Umständen der Mensch und nicht der Dämon.

Da die Funktion des Bildes bei den Exoten eine durchaus andere ist als bei uns, jedenfalls keine ästhetische, läßt es sich auch niemals uninteressiert betrachten. So versteht z. B. der Inder seine Kultbilder als »*Yantras*«, das heißt ungefähr als Werkzeuge, die ihm die Kontemplation, die mystische Versenkung erst ermöglichen. Ein Yantra ist nicht oder doch nicht in erster Linie Bild oder Abbildung des Gottes, sondern soll den

Beschauer zu einer Veränderung seines Wesens in Richtung auf die Daseinsweise dieses Gottes veranlassen, es ist demnach selbst ein Wirkendes und Tätiges, eine geistige Wesenheit. Solange der Beschauer sich nicht in den Anblick des Bildes vertieft, ist dieses eigentlich gar nichts. Erst in der Wechselbeziehung beginnt es etwas zu sein. Wie es den Betrachter auf sich konzentriert, so projiziert umgekehrt der Meditierende aus dem eigenen Inneren das göttliche Leben in das Bild hinein. Der Gott tritt aus dem Unbewußten des Beters nach außen, er wird aus den Tiefen des Subjektes hervorgeholt. Der Mensch versenkt sich in sich selbst, bis er dorthin gelangt, wo ihm der Gott anschaubar wird, das will sagen, er gibt sein Bewußtsein preis, um auf einer Ebene unterhalb den Ausgleich herzustellen, zu dem ihn der wache Geist nicht kommen läßt. Während wir uns in der Kunst eine Welt vorzaubern, die den Bestand unseres Bewußtseins gewährleistet, ist die exotische Kunst gerade umgekehrt darauf aus, die Realität des Außerbewußten auf Kosten des Bewußtseins zu wahren, wenn nicht sogar zu steigern.

Der Drang, Bilder zu schaffen, erwacht nur dann, wenn dem, was abgebildet werden soll, die Wirklichkeit wenigstens teilweise fehlt; denn das Bild hat ja die Aufgabe, diese fehlende Wirklichkeit zu ersetzen. In seiner Anwesenheit vertritt das Bild die Stelle eines Abwesenden, es vergegenwärtigt einen Nicht-Gegenwärtigen, es macht einen Nicht-Wahrnehmbaren wahrnehmbar. Das ist etwa der Sinn der Photographie, die wir an die Wand hängen, auf den Schreibtisch stellen oder auch in der Brieftasche auf die Reise mitnehmen, der Photographie, die einen uns lieben, aber räumlich fernen oder vielleicht schon gestorbenen Menschen darstellt. Und das war auch bereits der Sinn aller Götterbilder, die man seit den uralten Zeiten in den Tempeln oder sonstwo aufstellte. Der unsichtbare, nicht gegenwärtige und nicht verfügbare Gott sollte durch das Bild sichtbar, gegenwärtig und verfügbar werden. Der Unterschied zwischen diesen Götterbildern und unseren Photographien von heute besteht nur darin, daß wir uns der realen vergegenwärtigenden Kraft des Bildes nicht mehr bewußt sind oder richtiger, daß unsere Bilder eine solche Kraft kaum noch besitzen, weil das Abwesende für uns auch wirklich ganz und gar abwesend, das heißt durch Raum oder Zeit von uns geschieden ist, so daß wir sein Abbild lediglich als Ersatz und nicht als lebendige Gegenwart verstehen können. Die Photographie hat also mit dem Dargestellten nur noch sehr mittelbar etwas zu tun, die Verbindung mit ihm wird nicht mehr real, sondern bloß assoziativ hergestellt, wogegen das Götterbild den abwesenden Gott selbst in die Anwesenheit, in das Hier und in das Jetzt ruft. In gewissem Sinn sind hier Abbild und Abgebildeter ein und derselbe. Die Menschen, die das Götterbild schufen und anbeteten, gaben sich daran hin, und so konnte auch etwas vom Wesen des Dargestellten in ihm lebendig werden. Es war weder nur Stellvertreter wie unsere Photographie, noch auch der Gott selbst in seiner ganzen Fülle, sondern eine Art Mittelding zwischen beiden.

Die Wirklichkeit des Abgebildeten im Bild bleibt freilich auch im besten Fall immer nur eine *Erinnerungs-Wirklichkeit*. Indem ich den Gott oder sonst irgendeine Person, vielleicht auch mich selbst abbilde, gebe ich zu erkennen, daß ich von seiner oder meiner Wirklichkeit nicht mehr vollkommen überzeugt bin. Wie ein von Minderwertigkeitskomplexen geplagter Mensch mit besonderer Vorliebe von seinen angeblichen Tugenden und Vorzügen redet, sich also in Worten gleichsam abbildet, so wie er gerne sein möchte, weil er im Grunde weiß, daß er gerade so nicht ist, so betont man auch die Wirklichkeit Gottes erst dann im Bild, wenn man an ihr heimlich bereits zu zweifeln begonnen hat, allerdings, ohne sich diesen Zweifel eingestehen zu wollen. Jede bildliche oder auch dogmatische Bejahung Gottes ist darum schon eine mindestens teilweise Verneinung. Was ich im Bild von ihm geben kann, ist ja nicht er, sondern nur meine Erinnerung an ihn, das heißt ein subjektives Phantom, das so viel von mir an sich hat, als ihm von dem abgeht, den es wiedergeben soll. Erinnern ist niemals ohne Vergessen. In jedem Bild steckt beides, das Ja und das Nein, die Anwesenheit und die Abwesenheit, die Wirklichkeit und die Unwirklichkeit, die Nähe und die Ferne, das Offenbare und das Verborgene, das Leben und der Tod.

Was ich vergessen habe, ist nicht einfach verschwunden und verloren, es ist nur *ins Unbewußte versunken*. Dort bleibt es aufgehoben und von dort kann es jederzeit wieder auftauchen, ja es will sogar auftauchen und an der Oberfläche erscheinen, es begnügt sich nicht mit seiner Existenz in der Finsternis, genau so wenig wie der vom Willen dorthin abgedrängte Trieb. Auch er rüttelt ständig an seinen Ketten und sucht das Gefängnis zu sprengen, in das er eingesperrt wurde. Wenn es aber dem Unbewußten und Vergessenen gelingt, wieder ans Licht zu kommen, dann zeigt es sich hier nicht etwa als das, was es ursprünglich war in seiner Einheit mit dem Erinnerten, sondern im schroffsten Gegensatz zu ihm, in der ihm im Akt der Verneinung, des Vergessens aufgeprägten Verzerrung. Der Trieb, der seine Fesseln abgeworfen hat, kommt als Rächer über seinen Kerkermeister, über den tyrannischen Willen, und ebenso rächt sich auch der aus dem Unbewußten wiederauftauchende vergessene Gott an seinem erinnerten Widersacher, das heißt er erscheint in der Gestalt des Gegengottes, und in dieser Gestalt wird er auch zum Bild.

Im Götterbild, so wie es vom Menschen geschaffen wird aus seiner Erinnerung an die verlorene Gegenwart Gottes, ist Gott anwesend und abwesend zugleich. Dieses Zusammen, dieses Ineinander von Wirklichkeit und Unwirklichkeit haben wir aber immer wieder als das eigentliche Merkmal der Dämonen kennengelernt. Der abgebildete Gott ist darum von vornherein ein Dämon, mag er uns auch noch so schön und undämonisch erscheinen. Indem ich meine Erinnerung an die Stelle des Wirklichen setze, indem ich das Göttliche so darstelle, wie ich es mir wünsche und erträume, und nicht so, wie es an sich selbst ist, werde ich zum Verneiner, zum Widersacher Gottes, das heißt handle ich im Sinn des Teufels. Wer Gott abbildet, statt sich ihm einfach hinzugeben, läßt von ihm nur so viel übrig, als er anerkennen will, das andere ersetzt er durch Zutaten aus seinem eigenen Ich. Er schafft sich also einen Ich-Gott, eine Synthese aus Gott und Mensch, er gestaltet Gott nach seinem Bild, nach seinem Spiegelbild, weil er nicht umgekehrt Gottes Ebenbild sein will. Aber eben damit vergißt er den wahren Gott und verdrängt alles an ihm, was seinen Wünschen nicht entspricht, ins Unbewußte. Während ihm der wahre Gott entgleitet, behält er zwei falsche Götter, den einen im Bewußtsein als den erinnerten und den anderen im Unbewußtsein als den vergessenen Gott. Jenen sucht er immer und immer wieder im Bild darzustellen, ihn möchte er gegenwärtig haben, von diesem dagegen will er nichts wissen, er soll ein für allemal verschwunden sein. Aber der verschwundene drängt herauf und trachtet nun seinerseits auch gegen den Willen des Menschen, sich im Bild zu verkörpern. Gott selbst, der lebendige Gott, entzieht sich jeder Verbildlichung, er ist anwesend entweder in seiner vollen Wirklichkeit oder überhaupt nicht. Den Wunschgott, den Erinnerungsgott, sucht der Mensch im Bild zu fassen und zu formen. Der Gott der Vergessenheit endlich, der leibhaftige Dämon, strebt selbst nach dem Bild, er führt sozusagen die Hand des Künstlers, die ihm den sichtbaren Leib schaffen soll. Und doch ist der Dämon nur die andere Seite, nur die Kehrseite des Erinnerungsgottes. Wie der autonome Wille ungewollt den Trieb aktiviert, gerade indem er ihn zu unterjochen und auszuschalten meint, wie die Triebbewegung, die Triebdynamik im Grunde gar nichts weiter ist als die letzte Wirklichkeit des selbstherrlichen Willens, so ist auch der Drang der Dämonen nach bildlicher Gestalt nichts weiter als der eigentlich reale Hintergrund der vordergründigen Sucht des Menschen, sich selbst im Bild darzustellen und dann als Gott anzubeten. Der Bildner glaubt zu treiben und wird tatsächlich getrieben, er glaubt aus Freiheit zu handeln und befindet sich tatsächlich in der Gewalt der Dämonen. Die Selbsttäuschung währt so lange, bis er sich an seine Bilder entäußert, bis er seine bildnerische Kraft erschöpft hat. Der Teufel ist, wir sagten das schon einmal, ein gewiegter Falschspieler, der seine Opfer zuerst gewinnen läßt; dann aber, wenn sich der Betrogene restlos ausgegeben hat, wirft er die Maske ab, dann zeigt er sich nicht mehr als flotter Junker mit der Hahnenfeder, sondern als höllisches Ungeheuer mit Hörnern und Schweif, dann führt er die Hand und zwingt sie, seine Fratze zu formen. Wir haben etwas von diesem Vorgang in allerjüngster Zeit erlebt, im Übergang oder richtiger im Umschlag vom Impressionismus zum Expressionismus. Wenn es sich hier auch nicht mehr um religiöse Kunst handelte, so bleibt doch schließlich alle Kunst ohne Ausnahme Selbstdarstellung und Selbstvergötterung des Menschen. Und eben das war der subtil subjektivistische Impressionismus im höchsten Maß; darum mußte sich in ihm die bildnerische Ausdruckskraft schließlich erschöpfen. Der Wille hatte seine letzten Möglichkeiten erreicht, und an seine Stelle trat nun der Trieb, die offene Dämonie. Im Expressionismus zerreißen die Dämonen ihre Fesseln, wird der bisher verborgene und vergessene Hintergrund zum Vordergrund. Der Expressionist ist nicht mehr wie der Klassiker bewußter Gestalter, sondern Werkzeug der unbewußten Mächte. Er steht im Dienst der Dämonen, denen er ihre Bilder und das heißt ihre Leiber schaffen muß. Daher auch die Vorliebe des Expressionismus für alles Exotische und Primitive. Was der Exote von jeher war, das wird der Abendländer, wenn sein Wille erlahmt, wenn er sich verausgabt hat.

Das Dämonenbild drängt sich von außen auf, es bietet sich geradezu an, es läßt sich gestalten beinahe spielerisch und ohne eigentliche Mühe, am besten in einem tranceartigen Zustand. Das Götterbild dagegen drängt oder genauer, dränge ich aus dem Inneren nach außen, es verlangt meine ganze Gestaltungskraft, mein volles klares Bewußtsein, die höchste Willensanspannung. Und trotzdem ist es hier wie dort der gleiche, nämlich der gespaltene Mensch, der bildet und der in beiden Arten von Bildern dem Teufel, dem Diabolus, dem Zerwerfer und Zerspalter sein Standbild setzt. Immerhin wird diese Tatsache erst im eigentlichen Dämonenbild ganz deutlich. Wer sich längere Zeit in den Anblick einer mit willkürlichen Mustern, Flecken oder Maserungen bedeckten Fläche, etwa einer Marmorplatte vertieft, wird bald bemerken, wie sich da aus den zufälligen Linien allmählich Gestalten zusammenfügen, die mit einem Bleistift nachzuziehen er sich gereizt fühlt. Diese Gestalten und Figuren haben immer einen Zug ins Dämonische, sie sind fratzenhafte Verzerrungen von Wirklichkeiten. Es ist eben der Teufel, der hier an die Wand gemalt sein will. Man soll, heißt es, den Teufel nicht an die Wand malen, weil er sonst leibhaftig erscheint. Der Teufel braucht das Bild, ja er wird durch das Bild. Ohne dieses hat er eigentlich gar keine Realität. Wer den Teufel malt, will ihn auch schon, ob er das weiß oder nicht; denn das Malen des Teufels kommt immer aus dem geheimen Bedürfnis, die Triebhaftigkeit und ihre Bilder über die Schwelle des Bewußtseins zu lassen, und zwar ohne sie damit auch zur Geistigkeit des Bewußtseins zu befreien. Den Teufel malen heißt, sein Wesen im Unbewußten bewußt bestätigen und ihn also als Teufel bejahen. Der gemalte Teufel ist nun endlich dort, wo er sein will, wo er über den ganzen Menschen Macht hat. Die Darstellung des Dämonischen im Bild bedeutet darum immer auch schon Teufelsdienst, sogar dann, wenn die Darstellung ausdrücklich das Prinzip des Bösen im Gegensatz zum Guten und Göttlichen meint. Das Bilderverbot im Dekalog bezieht sich keineswegs nur auf die Darstellung Gottes, sondern genau so auch auf die des Teufels. Der Teufel als der vergessene Gott wird durch das Bild in die Existenz gerufen, er kommt hier zu seinem eigentlichen Sein. Gott hingegen wird, indem man ihn abzubilden versucht, umgekehrt um seine Eigentlichkeit gebracht; denn als der schlechthin Wirkliche braucht er nicht die Scheinwirklichkeit des bildlichen Symbols. Malt man ihn trotzdem, so malt man eben gar nicht ihn, sondern wieder den Teufel, und aus diesem Grund hat der Satan auch an den Gottesbildern, in denen er sich als Lichtengel verkleiden kann, seine Freude. Immerhin lebt in diesen Bildern noch etwas von der Erinnerung an den wahren Gott, weshalb sie relativ hohe Anforderungen an das Können und an die Mühe des Künstlers stellen. Da kann der Teufel nicht helfen. Wo aber Dämonenbilder entstehen, übernimmt er selbst in bereitwilliger Weise die Führung und begnügt sich mit den bescheidensten Mitteln. Die Götterbilder der alten Zeit wurden von den größten Meistern geschaffen, ja das Kunstwollen der ganzen Gemeinschaft fand in ihnen seine Erfüllung, die dämonischen Phantome der Seancen hingegen sind zufrieden, wenn man sie photographiert. Die Offenbarungen der Götter bewahrt man in heiligen Büchern, die Stimmen der materialisierten Geister werden auf Schallplatten verewigt.

Zur Gegenwart des Götterbildes verhält sich die des lebendigen Gottes wie die Nahrung zum Gift. Die Illusion, die das Bild uns schenkt, zieht es aus unserer Wirklichkeit. Es nährt sich von unserem Fleisch und Blut. Wo immer Bilder geschaffen werden, geschieht das aus dem Wunsch, daß sie leben mögen. Pygmalion ist keine Ausnahmeerscheinung. Das Leben aber kann der Mensch seinen Schöpfungen nicht geben, das könnte nur Gott allein, und Gott ist ein Gott der lebendigen Wirklichkeiten und nicht der Bilder. Der Teufel jedoch bietet sich dem Bildner von selbst an. Er geht mit seinem unstillbaren Wirklichkeitsdurst in das Bild ein und holt sich dann das nötige Leben aus dem Mark derer, die Bilder machen und Bilder anbeten, allerdings so, daß sie dabei meinen, Leben zu empfangen. Das vom Teufel gespendete Gift gibt die Sensation der Sättigung, es schenkt dem Menschen, der triebhaft seine Kraft in das Bild verströmt und so den sich darin verkörpernden Dämon mästet, die Illusion, nun erst recht und eigentlich an der Quelle des unerschöpflichen Lebens zu stehen, das heißt es läßt ihn seinen Selbstverlust rauschhaft genießen. Der vergessene Gott zieht auch den sich vermeintlich Erinnernden in seine Vergessenheit hinein, er gibt also Teilhabe am Vergessenen als Erinnerung aus. Das ist die List der Götzen, und von ihr lassen sich die Götzendiener täuschen.

Wo das Bild nicht den unverhüllten Dämon, sondern den Gott der Erinnerung darstellt, wird es, wie wir schon sagten, zum Abbild vor allem des Bildners wie des andächtigen Betrachters selbst. Sofern ihm die wesenhafte Realität Gottes fehlt, fordert es auch weniger Hingabe als dieser. Wer nur solche Bilder verehrt, hält sich zurück, und die Hingabe, die er dem Bild gegenüber aufbringt, diese immer nur teilweise und bedingungsweise Hingabe, soll die restlose und unbedingte ersetzen, die man dem in seiner ganzen Wirklichkeit anwesenden lebendigen Gott nicht versagen könnte. Auch hier aber gilt, daß sein Selbst verliert, wer es zu bewahren sucht. Während Gott die Hingabe an ihn mit dem Geschenk des Lebens beantwortet und so hundertfach vergilt, was ihm dargebracht wird, kann das Bild überhaupt nichts schenken. Als das Bild eines Abwesenden versetzt es den Adoranten gleichfalls in seine Abwesenheit. Es macht ihn von sich abwesend, genau so, wie es selbst von Gott abwesend ist. Wer sich nicht darstellen kann, indem er existierend aus sich heraustritt, schrankenlos aufgeschlossen für den gegenwärtigen Gott, der stellt sich überhaupt nicht dar, der »existiert« nicht und schrumpft schließlich zu einem Nichts zusammen. Der nur illusionären Wirklichkeit des Gottes im Bild entspricht die ebenfalls nur illusionäre Wirklichkeit der Bildermacher und Bilderverehrer. Auch hier ist es der vampirhafte Dämon, der sich vom Blut seiner Gläubigen nährt, nur bleibt er eben zunächst hinter der schönen Fassade verborgen. Er lockt in der Maske des Götterbildes so lange, bis er das nicht mehr nötig hat, bis ihm der Mensch so vollkommen botmäßig geworden ist, daß ihm dieser nicht mehr entkommen kann und er sich darum auch unverhüllt in der Wirklichkeit seiner Unwirklichkeit als Teufel zeigen darf. Alle Götterbilder verwandeln sich so einmal unversehens in Dämonenbilder, das heißt sie verwandeln sich eigentlich nicht, sondern kehren nur ihr wahres Gesicht heraus. Das gilt übrigens nicht nur von den Bildern im engsten Sinn, es gilt von allem, was sich der menschliche Geist schafft, um daran seine eigene Selbstherrlichkeit bewundern zu können, von allen Werken der Kultur und der Zivilisation ohne Ausnahme, von all den tausend Gebilden unserer Hände wie unseres Verstandes, mit denen wir uns innerhalb der Welt eine neue zweite humane Welt aufbauen, aus der Gott ausgeschaltet bleiben soll, von den Systemen der Wissenschaft und der Philosophie, von den Maschinen und Kunstschöpfungen und auch von den zu Dogmen gewordenen Offenbarungsworten. Von Kultur reden wir, solange in all dem noch eine Ahnung von der ursprünglichen Realität lebt, solange das allmählich verlöschende Licht Gottes noch hineinscheint, solange also das Moment der Erinnerung noch eine entscheidende Bedeutung hat. Zur Zivilisation wird die Kultur im Augenblick, da nur noch der menschliche Zweck allein übrigbleibt und die Welt der Autonomie sich in sich selbst abschließt. Aber dieser Augenblick ist genau besehen wirklich nur ein Augenblick, nämlich der Augenblick des Umschlagens aus der Erinnerung in die Vergessenheit. Sobald der erinnerte Gott aus dem Bewußtsein verschwindet, taucht auch schon der vergessene aus dem Unbewußten auf. Die Kunst hat da immer viel mehr Feingefühl bewiesen als der reflektierende Verstand.

Während dieser noch in der Bewunderung wissenschaftlicher und technischer Erfolge schwelgte, hat der Expressionismus bereits die Bilder der Dämonen geformt, der vergessenen Götter, die sich nun anschicken, das Weltregiment zu übernehmen. Das Auge des Künstlers erkennt zuerst den Teufel hinter dem Schleier der ernüchterten Wirklichkeit und begreift, daß wir ganz ohne Götter nicht leben können. Irgend etwas müssen wir anbeten. Ist der Angebetete nicht mehr Gott oder wenigstens sein Erinnerungsbild, dann ist er der Dämon. Er ist vor allem die Wahrheit des Menschen, der sich selbst anzubeten glaubt; ihm verfallen wir, wenn wir Gott entgleiten. Sein Gesicht nimmt immer deutlichere Züge an in den Werken, die wir, als wir sie schufen, für Abbilder unseres eigenen Wesens hielten.

Das Bild will nicht nur angeschaut, sondern immer auch angebetet sein. Es verlangt den Dienst, den Kult. Kult bedeutet Herstellung einer realen Beziehung in Wort und Antwort, in Geben und Nehmen. Geben heißt hier so viel wie opfern, und darum bildet das Opfer den eigentlichen Kern jeder kultischen Handlung. Der Mensch muß sich selbst oder etwas, das ihn vertreten kann, dem Gott hingeben. Ist der Gott, dem ich diene, der wahre, also mein Schöpfer und Erhalter, so fordert er nicht die Tötung des Opfers, sondern nur seine Darbringung, seine Weihe. Gott wird so dem Abraham wirklich offenbar als der, der er ist, erst in dem Augenblick, da er auf die Opferung Isaaks verzichtet und den gläubigen Gehorsam als vollgültiges Opfer anerkennt. Je weiter sich der Mensch von Gott entfernt, je mehr er die ursprüngliche Beziehung zu ihm in die Vergessenheit abdrängt, um so mehr wird die Darbringung zur Schlachtung, nämlich zur Hingabe des Geweihten an das Reich des Vergessens. Darum sind Götterbilder immer blutdürstig, immer begierig nach Opfern. Der Opferkult ist ihr Lebenselement. Bilder machen und opfern gehört zusammen. Der Gott, der sich nicht unmittelbar zeigt, der nur erinnert wird, benötigt das Bild und braucht auch das Opfer. Nach beiden verlangt er mit gleicher Gier, weil er nur durch sie der Vergessenheit zu entrinnen vermag. Wo die Idolatrie mit ihrem blutigen Opferdienst aufhört, sinkt er ins Nichts zurück. Der Gott, der die

Bilder verbietet (»Du sollst dir kein Bild noch irgendein Gleichnis machen!«), lehnt auch das Menschenopfer als Greuel ab. Der abgebildete Gott hingegen, und das heißt ja immer schon der Dämon, kann es nicht entbehren. Wo Götter- und Dämonenbilder stehen, muß Menschenblut fließen. Wir haben das auch in der Geschichte des Christentums immer wieder erfahren. Das starre Dogma ist um nichts besser als der Götze in einem heidnischen Tempel, und wo es Dämonen gibt, dort gibt es auch Ketzer, das heißt Menschen, die dazu bestimmt sind, auf dem Altar geschlachtet zu werden. Ketzer- und Hexenverbrennungen gehören nicht nur zeitgeschichtlich, sondern auch wesenhaft zusammen. Es ist derselbe Gott, derselbe Dämon, dem dort vorwiegend Männer, Träger des bewußten Geistes, der freien Willensentscheidung, und hier Frauen in ihrer triebhaften Gebundenheit an die Mächte des Unbewußten geopfert werden. Das Dogma verhält sich zum Incubus ungefähr so wie das Götterbild zum Dämonenbild. In beiden nimmt der gleiche Teufel Gestalt an, nur einmal verborgen hinter der heiligen Maske und einmal unverhüllt, einmal als der erinnerte und einmal als der vergessene Gott. Das Hexentum macht deutlich, was das Dogmenwesen eigentlich ist, nämlich Bilderdienst und also Dämonendienst.

Das Götterbild schafft den Gott als Ebenbild des Menschen, es trägt die Züge dessen, der sich je nachdem an Gott erinnert oder ihn vergessen hat. Der erinnerte Gott ist seinem Urbild nicht ähnlicher als der vergessene, aber er ist ähnlich dem Wunschbild des Menschen von sich selbst. Wer sich an irgend etwas erinnert, bewahrt im Erinnern auch die Identität mit dem eigenen Ich, er hält fest an seinem Bewußtseinszentrum, er bleibt Person, und demgemäß hat auch sein Ebenbild persönlichen Charakter. Der Vergessende dagegen vergißt und verliert mit dem vergessenen Anderen auch sein Wesenszentrum, es löst sich auf, er zerbricht, und diese seine Zerbrochenheit spiegelt sich in allem, was er schafft. Wie ihm selbst, so fehlt auch dem Bild, das er gestaltet, die persönliche Mitte, es wird Ausdruck der Unpersönlichkeit, der Vergessenheit, ja der Verneinung alles Persönlichen. Der sich verlierende Mensch ist ein verzerrter, ein entmenschter Mensch, der wohl alle Teile hat, aber nicht das Band, das aus diesen Teilen ein Ganzes macht. Es ist alles vorhanden bis auf den organischen Zusammenhang und das heißt, bis auf die lebendige Seele. Und eben diese Zerfallenheit offenbart sich im Bild des vergessenen Gottes, im Dämonenbild. Die Glieder, die Organe stehen da nebeneinander, so, als ob sie gar nicht zusammengehörten, jedes einzelne hat sein besonderes selbständiges Leben und doch eigentlich kein Leben, weil ja das wahre Leben nur in der Bezogenheit auf die gemeinsame Mitte besteht. Die Augen quellen aus dem Kopf hervor, als ob sie vergessen hätten, daß sie dem Ganzen zu dienen haben, und ähnlich setzen sich auch die übrigen Teile des Gesichts und nicht nur des Gesichts scharf ab gegen ihre Umgebung. Diese, die Totalität sprengende Verselbständigung der Einzelheiten ist kennzeichnend für alle Dämonenbilder ohne Ausnahme. Die Vereinzelung allein aber wäre noch nicht dämonisch. Die Dämonie hat vielmehr zur Voraussetzung, daß sich das Zerbrochene doch wieder in eigentümlicher Weise zur Einheit fügt, freilich zu einer Einheit, die im schroffsten Gegensatz zur ursprünglichen organischen Harmonie steht. Die Teile sind sich nämlich sozusagen *einig in ihrem Nein zum Ganzen*, und diese gemeinsame Verneinung erst gibt ihnen in ihrer Gesamtheit das negative Zentrum des dämonischen Lebens. Dämonisch ist nicht der Tod als solcher, sondern der lebendige Tod, der Tod, der sich aktiv gegen das Leben kehrt, das Unbewußte, das sich des Bewußtseins bemächtigt, die Vergessenheit, die sich in die Erinnerung drängt. Dämonisch ist, was in seiner Zerbrochenheit Anspruch erhebt, das Ganze zu sein, was seinen Schwerpunkt in einer leeren Mitte hat und doch gerade die Leere seiner Mitte als Fülle ausgibt. Wir erinnern hier nochmals an den im Blut schwimmenden Totenkopf inmitten der thronenden Dämonengötter. Genau so wie diese Götter um den Totenkopf, so ordnen sich auch die Einzelheiten etwa einer dämonischen Maske um ihr imaginäres Zentrum.

Die Einzelheiten sind sich einig in ihrem Nein zum Ganzen, das heißt, die Negation und nur die Negation ist ihr Lebenselement. Auch zu einander stehen sie in keinem positiven Verhält nis. Jeder Teufel haßt den anderen, wenn auch alle Teufel gemeinsam Gott hassen. Und genau so haßt im Gesicht des Teufels das eine Auge das andere, der Mund die Nase, der Oberkiefer den Unterkiefer usw. Die dämonische Kunst setzt darum die Teile scharf aneinander. Sie liebt das Grelle, auch die grellen Farben, die gleichsam auf dem Sprung stehen, über einander herzufallen und einander zu verschlingen. Der krasse Gegensatz tritt hier hervor als deutlich wahrnehmbare Vorstufe der Aufhebung aller Gegensätze und Unterschiede, aber nicht etwa in einer Synthese, sondern im Nichts. Das Dämonenbild ist das Bild der Selbstvernichtung und ebenso der Vernichtung des Anderen, das in seinen Bannkreis gerät. Aus seiner eigenen Vergessenheit heraus sucht es jeden, der ihm gegenüber steht und es ansieht, in die Nacht des Vergessens zu ziehen.

Nur wenn sich innerhalb eines Wesens selbst die Teile zum geschlossenen Ganzen fügen, kann dieses Wesen auch zu einem anderen in lebendige Beziehung treten. Jedes wahrhaft persönliche Verhältnis zwischen Gott und Mensch oder zwischen Mensch und Mensch setzt darum die Persönlichkeit der Partner voraus. Die innere Harmonie führt notwendig auch zur äußeren. Das heißt mit anderen Worten, die natürliche Beziehung zwischen Personen ist immer die *Liebe*. Wer Gott liebt, ist in sich harmonisch und umgekehrt. Demgegenüber schlägt im Bereich des Dämonischen die Liebe nicht etwa nur in Beziehungslosigkeit, sondern in Haß um. Aus der Harmonie wird die Disharmonie. Die disharmonische Physiognomie des Dämonenbildes drückt deshalb vor allem Haß aus, und zwar Haß gegen alles Lebendige überhaupt. Demgemäß dominieren hier die Organe und Werkzeuge des Vernichtungswillens, der Feindschaft, wie das Maul, die Zähne, die Krallen oder auch die Geschlechtsteile, und selbst die Augen werden zu Waffen, sie treten hervor wie Hörner, die den Gegner durchbohren, oder öffnen sich wie Rachen, die ihn verschlingen wollen. Alles ist nach außen gerichtet und auf die Umgebung bezogen, aber nicht, um das jeweilige Gegenüber am eigenen Leben teilnehmen zu lassen wie die gleichfalls aus dem Zentrum der Person ausstrahlende Liebe, sondern um es in das Vakuum des eigenen Todes hineinzuziehen. Jede Erhebung im Gesicht des Dämons wird zum Stachel, jede Vertiefung zur Kluft. Aus tausend Spitzen und Kanten strömt ein unbändiger Haß, zischt ein Feuer, das alles verzehren will. Die Werkzeuge des Geistes verkehren und verzerren sich zu Triebwerkzeugen. Aus den sonst glatten Flächen, etwa der Wangen, brechen Auswüchse hervor, die Nase verlängert sich, der Mund wird unheimlich breit, die Ohren stehen weit ab. Alles wächst für sich allein, ohne Rücksicht auf das Ganze, so, als ob es den Wunsch hätte, zu seiner eigenen Karikatur zu werden und sich schließlich in wahnsinniger Selbstübersteigerung aufzulösen. Das Bild des Teufels ist nichts anderes als das Ebenbild des Menschen, der nicht Ebenbild Gottes sein will und darum Gott vergessen hat. In dem vergessenen, zum Dämon gewordenen und nun wieder aus der Vergessenheit auftauchenden Gott erkennt dieser Mensch seine Wirklichkeit. Sein Geist, sein Ungeist ist es, der alle die scheußlichen Wucherungen hervortreibt, der sich um jeden Preis zu verselbständigen sucht und so am Ende zur todbringenden Eiterbeule am Leib der Schöpfung werden muß.

Indem der Mensch aufhört Ebenbild Gottes zu sein, verliert er das eigentlich Menschliche, das, was ihn als den prädestinierten Herrn der Schöpfung vor den übrigen Geschöpfen auszeichnet; er sinkt herab zur bloßen Kreatur, er wird zum Tier unter Tieren. Das Ideal, dem er sich in Wahrheit zubewegt, während er sich zu vergöttlichen meint, liegt tief unterhalb der ihm ursprünglich vorbehaltenen Daseinsebene. Er verwandelt sich in der Richtung auf das Untermenschliche, und dort steht auch der Gott, dem er sich angleicht, ein Tier-Gott oder doch wenigstens ein Gott, zu dem hin der Weg über das Tierische führt. Darum tragen auch die Bilder der Teufel und Dämonen fast immer tierische Züge. Das Gesicht des Tieres ist, verglichen mit dem des Menschen, starr, unbeweglich und ausdruckslos. Die einzelnen Partien scheinen hier mehr nach architektonischen als nach organischen Gesetzen zusammengefügt und bleiben deshalb voneinander relativ unabhängig, so daß die Bewegung des einen Teiles nicht ihr entsprechendes Widerspiel in den Bewegungen auch aller übrigen Teile finden muß. Das Auge etwa kann den gleichen Ausdruck behalten ohne Rücksicht auf alle Veränderungen des Mauls oder der Nüstern. Diese Eigentümlichkeit der Tierphysiognomie erinnert an die früher erwähnte Vereinzelung der Teile im Dämonengesicht. Freilich besteht trotzdem zwischen beiden ein tiefgreifender Unterschied. Während nämlich die dämonische Vereinzelung ein Ergebnis des Zerfallsprozesses ist, fehlt die für den Menschen kennzeichnende organische Harmonie dem Tier von Natur aus. Dort wird das lebendige Zentrum durch ein Vakuum ersetzt, hier hat es nur nicht genügend Kraft, das Peripherische zu binden. Beim Tier überwiegt das Unbewußte und Triebhafte, beim Dämon aber erscheint das Bewußte und Willensmäßige ins Unbewußte und Triebhafte verkehrt. Das Tier an sich ist durchaus undämonisch, es wird erst dämonisch, wenn der Geist hinzutritt und das in einer Form, die nicht Vergeistigung des Tierischen bedeutet, wie zum Beispiel im Bild des widderköpfigen Ammon, sondern umgekehrt Vertierung des Geistes. Dämonisch ist also immer nur der zum Tier gewordene Mensch oder Gott und niemals das Tier selbst in seiner Ursprünglichkeit. Allerdings gibt es einige Tiere, die schon als solche etwas Teuflisches an sich haben, deren bloßer Anblick uns erschauern läßt, wie etwa das Krokodil, die Schlange oder die Spinne und bis zu einem gewissen Grad die meisten Raubtiere. Das hat seinen Grund zweifellos darin, daß mit dem Menschen die ganze Schöpfung gefallen ist. Wie der Mensch seine Gottähnlichkeit, so haben die Tiere ihre Engelähnlichkeit verloren und dafür Dämonenähnlichkeit angenommen. Hätte Adam vom Baum des Lebens und nicht vom Baum der Erkenntnis gegessen, dann hätte er auch das Tier zu sich emporgehoben, dann wäre aus der Schlange, dem klügsten Tier des Paradieses, ein vergeistigtes Tier geworden. Da er aber vom verbotenen Baum aß und sich damit vom Schöpfer löste, verkehrte sich die Klugheit der Schlange in Ungeist und wurde aus dem Tier der Drache.

In der gefallenen Welt verhält sich das Tier zum Tier genau so wie jeder Teil im Gesicht des dämonisierten Geschöpfes zum anderen. Jedes Einzelne beansprucht für sich das Ganze und trachtet die Konkurrenten zu vernichten. Der Krieg aller gegen alle ist der Zustand einer Welt, die nicht mehr Gott zu ihrem

Zentrum hat, also einer entmitteten Welt. Hier fällt jeder über jeden her, und nur hier gibt es Raubtiere. Das Raubtier kann darum sehr wohl zum Symbol der Dämonie überhaupt werden. Und diese sich allein schon in seiner Existenz ausdrückende Dämonie muß selbstverständlich auch in seiner Physiognomie zum Vorschein kommen. Die Hypertrophie der natürlichen Waffen, der Zähne und der Krallen, die unmäßige Vergrößerung des Maules usw., das alles bedeutet Dämonisierung und wird darum auch zum stilbestimmenden Element im Dämonenbild. Der Teufel, wie ihn vor allem die abendländische Kunst darzustellen pflegt, hat Eckzähne, Hörner, Krallen und Fledermausflügel, das heißt Krallenflügel. Ähnliches gilt von den Dämonenbildern bzw. Götterbildern aller Exoten ohne Ausnahme. Das Horn und der Fledermausflügel werden oft sogar zu Stilelementen der rein dekorativen Kunst und der Architektur. Das Tier trägt seine Waffen als natürliche Gewächse unmittelbar am Körper, sie offenbaren seine Gefallenheit und die Gefallenheit der Welt, in der es solche Tiere gibt. Der Mensch dagegen hat keine natürlichen, sondern nur künstliche Waffen. Es könnte darum so scheinen, als ob das Waffentragen ihm gar nicht wesentlich wäre, und doch ist er der eigentliche Waffenträger, der Herr der Schöpfung, der allein dafür verantwortlich bleibt, daß auch die Tiere Waffen tragen müssen, Hörner und Hauer und andere Wucherungen, die ihr ursprünglich reines Gesicht verzerren. Da dem Tier der Geist fehlt, kann es nicht lügen, es muß sich so zeigen, wie es ist. Der Mensch aber lügt und verbirgt vor Gott und vor sich selbst sein wahres Wesen. Er geht weiter waffenlos herum wie im Paradies und spielt die Rolle des Harmlosen. Die Waffen hat er irgendwo versteckt und holt sie nur hervor, wenn er gerade tötet. Seine Lanzen und Schwerter, seine Kanonen und Maschinengewehre, das alles gehört angeblich gar nicht wirklich zu ihm. Der Dämon aber, das Ebenbild des Menschen, macht schonungslos offenbar, was dieser nicht wahrhaben will und fortlügt, er zeigt ihm, was er ohne Maske ist, nämlich ein Raubtier, ja das Urbild aller Raubtiere. Der mythische Drache speit Feuer und Gift aus seinem Schlund, und dieser Drache ist nichts anderes als der sichtbar gewordene Geist des Menschen, der Feuer aus Flammenwerfern und Giftgase aus explodierenden Granaten speit. In ähnlichen Gestalten wird uns vielleicht der Richter am Jüngsten Tag unser eigenes Spiegelbild vorhalten. Wie der Teufel von gestern Hörner und Pferdefuß, so trägt der moderne Geschütze und Fliegerbomben als mißgestaltete Auswüchse an seinem Körper, er macht offenbar, daß diese Waffen sehr wohl zu uns gehören, daß sie unseren Charakter und unsere Physiognomie bestimmen.

Das klassische Götterbild ist glatt und schön wie der verlogene waffenlose Mensch. Es steht im Licht und fordert für sich Licht. Es ignoriert die Nacht, aber es ignoriert sie eben nur, ohne sie überwinden zu können. Die Nacht kommt ihm zum Trotz, und wenn sie kommt, dann verliert es seinen Sinn, dann wird es zum wertlosen Gerümpel in der Finsternis. Das Dämonenbild hingegen steigt auf aus der Nacht und bleibt ihre Offenbarung auch im hellsten Sonnenlicht. Ja der Tag selbst wird gezwungen, die Ungeheuer der Nacht sichtbar zu machen. Der Dämon bleibt im Dunkel nur, solange das seinen Zwecken dient. Im gegebenen Augenblick, wenn der Mensch ihm bereits verfallen ist, tritt er hervor und zeigt sich in seiner ganzen unverhüllten Furchtbarkeit. Er will dann auch so furchterregend wie nur möglich dargestellt sein. Je gräßlicher das ihm errichtete Bild ist, um so lieber fährt er hinein. Durch das Schreckliche der ihm verliehenen äußeren Gestalt wird er in der ihm zukommenden Weise geehrt. Er will zitternde Sklaven sehen, die vor ihm in den Staub fallen. Dem Gott der Erinnerung errichtet man Standbilder, an die der Mensch alles verschwendet, was er an Schönheit und Pracht hervorzubringen imstande ist, der Gott der Vergessenheit aber will häßlich erscheinen, er will als Höllenfürst erkannt sein und seine Anhänger zu sich in die Hölle hinabzwingen. Hier wird darum die Kunst zum Satanismus. Es ist nicht, wie man oft meint, ein anderer Schönheitsbegriff, der den Primitiven oder überhaupt den Exoten veranlaßt, seinen Dämonenbildern gerade dieses uns fremdartige und unheimlich anmutende Aussehen zu geben, sondern hier wird die Hand des Künstlers tatsächlich nach den Gesetzen der Häßlichkeit geführt. Je häßlicher und gräßlicher, um so besser; denn um so gegenwärtiger ist der »Gott«, der sich da offenbart.

Immerhin bleibt auch der Exote ein Mensch, der als solcher den Dämon fürchtet und sich daher gegen die äußerste Dämonisierung zur Wehr setzt. Das drückt sich auch in seinen Bildern aus. Man will mit ihnen dem Dämon nicht nur zu Willen sein und ihn in ihnen verehren, man will ihn auch bannen und das heißt, relativ ungefährlich machen. Man gibt ihm zwar sein Bild und damit die Möglichkeit, sich zu verkörpern, aber mit dem Bild soll er sich nun auch begnügen, er soll darin bleiben und keine weiteren Forderungen stellen. Das Bild gleicht so einem Zauberkreis, den der Magier um sich zieht, um die gleichen Geister, die er in die Erscheinung ruft, von sich fern zu halten. Die dämonische Kunst erschöpft sich aus diesem Grund keineswegs in der Übersteigerung des Furchtbaren und in der Verzerrung organischer Formen. Zur bloßen Fratze kommt vielmehr noch etwas anderes hinzu, das sie erst wirklich zum Bild macht, nämlich die *Stilisierung*. Stilisieren heißt, das an sich Chaotische in mehr oder weniger strenge geometrische Formen zwingen, ihm also die Gesetzlichkeit des Anorganischen aufprägen. Das Anorganische ist das Gegenbild des sich selbst als organisch begreifenden autonomen Subjektes, die Form der Gebundenheit, der Naturnotwendigkeit. In der Stilisierung kommt gerade nicht der dämonische, sondern der selbstherrliche, der das Objekt beherrschende Geist zu seinem Recht. Das Dämonische wird von ihm überwunden oder eben gebannt. Von der Dämonie des Bildes muß die Stilisierung demgemäß als das ihr widerstreitende Element sehr genau unterschieden werden. Indem der primitive Künstler den Dämon in ein Gitterwerk regelmäßiger geometrischer Figuren einspannt, handelt er ebenso wie der Aufklärer, der mit Vernunftgründen nachweist, daß es keine Zauberei und keine Hexen gibt, oder auch wie der Mann der Wissenschaft, der die Naturvorgänge mathematisch-mechanisch zu begreifen sucht. Der Bildgegenstand wird hier dem Menschen nicht angenähert, sondern umgekehrt von ihm entfernt, ja ihm entgegengesetzt. Aus dem lebendigen Tod der dämonischen Realität wird der tote und damit ungefährliche Tod der reinen Abstraktion; an die Stelle des immer bedrohlichen Inhalts tritt die leere Form. – Die gleiche Bannung durch Rationalisierung, die wir so an den sichtbaren Bildern feststellen können, hat ihre Entsprechung auch auf dem Gebiet des Wortes. So wird etwa das »Gesetz«, wie es das rabbinische Judentum der nachexilischen Zeit herausbildete, in der Hand des Menschen zu einem Mittel, mit dem er den persönlichen Willen Jahwes zu bannen versucht. Der Gesetzgeber verschwindet beinahe vollständig hinter einer rational faßbaren und stets zu handhabenden Regel. Gott hat nun eigentlich überhaupt nichts mehr zu reden, sondern muß sich selbst gleichfalls der Ordnung des Gesetzes unterwerfen. Daß dies durchaus keine Übertreibung ist, beweisen unzweideutig zahlreiche Erzählungen des Talmud. Im übrigen war es nicht nur das nachexilische Judentum, das das göttliche Gesetz in dieser Art auslegte. Schon die Sünde des Moses in der Wüste, sein Zweifel an der Verheißung, daß der Felsen von Kades Wasser spenden wird, war nichts anderes als eine solche Verdeckung der Freiheit Jahwes durch das Gesetz. Dem Mann, der die Freiheit Gottes nicht erkannte, wurde darum auch der Eintritt in das Land der Freiheit verwehrt. Er mußte in der Wüste sterben, das heißt er verfiel dem Tod, für den er sich entschieden hatte.

Das geometrisch stilisierte Dämonenbild ist das Ergebnis einer Erweiterung des Abstandes zwischen dem Darsteller und dem Dargestellten. Der Mensch rationalisiert den Dämon, indem er ihn in die Region der vom Begriff beherrschbaren Natur abdrängt, ihn also sich entfremdet. Aber auch der umgekehrte Vorgang führt zu einer Art Verharmlosung des Dämonischen, das heißt die ursprüngliche Furchtbarkeit wird auch durch Annäherung, durch Verringerung des Abstandes, durch *Humanisierung* herabgemindert. Wir knüpfen, um das deutlich zu machen, an unser letztes Beispiel an. Das pharisäische Judentum hat, wie gezeigt wurde, Gott durch das Gesetz zu entmächtigen gesucht; das Christentum der Neuzeit hingegen hat ihn zum ›lieben Gott‹ gemacht, zu einem freundlichen alten Herrn, der die Unarten seiner Kinder nicht allzu tragisch nimmt, der niemandem weh tut und jederzeit bereit ist, alles zu vergeben und zu vergessen, dessen Forderungen das Maß des Menschenmöglichen unter keinen Umständen übersteigen. Und ähnlich wie der moderne Abendländer mit seinem Gott, verfährt der Exote gelegentlich mit seinen Dämonen. Die Kunststile der einzelnen Kulturvölker sind oft sehr komplizierte Gebilde, die sich nicht einfach auf den Generalnenner der Dämonie bringen lassen. Der allgemeine Grundcharakter als Ergebnis einer ersten Entscheidung läßt sich wohl ohne besondere Schwierigkeiten feststellen, aber damit ist noch verhältnismäßig wenig getan, vor allem, wenn es auf die Vergleichung der verschiedenen Stile ankommt. Wir können gewiß sagen, daß die Kunst der Ostasiaten dämonisch und die der Europäer humanistisch ist, trotzdem aber lassen sich innerhalb beider Kulturkreise abermals Abspaltungen nach dieser oder jener Richtung beobachten. Aus dem Stamm der humanistischen Kultur brechen dämonische und aus dem der dämonischen humanistische oder wenigstens relativ humanistische Zweige hervor. Der Dämonenkult ist das Komplement des Menschenkultes, sein notwendiger Absenker und Bodensatz, so wie das Vergessen das Komplement der Erinnerung ist. Auch innerhalb desselben Volkes kommt es immer wieder zur Spaltung zwischen Kultur und Barbarei, zwischen Patriziern und Plebejern. Dem humanistischen Städter steht der dem Aberglauben und der Magie zugeneigte Bauer gegenüber. Was wir »Volkskunst« nennen, erweist sich nach gründlicher Analyse nicht nur als »gesunkenes«, sondern immer auch schon als dämonisiertes Kulturgut. Zwischen den alpenländischen Fastnachtsmasken und den Tanzmasken afrikanischer Negerstämme besteht kaum ein wesentlicher Unterschied. Andererseits hat man etwa die japanische Kunst als den humanisierten Zweig aus einem dämonischen Stamm zu verstehen. In Japan wurde die chinesische Kunst ästhetenhaft verzierlicht und verharmlost. Aus dem Passivismus und Quietismus des Orients hat sich hier ein Heroismus, allerdings auf unheroischer, nämlich magischkollektivistischer Grundlage entfaltet. Der heroische Mensch ist der autonome, der die Außenwirklichkeit in den Dienst seiner Zwecke und seines Genusses zu stellen sucht. Er unterwirft sich seine Umwelt technisch oder ästhetisch. Die feindlichen Mächte müssen sich entweder zähmen oder in Fesseln schlagen lassen. So wird in der japanischen Kunst z. B. der chinesische Drache gleichsam gezähmt, nämlich zuweilen in ein bloßes Dekorationsornament verwandelt. Es ist kein Zufall, daß gerade Japan als erstes exotisches Reich die Zivilisation des Abendlandes übernommen hat. Die Voraussetzungen waren von Haus aus gegeben. Die Tendenz, das Dämonische durch Humanisierung zu entmächtigen, brachte den japanischen Geist in die Nähe des europäischen, noch ehe der erste Weiße seinen Fuß auf den Boden des Inselreiches setzte. Aber freilich ist diese Nähe nur eine oberflächliche; denn der Stamm der japanischen Kultur bleibt trotz allem magisch, und bloß ein dünner Zweig trägt Blüten, die mit jenen des aus einer ursprünglich heroischen Wurzel gewachsenen abendländischen Baumes eine gewisse Ähnlichkeit haben.

Die Bilder der Dämonen mögen durch Stilisierung oder durch Humanisierung wie immer verharmlost erscheinen, an ihrem Grundcharakter ändert das trotzdem nichts. Auch das rationalisierte oder ästhetisch verfeinerte Bild ist ein an die Wand gemalter Teufel mit allen seinen Bedenklichkeiten und Gefahren, ein Dämon, der nun den lang ersehnten Leib gefunden hat, die Tür, durch die er aus seiner Nacht in die Welt des Tages einbrechen kann. Mit dem Geringsten, das man ihm überläßt, versteht er so zu wuchern, daß er in kürzester Zeit alles hat. Der Abendländer löst die sich ihm aufdrängenden Probleme mit den Mitteln der ratio, der Exote mit den Mitteln der Magie, das heißt beide suchen die Krankheit mit der Medizin, mit dem Gift zu heilen, das sie gerade verursacht. Und je rationalistischer die ratio auf der einen Seite, um so magischer wird die Magie auf der anderen. Hier wie dort wird der vom Menschen beschworene böse Geist zur Hydra, deren Köpfe sich vervielfachen, wenn man sie abschlägt. Mit der Abbildung des Dämons, die diesen doch bannen sollte, sackt der Magier gewissermaßen ab in eine noch dämonischere Welt, wo er nun von weiteren unsichtbaren Dämonen umlauert und umwittert wird, die abermals im Bild verkörpert sein wollen. Damit aber nimmt der Absturz seinen Fortgang, bis am Ende alle magischen Anstrengungen in Krampf, Verzweiflung und Schrecken ihr Ende finden müssen. Eine Analogie zu diesem Vorgang bietet uns auf der Seite des autonomen Geistes der sogenannte Fortschritt der Wissenschaft. Sobald hier die Lösung eines

Problems gelungen ist, tauchen sofort zahlreiche neue Fragen auf, die gleichfalls ihre Antwort verlangen, bis schließlich der Mensch an der Ergründbarkeit des Weltgeheimnisses verzweifeln muß; die Welt wird immer rätselhafter, weil gerade die rational wissenschaftliche Analyse die Kluft zwischen den Dingen und dem Subjekt der Erkenntnis nur noch weiter aufreißt, indem sie jenen die Form des Nicht-Ich aufprägt. Die Kluft wird am Ende absolut, das Problem zum unlösbaren Problem an sich. Die Dämonenbilder sind die Problemlösungen der Magie, und auch sie ziehen tausend weitere Probleme nach. Die Götter kommen niemals allein. Wo der eine ist, stellen sich alsbald auch die übrigen ein. Jeder Göttertempel hat die Tendenz, sich zum Pantheon zu erweitern und jeder Dämonentempel erst recht. Auch die Götter, denen man Bilder setzt und Tempel baut, sind ja nur erinnerte Götter, und alles Erinnerte steht im Zwielicht zwischen Sein und Nicht-Sein, also zwischen Erinnerung und Vergessenheit. Eben weil das so ist, weil selbst die schönsten Götter ihre dialektische Beziehung zu den Dämonen nicht verleugnen können, ist alle Abgötterei auch Vielgötterei. Der Schwarm der Götter, das Heer der Dämonen und die unübersehbare Menge der sich dem erkennenden Geist aufdrängenden Probleme, das alles muß in gleicher Weise verstanden werden als das Spiegelbild des vom einigen gegenwärtigen Gott gelösten und darum zerbrechenden, in seine Teile, in Atome und Staub zerfallenden Menschen. Es gibt nur einen Gott, aber es gibt eine Unzahl von Dämonen, und ihre Unzahl ist nichts anderes als der Ausdruck für die Vergessenheit des einen Gottes.

Bei fast allen Naturvölkern der Erde hat man die einigermaßen erstaunliche Entdeckung gemacht, daß der *Maske* eine ungleich größere Bedeutung zukommt als dem eigentlichen Kultbild. Der Primitive hat offenbar weniger das Bedürfnis, Götter- oder Dämonenbilder zu schaffen und in seinen Heiligtümern aufzustellen, als vielmehr sich selbst oder doch wenigstens gewissen Vertretern seiner Gemeinschaft gelegentlich das Aussehen und den Charakter dämonischer Mächte zu verleihen. Der Dämon wird nicht als außermenschliches Wesen dargestellt, sondern

von einem Menschen verkörpert. Der Priester oder Medizin-
mann wird zum Schauspieler. Zweifellos ist die mimische Kunst
ebenso alt und ursprünglich wie die eigentlich bildnerische. Es
wäre aber ein grundsätzliches Mißverständnis, in dem maskierten Mimen einfach den Gott als solchen sehen zu wollen. Der
Sinn der Maske ist ein ganz anderer. Nur im ausgeformten Bild
stellt sich der Mensch den Gott gegenüber, in der mimischen
Kunst dagegen gestaltet er *sich selbst* um, nicht etwa gleichfalls
zu einem Gott, sondern zu dem *Ebenbild* des Gottes oder
Götterbildes, dem er dient. Die Ahnung von der bestimmungs-
mäßigen Ebenbildlichkeit des Menschen also ist es, die in aller
mimischen Kunst fortlebt und ebenso in der mit ihr unlöslich
verbundenen Maske. Der Mime oder Tänzer, der die Maske
vornimmt, will damit nicht selbst der Gott sein, er will sich
bloß dem Gott angleichen, das heißt die Gestalt annehmen, in
der er dem Gott gemäß und seiner würdig wird. Auch noch in
der letzten Verzerrung des religiösen Kultes unter der Herrschaft des Antichrist errichten die Menschen nach den Worten
der Apokalypse erstens diesem, nämlich dem »Tier aus dem
Abgrund« auf Veranlassung des »falschen Propheten« ein Bild
(Off. 13, 14) und nehmen zweitens das *Malzeichen* des Tieres
(das Χάραγμα, ein Wort, das ebenso wie Χαρακτήρ =
Charakter! von dem Verbum Χαράσσω hergeleitet ist) an die
Stirne oder an die Hand, das will sagen, sie maskieren sich in
der dem Tier angemessenen Weise, sie bekennen sich als seine
Ebenbilder. Der Tanz, das Drama, die Liturgie usw., das alles
sind Veranstaltungen, in welchen sich der Mensch zum Ebenbild seiner Götter zu machen und am Rhythmus des göttlichen
Lebens teilzunehmen sucht. Eine Maske trägt der Schauspieler
und auch der Priester. Der Maskierte ist dem Gott oder dem
Bild des Gottes und keineswegs seinen Mitmenschen zugewandt, und das zwar als der Repräsentant der von ihm
vertretenen religiösen Gemeinschaft. Das Gewand des Priesters
macht sozusagen die ganze Gemeinde würdig, vor das Angesicht Gottes zu treten. Wo Mimik und Maske diesen ihren
Ursinn verlieren, wo der unmaskierte Mensch dem maskierten
als bloßer Zuschauer gegenübersteht, ist der sakrale Vorgang
bereits ins Profane abgeglitten. Der für Gott und das Göttliche

Erblindete sucht nun sich in der Maske zu spiegeln, er übernimmt in einem die Rolle des Gottes und seines Ebenbildes. Er dient nicht mehr in der Maske dem Gott, sondern als Unmaskierter dem maskierten Ich, mit anderen Worten: der Mensch wird sich selbst zum Gegenstand des Kultes und betet sich selber an. Aus dem echten Dialog mit Gott wird der Pseudodialog mit dem eigenen Spiegelbild oder doch wenigstens mit dem eigenen Idealbild. Diese Wendung brachte bereits das antike griechische Theater, der Tempel der menschlichen Autonomie und des menschlichen Heroentums. Wenn auch im griechischen Theater noch zuweilen Götter auftreten, wie z. B. Apollo und Athene in der Orestie des Äschylos, so doch nicht mehr, um sich dienen zu lassen, sondern um zu dienen. Der eigentliche Gott ist hier Orestes und nicht Athene oder Apollo.

Aus verschiedenen bekannten Tatsachen läßt sich fast mit Sicherheit schließen, daß ursprünglich nur Männer als Mimen und Maskenträger auftraten. Auf der Bühne des autochthonen japanischen und wohl auch des chinesischen Theaters wurden vor noch relativ kurzer Zeit auch die Frauenrollen von männlichen Darstellern gespielt. Im siamesischen Theater erscheinen zwar auch Frauen, aber bloß die Männer sind maskiert. Auch bei den religiösen Tänzen der meisten Naturvölker bleibt die Führung wie die Maske dem Mann vorbehalten, ja Frauen dürfen sogar oft nicht einmal als Zuschauer anwesend sein. Letzte Reste dieser kultisch bedingten Sitte findet man selbst noch bei den einzelnen Völkern und Stämmen des nahen Orients, wo auch der profane Schautanz in der Hauptsache eine Angelegenheit des männlichen Geschlechtes geblieben ist. Der Mann und nicht die Frau hat den Menschen vor Gott zu vertreten, er und nicht sie wurde nach dem Fall von Gott zur Verantwortung gerufen: »Adam, wo bist du?« Bei uns im Abendland freilich spielt längst die Frau und nicht mehr der Mann die Hauptrolle auf der Bühne. Sie spielt, sie tanzt, sie singt und stellt ihre Reize zur Schau, sie maskiert sich auch und kostümiert sich, aber nicht etwa für irgendeinen Gott, sondern für den Mann unten im Parkett oder oben in den Logen. Mimik und Maske haben sich damit vollkommen von ihrer Wurzel gelöst. Der das Bühnenbild nach hinten abschließende Prospekt ist zu der Wand geworden, die den nur noch mit sich selbst beschäftigten und um das eigene Ich kreisenden Menschen von Gott scheidet.

Wir kehren jetzt aber wieder zur religiösen Maske zurück. Die Maske ist *subjektiv* und nicht objektiv wie das vollplastische oder doch wenigstens sich selbst genügende Götterbild. Dieses meint den Gott außer mir, den Gott als den Anderen, die Maske dagegen meint die Steigerung der menschlichen Person zur Größe des Gott wohlgefälligen und Gott ebenbildlichen Ahnen, also des *Stammvaters*. Der maskierte Priester oder Geweihte stellt den Stammvater dar, in dem sich das ganze Volk verkörpert und in dessen geheiligter Gestalt es vor dem Angesicht seines Gottes erscheinen darf. Ob dabei nur ein einziger maskiert ist oder ob viele, vielleicht sogar alle Masken tragen, spielt keine entscheidende Rolle. In manchen Fällen läßt sich eine Abstufung der Maskierung beobachten, etwa in der Weise, daß einzelne Männer die Maske vor dem Gesicht haben, während die übrigen Teilnehmer an der kultischen Handlung sich nur gerade festlich schmücken. Auch bei uns trägt während der katholischen Messe bloß der zelebrierende Priester ein kultisches Gewand, neben ihm, in bescheidenerer Form, vielleicht noch der Mesner oder der Ministrant, die Gemeinde dagegen erscheint unmaskiert, obgleich im Sonntagsstaat, der jeden Einzelnen dem Schmuck des Priesters annähert. Ähnliches gilt auch von den alten prunkvollen militärischen Uniformen, vom »Rock des Kaisers«. Je höher der Rang eines Offiziers, um so ähnlicher ist seine Uniform der des Landesfürsten und das heißt des Stammvaters. Heute, im Zeitalter des Individualismus und des Kollektivismus, hat der Mensch freilich keinen lebendigen Zusammenhang mehr mit seinen Ahnen und deren Repräsentanten in der Gegenwart, und darum hat auch die soldatische Uniform fast allen Glanz abgestreift. Der Regent ist nicht mehr Stammvater, nicht mehr Träger einer vererbten und weit in die Vergangenheit zurückreichenden Überlieferung und das militärische Kleid darum nicht mehr Rock des Kaisers. Die Uniform der alten Zeit gab auch dem einfachen Soldaten etwas von der Würde seines Fürsten, die Uniform unserer Zeit macht eher umgekehrt auch aus dem

Fürsten ein Glied der Masse. Allerdings nimmt, wie ja schon das Wort selbst sagt, jede Uniform dem Einzelnen seine Besonderheit. Darin liegt ihre Zweideutigkeit, ihre Dialektik, wie die Zweideutigkeit und Dialektik der Maske überhaupt. Die Maske verwandelt den Maskierten in einen anderen, das heißt sie raubt ihm erstens den eigenen Charakter und prägt ihm zweitens einen fremden auf. Bei unseren modernen Uniformen und auch bei den schwarzen Masken unserer Maskeraden überwiegt ganz entschieden das erste rein negative Moment. Sie machen nichts mehr aus ihren Trägern, sondern lassen sie nur nicht mehr als diese bestimmten Individuen erkennen. Sie gleichen den Menschen einer anonymen Allgemeinheit an. Das kommt daher, daß sich der autonome Geist nicht über sich selbst hinaussteigern kann. Er kann nur entweder sich in seinem Sosein behaupten oder auf den absoluten Nullpunkt herabsinken. Das uniforme graue Nichts ist seine letzte Möglichkeit nach unten, die Region seines Erlöschens.

An sich selbst aber ist die anonyme Allgemeinheit gar nicht so anonym wie es scheint. Wer dem Leben, das über ihm steht und ihn hält, entsinkt, versinkt damit auch schon in den Abgrund des Todes, wer die Hand der Götter oder der Engel losläßt, wird von den unter ihm lauernden Dämonen erfaßt. Das selbstherrliche Bewußtsein merkt davon nichts, es kennt nur den Tag, nur das Licht und die Finsternis bloß als Abwesenheit des Lichtes. Aber die Finsternis hat ihre Mächte genau so wie das Licht, und diese Mächte kennt, wenn nicht das Bewußtsein, so doch der unbewußte Trieb. In seinem Bereich wird deutlich, daß derselbe Mensch, der aufhört, Ebenbild Gottes zu sein, unvermeidlich Ebenbild des Teufels wird. Jenes graue Nichts, jene neutrale Gestaltlosigkeit, ist nur die Decke vor den Augen des für die unter ihr verborgenen Dämonen blinden Geistes. Die Maske, die uns nicht mehr den Göttern über uns ähnlich macht, die uns nicht dem lebendigen Stammvater verbindet, bringt uns in die Nähe des toten. Wer in seinen Ahnen nicht die unsterblichen Spender seines gegenwärtigen Lebens verehrt, wer sie nicht teilhaben läßt an seiner eigenen Gegenwart und ihnen hier sogar einen hervorragenden Platz einräumt, der verfällt ihnen als den Gestorbenen, den ziehen sie nach in die Nacht, in die er sie verstoßen hat, als er sie vergaß. Die Vergangenheit hat, worauf schon wiederholt hingewiesen wurde, zwei Seiten. Sie ist erstens die Herkunft, die Überzeitlichkeit, die als Quelle des Lebens lebendiger sein muß als alles, was ihr sein Leben verdankt, und sie ist zweitens das Gewesene und Nicht-mehr-Seiende, also das Tote. Loskommen können wir von ihr niemals. Verleugnen wir sie in der ersten Gestalt, so übermächtigt sie uns in der zweiten. Der Stammvater, dem ich die schuldige Ehre verweigere, den ich aus der Welt meines wachen Bewußtseins verdränge, wird als drohendes Gespenst aus dem Grab, aus der Unterwelt doch wieder auftauchen und fordern, was ihm gebührt. Vor allem aber entäußere ich mich meines Lebens, indem ich mich vom Herkünftigen löse, mit anderen Worten: Wo die Sehnsucht nach Selbstverwandlung in der Richtung auf das Überpersönliche schwindet, hat die Selbstverwandlung nach unten bereits begonnen. Im Augenblick, da ich kein Verlangen mehr habe, die Maske des göttlichen Ebenbildes zu tragen, habe ich auch schon eine Dämonenmaske vor dem Gesicht.

Der Abendländer verschließt sich dieser Einsicht oder hat sich ihr doch wenigstens bisher verschlossen. Er hat, so meint er, nichts anderes getan, als die Masken abgelegt, die er früher trug, um nun ganz und gar er selbst zu sein. Das erklärt das beinahe völlige Verschwinden der Maske aus der abendländischen Kultur. Der autonome Mensch will sich nicht einem anderen angleichen oder ähnlich machen, er will lediglich der bleiben, der er ist, und er will darüber hinaus alles andere seinem eigenen Wesen entsprechend umgestalten. Die Welt hat sich ihm anzubequemen und nicht er ihr. Sie also hat sich gleichsam zu maskieren, sie hat sich zu verändern, so lange, bis sie seine Züge trägt, bis sie sein Ebenbild geworden ist. Darum beherrscht das objektive Bild die ganze abendländische Kunst. Nicht einmal der Schauspieler oder Tänzer trägt bei uns eine Maske im eigentlichen Sinn; denn er spielt oder tanzt ja nicht vor einem übermenschlichen Gott, sondern nur vor dem Gott, den wir uns zu unserem Ebenbild geschaffen haben, vor dem Gott oder den Göttern im Zuschauerraum. Auch das moderne Drama sucht wohl zuweilen seinen Stoff in der Vergangenheit, es vergegenwärtigt also das Herkünftige, aber die Gegenwart, in die da vergegenwärtigt wird, ist gar nicht die wahre Gegenwart, nicht die Gegenwart, in der das Herkünftige selbst lebt, sondern nur das armselige *Jetzt* unserer eigenen ephemeren Existenz. Die Welt des Stammvaters wird da ihrer Ewigkeit entkleidet und in unsere eigene vergängliche Welt übersetzt. Noch im griechischen Theater hat der Mime die Maske des Heros getragen, auf unserer Bühne aber ist gerade umgekehrt der Mime die Maske, die dem Heros aufgezwungen wird. Die Vergangenheit muß sich maskieren, um vor unseren Augen Gnade zu finden. So verliert die mimische Kunst selbst am Ende ihren eigenen Ursinn und wird auch nur zu einem Mittel im Dienst des objektiven Bildes, der Umformung des Wirklichen nach dem Willen des formenden Menschen.

Im Gegensatz dazu scheint die Kunst aller Naturvölker und zum Teil auch der exotischen Kulturvölker die Maske zu bevorzugen, während im gleichen Maß das objektive Götterbild zurücktritt. Der Naturmensch ist Triebmensch und bezieht als solcher die Welt nicht auf sich, sondern erfährt umgekehrt sich als auf sie bezogen. Er steht unter der Herrschaft der äußeren Mächte, mit denen er sich abfinden, denen er dienen und sich anpassen muß. Sie lassen sich nicht von ihm gestalten, sie fordern vielmehr seine Umgestaltung. Und wenn ihnen gelegentlich Bilder gesetzt werden, Bilder, in die sie eingehen und in denen sie sich verkörpern können, so sind doch auch diese Bilder Kraftzentren, die den Menschen in ihren Bann ziehen. Wir sagten ja schon früher, daß das Dämonenbild aus einem tranceartigen Zustand geschaffen wird, indem sich der Schöpfer als Willenssubjekt aufgibt und zum Werkzeug des von ihm Geschaffenen herabsinkt. Diese Hörigkeit findet ihren vollendeten Ausdruck aber erst in der Maske. Der Maskierte, der zum Ebenbild des Dämons wird, ist der gleiche, der auch seinem Urbild einen Körper macht. Hier wie dort bleibt der Mensch passiv, bzw. seine Aktivität erschöpft sich in der Unterwerfung unter den ihm fremden Willen. Der Dämon verlangt von seinen Knechten, daß sie ihm ähnlich werden, daß sie sich in seinesgleichen verwandeln. Als die andere Seite des autonomen Abendländers ist der Primitive Repräsentant des vom Bewußtsein abgelösten Unbewußten. Was jener mehr und mehr verloren hat, die Fähigkeit zur Hingabe, hat sich dieser bewahrt, aber freilich die Fähigkeit zur Hingabe nicht an Gott, sondern nur an die Dämonen; denn ihm fehlt ja wieder die andere Voraussetzung, der selbstbewußte gottebenbildliche Geist, und *Hingabe an die Dämonen ist in allen Stücken etwas ganz anderes als Hingabe an Gott*, so daß allein schon der Gebrauch des gleichen Wortes bedenklich erscheinen könnte. Wer sich Gott hingibt, antwortet liebend auf die Liebe, mit der er zuerst geliebt wurde. Dem Dämon gegenüber aber kann von Liebe niemals die Rede sein. Hier gibt es nur Angst und Haß, und Angst und Haß kennzeichnen auch die besondere Form der Hingabe. Man gibt sich hin, weil es keinen anderen Ausweg gibt, und noch während man sich hingibt, wehrt man sich gegen die Hingabe. Der Dämon ist eine Gestalt des Schreckens, er erregt Entsetzen. Sich ihm angleichen, sein Ebenbild werden, heißt gleichfalls Entsetzen erregen, heißt den erschrecken wollen, vor dem ich erschrecke. Es ist eine sehr bekannte Tatsache, daß Kinder, denen man im Spiel Angst macht, etwa, indem man ihnen den »schwarzen Mann« vorspielt, den, vor dem sie Angst haben, nun auch in Angst zu versetzen suchen. Sie verzerren das Gesicht, reißen Mund und Augen weit auf, heben drohend die Arme, stoßen Laute aus wie »Hu, hu!« und dergleichen, kurz, sie beantworten das Unheimliche, das ihnen da begegnet, ebenfalls mit der Gebärde der Unheimlichkeit, mit anderen Worten, sie nehmen die Maske des Dämonischen an, sie machen sich dem »schwarzen Mann« ähnlich, sie bedrohen ihn, so wie er sie bedroht. In genau der gleichen Weise wie hier das Kind, reagiert auch der primitive Triebmensch auf das Erscheinen der Dämonen. Die Maske, die er sich aufsetzt, verwandelt ihn in einen Teufel, und als Teufel, so meint er, hat er von den Teufeln nichts mehr zu fürchten oder wird doch wenigstens zu ihrem ebenbürtigen Gegner.* Daß er sich da einer Täuschung hingibt, ist klar; denn letzten Endes hat der

---

* »Cameron berichtet, daß die Macht des Zauberers bei den Kiogue daher rührt, daß man annimmt, er sei durch die Maske, die in seinem Besitz ist, dem wirklichen Geist des Busches so ähnlich, daß dieser ihn für einen seiner Art hält und – erzürnt über die Konkurrenz – das Gebiet verläßt.« Ad. E. Jensen

Teufel doch immer nur über seinesgleichen Macht. Gerade der maskierte und damit selbst zum Dämon gewordene Mensch verfällt erst recht den Dämonen. Nun haben sie ihn dort, wo sie ihn haben wollten, nun hat er die Gottebenbildlichkeit, an die sie nicht herankommen konnten, abgestreift.

Die Dämonenmaske – und alle Masken der Exoten sind Dämonenmasken – unterscheidet sich in nichts Wesentlichem vom Dämonenbild. Auch sie ist gekennzeichnet durch das bloße Nebeneinander der einzelnen Teile, durch die Zerstörung des organischen Zusammenhanges, durch das Fehlen der lebendigen Mitte, an deren Stelle die leere Mitte als Beziehungspunkt getreten ist, durch Übersteigerung und Überbetonung der als Waffen dienenden Organe usw. Der maskierte Mensch will eben wirklich ganz und gar das Ebenbild der ihm begegnenden Dämonen werden, er macht sich ihnen so ähnlich wie nur irgend möglich, um in ihrer Gemeinschaft von ihnen unbehelligt zu bleiben. Der Dämon haßt und verfolgt, so nimmt man an, nur das Nicht-Dämonische, das ihm Fremde, was freilich ein schwerer Irrtum ist; denn in Wahrheit kann nur der Dämon hassen und kann auch nur er gehaßt werden, er ist in Einem Subjekt und Objekt des Hasses, sein Haß vernichtet am Ende notwendig sich selbst. Wie der Liebende im Geben empfängt, wie er wächst und zunimmt im Sich-Verschenken, so wird der Hassende zerstört, indem er zerstört. Das eben ist der Unterschied zwischen der Hingabe an Gott und der Hingabe an den Teufel. Wer sich Gott hingibt, wer sein Selbst an Gott verliert, gewinnt das Leben, wer sich aber dem Teufel hingibt, gewinnt immer nur den Tod.

Wir sagten früher, daß die Maske in der mimischen Kunst den Stammvater meint, nämlich das noch unverdeckte Ebenbild Gottes, die Gestalt, in der der Mensch seinem Schöpfer gegenübertreten darf. Auch die dämonische Maske meint den Stammvater, aber allerdings nicht den lebendigen, nicht den über alle Zeitlichkeit und Vergänglichkeit erhabenen ehrwürdigen Ahnen, sondern den gestorbenen und im Grab vermodernden oder richtiger, sein Gespenst. Der Dämon ist der böse Geist des Abgrundes. Von unten herauf bedroht er die noch Lebendigen und sucht sie zu sich hinabzuziehen, so wie er den toten

Stammvater schon hinabgezogen hat; er, der Herr des Todes, der Gott der Toten will Leichen und Gespenster um sich haben. Also verwandelt sich der Mensch mit Hilfe der Maske in eine Leiche oder ein Gespenst, wenn er dem Dämon dient, er geht ein zu seinen verstorbenen Vätern, er wird ihnen gleich. Von der ewigen Vergangenheit, von der Herkunft weiß der Triebmensch, der Naturmensch nichts. Er kennt nur die zeitliche Vergangenheit, das Gewesene, das Nicht-mehr. Sich zu den Vätern versammeln, mit den Ahnen Eines werden, kann darum für ihn immer nur heißen, zu ihnen ins Grab steigen oder mit ihnen als abgeschiedener Geist spuken. Es ist nicht etwa der Tod als bloßes Nicht-Sein, so wie wir ihn uns gemeinhin vorstellen, nicht der Tod als Nullpunkt, dem die Verstorbenen hier verfallen sind, sondern der Tod als *negative Existenz*, als *verkehrtes Leben*, wir würden sagen, als Leben in der Hölle. Die Toten sind darum lebendige Tote, eben Gespenster und nicht bloße Leichen, sie leben das Leben des Teufels und werden damit selbst zu Teufeln.

Der Abendländer, soweit er nicht vom christlichen Glauben her um die Ewigkeit weiß, kennt den Tod nur als das Nicht-Sein, als die bloße Abwesenheit des Lebens. Im Augenblick des Sterbens hört nach seiner Meinung die Existenz überhaupt auf; denn Existenz bleibt ja für ihn unlöslich verbunden mit dem autonomen Bewußtsein. Unter die Schwelle dieses Bewußtseins reichen seine Organe nicht hinab. Dort ist einfach die schwarze Nacht, das Nichts, die Wesenlosigkeit. Vom Bewußten zum Unbewußten führt keine Brücke, alle Verbindungen sind hier durchschnitten. Darum gibt es im modernen Abendland, wenn wir von gewissen Ausnahmeerscheinungen absehen, auch keine Dämonenmasken. Der Abendländer schafft sich entweder Götterbilder nach seinem Bild oder er verzichtet als vollendeter Zivilisationsmensch auch darauf und lebt sich einfach aus in der ihm gegebenen und von ihm rationalistisch durchgeformten Wirklichkeit. Niemals fällt es ihm ein, sich aufzugeben und sein Gesicht freiwillig irgendwelchen Dämonen- oder Teufelsfratzen anzugleichen. Der Tod bleibt ausgeschaltet aus seinem Leben, und die Toten werden unter die Erdoberfläche in ihre Gräber verbannt. Was einmal vergangen ist, hat in der Welt nichts mehr zu suchen. Die Lebendigen lassen sich von ihm nicht belästigen. Aber die ganze Lebendigkeit dieser Lebendigen ist genau besehen doch nur ein Selbstbetrug. Die Toten sind gar nicht so tot wie wir gerne möchten, und was wir nicht sehen können, ist darum allein noch nicht unwirklich. Gerade indem wir den Tod verleugnen, indem wir ihn aus der Welt unseres Bewußtseins ausschließen, indem wir so den Raum unserer Existenz auf ein Minimum einschränken, machen wir uns zu seiner Beute und machen wir uns gleichzeitig, ohne es zu merken, zu Ebenbildern der in der Unsichtbarkeit hausenden Dämonen. Wir haben Masken vor den Gesichtern, während wir glauben bloß wir selbst zu sein, und zwar genau die Masken, die wir bei den Primitiven finden und mit denen wir scheinbar gar nichts zu tun haben. Aber wir müssen gar nicht erst so weit greifen. Der Gott des modernen Zivilisationsmenschen ist die Maschine; in ihr werden die von uns beschworenen Mächte der Tiefe lebendig. Sie beherrschen uns, während wir sie zu beherrschen meinen. Eine Maschinenwelt ist eine Dämonenwelt, deren dämonischer Charakter nur deshalb nicht erkannt wird, weil das ihr entsprechende autonome Bewußtsein überall immer nur die Oberfläche wahrnimmt. Wir wissen nicht, daß unser Maschinendienst nur eine besondere Form des religiösen Kultes ist, ein Dienst an den bösen Geistern, die wir brauchen, um uns ohne Gott weiterhelfen zu können. Und indem wir der Maschine dienen, gleichen wir uns ihr auch an, nehmen wir die ihr entsprechende Maske vor. Der Soldat etwa, der sich die *Gas-Maske* aufsetzt und so maskiert zum Kampf antritt gegen die Maschinenwaffen des Feindes, tut unbewußterweise genau das gleiche wie der Primitive, wenn er mit der Dämonenmaske seine kultischen Tänze tanzt. Wer sich dem Teufel verschrieben hat, muß sich zu seinem Ebenbild machen, muß sich maskieren, ob er will oder nicht, ob er weiß, daß es der Teufel ist, der da vor ihm steht, oder ob er in seiner metaphysischen Stumpfheit nur physikalische und chemische Vorgänge zu sehen meint.

Das Tao-Te-King des Laotse beginnt mit den Worten: »Das Tao, das man erdenken kann, ist nicht das ewige Tao. Der

Name, den man nennen kann, ist nicht der ewige Name.« Auch uns erscheint die Wahrheit dieser Sätze einleuchtend und unangreifbar. Sie bezeichnen die Grenze, über die kein Philosoph des Ostens wie des Westens, der Vergangenheit wie der Gegenwart jemals hinausgekommen ist, und doch haben sie in der Endgültigkeit und Letztgültigkeit, in der sie hier stehen, als der Weisheit letzter Schluß für uns etwas Unbefriedigendes, ja Bedrückendes. Auch die Weisheit des Abendlandes endet, wenn sie aufrichtig gegen sich selbst und folgerichtig bleibt, in der Aporie, aber die Aporie ist nicht ihr Ziel, sie glaubt hinaus über die Grenze, über die hinweg sie nicht mehr denken und schauen kann, sie ergänzt jede »Kritik der reinen Vernunft« durch eine »Kritik der praktischen Vernunft«. Wo die Erkenntnis nicht hinreicht, hat der Wille noch immer seine Möglichkeiten. Nichts dergleichen bietet die Philosophie des Tao, und es wäre falsch, in sie etwas hineinzudichten, was in Wahrheit gar nicht ihr selbst, sondern unserem eigenen Lebensgefühl entstammt. Laotse drückt nicht etwa das Positive durch Negationen aus, er wählt nicht die auch uns seit jeher geläufige via negativa, für ihn fällt vielmehr das Positive – wenn man hier überhaupt noch von einem Positiven sprechen darf – mit dem Negativen zusammen. Er weiß von keiner Transzendenz, in der das Unterste zuoberst gekehrt wird. Demgemäß erscheint ihm nicht die Steigerung des Einzelnen zur vollendeten Person, sei es auch über den Tod hinweg, sondern seine Selbstzurücknahme unter die Schwelle der Individualität als das Kennzeichen des echten bestimmungs-gemäßen Lebens. Nicht hervortreten, nicht handeln, unten bleiben, darin gibt sich der weise, der berufene, der vollkommene Mensch zu erkennen. Des Himmels Tao, des Himmels Wesen gleicht, wie es einmal heißt, dem Bogenspanner, wir könnten vielleicht besser sagen dem gespannten Bogen, das heißt der Himmel ist nichts als Wölbung, leere Wölbung, und ihm antwortet die Erde sowie der auf der Erde lebende Mensch gleichfalls in der Wölbung, nämlich in der Wölbung nach oben. Der nach unten gewölbte Himmel und die nach oben gewölbte Erde, zwei Wölbungen, die sich zum Kreis oder richtiger zur Kugel zusammenschließen, darin hat man vermutlich überhaupt das Urbild von Tao und Te zu suchen, der beiden

Prinzipien, auf welchen sich die Philosophie des Laotse aufbaut. Das Tao ist das Urmännliche, das Te das Urweibliche. »Das Tao erzeugt, das Te nährt.« Am deutlichsten vielleicht drückt sich das dem himmlischen Tao antwortende Te der Erde in der Gestalt des Tales aus. Immer wieder wird das Tal gepriesen als Sinnbild des Sich-Zurücknehmenden. »Der Geist des Tales stirbt nicht.« – »Daß Ströme und Meere die Könige sind aller Täler, das kommt daher, daß sie tüchtig sind im Untensein.« Der tiefste Punkt des Tales also, die Talsohle, ist die Vollendung.

Man könnte meinen, daß da eine gewisse Übereinstimmung besteht zwischen dem Taoismus und der »Ethik« der Bergpredigt, vor allem der Seligpreisungen: Selig sind die geistlich Armen, selig sind die Leidtragenden, selig sind die Sanftmütigen, selig sind die Friedfertigen. Aber man darf nicht vergessen, daß die Welt, an die sich die Worte des Evangeliums richten, eine *gefallene* Welt ist, eine Welt, die nicht so ist, wie sie sein soll. Hier erscheint die Niedrigkeit immer bedingt durch die Verkehrtheit, durch die Sünde. Wer sich da unten hält, gibt zu erkennen, daß er mit dem Verkehrten nichts zu schaffen hat. Er ist in der sündigen Welt niedrig, weil er in der erlösten hoch ist. Laotse aber kennt keine erlöste jenseitige Welt. Ihm stellt sich der nach abwärts gewölbte leere Himmel mit seinem Tao als das Ursprüngliche dar, und dieser Ursprünglichkeit hat die Erde zu antworten, indem sie gleichfalls leer wird. Das Niedrige ist sonach als solches auch schon das Vollkommene. Der Weg über das Kreuz führt nicht zur Auferstehung, sondern in das Grab, und er findet hier sein letztes Ziel. Allerdings hat dieses Grab eine eigentümliche Heiligkeit. Es bedeutet nicht einfach den Tod als Nein zum Leben, sondern eher den *Mutterschoß*, der alle Möglichkeiten und Kräfte auch des Lebens in sich faßt. Das Tal ist das Ewig-Weibliche. »Der Himmel ist ewig und die Erde dauernd. Die Ursache der ewigen Dauer von Himmel und Erde ist, daß sie nicht sich selber leben. Darum können sie dauernd Leben geben.« Das Nichts und das All sind also zur Identität verbunden, aber doch so, daß der Akzent auf dem Nichts liegt. Das ist nicht nur taoistisch, sondern überhaupt chinesisch gedacht. Das ist die Philosophie und Weisheit der stehengebliebenen Geburtsstunde. Alles kreist um die geheimnisvolle Finsternis des Mutterschoßes, die doch auch den Tag mit seinem Licht aus sich entläßt.

Als leere Gebärde von oben wie von unten stellt sich dem fernöstlichen Geist das innerste Wesen des Geschaffenen dar. Der hohlen Kuppel des Himmels wölbt sich die gleichfalls hohle Schale der Erde entgegen. Das Ebenbild des Gottes, der sich selbst vollkommen zurückgenommen hat bis zum Verschwinden, kann nur der sich ebenso zurücknehmende und verschwindende Mensch sein. In einer solchen Welt haben Bilder eigentlich keinen Platz; denn das Bild meint ja immer ein Persönliches, und darum fehlt den Götter- wie den Dämonenbildern in der chinesischen Religion die zentrale Bedeutung. Sie sind hier nur Randerscheinungen, meistens von außen hineingetragen in diese götterlose Wirklichkeit. Nicht einmal als Erinnerung an den Gott, der den leeren Himmel ursprünglich bewohnte, steht da ein Bild; denn dieser Gott ist ein vergessener Gott, ein Gott, zu dem das Moment der Vergessenheit wesentlich gehört, der seine eigene Vollkommenheit erst im Verschwinden, in der Aufgabe aller persönlichen Merkmale gefunden hat. Der mögliche Gegenstand der Erinnerung wäre also gar nicht würdig, im Bild festgehalten zu werden, er reicht nicht heran an den, der nicht erdacht und dessen Name nicht genannt werden kann.

Weit unmittelbarer und eindringlicher als in allen Götter- und Dämonenbildern offenbart sich die chinesische Seele in den Landschaftsgemälden mit ihren Bergen und Tälern. Eine Landschaft war auch das Bild, das der große Wu-Tao-Tse an die Wand des kaiserlichen Palastes malte und in das er selbst schließlich hineinging, um dort in einer Höhle für immer zu verschwinden. Es ist bezeichnend, daß der Künstler gerade von einer Höhle, also vom *Schoß der Erde* aufgenommen wird und nicht etwa einen Berg besteigt, um sich dann vom Gipfel aus in Licht und Wolken aufzulösen. Das hätte vielleicht ein abendländischer Maler tun können, aber niemals ein chinesischer. Der Abendländer sucht in seinen Ekstasen die Selbstübersteigerung ins Geistige. Wenn er sich hingibt, dann will er mehr werden als er ist, dann will er über sich hinaus ins Körperlose, dann will er ein unsichtbarer, weil mehr als sichtbarer Gott werden. Der Morgenländer dagegen hält sich unten, er kehrt zurück in den Abgrund, aus dem er gekommen ist. Während auf unseren Gemälden die Landschaft meist nur Staffage für den Menschen ist und das auch dann noch, wenn gar kein Mensch wahrnehmbar in ihr erscheint, werden auf chinesischen Landschaftsbildern, sogar auf solchen, die ausdrücklich das Leben etwa eines Weisen darstellen wollen, die menschlichen Figuren im Verhältnis zur Riesenhaftigkeit der sie umgebenden Bergwelt nur winzig klein gemalt, ja gerade ihre Winzigkeit drückt ihre Weisheit und damit ihre Bedeutung aus. Sie sind Talmenschen, Menschen des Unten, Menschen, die immer schon im Begriff sind, sich in irgendeiner Grotte oder Mulde zu verlieren und sich so der dem Himmel antwortenden hohlen Schale anzuschmiegen. Für uns wird der hoch aufragende trotzige Berg zum Sinnbild unseres eigenen Willens, das heißt wir bilden uns eigentlich selbst in den Bergen ab, in der chinesischen Landschaft aber ist der Berg nichts weiter als die Grenze, als der Rand des Tales. Auf dem Tal und nicht auf ihm liegt der Akzent. Was aber sichtlich aufwärts strebt, ist von der Art des Drachens, des Mittlers von unten nach oben. Drachengestaltig sind darum häufig die bizarren Felsengebilde und vor allem die Bäume, die Kiefern, die mit ihren vielfach geknickten Stämmen und Ästen wie zuckende Blitze im Zickzack zum Himmel emporschießen. Das chinesische Bild kennt auch nicht die in die Tiefe des räumlichen Hintergrundes vorstoßende perspektivische Linie. Die Entfernungen bauen sich hier nur schichtenweise und kulissenhaft auf. Unsere Perspektive stammt aus der Dynamik des autonomen Willens. Wir streben wie nach oben, so auch in die Tiefe, wir wollen uns die Höhen und die Fernen erobern, wir finden deshalb das Sinnbild unseres Wesens sowohl in dem Berg, der mit seiner Spitze an den Himmel stößt, wie auch in der den Raum bezwingenden Geraden. Der Chinese aber ersehnt die Ruhe auf dem Grund der Schöpfung. Als vollendeter Weiser kehrt er zurück zum Ursprung und erlöst damit auch die übrige Welt, indem er sie sich zusammenfalten läßt über dem Schwerpunkt seiner Heimkehr. Himmel, Erde, Mensch, das ist die in der chinesischen Philosophie immer wiederkehrende Dreiheit. Im Menschen erfüllt sich das Tal der Erde und vollendet sich zur reinen Antwort an den Himmel. In ihm schließt sich der Kreis. »Groß, damit meine ich: immer im Flusse. Immer im Flusse, damit meine ich: in allen Fernen. In allen Fernen, damit meine ich: in sich zurückkehrend« (Tao-Te-King).

Das Dach des europäischen Hauses hat seinen ganzen Sinn *unter sich,* es bedeckt den Raum oder die Räume, in denen der Mensch wohnt. Das chinesische Dach hat seinen Sinn vor allem *über sich;* in seinem eigentümlichen Schwung antwortet es genau so wie das Tal auf die Wölbung des Himmels. Die Linien der chinesischen Dächer und Torbogen sind ausgebreitet wie die Arme von Betern auf spätrömischen Fresken. Diese Geste drückt Empfangsbereitschaft aus. So hält die Arme beim Gebet nur, wer in einer ptolemäischen Welt lebt. Die gefalteten Hände hingegen verlangen wie der Giebel eines Daches oder die Spitze eines Berges empor in den Himmel. Das chinesische Dach scheint den Himmel um Vergebung zu bitten dafür, daß es überhaupt einen Giebel hat, daß es Berg ist, während es doch Tal sein sollte. Und dieser Linienschwung des sich dem Tal verbindenden Daches kehrt überall wieder in der ostasiatischen Kunst, im Faltenwurf der gemalten Gewänder, ja selbst in der Zeichnung des menschlichen Gesichtes, in den fast immer nur ganz wenig und schlitzartig geöffneten Augen. Dem Tao des Brauenbogens antwortet, so könnte man sagen, das Te der beinahe geschlossenen Lider. Freilich ist der Ursinn der chinesischen Dachkurve heute kaum noch einem Menschen bewußt, auch nicht intuitiv bewußt. Die metaphysische Tiefe des Anfangs ist längst verloren und vergessen. Alle Formen haben sich verzierlicht – besonders auf japanischem Boden – und sind allmählich ins Spielerisch-Ästhetische abgeglitten. So hat sie dann auch der europäische Barock übernommen, der in seinen verschlungenen Linien nicht dem wirklichen, sondern nur noch einem auf die Erde herabgeholten und damit für den Menschen verfügbar gewordenen Himmel antwortet, dem Himmel nämlich, der in der protzig gewölbten Kuppel seinen vollendeten Ausdruck gefunden hat. Hier schwingt alles in sich zurück und schließt sich zu dem das autonome Ich selbstgefällig einrahmenden Kreis.

Als der dem Bewußtsein entglittene und des persönlichen

Zentrums beraubte Anfang ist China mit seiner alten großen Kultur den Dämonen verfallen. Aber nicht alles läßt sich hier auf den Nenner des Dämonischen bringen. Es gibt da neben dem Drachen auch noch viel Liebenswürdiges und Zartes, viel Schönheit und viel Weisheit. Das Wohlgefallen des Abendländers an den Kostbarkeiten der ostasiatischen Kunst und Literatur erklärt sich nicht restlos aus einem ästhetenhaften Mißverständnis. Es gibt zweifellos noch Fäden, die uns mit dem Land des Sonnenaufgangs verknüpfen, es glimmen noch Erinnerungen an die eigene früheste Kindheit knapp am Rand der Geburt. Dieses China ist wohl eine abgestorbene, eine gleichsam gefrorene Lebensquelle, aber dennoch Lebensquelle oder doch wenigstens ein leiser Hinweis auf das verlorene Land unserer Herkunft; Jugend und Greisentum in einem, Jugend, die, ohne zu reifen, ganz plötzlich die Schwelle des Alters überschritten hat. Eine eigenartige Melancholie liegt über der Schönheit Ostasiens, die Melancholie einer Seele, die, kaum erwacht, sich in der Tiefe des Tales zur Ruhe gelegt hat und einem ewigen leeren Himmel entgegenträumt. Alter und Kindheit genießen in China wie auch in Japan fast die gleiche Verehrung. Der Mensch lebt da eigentlich nur für seine Ahnen und für seine Nachkommen, das Auge ist der Vergangenheit zugewandt, aus der der Greis kommt und in der er ein Kind war. Ehrwürdig – und das gilt schließlich auch noch für uns – kann immer nur das Alter sein, in dem sich die Jugend erfüllt, das seine Jugend mitgebracht hat. In einem solchen Alter sind Vergangenheit und Gegenwart verbunden, es wird zum Symbol nicht nur einer anderen versunkenen Zeit, sondern der Ewigkeit. Wird hingegen das Alter mißachtet, weil man in ihm nur noch das überlebte Gestern sieht, dann hat auch die Jugend keine Ewigkeit und also keine wahre Jugendlichkeit mehr, dann ist auch sie allem betonten Jungsein zum Trotz alt und greisenhaft.

Wir erkennen im Orient das Land der Geburt, das bekannte Unbekannte, das *erinnerte Vergessene*, das Unbewußte als Mutterschoß des Bewußtseins. Darum verklärt sich das Gesicht Ostasiens bei allen uns unheimlichen dämonischen Zügen gelegentlich auch zur Weisheit des Greises, der im Tod nur dorthin zurückkehrt, woher er gekommen ist. Demgegenüber zeigt sich uns der Westen ganz offenkundig als das Land des Unterganges, des Todes, des radikal Unbekannten und Vergessenen. Das Unbewußte wird zum schauerlichen Grab, ja zur Hölle, die das in Ängsten zitternde Bewußtsein verschlingt. Die Dämonie des Ostens ist eine ungewollte und ungesuchte. Sie ergibt sich einfach aus dem Festhalten am Vergänglichen, aus dem Willen, stehen zu bleiben am Rand des Sonnenaufgangs. Da erstarrt schließlich jede Form und jeder Ausdruck. Das Leben selbst gerinnt und nimmt die Mumiengestalt des Todes an, wird aber dennoch weiter als Leben verehrt. Der Mensch will die Vergänglichkeit des Vergänglichen nicht wahrhaben. Die gewollte und das heißt die eigentliche Dämonie aber, die Dämonie des Westens, hat den Glauben an die Unvergänglichkeit verloren und macht so in einer letzten Verzweiflung die Vergänglichkeit, den Tod, selbst zu ihrem Gott. Hier wird nicht das Leben in die Form des Todes, sondern umgekehrt der Tod in die Form des Lebens gegossen. Der Osten träumt von etwas, das längst nicht mehr da ist, und so werden auch seine Bilder zu Traumbildern, wird seine Kunst zu einer Kunst des Traumes. Alles zielt auf Ruhe oder auf rhythmische Bewegtheit im ewig gleichmäßigen Auf und Nieder. Der Westen kennt keine Ruhe und keinen Traum. Aus Angst und Verzweiflung sucht er den wildesten Rausch, die bizarre Übersteigerung. Der Tod soll hergeben, was das Leben nicht mehr geben kann, der Abgrund muß seine Ungeheuer ausspeien, weil die Erde und der Himmel am Ende sind.

Im Gegensatz zu Ostasien haben die kurz nach der Landung der Spanier untergegangenen mittel- und südamerikanischen Kulturen gar nichts Liebenswürdiges aufzuweisen, keine Schönheit, keine Erhabenheit, keine Weisheit, nur die Dämonie in ungehemmter Schauerlichkeit. Alles starrt von scheußlichen Fratzen, deren einziger Ehrgeiz es zu sein scheint, sich gegenseitig an Furchtbarkeit zu überbieten. Ein unübersehbares Heer von Teufeln quillt da aus der Tiefe herauf und beansprucht sogar, als Sternengötter angebetet zu werden. Das ist vielleicht das Bemerkenswerteste an diesen Dämonen, daß sie, die doch ihrem ganzen Habitus nach nur Ausgeburten der Nacht und der Finsternis sein können, sich als Himmelslichter ausgeben.

Aber hier zeigen eben die Gestirne selbst ihre andere Seite. Als die auf- und untergehenden gehören sie der Nacht genau so an wie dem Tag, sie sind nicht nur überirdisch, sondern auch unterirdisch. Der Stern, der im Westen versinkt, verwandelt sich damit aus einem Engel in einen Teufel, er wird zu einem Gott der Unterwelt wie der ägyptische Osiris. Der Mensch des Westens weiß um diese Verwandlung und fürchtet sie. Er ist hingespannt auf das Phänomen des Untergangs, vor allem des Sonnenuntergangs. Die tote Sonne, die Sonne mit einem Totenkopf, erscheint immer wieder als Relief auf den Wänden der Tempelruinen von Mexiko und Yukatan. Der Stern, der den westlichen Horizont erreicht, hat sein Leben als Genius des Lichtes beendet, er stirbt, aber nicht etwa, um einfach im Nichts zu verschwinden, sondern um nun statt von oben herab von unten herauf zu wirken. Er fordert die Bewohner der Erde nicht mehr auf, den Blick zum Himmel zu erheben und teilzunehmen an seinem göttlichen Leben, er droht vielmehr aus dem Abgrund und sucht alles Lebendige zu sich in seine Dunkelheit hinabzuziehen. Die Götter Amerikas sind also gestorbene oder doch wenigstens an der Schwelle des Todes angelangte Götter, die Götter des Menschen, der sein eigenes Schöpfungskapital restlos verspielt hat und nun erkennen muß, daß sein Weg nach unten und nicht nach oben führt. Während das Licht stets aus einem Zentrum strahlt, aus einer Wesensmitte, und sich damit dem persönlichen Willen verwandt zeigt, ist die Finsternis ohne jeden Schwerpunkt ausgebreitet in die Unendlichkeit. Sie hat keine Quelle, sie ist überall und kommt von überall her. Was aus Licht in Finsternis übergeht, löst sich auf. Darum sind auch die Götter der Finsternis, die Dämonen, unendlich viele, ihr Name ist immer Legion. Sie suchen zwar eine Mitte, sie wollen persönlich werden, sie brauchen das Bild, um sich darin zu verkörpern, aber das Wesen der Finsternis, ihr eigenes Wesen also, zersplittert und zerspaltet jedesmal von neuem, was sich da bilden will. Die himmlischen Götter des Mittagslandes sind fest umrissene Typen, Ebenbilder des in der Vollkraft des Lebens stehenden Menschen; die Götter des Westens dagegen schillern in tausend Gestalten. Da und dort taucht spukhaft eines ihrer Gesichter hervor aus der Nacht, um sofort wieder zu verschwinden und anderen Platz zu machen. Die Tempelwände Amerikas sind übersät mit gräßlichen Larven, mit Totenköpfen und Schlangenrachen, und doch findet sich darunter nicht eine einzige Gestalt von einprägsamer Art, nicht ein einziges Bild, das als Ausdruck einer geistigen Macht in der Erinnerung haften bliebe.

Wir sagten schon, daß diese Dämonenbilder fast ausnahmslos mit dem erstaunlich genauen Kalendersystem der alten indianischen Kulturvölker zusammenhängen. Der Kalender ist geradezu die Weisheit Amerikas, das heißt mit anderen Worten: *Im Mittelpunkt alles Denkens und Gestaltens steht die Zeit, und zwar die Zeit als Vergänglichkeit.* Das Dauerhafte hat hier keinen Platz. Der Mensch steht vollkommen im Bann des Todes, er lebt in ständiger Todesangst, und so wird ihm die Zeit zum Problem an sich. Den Zusammenhang mit der Ewigkeit hat er verloren. Das Wechselnde und nicht das Bleibende gibt seiner Wirklichkeit ihren besonderen Charakter. Gerade das Bleibende aber ist das eigentliche Kennzeichen dessen, was man mit Recht »Kultur« nennen kann. Kultur kommt aus dem Dauernden, wenigstens aus der Erinnerung an das Dauernde, an das wahrhaft Herkünftige und schafft darum auch Dauerndes. Wenn aber die Ewigkeit der Zeit weicht, tritt an die Stelle der Kultur die Zivilisation, und so wären die Kulturen Mittel- und Südamerikas vielleicht besser als *»magische Zivilisationen«* anzusprechen. Eben weil sie nur das waren, konnten sie sich auch nicht behaupten, sie hatten den Mächten der Geschichte nichts Beständiges entgegenzusetzen. Ihre Götter wechseln ja fortwährend das Gesicht. Der reine Dämon kommt zu keiner gültigen Form, weder im Raum noch in der Zeit. Morgen sieht er anders aus als heute; denn er ist vor allem mit sich selbst nicht identisch. Nichtidentität macht geradezu sein Wesen aus. Und wie er selbst, so verwandelt sich auch sein Bild. Aber gerade als diese sich unaufhörlich verändernden sind die Dämonen des Westens am Leben geblieben und haben sich der europäischen Eroberer bemächtigt. Der Gott oder das Götterbild des modernen Weißen und vor allem des amerikanischen Weißen, des Zivilisationsmenschen schlechthin ist die Maschine, und der Tempel dieses Gottes ist die Fabrik. Auch

Maschinen und Fabriken wechseln und überleben sich sehr schnell; sie stehen nicht für immer da, sondern nur für ganz kurze Zeit. Sie werden, kaum geschaffen, auch schon durch neue und vollkommenere ersetzt. Die europäischen Siedler auf amerikanischem Boden gerieten so in den gleichen Sturm der Zeit, der die rote Urbevölkerung weggefegt hat. Schon die Bauten der Jesuiten wurden fast ebenso bald zu Ruinen wie die Tempel der Mayas. Das Land des Sonnenuntergangs duldet keine ägyptischen Pyramiden und auch keine griechischen Statuen. Was da hervorwächst, wird sofort wieder verschlungen; denn es hat keinen Ewigkeitswert, es taucht nur auf, um zu versinken.

Der Orient hat das Abendland vielfach befruchtet, er hat ihm immer wieder Formen und Gedanken geschenkt. Der Westen hatte nichts dergleichen zu bieten, nur seine Krankheiten, seine Todeskeime schlugen nach Osten zurück. Als Europa nach Amerika hinübergriff und die »Neue Welt« eroberte, verdrängte es scheinbar die Dämonen des Abgrundes, in Wahrheit aber bedeckte es bloß die Gräber mit der Tünche seiner Zivilisation oder besser: Die Zivilisation war die Form, in die Europa die Dämonen des Westens umlog, um sie so für sich schmackhaft und erträglich zu machen. Der Geist des Todes erhielt damit den äußeren Schein des Lebens, nämlich der Nützlichkeit für das Leben. Und eben in dieser trügerischen Gestalt hat er dann seine Rückwanderung nach dem Mittagsland angetreten. Unter dieser Maske bemächtigte er sich des Herzens der Welt. Wir alle dienen heute und mit jedem Tage mehr den Göttern Amerikas, dem Teufel Huitzilopochtli und seinem Anhang. Wir stellen ihnen Bilder auf und bringen ihnen Menschenopfer dar. Aber das alles wird uns ebensowenig wie seinerzeit die Azteken vor dem Untergang bewahren; denn die Bilder halten nicht. Was sie abbilden wollen, hat keine Wirklichkeit. An den Opfern mästet sich nur der Tod, und je mehr wir ihn mästen, um so gefräßiger wird er.

Der Anfang kennt keine Bilder und braucht sie auch nicht. Er steht dem wirklichen Gott unmittelbar gegenüber. Erst wenn der Wirkliche im Zwielicht von Erinnerung und Vergessenheit zu verdämmern beginnt, schafft sich der Mensch in seinen

Bildern Ersatz für das Verlorene. Der von Gott Abgekehrte und für Gott Erblindete ist der auch an sich selbst Gebrochene, der Zwiespältige, und eben an der Bruchstelle, an der Schwelle zwischen Erinnerung und Vergessenheit, zwischen Bewußtsein und Unbewußtsein, zwischen Willen und Trieb entsteht das Bild, die *Synthese aus Not,* die nur noch künstliche Synthese. In den Bildern täuscht sich der Mensch über seine Gebrochenheit hinweg, sie wollen ihm als vorhanden vorspiegeln, was tatsächlich bereits entschwunden ist. Daß alle Kunst, nicht nur die religiöse allein, aus einer Art Vereinigung des Bewußten mit dem Unbewußten hervorgeht, ist eine alte Erkenntnis der Ästhetik. Wir können hier auch auf das 13. Kapitel der Johannes-Apokalypse verweisen, wo das Tier aus der Erde, das heißt der den Dämonen dienstbar gewordene Geist, also das Bewußtsein, dem Tier aus dem Meer, der Macht, die aus dem Abgrund des Unbewußten aufsteigt, ein Bild errichten und dieses Bild anbeten läßt. Wenn aber allmählich alle Brücken zwischen der Erinnerung und der Vergessenheit zerbrechen, wenn alle Fäden reißen, die den Willen mit dem Trieb verknüpfen, dann wird auch das Bild als Ersatzwirklichkeit unmöglich. Am Ende des Auflösungsprozesses steht also wie am Anfang gleichfalls die Bildlosigkeit, dort, weil das Bild nicht benötigt wird, hier, weil ihm alle lebendigen Voraussetzungen entzogen sind. Auch der Dämon schmarotzt an der resthaften Wirklichkeit. Als der Geist der Verneinung des Wirklichen kann er sich doch nur verkörpern, so lange noch etwas von dem verneinten Wirklichen bestehen bleibt. Wird alles unwirklich, dann muß er in den Abgrund zurück, aus dem er aufgestiegen ist. Am Anfang der Bildnerei steht das Erinnerungsbild des einen Gottes, ein sozusagen monotheistischer Götzendienst, am Ende das unübersehbare Gewimmel der in sich unbeständigen Dämonenfratzen. Dort knüpft die Einheit an an das zentrale Licht, von dem alle Strahlen ausgehen, hier wird die Vielheit zur Vorstufe der allgemeinen, diffusen und homogenen Finsternis. Am Rande der Hölle, in die er hinabzustürzen droht, jagt der Teufel von einer Gestalt zur anderen, ohne sich in irgendeiner festsetzen zu können. Aus dem besessenen Menschen fährt er, sich zerteilend, in die Schweineherde und muß dann doch mit dieser in den Abgrund stürzen. Seine Existenz erfüllt sich als höllisches Sein im Nicht-Sein, als ewiges Verbrennen. Der nicht mehr im Bild zu fassende Dämon ist der verzweifelte, der aber auch die ihm Hörigen mit in seine Verzweiflung reißt.

Wenn, wie früher behauptet wurde, die Maschinen die Dämonenbilder der abendländischen Religion sind und sich in ihrem Wirbel der gleiche Krampfzustand zu erkennen gibt wie in dem Hexensabbat der mittel- und südamerikanischen Bilderwelt, so gilt das allerdings nur mit einem gewissen Vorbehalt. Während der Indianer seine Dämonen auch wirklich als Dämonen kennt, nämlich als Mächte der Tiefe, und sich ihnen gegenüber dementsprechend verhält, stellen sich uns die Maschinen viel eher als Vorrichtungen dar, die geeignet sind, die Kräfte der Natur, also die Mächte der Tiefe, zu bezwingen. Sie erscheinen uns nicht nur nicht dämonisch, sondern geradezu antidämonisch. Beim Exoten vollzieht sich der Bruch in der Weise, daß ihm das Bewußte am Ende völlig entgleitet und er dem andrängenden Unbewußten erliegt, wogegen beim Abendländer gerade umgekehrt das autonome Bewußtsein sich vom Unbewußten ablöst und ohne Zusammenhang mit dem natürlichen Boden frei in der Luft schwebt. Er sieht darum auch noch die ihn übermächtigenden Dämonen durch die kristallklare Brille der Reflexion und hält sie für Ausgeburten des eigenen Willens. Der selbstherrliche Mensch verhält sich da genau so wie der selbstgerechte Pharisäer, der seine Sünde in die Form der Gesetzeserfüllung umgießt oder wie der Neurotiker, dessen verdrängte Triebe in der Gestalt von bewußten Willenshandlungen auftreten. In allen diesen Fällen sind die Dämonenbilder zwar da, werden aber nicht als solche erkannt, sondern in die Truggestalt ihres eigenen Gegenteils verwandelt.

In der Wirkung freilich unterscheiden sich die nichterkannten Dämonenbilder in keiner Weise von den erkannten. Wer sich an die Unwirklichkeit des Bildes hingibt, verliert seine Wirklichkeit. Auch der Sklave der Maschine verfällt am Ende in einen wilden Fanatismus, der den grausamen Opferorgien des alten Mexiko nichts nachgibt. Je weniger dauerhaft die Gestalten sind, in welchen die Dämonen sich verleiblichen, um so gieriger fordern sie das Blut der Gestalter. Der verzweifelte

Teufel ist der furchtbarste von allen. Aus dem unabwendbaren Verhängnis des Bilderdienstes kann uns nur die auf alle Bilder und Gleichnisse verzichtende Rückwendung zur Wirklichkeit des lebendigen Gottes retten. Die Illusionen der Erinnerung und die schwarzen Abgründe der Vergessenheit müssen weichen vor dem Licht seiner Allgegenwart. Dieses Licht läßt sich allerdings nicht herbeizwingen, noch ist ein Mensch imstande, sich ihm aus eigener Willensentscheidung zuzuwenden. Es trifft uns von außen, und wenn es uns trifft, können wir es nur empfangen wie ein Geschenk, das man mit Dank beantwortet. Das Ob und das Wie einer solchen Erlösung aus der Gewalt der Dämonen aber fällt nicht mehr in den Rahmen dieses Buches. Hier schweigt die Philosophie und wartet auf das Wort der Offenbarung.

suhrkamp taschenbücher
Eine Auswahl

2/7/8.86